国家自然科学基金面上项目"三期叠加下中国中等收入阶段发展动力的考量——基于经济福利结构均衡增长的ISEWSE指数构建、机理与实证研究"（71773011）

国家"四个一批"人才科研项目（中宣办发[2017]47号）"金融创新与经济结构均衡发展的理论及优化机制研究"

国家社会科学基金重大项目"习近平关于扶贫工作的重要论述的理论和实证基础及精准扶贫效果研究"（18ZDA005）

金融发展与
经济结构均衡增长

Financial Development and Balanced Growth of Economic Structure

刘渝琳　倪念念　陈翊旻　著

中国社会科学出版社

图书在版编目（CIP）数据

金融发展与经济结构均衡增长/刘渝琳等著 . —北京：中国社会科学出版社，2022.7
ISBN 978-7-5227-0473-9

Ⅰ.①金…　Ⅱ.①刘…　Ⅲ.①金融业—经济发展—关系—中国经济—经济结构—研究　Ⅳ.①F832②F121

中国版本图书馆 CIP 数据核字（2022）第 124891 号

出 版 人	赵剑英
责任编辑	张玉霞　刘晓红
责任校对	周晓东
责任印制	戴　宽

出　　版	中国社会科学出版社
社　　址	北京鼓楼西大街甲 158 号
邮　　编	100720
网　　址	http：//www.csspw.cn
发 行 部	010-84083685
门 市 部	010-84029450
经　　销	新华书店及其他书店

印　　刷	北京君升印刷有限公司
装　　订	廊坊市广阳区广增装订厂
版　　次	2022 年 7 月第 1 版
印　　次	2022 年 7 月第 1 次印刷

开　　本	710×1000　1/16
印　　张	24.25
插　　页	2
字　　数	386 千字
定　　价	128.00 元

凡购买中国社会科学出版社图书，如有质量问题请与本社营销中心联系调换
电话：010-84083683

前　言

2021 年是"十四五"规划开始部署实施的一年，在加快构建双循环新发展格局统领下，经济结构调整是关系到中国未来相当长时期内发展的重大课题。对于经济发展阶段转换的中国来说，经济结构调整是一个长期、紧迫、艰巨而又痛苦的历史任务。对此，本书从金融发展的视角分析中国经济结构均衡增长不仅具有学术价值，更具有现实意义。

在全球疫情走势和经济走势趋于复杂背景下，金融发展体验了市场的起起伏伏，对此，我们需要注意以下问题：第一，金融发展进入新的转型时期，绿色、创新、开放、普惠成为金融发展新的理念。第二，经济结构的内涵发生了变化，从狭义的产业结构拓展到包括生产要素、产业发展、收入变化的广义经济结构需要金融创新、开放的引领，从而揭示金融创新、开放的金融发展与生产要素结构、产业结构、收入分配结构的均衡增长。第三，经济结构均衡增长的考量如何突破 GDP 的局限，通过对 ISEW 的拓展，引入经济结构的可持续经济福利均衡增长的路径，为实现金融发展与经济结构均衡增长提供可能。

本书分为七章，逻辑结构沿着理论研究—实证研究—对策研究一般范式展开。围绕金融创新、金融开放影响经济结构的主线在理论研究、实证研究、方法运用上有新的贡献，形成了本书的研究特色。主要表现在以下几个方面：

（1）理论贡献。通过回顾中华人民共和国成立以来金融发展历程、梳理相关文献和政策，将金融发展界定为对内应强化金融创新效能、对外应疏通金融开放航道，从金融创新和金融开放视角考量金融发展；一方面，将经济结构的内涵及外延进行拓展，从狭义与广义结构、要素与收入结构双视域四路径考量经济结构。研究拓展了经济结构与经济增长的索洛—斯旺模型；另一方面，在社会分层理论、制度变迁理论和租金理论的基础上构建了动态迭代模型，揭示了金融开放通过生产要素租金影响收入结构的路径依赖关系。

（2）实证贡献。本书在理论分析基础上，基于1997—2017年国家和省级层面数据，运用因子分析、OLS模型、面板固定效应模型实证检验金融创新影响狭义与广义结构的作用机制；基于1997—2017年国家和城市层面数据，运用因子分析、VAR检验、OLS模型、面板固定效应模型、差分GMM方法检验经济结构协同发展机理。同时，基于80个国家1990—2017年的跨国宏观数据，借助生产函数法对生产要素租金进行测度，并在此基础上实证探究金融开放对收入结构的影响效应，检验金融开放影响收入不平等的资本租金和劳动力租金作用机制，不仅验证了理论研究的科学性，更重视了方法选择的可行性。

（3）方法贡献。本书为了解决单一研究方法可能存在的误差、发表偏倚和主观偏差的问题，还采用循证分析的Meta分析法对现有的研究结果进行二次定量分析，并对发展中国家和发达国家进行比较分析，进一步考察金融开放对收入分配的异质性及其成因；同时，应用模拟分析方法进行参数估计，在可操作性方面进行了大胆尝试。

进一步地，本书通过拓展的SE-ISEW揭示结构性失衡下可持续经济福利结构均衡增长的变化趋势及区域差异；为提高可持续经济福利提供理论依据，为缩小区域差异实现共同富裕提供政策启示。因此，本书提出继续深化金融改革、促进金融发展；推动经济增长、深化供给侧结构性改革、促进经济结构协同发展的相关对策建议。

当然，我们也清楚地认识到，中国结构性失衡问题伴随经济改革与发展始终存在，通过金融发展促进经济结构均衡增长的研究是一个复杂的社会工程，目前国内外还没有对这个问题的相关讨论达成共识。因此，写一本有关正在讨论激烈又具有现实性的学术专著是一件十分困难的任务。本书依托刘渝琳教授的国家"四个一批"人才资助项目、国家自然科学基金面上项目（项目编号：72173012）以及国家社科基金重大项目（项目编号：18ZDA005）的经费支持，开始从事这一工作时，我们唯一需要探讨的问题就是从金融发展与经济结构内在机理中找到金融创新、开放的研究切入点，并结合狭义与广义的经济结构内涵进行剖析。本书得到了重庆大学倪念念博士、陈翊旻博士、司绪博士、四川外国语大学李舟博士的倾力参与，对本书的研究做了大量的文献梳理、理论分析与实证研究工作，为本书的顺利完成付出了大量心血。但由于数据可得性的局限及认识的不够深入全面，使本书还有待于进一步完善。

当然，本书旨在抛砖引玉，在研究过程中难免存在不妥之处，热忱期待专家学者和广大读者批评指正。

刘渝琳

2021 年 12 月 30 日

目　　录

第一章

绪　论

第一节　研究背景和研究意义

一　研究背景

改革开放以来，我国经济总量不断增长，综合实力显著增强。2020年，我国的 GDP 超过 100 万亿元，在新冠肺炎疫情冲击这一特殊时期成为世界主要经济体中唯一实现正增长的国家。但随着经济的高速增长，经济结构失衡问题也逐渐凸显：2012 年第三季度我国 GDP 同比增长 7.4%，是以往十四个季度以来的最低水平，标志着中国经济进入新常态。供需错配、经济结构失衡、结构升级迟滞、创新能力欠缺引致了潜在增长率下行，是新常态下中国经济增长困境的深层症结所在。经济发展前期由工业化迅速发展所带来的"结构性加速"福利已经消失，我国经济已步入"结构性减速"时代，此时结构转型成为经济发展的关键特征，需要通过结构要素的升级置换，促使经济结构合理协调，以满足长远发展的需要。

党的第十九次全国人民代表大会对我国经济发展趋势做出了重要论断："我国经济已由高速增长阶段转向高质量发展阶段"，这意味着经济的发展需要更注重质量上的提升，高质量发展将成为未来经济发展的新主题。同时，党的十九大强调，"我国正处在转变发展方式、优化经济结构、转换增长动力的攻关期。必须坚持质量第一、效益优先，以供给侧结构性改革为主线，推动经济发展质量变革、效率变革、动力变革"；2020 年 12 月 16—18 日召开的中央经济工作会议进一步强调要

"在促进科技创新、加快经济结构调整、调节收入分配上主动作为"，释放出将着力解决重大结构性问题的信号。

金融是现代经济的血脉。金融作为现代经济的核心，具有宏观调控和资本配置的重要作用，对实体经济发展具有重要而深远的影响。金融发展与经济增长的研究由来已久，以往文献几乎得出一致的结论，即金融发展对经济增长的促进作用存在适度范围。如 Rousseau 和 Wachtel（2011）率先指出，20 世纪 80 年代末金融对经济增长的贡献逐渐减弱，过度的金融深化或信贷增长过快可能导致通货膨胀和银行体系的衰弱，进而引起抑制增长的金融危机。Arcandet 等（2015）发现，当私人信贷占 GDP 的比重达 100% 时，金融发展对经济增长的作用出现"分水岭"。因此，习近平总书记在第五次全国金融工作会议上明确指出，"金融要把为实体经济服务作为出发点和落脚点。"党的十九大报告进一步明确要求"深化金融体制改革，增强金融服务实体经济能力，建设现代化经济体系，必须把发展经济的着力点放在实体经济上。"同时提出"着力加快建设实体经济、科技创新、现代金融、人力资源协同发展的产业体系"的目标，这是首次把现代金融归入产业体系。

随着中国金融行业在规模、功能、业务范围的不断完善，通过金融功能实现资源有效供给和有效配置进而对实体经济产生重要影响已成为共识。中华人民共和国成立之后，新的经济体系和金融体系逐步建立，我国金融业总体上得到了长足发展，2020 年金融业增加值达到 84070.1 亿元，占 GDP 比重的 8.27%。作为国民经济中越发重要的组成部分、现代经济中的重要一环，提升金融服务效能、充分发挥金融功能以适应新形势需要，助力实体经济供给侧结构性改革，支持实体经济持续稳定增长，既是目前中国金融发展理论实践的重要课题，更是解决我国经济发展"不平衡不充分"问题的关键因素。现代金融发展能够帮助我国转变发展方式、优化经济结构、转换增长动力，现代金融改革成为我国供给侧结构性改革进入全面深化阶段的重大标志，现代金融将通过优化金融体系提升金融资源的配置效率，推动我国经济结构协同发展。因此，研究金融发展对经济结构协同发展的影响，以及分析其影响机制具有十分重要的理论及现实意义。

二 研究意义

（一）理论意义

尽管目前对金融发展和经济结构有大量研究，但未将二者结合起来共同研究。本书依据金融发展的概念对金融发展包含金融创新和金融开放进行界定，依此从理论和实证上识别出金融创新影响狭义与广义经济结构的作用机制、金融开放影响要素与收入结构的作用机制，并且立足结构性失衡背景下中国居民福利、经济发展质量存在显著的区域非均衡现象，通过结构指数拓展传统的 ISEW 核算体系，为测度可持续经济福利增长指数的变化以衡量共同富裕的程度成为可能，对揭示金融发展与经济结构协同发展内部联系具有重要的理论价值。

（二）现实意义

系统考察金融创新、金融开放对相关结构影响效应与作用机制，明确金融发展影响经济结构协同发展的深层次原因，这对通过相关政策制定与制度创新，有效利用金融改革带来的推动经济增长、深化供给侧结构性改革、促进经济结构协同发展等有利方面具有重要的现实意义。细致探讨金融发展的影响效应、作用机制的异质性，为继续深化金融改革、促进金融市场发展等具有重大政策指导意义。关注可持续经济福利结构均衡增长指数的空间相关性和非均衡性，为实现经济结构均衡增长提供来自中国的决策依据。

第二节 研究思路和研究方法

一 研究思路

本书遵循严谨的逻辑结构，按照研究问题提出→文献综述→模型分析→实证分析→研究结论与研究展望的思路来进行分析。

首先，基于经济结构失衡和金融长足发展的现实背景，提出主要研究问题：金融发展如何影响经济结构？金融发展所包含的金融创新和金融开放通过哪些传导机制影响经济结构发展？金融创新和金融开放的影响对不同的、具体的经济结构是否存在差异？其次，对相关的基础理论进行梳理和归纳，构建金融创新、金融开放对经济结构影响的动态经济模型，为实证分析奠定了理论基础。再次，进行金融创新影响狭义与广义经济结构作用机制、金融开放影响要素与收入结构作用机制的实证检验，科学回答了本书主要研究问题。最后，总结研究推论，提出继续深化金融改革、促进金融市场发展；推动经济增长、深化供给侧结构性改革、促进经济结构协同发展对策建议。

二　研究方法

为科学解答主要研究问题，全面地、系统地评价金融发展对经济结构协同发展影响的理论机理与实证机制，本书注重定性与定量相统一、规范分析与实证分析相结合，同时综合采用数理经济学中的数理推演方法、计算机数值方法、计量经济学中的回归分析方法、比较分析法以及Meta 分析法，以提高研究结论的可靠性。具体方法如下：

第一，文献与理论分析。主要采用此方法对现有的研究进行系统梳理，基于基础理论界定和更新经济结构、金融发展的概念，综述有关经济结构、金融创新、金融开放之间相关文献，为后文构建全书的研究框架与理论基础、拓展反映可持续经济福利结构均衡增长的 SE-ISEW 指数奠定基础。

第二，数理模型法。基于 Kongsamut 等（2001）、黄宗晔和游宇（2018）的研究思路，拓展了金融创新、经济结构与经济增长的索洛—斯旺模型（Solow-Swan Model）；基于 Matsuyama（2004，2007）的 Diamond 迭代模型构建了金融开放与要素结构、收入结构的动态模型；基于传统的 GDP 衡量和 ISEW 衡量存在的缺陷，创造性构建了可持续经济福利结构均衡增长指数（Structural Equilibrium-Index of Sustainable Economic Welfare，SE-ISEW）模型。

第三，数值模拟法。利用金融开放与要素结构、收入结构的动态模型推导出金融开放对生产要素租金和稳定状态收入不平等的直接和间接影响机理，并根据跨国数据设定相关参数进行计算机数值模拟，验证经济动态发展过程中，金融开放对生产要素租金以及收入不平等动态变化过程。

第四，计量经济学研究方法。运用面板 OLS 回归方法、系统 GMM方法、工具变量法、中介效应分析方法实证检验金融开放影响要素与收入结构的作用机制；运用 OLS 模型、面板固定效应模型实证检验金融创新影响狭义与广义结构的作用机制；运用因子分析、VAR 检验、OLS

模型、面板固定效应模型、差分 GMM 方法检验经济结构协同发展机理；使用 Dagum 基尼系数对拓展的 SE-ISEW 指数进行计算和分解，并使用 σ 收敛模型和空间 β 收敛模型研究收敛特征。

第五，Meta 分析法。运用循证 Meta 分析法对现有的研究结果进行二次整合分析，以解决多种不一致的研究结论，从而获得较为稳定、可靠的均效应，同时借助 Meta 回归分析获得影响效应异质性的来源。

第六，比较分析法。数理模型中，金融创新、经济结构与经济增长的索洛—斯旺模型对狭义与广义结构进行比较分析；金融开放与要素结构、收入结构的动态模型对金融开放改革前封闭经济和金融开放改革后的经济动态进行比较分析。实证检验中，金融开放部分对比总体中介效应回归结果，分解出不同机制在金融开放的相对贡献度，并对比了发达国家和发展中国家的金融开放收入分配效应和作用机制。

第三节 主要的创新点和研究贡献

一 主要的创新点

金融发展和经济结构一直是经济研究领域里面的重要课题，但探讨二者关系及其机制鲜有研究，本书的主要创新点如下：

第一，从制度分析的视角分析金融发展。金融创新与金融开放共同衡量的金融发展不仅引起金融市场的效率和结构的变化，更推动相关的制度变革。现有的关于金融发展的研究更多是资本流动引发的完全竞争市场对要素流动的调节，往往忽视了现实中金融市场的非完备的状态以及金融开放改革过程中的制度因素的影响。

第二，从金融创新和金融开放两个角度分析金融发展。目前关于金融发展的研究基本都集中在金融市场，缺乏理论与机制层面的剖析。此外，现有文献都是单独探讨金融发展对经济增长的影响，对金融创新和金融开放的互动研究更少，因此，为了弥补现有文献的不足，本书将金融发展同时放在创新与开放两个视角进行考虑。

第三，拓展了经济结构的外延。现有文献关于经济结构的内涵和经济结构发展、演进与失衡的研判没有统一的标准。基于理论模型、现有文献研究以及中国现实，本书包含金融创新视角：狭义经济结构，即产业结构；广义经济结构，即产业结构、人口结构、投资消费结构、进出口结构、城乡收入结构和金融结构；金融开放视角：要素结构和收入结构。

第四，采用循证分析的 Meta 分析法。Meta 分析法对现有的实证研究进行定量的整合分析，以期望排除可能存在的发表偏倚和主观偏差，获得无偏的平均效应值，并希望通过 Meta 回归和亚组分析识别形成研究结果差异的各影响因素及其作用大小，以及其可能存在的阈值效应。现有的实证研究可能由于数据、研究方法等限制的原因得到的回归结果是部分有效的，或者是在一定条件下是有效的，常用于医学的循证分析的 Meta 分析法被认为是一种能消除研究的异质性和随机实验的无法被观察的误差，并能提高总体估计的准确性和有效性的研究方法。

第五，创造性构建了可持续经济福利结构均衡增长指数（Structural Equilibrium-Index of Sustainable Economic Welfare，SE-ISEW），立足中国经济结构转型时期，在结构性失衡下中国的居民福利、经济发展质量存在显著的区域非均衡的现实背景，通过共同富裕视角下的结构指数对 ISEW 中的居民消费项目进行修正，使测度可持续经济福利增长指数的变化以衡量共同富裕的程度成为可能。

二 研究贡献

第一，理论边际贡献。依据金融发展的概念对金融发展包含金融创新和金融开放进行界定，并依此从理论和实证上识别出金融创新影响狭义与广义经济结构的作用机制、金融开放影响要素与收入结构的作用机制，通过结构指数拓展传统的 ISEW 核算体系，对揭示金融发展与经济结构协同发展内部联系具有重要的理论价值。

第二，政策指导贡献。对通过相关政策制定与制度创新，有效利用金融改革带来的推动经济增长、深化供给侧结构性改革、促进经济结构协同发展等有利方面具有重要的现实意义，为继续深化金融改革、促进金融市场发展、实现经济结构均衡增长等具有重大政策指导意义。

第二章

金融发展与经济结构的
内涵界定与理论基础

第一节　内涵界定

一　金融发展

Goldsmith（1969）在其著作《金融结构与金融发展》（*Financial Structure and Financial Development*）一书中首次提出了"金融发展"概念。Levine（1998）提出，金融发展一方面是金融总量的不断增加，另一方面是金融体系的改善。

从以往经验来看，金融发展和经济发展是相辅相成的，金融发展对经济的影响会随着发展阶段的不同而有所变化。在物质匮乏的阶段，金融是被动的存在，尤其在前工业化时期，资本供给匮乏，金融产品无从谈起；后工业化时期，社会脱离了物质短缺，且由于美元与黄金的脱钩，全球进入信用货币时代，资金可以被创造，金融产品越来越丰富，金融市场越来越发达。我国金融业虽然在总体上取得了长足发展，但从国际上看，我国金融服务贸易规模小、竞争力不足，人民币在国际结算中的份额并不高，国内和国外金融市场还未充分贯通；就国内而言，我国金融资源结构性存在错配加剧，金融"无效供给"过度，"有效供给"不足。因此，为实现党的十九大提出的"着力加快建设实体经济、科技创新、现代金融、人力资源协同发展的产业体系"的目标，我国在保持经济平稳发展的同时，仍需进一步推动金融发展。

2021 年 11 月 8—11 日，中国共产党第十九届中央委员会第六次全体会议隆重举行。全会强调，党的十八大以来，在经济建设上，我国经济发展平衡性、协调性、可持续性明显增强，国家经济实力、科技实力、综合国力跃上新台阶，我国经济迈上更高质量、更有效率、更加公平、更可持续、更为安全的发展之路。2021 年 12 月 8—10 日，中央经济工作会议在北京举行，总结 2021 年经济工作，分析当前经济形势，部署 2022 年经济工作。会议要求：经济工作要稳字当头、稳中求进，各地区各部门要担负起稳定宏观经济的责任，各方面要积极推出有利于经济稳定的政策，政策发力适当靠前。

对于金融领域，会议强调：第一，要继续实施积极的财政政策和稳健的货币政策。积极的财政政策要提升效能，更加注重精准、可持续。要保证财政支出强度，加快支出进度。实施新的减税降费政策，强化对中小微企业、个体工商户、制造业、风险化解等的支持力度，适度超前开展基础设施投资。党政机关要坚持过紧日子。严肃财经纪律。坚决遏制新增地方政府隐性债务。稳健的货币政策要灵活适度，保持流动性合理充裕。引导金融机构加大对实体经济特别是小微企业、科技创新、绿色发展的支持。财政政策和货币政策要协调联动，跨周期和逆周期宏观调控政策要有机结合。实施好扩大内需战略，增强发展内生动力。第二，要正确认识和把握防范化解重大风险。要继续按照稳定大局、统筹协调、分类施策、精准拆弹的方针，抓好风险处置工作，加强金融法治建设，压实地方、金融监管、行业主管等各方责任，压实企业自救主体责任。要强化能力建设，加强金融监管干部队伍建设。化解风险要有充足资源，研究制定化解风险的政策，要广泛配合，完善金融风险处置机制。

从中央的最新研判可以看出，金融发展对我国经济建设具有深远意义，有利于经济发展的平衡、协调、可持续，有利于国家经济实力、科技实力、综合国力跃上新台阶，有利于经济迈上更高质量、更有效率、更加公平、更可持续、更为安全的发展之路。金融是现代经济的核心，随着经济全球化深入发展，随着我国经济持续快速发展和工业化、城镇化、市场化、国际化进程加快，金融发展日益广泛地影响着我国经济社会生活的各个方面，金融发展也与人民群众切身利益息息相关。在金融发展对经济社会发展的作用越来越重要、国内外金融市场联系和相互影响越来越密切的形势下，做好金融工作，保障金融安全，是推动经济社会又好又快发展的基本条件，是维护经济安全、促进社会和谐的重要保障，越来越成为关系全局的重大问题。

表2.1通过文献和政策梳理，回顾了中华人民共和国成立七十多年以来金融发展历程，可以看出，我国金融发展在各个方面都发生了巨大变化，探索了有益经验，对我国经济的繁荣稳定和人民生活水平的提升起到了重大支撑作用（刘振中和刘瑾，2019）。尤其是进入新时代后，立足于"脱实向虚"、"促实防险"的现实背景，金融发展的关键在于金融体系的改善，对内应强化金融创新效能、对外应疏通金融开放航道。

全面推进金融改革发展，着力加强现代金融体系和制度建设，对内应强化金融创新效能：要创新金融组织体系和发展模式，创新金融产品和服务，创新金融调控和监管方式；对外应疏通金融开放航道：要继续扩大金融对外开放，着力提高对外开放质量和水平，同时要切实加强扩大开放条件下的金融风险防范工作，确保国家金融安全。

二 金融发展：金融创新与金融开放

（一）金融创新

国际金融危机以来，世界各国都认识到科技创新作为经济发展新动能的重要作用并积极推动创新发展。技术的不断革新打破了人类现有认知，不同领域间的融合发展也逐渐催生出各种新产业，新一轮由创新驱动的科技革命和产业升级也带给我国更多的战略机遇。而科技创新推动经济转型发展的美好愿景离不开金融创新的支持。

1. 金融创新的内涵

陈岱孙等（1991）提出，"金融创新是建立新的生产函数，是各种金融要素的全新结合，为了创造利润机会而形成的市场变革。"金融创新泛指金融体系和金融市场上出现的一系列新事物，包括新的金融工具、新的融资方式、新的金融市场、新的支付清算手段以及新的金融组织形式与管理方法等内容。中国银监会（2006）指出，金融创新是为适应经济发展需求通过引入新技术、采用新方法、开辟新市场、构建新

表2.1 中华人民共和国成立至今金融发展历程

时期	发展状况	意义	参考文献
中华人民共和国成立后（1949—1958年）	**中国金融开创和巩固。**新中国成立之后，国家不仅要解决历史遗留的各种问题，还要建立新的经济体系和金融体系，"除旧立新"成为这一时期金融发展的重要特点	中华人民共和国金融体系的建立，对我国经济发展产生了重要影响。恶性通货膨胀得到抑制，物价逐渐稳定；建立起同社会主义制度相适应的金融体制；为国民经济恢复时期和"一五"计划时期的经济发展提供了资金支持；支持三大改造，为我国实现工业化开辟了道路	中国人民银行，2012；孙祁祥和周新发，2018；何青等，2018；吴晓求，2018；纪敏和李宏瑾，2018；陆岷峰和周军煜，2019；姜建清，2019；刘振中和刘鎏，2019
"大跃进"和"文化大革命"时期（1958—1978年）	**金融在曲折中发展。**"大跃进"时期金融工作开始脱离实际，整个金融体系处于失控状态。"文化大革命"期间，中国人民银行并入财政部，业务虽分别管理，但职能极大削弱，基本失去到全国经济管理的权力。同时，金融业从业人员减少到中华人民共和国成立以来的最低数量，金融业务基本停止办理	1962年3月国务院发布《关于切实加强银行工作的集中统一，严格控制货币发行的决定》，在纠正"大跃进"时期的错误思想，引导经济和金融工作回到正轨，起到了一定效果。1977年11月国务院发布《关于整顿和加强银行工作的几项规定》，力图提高银行在国民经济中的地位，对金融业进行初步整顿，金融业秩序基本恢复，为改革开放的开端奠定了基础	
改革开放后（1978—1992年）	**金融体系取得历史性突破。**1978年12月，党的十一届三中全会作出把党的工作重点转移到经济建设上来的战略决策，揭开了我国经济体制改革的序幕。"大一统"的中国人民银行为绝对中心的金融体制必须改变，以中央政府恢复和建立专业银行；厘清银行和财政之间的关系，建立中央银行制度；扩大信贷领域，支持经济发展	这一时期，金融业增加值增长率远高于农业和工业，金融发展迅速，对国民经济的贡献率增加。货币发行量大，商品经济得到发展，货币信用关系影响力大，经济货币化水平不断提高。改革开放后金融体制改革的探索为下一阶段的全面改革打开了基础，金融市场和金融结构发生了根本转变，金融市场性质逐渐从计划转向市场，金融市场主体逐渐从一元走向多元，金融市场层次和金融产品更加丰富	

续表

时期	发展状况	意义	参考文献
改革开放后（1978—1992年）	1984年，党的十二届三中全会通过了《中共中央关于经济体制改革的决定》，在此背景下，金融发展也取得了前所未有的突破。银行业改革加速，证券公司、保险公司等非银行金融机构也获得发展。货币市场和资本市场取得重大进展：货币市场上，同业拆借市场开始发展，票据市场也逐渐形成；在资本市场上，国债恢复发行，上海证券交易所和深圳证券交易所相继成立，证券二级市场开始形成		
社会主义市场经济体制的建立（1992—2001年）	**全面推进金融改革。** 1992年10月，党的十四大提出我国经济体制改革的目标是建立社会主义市场经济体制。1993年11月，党的十四届三中全会通过《中共中央关于建立社会主义市场经济体制若干问题的决定》，明确了企业制度、市场体系、调控体系、经济体系等方面的一系列改革措施。同年12月，国务院发布《关于金融体制改革的决定》，提出了全面推进金融体制改革，充分发挥金融在调节国民经济和优化资源配置上的作用。在此背景下，我国开展了银行业改革，金融市场体系、金融监管体制、金融行业体制等多项改革	这一时期虽然较短，但建立社会主义市场经济体制的确立，对我国经济和金融发展产生了巨大影响。第一，市场化改革逐渐成为金融改革的大方向。第二，多层次的金融市场为实体经济发展提供了有力支撑，推动我国成为"世界工厂"。第三，金融业质量的提高为我国发展高水平经济创造了条件。我国政府采取的诸多改革措施不仅提高了金融市场的发展质量，也为未来我国银行业的健康发展奠定了基础。第四，社会主义市场经济法律体系的确立为金融业长期稳定发展打下了根基	
加入世界贸易组织后（2001—2012年）	**金融改革和开放加快。** 2001年12月，我国加入世界贸易组织（WTO），金融业必须按照《服务贸易总协议》和金融服务协议等相关	加入世贸组织是我国扩大对外开放的新起点。为应对外部挑战，提高自身发展质量，金融业的改革速度明显加快，对我国经济发展具有重要意义。此外，2008年国际	

续表

时期	发展状况	意义	参考文献
加入世界贸易组织后（2001—2012年）	要求逐步开放。扩大开放给我国经济发展带来了更多挑战，金融业发展也面临复杂的国内外形势。2002年党的十六大召开，宣告社会主义市场经济体制初步建立，改革开放进入完善社会主义市场经济体制的新阶段。在内部形势和外部经济形势发生巨大变化的关键时点，我国金融业必须加快改革，提高发展质量。在此背景下，我国推进大型商业银行股份制改革，提升商业银行应对冲击的能力；大力推进资本市场改革和发展；完善宏观经济调控政策	金融危机爆发对我国经济也产生巨大影响。第一，金融业多元发展的框架为完善我国金融市场，促进金融业繁荣奠定了基础。第二，金融业开放为向提高我国经济发展注入新活力。第三，金融危机爆发使金融隐藏在繁荣经济背后的问题逐渐显现	
经济发展进入新时代（2012年至今）	**防范金融风险和深化改革并重。**2012年以来，我国经济增速放缓，转模式的新常态阶段。2013年，党的十八届三中全会通过《中共中央关于全面深化改革若干重大问题的决定》，明确要使市场在资源配置中起决定性作用，同时提出要完善金融市场体系，推进金融机构改革，扩大金融对外开放。在这一时期，我国内部经济改革和外部经济形势变化的双重压力。我国开始着力解决中小企业融资难融资贵的问题；改革金融监管体制，防范金融风险；全面提高金融业对外开放水平	2012年至今，我国经济形势发生巨大变化，供给侧结构性改革成为经济改革的主题。在这一时期，改革进入深水区，金融改革的难度也在加大，诸多改革措施将对我国经济产生深远影响。第一，对系统性金融风险的防范将直接决定我国金融在新常态下是否能够平稳发展。第二，金融创新能力的增强为提升我国金融国际影响力为我国进一步扩大开放创造了条件	

组织，在战略决策、制度安排、机构设置、人员准备、管理模式、业务流程和金融产品等方面开展的各项新活动。关于金融创新定义，学术界并未达成一个广泛共识的理论框架，总的来看，金融创新可以归纳为广义与狭义两方面。广义的金融创新是指发生在金融领域的一切形式的创新活动，包括金融制度创新、机制创新、机构创新、管理创新、技术创新和业务创新；狭义的金融创新主要指金融工具和金融服务等业务创新。

国外学者大多研究政府金融和市场金融领域的金融创新。国内学者的研究起步相对稍晚，大部分是关于对金融创新概念的研究；以金融手段支持技术创新的研究；以及利用不同年份的数据，对企业、行业金融创新作用的经验研究。

表 2.2　　　　　　　　金融创新国内外研究现状

金融创新	研究内容	参考文献
国外研究	政府金融创新对于高新技术企业的专利产出、研发强度具有促进作用	Aerts 和 Schmidt, 2008；Bloch 和 Graversen, 2012
	市场金融体系中的商业银行、资本市场、风险投资等不同主体的金融创新能够支持技术创新革新	Ang, 2010；Guariglia 和 Liu, 2014
	对发达国家和发展中国家的不同测算均表明市场金融创新能够显著提高研发投资的有效性	Chowdhury 和 Maung, 2012
国内研究	通过计量经济检验金融创新对技术进步有显著的正向作用	郑磊和张伟科, 2018；张腾和刘阳, 2019
	基于企业层面数据检验金融创新对生产效率的影响	孔一超和周丹, 2020
	以行业为切入点，利用生产函数测度，分析金融创新影响制造行业结构合理化、高级化的作用	汪恒和汪琳, 2018；丁日佳和刘瑞凝, 2020

可以看出目前学术界大多研究狭义的金融创新，对于广义金融创新的研究尚处于起步阶段，缺少相关文献支撑。

2. 金融创新的测度

基于数据可得性，本书以北京大学数字金融研究中心发布的"互联网金融发展指数"和"数字普惠金融指数"衡量广义金融创新。"互联网金融发展指数"及时、客观地记录和评价中国互联网金融的发展轨迹，帮助了解相关行业的整体发展状况和发展热点，展现各地区互联网金融发展概况，并为当地的互联网金融发展指明方向。"数字普惠金融指数"为国内创新性普惠金融研究以及统计指标体系设计提供重要参考，反映我国创新性互联网金融趋势下数字普惠金融发展程度和均衡程度，有助于更好地了解我国数字普惠金融的发展现状，识别普惠金融发展面临的"瓶颈"与障碍，以期制定相应政策，促进数字普惠金融健康可持续发展。

（二）金融开放

宏观经济着眼于经济增长和经济稳定，大量研究已经证实经济增长源于技术进步、分工、制度变迁等方面，而经济稳定则更与政策相关。资源的流动具有重要意义，与资本配置效率密切相关，从而影响一个国家或者地区的产出和增长状态。资源的流动包括自然资源、资本、劳动和技术的流动，随着经济全球化不断深入发展，国际市场联系和影响越来越密切，作为现代经济核心的金融也面临着"流动"，并逐渐形成金融开放这一概念。

1. 金融开放的内涵

金融开放相对于金融抑制，最初是由 McKinnon 和 Shaw（1973）提出，他们认为金融开放可以解决金融抑制问题，并认为发展中国家的经济增长较慢就是因为行政控制的低利率，致使较低储蓄和资本的低效率，因此金融开放后，放松利率的管制就会提高储蓄。后期形成的金融开放主流理论也是建立在金融发展和经济增长之间的假定关系的基础上的，认为金融开放改革的目标是为经济增长提供新的动力，提高金融市场的效率、促进经济发展，同时减少贫困和降低收入不平等（Janine and Elbadawi，1992）。

金融开放改革主要包含两个方面的金融市场改革：一是取消对信贷的定价和分配的控制，减少政府对银行信贷决策的直接干预，放松对国际资本流动的控制，允许利率由市场决定（Asongu，2013）；二是针对市场结构和制度的约束，改善法律、监管和制度环境，完善银行等金融机构的设施和服务（Batuo et al.，2010）。因此，金融开放改革的特点就是放松利率，减少信贷市场的限制和开放国内外资本市场。金融开放程度和金融抑制程度也往往被视为一个问题的两个方面。因此，金融开放可以被定义为"向外国投资开放资本市场（或者允许国内居民利用国外的资本市场）的任何政策决定"（Bekaert et al.，2003）。金融开放使国内要素的定价与国际接轨，降低资本成本，促进投资；金融开放使国内居民可以在国际范围内构建分散化的投资组合，减少受国内风险冲击的影响，而且能提高投资收益增加国民财富。

2. 金融开放的测度

金融开放的测量一直是研究的焦点。金融开放程度的测量研究有利于明确一国的资本开放的实际情况以及金融开放改革的深度，便于进行相关的国际比较和深入分析，有利于确定金融开放进一步改革的路径和方向从而提高金融开放改革的深度和效度。由于各国金融开放政策的复杂且多变性以及相关数据采集的困难性，金融开放程度的测度和量化向来是学术研究领域中一项复杂并且重要的工作。金融开放的测度方法很多，但基本都可以划分为依据制度、政策改革，对法律法规指标进行量化，被称为法定的（De jure）测量方法和依据事实指标进行量化的，被称为事实上的（De facto）度量方法。

法定的（De jure）测量方法中最传统的测度方法是简单的分割法（Rodrik，1998）、二元法（Binary），即以是否放松管制、是否实施金融开放改革为标准。但随着金融开放改革的深化和大范围的实施，各国金融开放政策呈现复杂多变的特征，简单的二元划分法并不能准确地对金融开放进行详细的刻画。为解决这个问题，学者提出依据金融开放的内涵，对与金融开放相关的多项政策和制度法规进行量化的方法。因此，不同学者采用不同的政策指标得出不同的测度方法：能够对金融开放程度进行一定程度量化的 Share 指标法；Klein 和 Olivei 指标法；Quinn 和 Inclan（1997，2003）指标法。此类指标只能对金融开放的某些方面进行描述和评估，测度的范围较窄，指标的选取也比较粗糙。为了克服这些缺点，学者在指数上加入时间变量并扩大金融开放的度量范围，相继开发了能够更精确衡量金融开放程度的指标：Abiad 等（2008）从信贷控制和准备金要求、利率管制、进入壁垒、国有制、证券市场政策、银行业监管和资本账户的限制等金融开放改革的七个维度对相关的法律法规进行量化，最终形成金融开放改革的量化指标，此指标能最直观地分析出金融开放改革的路径和状况；Chinn 和 Ito（2008，2010）在 Quinn 指标的基础上，根据国际货币基金组织的《汇率安排和外汇限制年报》（AREAER）中的 60 多种不同类型的控制措施，并对金融市场的公开程度进行了微调，得到 Chinn-Ito 指标。

事实上的（De facto）度量方法就是对金融开放的结果，即实际流动的资本总量进行测度。最常用和最简单的方法是外商直接投资 FDI 占国内生产总值 GDP 的比重（Kai and Hamori，2009），但考虑到外商投资不能全面地衡量实际资本的流动和金融投资市场的风险和波动，因此对外商投资的指标增加国外资产（负债）、股权投资资产（负债）等指标（Lane and Milesi-Ferretti，2007）。

表 2.3　　　　　　　　　　　　金融开放测度方法

金融开放测度指数	样本范围	说明	方法类型
Quinn，1997	1958—1997 年的 21 个工业化国家以及 1988 年的 40 个发展中国家数据	基于 1996 年前 AREAER 的信息，并参考与国际组织或其他国家签署协议的情况	
Kaminsky and Schmukler，2003	1973—2000 年 28 个国家数据	基于下列事项的管制信息：1. 国内金融市场；2. 资本账户交易；3. 权益市场	
Miniane，2004	1983—2004 年 34 个国家数据	基于 1996 年后资本账户交易细化为 13 类 AREAER 信息	法定的（De jure）测量方法
IMF1996 年后的 AREAER	1995—2005 年 181 个国家数据	13 个资本账户交易子项的平均	
Potchamanawong，2007	1995—2004 年 26 个新兴市场国家数据	基于 1996 年后资本账户交易细化为 13 类的 AREAER 信息，并区分流入和流出管制	
Abiad et al.，2008	1973—2005 年 91 个国家数据	从七个维度对相关的法律法规进行量化	
Chinn and Ito，2008，2010	1970—2018 年 857 个国家数据	基于 AREAER 中的 60 多种不同类型的控制措施	

续表

金融开放测度指数	样本范围	说明	方法类型
Lane and Milesi - Ferretti, 2007	1970—2004 年 143 个国家数据	基于 External Wealth of Nations Mark Ⅱ 数据库	事实的 (De facto) 度量方法
Kai and Hamori, 2009	外商直接投资 FDI 占国内生产总值 GDP 的比重		

三 狭义经济结构与广义经济结构

经济结构（Economic Structure）是经济要素的构成，经济结构与经济增长是否适应是衡量一个国家经济是否良性发展的一个重要标志。构成经济结构的各个要素是相对固定的，不同的经济结构只是这些要素的不同组合方式而已，如果经济增长过程中选择了恰当的经济结构，那么这一经济结构就会有效地促进经济的增长；反之就会延缓增长甚至停滞。从某种意义上来讲，经济结构也是一种资源，其需要合理地被配置在各种不同的经济环境中，使其效用得到最充分的开发，尽量避免效用的损失。

（一）狭义经济结构

产业结构被视为狭义经济结构进行了广泛研究。经济结构被定义为以研究经济规模和生产力发展为重点的产业结构（Hodson，1983），以各部门产值份额与劳动力份额（Kongsamut et al.，2001），部门专业化、多样性、行业竞争（Combes，2000；Almeida，2007）等指标来衡量。"二元经济结构模型"认为在发展中国家，作为主要生产要素的劳动力由农业部门向工业部门的转移使生产率提高，进一步地，工业化推动城市化发展，劳动力又由工业部门向服务业部门转移（Lewis，1954）。工业化时期，中国经济持续加速增长的产业结构因素在于较高的工业增长速度和工业主导的效率改善（中国经济增长前沿课题组，2014），工业化扩张及相应的效率改进源于"干中学"（Learning by Doing）效应（Arrow，1962），但是随着大规模工业化阶段的结束，技术的可获得性越来越小，效率减缓。随着城市化进程的大幅推进，第三产业在产业结构中占据了越来越重要的作用，"经济服务化"成为经济发展的典型事实。

（二）广义经济结构

除产业结构外，广义经济结构包含了更广泛的方面：

（1）产业结构。

（2）人口与就业结构。有利的人口结构带来较高的劳动力增长速度和有效的劳动力产业再配置，形成"人口红利"（中国经济增长前沿课题组，2014），"人口红利"以劳动力无限供给抵消资本边际报酬递减，使经济长期高速增长。

（3）投资消费结构。高投资与高储蓄并存是中国经济一直以来的现实。有选择性的高投资导致部分产业投资增长过快，出现过度的无效投资；劳动力无限供给使进入新兴部门的劳动力不得不适应新的竞争环境而成为净储蓄者。高储蓄带来的过度的无效投资导致部分产业产能过剩，而高储蓄进一步加剧了国内消费需求不足。

（4）国际贸易结构。在开放经济条件下，产业寻求外部需求，体现为国际贸易结构中贸易顺差大幅度增加。国际贸易的发展促进了劳动力流动过程中人力资本的积累，并提高了专业化生产的效率。但是，随着贸易顺差大幅度增加，大规模外汇储备持续累积，对国际市场以及"美元体系"的依赖越发严重，同时巨额贸易顺差还导致国际贸易摩擦增多、货币升值压力增大、国内货币供给过多的问题。

（5）城乡收入结构。收入差距通过影响生产要素而影响潜在产出，进而影响经济增长率和经济增长水平。经济发展处于较低水平时，物质资本积累是经济增长的主要源泉，收入差距的扩大有利于物质资本的积累，且适当的收入差距有利于经济增长；当人均 GDP 处于较高水平时，人力资本对于推动经济增长逐渐起着主导作用，收入差距的扩大制约了低收入者增加人力资本投资。

（6）金融结构。金融结构是指金融体系中银行和金融市场的相对组成，杨子荣和张鹏杨（2018）认为，金融结构只有内生于与特定发展阶段的要素禀赋及其结构相适应的产业结构，才能最大限度地发挥金融体系的效率，促进经济的可持续发展。随着国际贸易的发展，国际收支巨额顺差增加了国内基础货币的供给，造成国内流动性过剩，影响着中国的金融结构。

（三）狭义与广义经济结构的测度

1. 狭义经济结构（产业结构）

表 2.4 狭义经济结构的测度

狭义经济结构	代理指标
产业结构	产业对比指数
	第三产业产值比第二产业产值
	单位 GDP 能源消耗

产业对比指数：

$$II = \frac{\left(\frac{agP}{P}\right) \Big/ \left(\frac{agZ}{Z}\right)}{\left(\frac{nagP}{P}\right) \Big/ \left(\frac{nagZ}{Z}\right)}$$

其中，agP 表示农业产值，$nagP$ 表示非农业产值，P 表示总产值，agZ 表示农业就业人口数，$nagZ$ 表示非农业就业人口数，Z 表示总就业人口数。该指标用于衡量第一产业在三次产业中的失衡程度。

第三产业产值比第二产业产值：该指标用于体现产业结构服务化水平，以反映产业结构升级以及"经济服务化"的客观现实。

单位 GDP 能源消耗：能源消费总量（吨标准煤）与 GDP（万元）比值。该指标用于衡量工业发展质量和技术水平。

2. 广义经济结构

表 2.5 广义经济结构的测度

广义经济结构	代理指标
产业结构	产业对比指数
	第三产业产值比第二产业产值
	单位 GDP 能源消耗
人口结构	少儿抚养比
	老年抚养比
	教育基尼系数
	总人口参与率

续表

广义经济结构	代理指标
投资消费结构	投资率
	消费率
	投资消费比
进出口结构	贸易顺差占比
	进出口总额占比
	外汇储备占比
城乡收入结构	城乡收入差距泰尔指数
	城乡恩格尔指数比
金融结构	直接间接融资比
	M2 占比

（1）产业结构。同狭义概念。

（2）人口与就业结构。少儿抚养比：以"15 岁以下人口数与 15—64 岁人口数比值"表示。该指标用于衡量劳动力增长的潜能。

老年抚养比：以"64 岁以上人口数与 15—64 岁人口数比值"表示。该指标用于衡量劳动力缺失的压力。

教育基尼系数：

$$EDU_i = \frac{EduY_i \cdot PN_i}{\sum\limits_{i=1}^{5} EduY_i \cdot PN_i}$$

其中，$i=1$，2，3，4，5 分别代表文盲半文盲、小学、初中、高中、大专以上不同受教育程度，$EduY_i$ 表示各受教育程度年限，上述 5 种学历分别对应 0 年、6 年、9 年、12 年、16 年，PN_i 表示受过相应教育的人数。用 $EduY_i \cdot PN_i$ 表示各级教育累计成就，各级教育的累计成就除以总教育累计成就，即为各级教育累计成就百分比，用 EDU_i 表示。因此，教育成就累计百分比为：

$$POE_i = \sum\limits_{i=1}^{5} EDU_i$$

最后使用基尼系数简便易用计算方法：

$$EG = 1 - \frac{1}{5}\left(2\sum_{i=1}^{5-1} POE_i + 1\right)$$

该指标用于衡量教育公平程度。

总人口参与率：以"使用就业人数与总人口数的比值"表示。该指标用于衡量总体劳动力水平。

（3）投资消费结构。投资率：以"资本形成总额与 GDP 比值"表示。该指标用于衡量社会投资水平。

消费率：以"最终消费与 GDP 比值"表示。该指标用于衡量社会消费水平。

投资消费比：以"资本形成总额与最终消费比值"表示。该指标用于衡量投资消费结构合理化水平。

（4）国际贸易结构。贸易顺差占 GDP 比重：该指标用于衡量国际贸易优势。

进出口总额占 GDP 比重：该指标用于衡量国际贸易总规模。

外汇储备占 GDP 比重：该指标用于衡量调节国际收支、稳定汇率的能力。

（5）城乡收入结构。城乡收入差距泰尔指数：

$$T = \sum_{i=1}^{2}\left[\left(\frac{INC_i}{INC}\right)\ln\left(\frac{INC_i/INC}{Z_i/Z}\right)\right]$$

其中，$i = 1$，2 分别表示城镇和农村地区，INC_i 表示城镇或农村的收入（由相应人口与人均收入相乘计算得出），INC 表示总收入，Z_i 表示城镇或农村的人口数，Z 表示总人口。该指标用于衡量城乡收入差距程度。

城乡恩格尔指数比：以"城市恩格尔系数与农村恩格尔系数比值"表示。该指标用于衡量城乡居民生活水平差异。

（6）金融结构。直接间接融资比：

$$FS = \frac{SMV + OCB}{BCB}$$

其中，SMV 表示股票市场市值，OCB 表示未清偿企业债券余额，BCB 表示银行信贷余额。该指标用于衡量金融结构发展程度。

M_2 占 GDP 比重：该指标用于衡量货币流动性水平。

四　要素结构与收入结构

（一）要素结构

1. 生产要素的概念

生产要素是经济学研究的微观基础，对生产要素的认识是随着科学技术水平的发展和历史进步进行不断深化。18世纪之前，生产要素主要局限于劳动、资本和土地；随着科学技术水平和管理条件的改善，科学技术和管理作为新的生产要素被引入增长函数；"二战"后，人们开始将人力资本、市场结构和企业组织行为纳入生产要素的范围；20世纪70年代以后，市场信息、企业战略、市场结构、营销网络这些要素逐步被引入国际贸易和经济增长的影响因素当中。

从生产要素理论发展上看，传统生产要素概念主要是按照要素的自然属性进行划分，马克思将生产要素分为劳动者、劳动资料和劳动对象。传统西方经济学对于要素的分类从两要素观：劳动和自然资源，发展到萨伊的三要素观：劳动、土地、资本，进而是马歇尔的四个要素观：劳动、土地、资本、管理（企业家才能）。20世纪50年代，随着经济增长理论和发展经济学的兴起，技术作为一种新的生产要素被引入增长函数，用来解释经济增长。

根据国际贸易新要素理论对新古典贸易理论的拓展，将要素禀赋理论中的要素分类进行拓展，并认为资本、劳动等自然形态的生产要素是最基础的要素，后天创造的科研技术等生产要素会改变传统生产要素的生产结合方式和投入产出比例，从而提高要素的生产效率。总的来说，这些后天的生产要素会对传统自然生产要素再赋值。

2. 生产要素租金的内涵

当将租金的概念扩展到生产中其他生产要素时，尤其是资本和劳动力生产要素，古典经济学家将租金定义为对生产要素的支付价格超出其需要的最低限度，也就是生产者剩余（Hughes and Singh，1978）。但是，现代经济学理论对租金的讨论已经完全超脱了古典经济学中所使用的定义。Ricardo（1821）认为，租金是指超过按机会成本价格计算的生产要素的报酬。Ten 等（2008）将租金定义为高于其完全竞争价值的要素报酬。Minten 等（2013）则从要素的市场力量方面将租金定义为愿意支付给生产要素与实际支付生产要素之间的差额。其中，目前使用最多的租金定义就是 Ten 和 Mohnen（2008）提出的对生产要素的支付报酬高于其在完全竞争市场中所能获得的收益。

基于生产要素租金的定义，学者也纷纷对生产要素中最基础、最重要也分布最广的资本要素和劳动力要素产生的租金进行界定并基于此进行进一步的研究。现有的对资本租金的定义都是基于 Ten 和 Mohnen（2008）提出的生产要素租金的定义，即资本租金就是支付给资本要素的报酬高于其在完全竞争市场中所能获得的收益（Ten and Mohnen，2008；Brueckner，2017）。对劳动力租金的定义则从生产者和劳动者两个角度得出三种不同的定义：一是按照 Ten 和 Mohnen（2008）的定义，员工的工资高于他们的生产产出则获得"租金"，这意味着他们的薪酬超过他们应得的，而收入低于他们的生产力产出的员工将被"剥削"，赚不到他们应得的（Schweiker and Martin Groß，2017）；二是从投资回报的角度定义劳动力租金为人力资本的投资回报高于其成本的收益，其中人力资本回报等于工人获得教育的边际成本（Saint-Paul，1997）；三是依据商品市场的支付更高价格所形成的超额利润的租金定义，将劳动力租金定义为高于劳动力市场工资的超额部分（Tomaskovic-Devey and Lin，2011）。

根据租金的定义，租金的获取是依据其对要素的垄断权，或者是所有权来划分（Haila，2015；Purcell et al.，2019）。由于生产投入的资本要素基本为资本家所有，劳动力要素基本为工人所有，因此，资本租金也可以被称为资本家租金，劳动力租金也可以被称为工人租金。

3. 生产要素租金的测度

根据测度的数据的可得性和方法的可实施性，现有文献对生产要素租金测度的方法基本都是基于 Ten 和 Mohnen（2008）对于租金的定义，在测度上表现为生产要素的实际报酬与其边际产出的差额，因为在完全竞争市场中应得的市场报酬是生产要素的边际产出。此时测度出来的生产要素租金类似于新古典经济学理论中生产要素的资源配置与理想最优状态的偏离。区别在于新古典经济学家认为这种偏离会阻碍经济产出效率，并且生产要素配置的偏离主要源于市场价格机制的失效（Johnson，1966；Chacholiades，1978）；而租金理论尤其是熊彼特租金理论认为适度的租金是有利于提高产出效率，生产要素租金获得和调整主要来源于生产要素的相对市场力（要素的讨价还价能力）和制度、意识形态等的共同作用。显然，租金理论的模型假设更符合现实社会经济的发展情况。综合来说，目前现有文献对生产要素租金的测度方法主要有两种：生产函数法和影子价格法。

生产函数法是资本和劳动力边际产出和租金测算中应用最广泛的方法。应用生产函数法测算资本和劳动力租金的基本过程为：基于不同形式的生产函数设定，借助于要素投入和产出数据再根据各种计量方法估计出生产函数的参数，测算要素边际产出，最后再据此核算出要素实际报酬与要素边际产出的差额。常用的生产函数形式主要有 Cobb-Douglas 生产函数、常替代弹性（CES）生产函数和超越对数生产函数。其中 Cobb-Douglas 生产函数由于函数形式简单、直观，对经济活动解释力较强，有较强的可靠性而在实证研究中被广泛使用和验证。在对资本和劳动力的弹性的估算中，简单的 OLS 回归估计方法可能会产生内生性问题，从而使资本和劳动力生产弹性的估计不一致。为了很好地解决这个问题，Olley 和 Pakes（1996）提出基于一些假设条件的 OP 方法。该方法假设企业在 t 期的最优投资水平是当期生产率冲击的严格增函数，并用资本和投资的函数表示生产率冲击。OP 方法提出两阶段估计法估计生产函数，其中第一阶段使用半参数法估计劳动力要素的产出弹性，第二阶段基于对生产率冲击是马尔科夫过程的假设估计出资本的产出弹性。Levinsohn 和 Petrin（2003）则对 OP 方法中企业的投资决策是生产率冲击的严格增函数这一前提假设提出质疑，并提出选取中间品作为投入的代理变量的 LP 方法。随后，一些学者针对 OP 方法和 LP 方法中可能存在的完全共线性问题提出相应的改进方法。Wooldridge（2009）在 OP 方法和 LP 方法的基础上，提出使用 Wooldridge（1996）的 GMM 方法替代 OP 方法和 LP 方法的两阶段估计法，还提出采用 Bootstrap 方法进行联合估计，因为这能够提高估计效率，并能有效解决序列相关和异方差问题。Ackerberg 等（2015）提出通过对生产过程中各生产要素决策时间施以严格的假设的 ACF 方法来对 OP 方法和 LP 方法进行改进。但是也有研究指出 ACF 方法估计出的生产要素弹性非常依赖估计过程中初始值的设定（Mollisi and Rovigatti，2017）。

影子价格法一般将市场中的价格机制纳入生产函数或者一般均衡框架下确定的生产可能相边界中，比较理想价格和实际价格之间的差距。影子价格与上述生产函数法的最大区别在于假定价格的偏离是以价税的形式存在，从而影响要素的成本和收益。依据偏离程度对成本还是对利润产生影响，可以将其分为影子成本模型（Atkinson and Halvorsen，1984）和影子利润模型（Hsieh and Klenow，2007）两类。Ten 和 Mohnen（2008）采用一般均衡框架运用影子价格法对资本租金和劳动力租金进行测度，分析其对产出和创新的影响作用，并同时肯定熊彼特租金理论和新古典经济学理论对现实的解释力度，只是二者分析的角度和影响机制有所区别。

（二）收入结构

常规的居民收入结构是按其生产要素或者来源来划分，包含工资性收入、财产性收入、经营性收入、转移性收入以及其他收入。随着金融开放的深化和金融市场的发展，财产性收入的重要性不断加剧，并且工资性收入依然是居民收入的主要部分。从国家整体来看收入分配，大量的经验研究表明，全球范围内收入不平等问题的不断加剧也已经成为发达国家和发展中国家政策决策者共同面临的巨大挑战之一，尤其是在2008 年国际金融危机之后。各国城乡、地区、职业、行业、人群之间的收入差距也快速拉大，收入分配的非规范性、非公正性不断加深，发达国家的收入不平等高于新兴国家的收入不平等（贾康，2018），1970—2017 年，全球收入不平等可能性边界持续扩张（张磊等，2019）。收入不平等的加剧不仅会降低边际消费倾向和金融资本积累从而导致经济增长速度下降（Atkinson and Piketty，2007；Atkinson and Piketty，2009；Piketty，2014；Franzini and Pianta，2015；Atkinson，2015；Fischer et al.，2019），还会加剧社会经济方面的机会不平等（Franzini and Pianta，2015；Ramos and Van de Gaer，2012），另外，较高的收入不平等会降低社会福利和社会幸福度（Franzini and Pianta，2015；Ferrer-i-Carbonell and Ramos，2014）。收入不平等对经济和社会的负面影响使学者一直关注于收入不平等的原因和影响因素的研究，金融开放改革对收入不平等的影响也已成为学术界研究的热点话题之一（Bumann and Lensink，2016）。降低收入不平等已成为经济学家和政策制定者的最大挑战之一。

现有的研究根据财富和劳动力区分资本租金和工资报酬，从而从收入来源分析收入不平等（Aghion et al.，1999；Piketty and Saez，2003）。功能性收入和规模性收入对收入分配的影响也越来越得到学者的关注（Atkinson and Piketty，2009）。现有的实证研究也表明金融开放和新自由主义导致劳动力收入份额下降，并且这种下降的趋势在未来有可能会加剧（Stockhammer，2015；Barradas，2019；Pariboni and Tridico，2019），自 20 世纪 90 年代以来，资本收入份额和资本租金随着金融开放的深化急剧上升（Brueckner，2017），这说明相对于工资薪资报酬，依据资本要素提取额外利润的资本租金以及对劳动力租金的挤出是收入不平等加剧的根本原因（Antonelli and Gehringer，2017）。

自 20 世纪 90 年代金融开放改革大范围在全球开始实施后，金融市场取得了较大的发展，金融体系也获得较大的完善，全球经济活动正逐步从制造业和服务业生产转向以金融为导向的投资和管理活动（Epstein 和 Jayadev，2005）。尤其是金融开放改革促进金融市场的快速发展并进入了金融化时代，以租金形式分配和掠夺剩余价值已成为金融利益为主导的空间累积体系中社会价值的主要表现形式（Moreno，2014；Andreucci et al.，2017；Purcell et al.，2019）。这使生产要素租金对社会分层和社会结构的调整效应增强。在当前收入不平等不断加剧、经济发展方式转变以及全球经济下行压力增大的背景下，如何在深化金融开放改革的基础上，发展和完善有助于优化经济结构调整、转变增长动力、提升经济竞争力的金融开放体系，揭示金融开放对收入不平等的影响效应，探索其背后深层次的原因，理解金融开放对要素租金的影响效应，对降低金融开放带来的诸如宏观经济波动、金融风险等负面影响，增加金融开放对社会福利、缓解收入不平等的积极影响具有重要的理论意义和现实意义。

第二节　金融发展与经济结构的理论基础

一　相关理论分析

（一）金融发展

1. 金融中介理论

金融机构作为信用中介，基于其所提供的产品和服务为整个经济社会承担作用。金融中介理论认为，金融中介通过提供资金等生产要素帮助企业等市场主体进行生产经营活动，扩大其生产从而提高整体产出。

2. 金融功能理论

金融功能理论是将金融中介视为整体，对其功能与作用进行分析有时也被称为功能主义金融观点。金融功能理论其实是金融中介理论的范围扩大与理论视角延伸。

3. 金融抑制理论和金融深化理论

一些发展中国家应实现金融自由化发展，而不是加以抑制，因为国家的政策干预可能会导致整个金融市场的资源配置效率不高，甚至可能会造成价格扭曲，最终成为阻碍经济增长的原因。

4. 金融结构理论与最优金融结构理论

金融结构理论实质是对金融体系分层及效应的范式研究，金融结构不是固定不变的。林毅夫等（2009）认为，最优的金融结构应与当前经济发展所处的产业结构的融资需求相匹配，此时的金融体系的效率最高。因此，金融结构是动态的演变的，没有绝对最优金融结构，而只有适应特定经济发展阶段的金融结构。

（二）经济结构

目前，经济学界对经济结构还未形成一致的定义，立足中国实际，可以借鉴一些政策观点梳理经济结构理论。

党的十八大以来，党中央立足我国经济转型升级的时代特征和基本国情，将马克思主义政治经济学理论同中国特色社会主义实践有机结合，创新发展了当代中国马克思主义政治经济学，形成了一系列新思想新理论。我国步入经济新常态阶段，以习近平为核心的党中央在综合研判世界经济走势、正确评估中国经济新常态发展形势的基础上做出供给侧结构性改革这一重大理论创新。2015 年 11 月，习近平首次提出"在适度扩大总需求的同时，着力加强供给侧结构性改革。"这一论断不仅明确了供给侧是当前我国经济结构性矛盾的主要方面，而且也指出了需求管理在结构性改革中发挥的作用，是对当前社会经济结构发展的深刻认识。

二　经济结构与经济发展的理论逻辑

（一）理想状态下经济结构与经济发展的演进路径

依循经济现象的一般规律，本部分通过设定假设条件，构建经济结构发展的理想模型，在现实条件下解释客观经济现象，推论出符合中国现实的路径走向。

理论模型主要刻画经济结构变化如何影响经济增长，因此考虑使用能够体现经济结构及其生产要素的变化生产函数模型。参考 Kongsamut 等（2001）、黄宗晔和游宇（2018）的研究思路，对索洛—斯旺模型（Solow-Swan Model）进行拓展。模型用技术进步率表示技术因素对经济增长的贡献水平（Solow，1956，1957；Swan，1956），提高技术进步率可以极大提高生产效率和产出水平是一国经济实现跨越发展的重要途径。在技术进步的推动下，资源和要素从低生产率部门向高生产率部门转移，从而使高生产率的部门得到优先发展，低生产率部门不断淘汰和退出，最终带来经济结构的优化和升级（何德旭和姚战琪，2008）。Bulman 等（2017）研究发现，技术进步率的增长是经济增长的源泉，由于物质资本积累限制和资本边际报酬递减，只有通过教育、研发、改革和创新等方式提高技术进步率才能实现经济体从低收入到中等收入再到高收入阶段的跨越发展。

根据索洛—斯旺模型的研究范式，进行如下基本假设：经济体使用劳动力和资本两种生产要素进行生产，最初阶段生产部门包括传统农业、工业和服务业，传统农业不含资本，仅使用基本技能生产维持生存的农产品，不进行进出口贸易；工业的发展推动发展阶段的转变，农业技术得以发展，资本进入农业，生产部门转变为传统农业、现代农业、工业和服务业，开始进行进出口贸易；最终，传统农业被完全取代，生产部门转变为现代农业、工业和服务业。因此模型包括四个部门：传统农业（0）、现代农业（1）、工业（2）、金融业与服务业（3）；三种产品：农产品（1）、工业品（2）、金融与服务（3）；两种生产要素：劳动力（L）、资本（K）。

（1）生产。假设在 t 时刻出生的不考虑性别的经济当事人在 $[t, t+1)$ 时期存活，在 $t+1$ 时刻生下一个后代后死亡，则人口规模保持不变；假设劳动力供给无弹性，劳动参与率为 1，则劳动力供给等于人口数量，将其标准化为 1；假设生产函数为 Cobb-Douglas 形式，则四部门的生产函数分别为：

传统农业（0）：

$$Y_{0,t} = B_0 L_{0,t} \tag{2.1}$$

现代农业（1）：

$$Y_{1,t} = B_1 (\phi_{1,t} K_t)^\alpha (A_t L_{1,t})^{1-\alpha} \tag{2.2}$$

工业（2）：

$$Y_{2,t} = B_2 (\phi_{2,t} K_t)^\alpha (A_t L_{2,t})^{1-\alpha} \tag{2.3}$$

金融业与服务业（3）：

$$Y_{3,t} = B_3 (\phi_{3,t} K_t)^\alpha (A_t L_{3,t})^{1-\alpha} \tag{2.4}$$

其中，B_i 为部门相对生产效率；$\phi_{i,t}$ 为各部门资本分布；A_t 为外生的技术进步，满足 $\dfrac{A_{t+1}}{A_t} = 1+g$（$A_t > 0$，$g > 0$），为简化分析，本书假定现代农业、工业和服务业有共同的技术进步率。

（2）消费。假设经济当事人无限期最大化其总效用，遵循终生效用收敛，则瞬时效用函数为：

$$U = \int_0^\infty e^{-\rho t} \frac{\left[(C_{1,t} - \overline{C}_1)^{\gamma_1} C_{2,t}^{\gamma_2} (C_{3,t} + \overline{C}_3)^{\gamma_3} \right] - 1}{1 - \sigma} \mathrm{d}t \tag{2.5}$$

其中，$\overline{C}_1$ 为维持基本生存的农产品需求；$\overline{C}_3$ 为家庭（非市场）供给的金融与服务的需求；ρ 为贴现率；σ 为相对风险规避系数；γ_i 为产品需求的收入弹性，满足 $\sum_{i=1}^{3} \gamma_i = 1$；$\overline{C}_1$，$\overline{C}_3$，$\rho$，$\sigma$，$\gamma_i$ 均大于 0。

（3）市场均衡。当竞争市场达到均衡时，市场出清的条件为：

农产品的生产与消费均衡：

$$Y_{0,t} + Y_{1,t} = C_{1,t} \tag{2.6}$$

工业品的生产与消费均衡：

$$Y_{2,t} = C_{2,t} + \dot{K}_t + \delta K_t \tag{2.7}$$

金融与服务的生产与消费均衡：

$$Y_{3,t} = C_{3,t} \tag{2.8}$$

四部门劳动力总和为1：

$$\sum_{i=0}^{3} L_{i,t} = 1 \tag{2.9}$$

四部门资本分布总和为1：

$$\sum_{i=1}^{3} \phi_{i,t} = 1 \tag{2.10}$$

其中，δ 为资本折旧率，$(\dot{K}_t + \delta K_t)$ 为投资。

劳动力与资本可以在部门间自由流动，因此，市场出清时现代农业、工业和服务业三部门的边际转化率相等：

$$\frac{\phi_{1,t}}{L_{1,t}} = \frac{\phi_{2,t}}{L_{2,t}} = \frac{\phi_{3,t}}{L_{3,t}} = \frac{1}{1-L_{0,t}} \tag{2.11}$$

人均资本相同：

$$k_{i,t} = \frac{\phi_{i,t} K_t}{A_t L_{i,t}} = \frac{K_t}{A_t(1-L_{0,t})} \equiv k_t (i = 1, 2, 3) \tag{2.12}$$

劳动的边际产量（工资率，与产品价格成反比）为：

传统农业：

$$w_0 = \frac{\partial Y_{0,t}}{\partial L_{0,t}} = B_0 \tag{2.13}$$

现代农业、工业、金融业与服务业三部门：

$$w_i = \frac{\partial Y_{i,t}}{\partial L_{i,t}} = B_i(1-\alpha) k_t^{\alpha} A_t (i = 1, 2, 3) \tag{2.14}$$

资本的边际产量（利率）为：

$$r_t = \frac{\partial Y_{2,t}}{\partial \phi_{2,t} K_t} = B_2 \alpha k_t^{\alpha-1} \tag{2.15}$$

由式（2.15）可推出：

$$k_t = \left(\frac{r}{B_2 \alpha}\right)^{\frac{1}{\alpha-1}} \tag{2.16}$$

各产品对于工业品的相对价格可表示为（$p_{2,t} = p_2 = 1$）：

传统农业相对价格：

$$p_{0,t} = \frac{P_{0,t}}{P_{2,t}} = \frac{B_2}{B_0}(1-\alpha)k_t^\alpha A_t \tag{2.17}$$

现代农业相对价格：

$$p_{1,t} = \frac{P_{1,t}}{P_{2,t}} = \frac{B_2}{B_1} \equiv p_1 \tag{2.18}$$

金融业与服务业相对价格：

$$p_{3,t} = \frac{P_{3,t}}{P_{2,t}} = \frac{B_2}{B_3} \equiv p_3 \tag{2.19}$$

利用相对价格，写出以工业表示的生产约束为：

$$p_1 C_{1,t} + C_{2,t} + \dot{K}_t + \delta K_t + p_3 C_{3,t} = B_2 K_t^\alpha [A_t(1-L_{0,t})]^{1-\alpha} = B_2 k_t^\alpha A_t(1-L_{0,t}) \tag{2.20}$$

在此基础上，得到消费分布：

$$\frac{p_1(C_{1,t} - \overline{C_1})}{\gamma_1} = \frac{C_{2,t}}{\gamma_2} = \frac{p_3(C_{3,t} + \overline{C_3})}{\gamma_3} \tag{2.21}$$

根据以上市场出清的相关条件可以分别揭示经济结构演进过程：

（1）最初阶段：（0+2+3）模式。

最初阶段经济体为生存型社会，生产部门包括传统农业、工业和服务业，传统农业不含资本，仅使用基本技能生产维持生存的农产品，且为封闭经济，不进行进出口贸易。

此时的农业劳动力为：

$$L_{0,t} = \frac{\overline{C_1}}{B_0} \equiv \overline{L_0} \tag{2.22}$$

农业人均产值为：

$$\frac{p_{0,t}\overline{C_1}}{\overline{L_0}} = B_2(1-\alpha)k_t^\alpha A_t \tag{2.23}$$

非农部门人均产值为：

$$\frac{B_2 k_t^\alpha A_t(1-\overline{L_0})}{1-\overline{L_0}} = B_2 k_t^\alpha A_t \tag{2.24}$$

比较式（2.23）和式（2.24）可得出结论Ⅰ：在最初阶段，经济体农业人均产值低于非农部门人均产值，非农部门是经济体发展的主要推力。

（2）发展阶段：（0+1+2+3）模式。

非农部门的发展推动阶段转变，经济体转向发展型社会。农业技术开始进行转变，资本进入农业，生产部门转变为传统农业、现代农业、工业、金融业与服务业，并逐渐成为开放经济体。

随着资本进入农业，k_t 开始减小。假设 q 时刻时，传统农业与现代农业价格相同，达到均衡。

$$\frac{P_{0,t}}{P_{1,t}}=\frac{P_{0,t}P_{2,t}}{P_{2,t}P_{1,t}}=\frac{B_1}{B_0}(1-\alpha)k_t^{\alpha}A_t=1 \tag{2.25}$$

可推出：

$$k_q=\left[\frac{B_0}{B_1(1-\alpha)A_t}\right]^{\frac{1}{\alpha}} \tag{2.26}$$

最初阶段总产出由式（2.20）给出，而 q 时刻及其以后的总产出为：

$$B_2 k_{q+}^{\alpha} A_t(1-L_{0,q+}) \tag{2.27}$$

比较式（2.20）和式（2.27），$k_{q+}^{\alpha}<k_t^{\alpha}$，为保证总产出增长，需使 $L_{0,q+}$ 减少，由此可得出结论Ⅱ：进入发展阶段后，经济增长必然伴随传统农业就业减少，技术进步成为持续增长的动力。

（3）最终阶段：（1+2+3）模式。

传统农业就业持续减少，最终传统农业被现代农业取代，生产部门转变为现代农业、工业、金融业与服务业，同时，随着开放程度的加深，对外贸易结构与其经济的联系越发紧密。

在开放经济中，产品可进行跨国贸易，资本和劳动力能够在各经济体间自由流动，因此，世界相对价格 p_i^*、世界利率 r^*、世界工资率 w_i^* 外生决定（Timothy 等，2013；张建华等，2018）。依照 Kongsamut 等（2001）的限制假定：Ⅰ. 令 $\dfrac{\overline{C_1}}{\overline{C_3}}=\dfrac{B_1}{B_3}$；Ⅱ. 给定 $r^*=g\sigma+\rho$，推导出最终阶段的平衡增长路径：

国内市场

将式（2.20）生产约束改写为：

$$p_1(C_{1,t}-\overline{C}_1)+C_{2,t}+\dot{K}_t+\delta K_t+p_3(C_{3,t}-\overline{C}_3)=B_2k_t^{\alpha}A_t \tag{2.28}$$

推导出三部门劳动增长率为：

现代农业劳动增长率：

$$\frac{\dot{L}_{1,t}}{L_{1,t}}=-g\frac{\overline{C}_1}{B_1\phi_{1,t}K_t} \tag{2.29}$$

工业劳动增长率：

$$\frac{\dot{L}_{2,t}}{L_{2,t}}=0 \tag{2.30}$$

金融业与服务业劳动增长率：

$$\frac{\dot{L}_{3,t}}{L_{3,t}}=g\frac{\overline{C}_3}{B_3\phi_{3,t}K_t} \tag{2.31}$$

三部门产出增长率（以均衡时的消费表示）为：

现代农业产出增长率：

$$\frac{\dot{C}_{1,t}}{C_{1,t}}=g\frac{C_{1,t}-\overline{C}_1}{C_{1,t}} \tag{2.32}$$

工业产出增长率：

$$\frac{\dot{C}_{2,t}}{C_{2,t}}=g \tag{2.33}$$

金融业与服务业产出增长率：

$$\frac{\dot{C}_{3,t}}{C_{3,t}}=g\frac{C_{3,t}+\overline{C}_3}{C_{3,t}} \tag{2.34}$$

开放市场

将式（2.28）改写为世界价格决定的生产约束：

$$p_1^*(C_{1,t}^*-\overline{C}_1)+p_2^*C_{2,t}^*+p_3^*(C_{3,t}-\overline{C}_3)=B_2k_t^{\alpha}A_t-(\dot{K}_t+\delta K_t)=C_{D,t}+X_t \tag{2.35}$$

其中，$C_{D,t}$ 表示国内总需求，$X_t>0$ 表示出口，$X_t<0$ 表示进口。

推导出进出口为：

$$X_t = \sum_{i=1,2,3} \frac{p_i^* - p_i}{p_i^* p_i} B_i \left[B_2 k_t^\alpha A_t - (\dot{K}_t + \delta K_t) \right] \tag{2.36}$$

比较式（2.29）至式（2.34），$-g\dfrac{\overline{C_1}}{B_1\phi_{1,t}K_t} < 0 < g\dfrac{\overline{C_3}}{B_3\phi_{3,t}K_t}$；$g\dfrac{C_{1,t} - \overline{C_1}}{C_{1,t}} <$

$g < g\dfrac{C_{3,t} + \overline{C_3}}{C_{3,t}}$，由此可得出结论Ⅲ：继续削减农业就业、稳定工业就业、增加服务业就业成为经济体达到最终阶段平衡增长路径的必然选择，此阶段下工业产出增长高于农业产出增长，低于服务业产出增长；由式（2.36）可得出结论Ⅳ：开放经济中经济体面临世界产品价格影响而进行进出口选择，并且可以通过调整国内各部门生产以适应贸易影响。

上述理论模型的三种阶段推导得到了以下结论：

结论Ⅰ：在最初阶段，经济体农业人均产值低于非农部门人均产值，非农部门是经济体发展的主要推力；

结论Ⅱ：进入发展阶段后，经济增长必然伴随着传统农业就业减少，技术进步成为持续增长的动力；

结论Ⅲ：继续削减农业就业、稳定工业就业、增加服务业就业成为经济体达到最终阶段平衡增长路径的必然选择，此阶段下工业产出增长高于农业产出增长，低于服务业产出增长；

结论Ⅳ：开放经济中经济体面临世界产品价格影响而进行进出口选择，并且可以通过调整国内各部门生产以适应贸易影响。

由此得出以下理论命题：

经济结构的演变重新配置了结构要素，推进平衡增长路径的实现；经济结构均衡发展会对经济产生正向影响。

（二）经济结构与经济增长的逻辑关系

上述理论模型从狭义经济结构切入，描述了由最初阶段过渡到发展阶段最终到达平衡增长路径时经济结构的演进，及其演进对经济增长的影响。一般均衡路径固然可以揭示经济结构在不同发展阶段下的演进规律，但各国的经济增长却有其特有的演进路径。

基于理论模型、现有文献研究以及中国现实，将经济结构的内涵拓展为：产业结构、人口结构、投资消费结构、进出口结构、城乡收入结构和金融结构六个方面。

绘制结构性路径关系,如图2.1所示,以厘清经济结构与经济增长的内在逻辑:理论模型刻画了生产、分配与消费视角下的经济增长,生产视角下以产业结构作为切入点,关注生产要素配置,其中劳动力要素涉及人口结构,资本要素涉及投资消费结构与金融结构;分配视角涉及城乡收入结构;消费视角涉及投资消费结构,同时还考虑开放经济所涉及进出口结构,如图2.2所示。

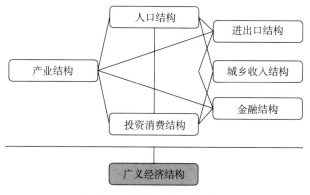

图2.1 广义经济结构的构成

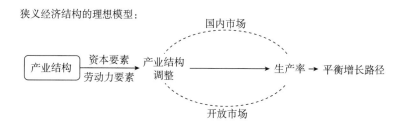

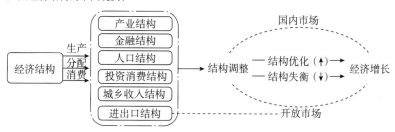

图2.2 经济结构与经济增长的路径关系

三 金融发展与经济结构的内在逻辑

（一）金融发展与经济结构

随着社会的发展，我国生产要素禀赋发生了重大变化，借助于各种生产要素，我国实现了经济的高速增长，但面临着动力不足的问题。金融发展一方面通过提供资金等生产要素帮助企业等市场主体进行生产经营活动，从而优化经济结构；另一方面作用于生产要素禀赋优化，使金融结构与当前经济发展所处的经济结构相匹配。

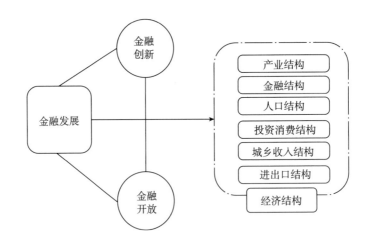

图 2.3　金融发展与经济结构的路径关系

（二）金融创新与经济结构

金融创新对产业结构、经济结构均具有重要作用。技术进步率的增长是经济增长的源泉，在技术进步的推动下，资源和要素从低生产率部门向高生产率部门转移，从而使高生产率的部门得到优先发展，而金融创新加快了金融业技术进步。金融创新推动金融业与服务业技术进步，推动经济结构发展，成为持续增长的动力。

（三）金融开放与经济结构

金融开放降低了金融业垄断和准入壁垒，逐步取消对资本账户的管制，逐渐实现金融服务国际化和要素跨境自由流动。金融开放有助于减少交易成本、扩大投资规模、促进资本积累、增加劳动力就业人数，股票市场开放能够促进技术变革、提升劳动生产率和市场透明度，资本账户开放具有潜在的长期增长效应，但也会增加外生性经济波动风险。金融开放程度在一国经济发展的不同阶段对产业结构转型速度的影响不同，前期仍以服务制造业为主导，后期随金融开放程度增加会加速产业结构向服务化转变。

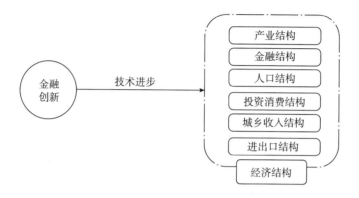

图 2.4 金融创新与经济结构的路径关系

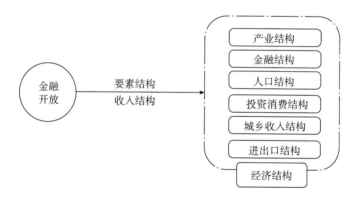

图 2.5 金融开放与经济结构的路径关系

第三章

金融创新与经济结构

——基于狭义与广义结构的视角

第一节 经济结构发展现状

前文构建了理想状态下经济结构与经济发展的演进路径。基于理论模型、现有文献研究以及中国现实，将经济结构的内涵拓展为：狭义经济结构，即产业结构；广义经济结构，即产业结构、人口结构、投资消费结构、进出口结构、城乡收入结构和金融结构六个方面。

表 3.1　　　　　　　　　　狭义经济结构的衡量

狭义经济结构	代理指标	指标属性
产业结构	产业对比指数	正指标
	第三产业产值比第二产业产值	正指标
	单位 GDP 能源消耗	逆指标

表 3.2　　　　　　　　　　广义经济结构的衡量

广义经济结构	代理指标	指标属性
产业结构	产业对比指数	正指标
	第三产业产值比第二产业产值	正指标
	单位 GDP 能源消耗	逆指标

续表

广义经济结构	代理指标	指标属性
人口结构	少儿抚养比	正指标
	老年抚养比	逆指标
	教育基尼系数	逆指标
	总人口参与率	正指标
投资消费结构	投资率	正指标
	消费率	正指标
	投资消费比	正指标
进出口结构	贸易顺差占比	正指标
	进出口总额占比	正指标
	外汇储备占比	正指标
城乡收入结构	城乡收入差距泰尔指数	逆指标
	城乡恩格尔指数比	正指标
金融结构	直接间接融资比	正指标
	M2 占比	正指标

由于各指标的单位属性不同，不可相互比较，无法直接进行计算分析，因此需要对原始数据进行标准化无量纲处理。指标分为正指标、逆指标和适度指标三类。正（逆）指标表示统计值与研究目的的测度指标正（负）相关，适度指标值则没有直接的正相关或负相关关系。正指标表示指标值越高，该项经济结构发展程度越超前；逆指标表示指标值越低，该项经济结构发展程度越滞后。不同属性指标采取以下处理方法：

正指标：

$$X(s)_i^+ = \frac{X_i - \min X_i}{\max X_i - \min X_i}$$

逆指标：

$$X(s)_i^- = \frac{\max X_i - X_i}{\max X_i - \min X_i}$$

其中，X_i 为原始数据，$\max X_i$、$\min X_i$ 为该数据对应指标的原始数据中的最大值和最小值，$X(s)_i$ 表示经处理后的无量纲数据。

经济指数合成时一般使用熵值法、主成分分析法、因子分析法、算术平均法和主观赋权法确定权重。熵值法虽然属于一种客观赋权的方法，但却不能很好地反映相关指标之间的关系。主成分分析法和因子分析法关注数据之间的关系，依据数据特征确定权重，其结果不依赖于主观判断，具有一定的客观性和较强的数学理论依据，但是当各分项指标之间相关系数较低时不能采用，二者的区别在于：主成分分析是利用降维，即线性变换的思想，在损失很少信息的前提下把多个指标转化为几个不相关的综合指标，即主成分，每个主成分都是原始变量的线性组合，使主成分比原始变量具有某些更优越的性能，从而达到简化系统结构，抓住问题实质的目的；而因子分析更倾向于从数据出发，描述原始变量的相关关系，是由研究原始变量相关矩阵内部的依赖关系出发，把错综复杂关系的变量表示成少数的公共因子和仅对某一个变量有作用的特殊因子线性组合而成。算术平均法不偏重特定部分的贡献使用等权重。主观赋权法则对各部分重要性有所取舍而进行主观赋权。已有研究通常使用因子分析法（钞小静等，2011；刘燕妮等，2014）和算术平均法（项俊波，2008；陶新宇等，2017）进行赋权。

因子分析是主成分分析的扩展。在主成分分析过程中，新变量是原始变量的线性组合，即将多个原始变量经过线性（坐标）变换得到新的变量。因子分析是对原始变量间的内在相关结构进行分组，相关性强的分在一组，组间相关性较弱，各组变量代表一个基本要素（公共因子）。通过原始变量之间的复杂关系对原始变量进行分解，得到公共因子和特殊因子，将原始变量表示成公共因子的线性组合，其中公共因子是所有原始变量中所共同具有的特征，而特殊因子则是原始变量所特有的部分。因子分析强调对新变量（因子）的实际意义的解释。

假定 p 个有相关关系的随机变量含有 m 个彼此独立的因子，标准化处理的观测值可表示为：

$$x_i = \sum_{j=1}^{m} a_{i,j}F_j + c_i U_i \ (i = 1, \ 2, \ \cdots, \ p)$$

其中，F_j 为公共因子。

综合因子得分为：

$$Factor = \sum_{j=1}^{m} \left(\frac{v_j}{\sum_{j=1}^{m} v_j} \right) F_j$$

其中，$v_j = \sum_{i=1}^{p} a_{i,j}^2$ 表示 F_j 的贡献度。

一 狭义经济结构

1997—2017 年随着经济增长，狭义经济结构即产业结构发展水平也发生了变化。

表 3.3　　　　　　狭义经济结构（产业结构）发展原始值

年份	狭义经济结构（产业结构）		
	产业对比指数	第三产业产值比第二产业产值	单位 GDP 能耗
1997	0.7320	0	0.1732
1998	0.6312	0.1193	0.1889
1999	0.4484	0.1950	0.2124
2000	0.2610	0.2374	0.2613
2001	0.1661	0.3221	0.3127
2002	0.0741	0.3770	0.3143
2003	0	0.3238	0.1895
2004	0.2201	0.2802	0.0466
2005	0.1638	0.2471	0
2006	0.1422	0.2475	0.0693
2007	0.2037	0.3117	0.1870
2008	0.2832	0.3077	0.3308
2009	0.3036	0.4056	0.4221
2010	0.3585	0.3762	0.4848
2011	0.4941	0.3796	0.5254
2012	0.5981	0.4686	0.5994
2013	0.7829	0.5784	0.673054
2014	0.9257	0.6671	0.7620
2015	1	0.8808	0.8598
2016	0.9896	1	0.9420
2017	0.8714	0.9697	1

随后进行因子分析，得到代理指标权重，如表 3.4 所示，进一步得到因子得分，并将因子得分标准化，如表 3.5 所示。

表 3.4　　　　　　　狭义经济结构（产业结构）代理指标权重

狭义经济结构	代理指标	权重
产业结构	产业对比指数	0.3941
	第三产业产值比第二产业产值	0.3001
	单位 GDP 能源消耗	0.3058

表 3.5　　　　　　　狭义经济结构（产业结构）因子得分

年份	狭义经济结构（产业结构）	
	因子得分	标准化因子得分
1997	−0.5673	0.1580
1998	−0.4931	0.1821
1999	−0.5545	0.1622
2000	−0.6337	0.1365
2001	−0.5548	0.1621
2002	−0.5761	0.1552
2003	−0.8847	0.0552
2004	−0.8917	0.0529
2005	−1.055	0
2006	−0.9894	0.0212
2007	−0.6884	0.1188
2008	−0.4274	0.2034
2009	−0.1577	0.2908
2010	−0.0598	0.3225
2011	0.1398	0.3872
2012	0.4638	0.4922
2013	0.9011	0.6340
2014	1.2850	0.7584

续表

年份	狭义经济结构（产业结构）	
	因子得分	标准化因子得分
2015	1.7761	0.9176
2016	2.0303	1
2017	1.9378	0.9699

图 3.1 展示了狭义经济结构（产业结构）标准化因子得分，可以看出，狭义经济结构（产业结构）标准化因子得分在 2002 年前较低且趋势平稳，2002 年后小幅度下降，2006 年前后开始回升并且迅速向上偏离。

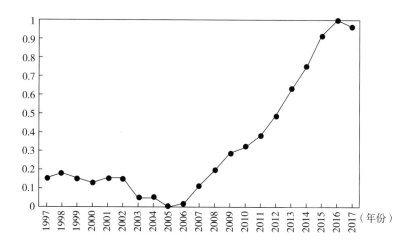

图 3.1 狭义经济结构（产业结构）标准化因子得分

二 广义经济结构

1997—2017 年由产业结构、人口结构、投资消费结构、进出口结构、城乡收入结构和金融结构共同衡量的广义经济结构发展水平发生急剧变化，如表 3.6 所示。

随后进行因子分析，得到代理指标权重，如表 3.7 所示，进一步得到因子得分，并将因子得分标准化，如表 3.8 所示。

表3.6 广义经济结构发展原始值

年份	产业结构		人口结构					投资消费结构			进出口结构			城乡收入结构		金融结构	
	产业对比指数	第三产业比第二产业产值	单位GDP能耗	少儿抚养比	老年抚养比	教育基尼系数	总人口参与率	投资率	消费率	投资消费比	贸易顺差占比	进出口总额占比	外汇储备占比	城乡收入差距指数	城乡恩格尔指数比	直接间接融资比	M2占比
1997	0.7321	0	0.1733	1	1	0	0.4880	0.1551	0.7447	0.1611	0.4475	0.0707	0.0267	0.9443	0.3626	0	0
1998	0.6312	0.1194	0.1889	0.9695	0.9677	0.0635	0.5983	0.1049	0.7973	0.1169	0.4499	0	0.0125	0.8829	0.2958	0.0451	0.0902
1999	0.4485	0.1950	0.2125	0.9390	0.9194	0.0952	0.7082	0.0466	0.9368	0.0420	0.1922	0.0457	0.0140	0.6910	0.0127	0.0894	0.1934
2000	0.2611	0.2375	0.2614	0.6402	0.9677	0.5714	0.7994	0	1.0000	0	0.0779	0.2337	0	0.5091	0.0287	0.2284	0.2130
2001	0.1661	0.3222	0.3127	0.6037	0.9355	0.4603	0.9276	0.1480	0.8913	0.1069	0.0267	0.1997	0.0650	0.3723	0.0163	0.2677	0.3037
2002	0.0741	0.3770	0.3144	0.5976	0.8871	0.4444	0.9348	0.1919	0.8286	0.1502	0.0910	0.3268	0.1738	0.1202	0.1333	0.1935	0.4013
2003	0	0.3238	0.1895	0.5671	0.8387	0.4762	0.9436	0.4571	0.6329	0.3628	0	0.6042	0.3179	0	0.1147	0.1595	0.4966
2004	0.2201	0.2802	0.0467	0.5000	0.8387	0.5714	1	0.6232	0.4478	0.5377	0.0210	0.8408	0.5246	0.0510	0	0.1608	0.4545
2005	0.1638	0.2472	0	0.3659	0.8387	0.3968	0.9666	0.5049	0.3894	0.4997	0.4913	0.9442	0.6740	0.0604	0.0607	0.2021	0.4808
2006	0.1423	0.2476	0.0693	0.3171	0.7903	0.5873	0.9285	0.4670	0.2659	0.5400	0.8263	1	0.7648	0.0321	0.2609	0.3803	0.4595
2007	0.2037	0.3118	0.1870	0.2866	0.7742	0.6984	0.9016	0.5064	0.1434	0.6299	1	0.9244	0.9126	0.0191	0.3355	1	0.3727
2008	0.2833	0.3077	0.3308	0.2378	0.7419	0.7619	0.8188	0.6384	0.0700	0.7547	0.8347	0.7576	0.9218	0.0670	0.5287	0.9899	0.3665

续表

年份	产业结构			人口结构				投资消费结构			进出口结构			城乡收入结构		金融结构	
	产业对比指数	第三产业产值比第二产业产值	单位GDP能耗	少儿抚养比	老年抚养比	教育基尼系数	总人口参与率	投资率	消费率	投资消费比	贸易顺差占比	进出口总额占比	外汇储备占比	城乡收入差距指数	城乡恩格尔指数比	直接间接融资比	M2占比
2009	0.3037	0.4057	0.4222	0.1951	0.6935	0.8095	0.7574	0.8677	0.0841	0.8885	0.3865	0.3557	0.9975	0.0905	0.7058	0.6402	0.6432
2010	0.3585	0.3762	0.4849	0.0122	0.6452	1	0.7065	0.9539	0	1	0.2435	0.5293	1	0.2464	0.5390	0.6725	0.6530
2011	0.4942	0.3796	0.5255	0	0.5806	0.9206	0.6772	0.9558	0.0701	0.9527	0.0895	0.5133	0.8796	0.3897	0.7696	0.5324	0.6351
2012	0.5981	0.4686	0.5995	0.0061	0.5161	0.9365	0.6221	0.9144	0.1299	0.8876	0.1952	0.4176	0.7467	0.4525	0.9440	0.4598	0.7012
2013	0.7829	0.5785	0.6731	0.0061	0.4516	0.9524	0.5615	1	0.0511	0.9933	0.1968	0.3623	0.7996	0.7782	1	0.4265	0.7607
2014	0.9258	0.6671	0.7621	0.0244	0.3548	0.8889	0.4896	0.8882	0.1873	0.8354	0.3551	0.2908	0.6882	0.8619	0.7260	0.4876	0.8122
2015	1	0.8809	0.8598	0.0305	0.2581	0.4921	0.3838	0.8742	0.2539	0.7867	0.6370	0.1257	0.4920	0.9148	0.7811	0.6408	0.9321
2016	0.9897	1	0.9421	0.0488	0.1452	0.5397	0.2119	0.8313	0.2924	0.7391	0.4960	0.0372	0.3959	0.9595	0.8577	0.6961	1
2017	0.8715	0.9698	1	0.0793	0	0.3016	0	0.7660	0.2983	0.6976	0.3195	0.0610	0.3581	1	0.9096	0.6920	0.9733

表 3.7　　　　　　　　广义经济结构代理指标权重

广义经济结构	一级权重	代理指标	二级权重
产业结构	0.1920	产业对比指数	0.3941
		第三产业产值比第二产业产值	0.3001
		单位 GDP 能源消耗	0.3058
人口结构	0.2565	少儿抚养比	0.2900
		老年抚养比	0.2481
		教育基尼系数	0.2621
		总人口参与率	0.1998
投资消费结构	0.1910	投资率	0.3601
		消费率	0.2907
		投资消费比	0.3492
进出口结构	0.1388	贸易顺差占比	0.2457
		进出口总额占比	0.3283
		外汇储备占比	0.4260
城乡收入结构	0.1108	城乡收入差距泰尔指数	0.4680
		城乡恩格尔指数比	0.5320
金融结构	0.1109	直接间接融资比	0.3957
		M2 占比	0.6043

图 3.2 展示了各结构标准化因子得分，可以看出，产业结构因子得分在 2002 年前较低且趋势平稳，2002 年后小幅度下降，2006 年前后开始回升并且迅速向上偏离；人口结构因子得分初始值很高，2004 年之后迅速下降至低位；投资消费结构因子得分初始值较低且呈下降趋势，2000 年后逐渐上升，于 2010 年达到最高水平，随后在波动中缓慢回落；进出口结构得分初始值较低，2001 年之后迅速上升，于 2007 年达到历史最高水平，之后开始持续下降；城乡收入结构得分初始值较高但持续下降，2005 年之后开始上升；金融结构得分初始值很低，随后迅速上升，2007 年后上升趋势有所平稳。

表3.8 广义经济结构因子得分

年份	产业结构		人口结构		投资消费结构		进出口结构		城乡收入结构		金融结构	
	因子得分	标准化因子得分	因子得分	标准化因子得分	因子得分	标准化因子得分	因子得分	标准化因子得分	因子得分	标准化因子得分	因子得分	标准化因子得分
1997	-0.5673	0.1581	0.3474	0.8558	-1.1405	0.1936	-0.9590	0.1093	0.6237	0.6665	-1.8729	0
1998	-0.4931	0.1821	0.4472	0.8961	-1.2868	0.1438	-1.0697	0.0760	0.4188	0.5974	-1.6046	0.0800
1999	-0.5546	0.1622	0.5263	0.9280	-1.5587	0.0514	-1.3218	0	-0.3443	0.3400	-1.3117	0.1673
2000	-0.6337	0.1366	0.5987	0.9571	-1.7099	0	-1.2252	0.0291	-0.5985	0.2542	-1.0029	0.2593
2001	-0.5549	0.1621	0.7051	1	-1.3484	0.1229	-1.2517	0.0211	-0.8298	0.1762	-0.7448	0.3362
2002	-0.5762	0.1552	0.6578	0.9809	-1.1990	0.1737	-0.8629	0.1383	-1.0254	0.1102	-0.6927	0.3517
2003	-0.8848	0.0552	0.6050	0.9597	-0.5291	0.4014	-0.4163	0.2729	-1.2415	0.0373	-0.5676	0.3890
2004	-0.8917	0.0530	0.6554	0.9800	-0.0051	0.5795	0.1916	0.4561	-1.3521	0	-0.6496	0.3646
2005	-1.0551	0	0.5362	0.9320	-0.1013	0.5468	1.0973	0.7291	-1.2376	0.0386	-0.5168	0.4041
2006	-0.9895	0.0213	0.4267	0.8878	0.0251	0.5898	1.6985	0.9102	-0.9507	0.1354	-0.2139	0.4944
2007	-0.6885	0.1188	0.3690	0.8646	0.2766	0.6753	1.9964	1	-0.8477	0.1702	0.8137	0.8007
2008	-0.4274	0.2034	0.2085	0.7999	0.6051	0.7870	1.5795	0.8744	-0.4549	0.3027	0.7817	0.7911

续表

年份	产业结构		人口结构		投资消费结构		进出口结构		城乡收入结构		金融结构	
	因子得分	标准化因子得分	因子得分	标准化因子得分	因子得分	标准化因子得分	因子得分	标准化因子得分	因子得分	标准化因子得分	因子得分	标准化因子得分
2009	-0.1577	0.2908	0.0600	0.7401	0.9510	0.9045	0.5817	0.5737	-0.1262	0.4135	0.6586	0.7544
2010	-0.0599	0.3225	-0.1279	0.6644	1.2319	1	0.6448	0.5927	-0.1612	0.4017	0.7409	0.7790
2011	0.1398	0.3873	-0.2483	0.6158	1.1161	0.9607	0.2818	0.4833	0.4404	0.6046	0.4332	0.6873
2012	0.4639	0.4923	-0.3864	0.5602	0.9504	0.9043	0.1135	0.4326	0.8249	0.7343	0.4250	0.6848
2013	0.9012	0.6340	-0.5343	0.5006	1.2194	0.9958	0.1076	0.4308	1.4196	0.9349	0.4799	0.7012
2014	1.2851	0.7584	-0.7300	0.4217	0.8149	0.8583	0.0637	0.4175	1.0965	0.8260	0.7017	0.7673
2015	1.7762	0.9176	-1.0024	0.3120	0.6856	0.8143	-0.0629	0.3794	1.2689	0.8841	1.2392	0.9275
2016	2.0304	1	-1.3372	0.1771	0.5572	0.7707	-0.4774	0.2545	1.4644	0.9501	1.4826	1
2017	1.9378	0.9700	-1.7766	0	0.4454	0.7326	-0.7093	0.1846	1.6125	1	1.4210	0.9817

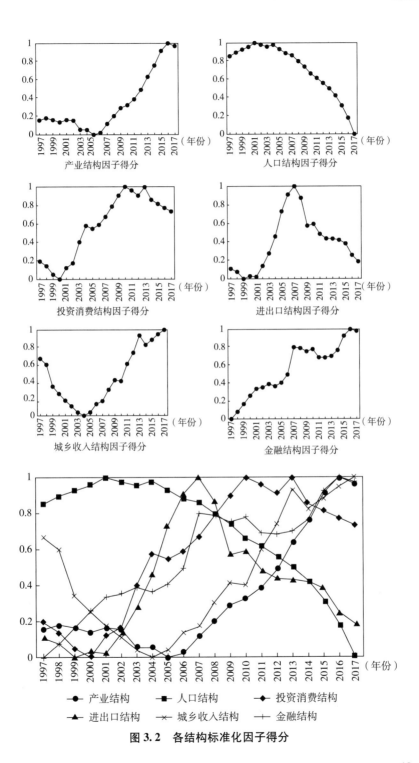

图 3.2　各结构标准化因子得分

第二节　金融创新对狭义与广义结构影响的机理分析

"着力加快建设实体经济、科技创新、现代金融、人力资源协同发展的产业体系"，把现代金融归入产业体系作为党的十九大提出的战略目标，强化了金融发展对产业结构、经济结构的重要作用。技术进步率的增长是经济增长的源泉，在技术进步的推动下，资源和要素从低生产率部门向高生产率部门转移，从而使高生产率的部门得到优先发展，而金融创新加快了金融业技术进步，假设发生技术进步后给定的经济变量之间的函数关系没有改变，即该技术进步是中性的，以便指出技术进步的特征，将技术进步的影响从其他因素再分离出来。

假定农业和工业外生的技术进步 A_t 保持不变，且依然满足 $\frac{A_{t+1}}{A_t} = 1 + g$（$A_t > 0$，$g > 0$），金融创新使金融业与服务业的技术进步增加为 A'_t（$A'_t > A_t > 0$），其他部门的生产函数保持不变，金融业与服务业生产函数变为：

$$Y_{3,t} = B_3(\phi_{3,t}K_t)^\alpha (A'_t L_{3,t})^{1-\alpha} \tag{3.1}$$

市场均衡时，金融业与服务业和前文模型设定相较，资本的边际产量（利率）不变：

$$r_t = \frac{\partial Y_{2,t}}{\partial \phi_{2,t}K_t} = B_2 \alpha k_t^{\alpha-1}$$

此时，如果假定资本—产出比（$Y_{i,t}/\phi_{i,t}K_t$）保持不变，即金融业与服务业的资本—产出比（$Y_{3,t}/\phi_{3,t}K_t$）保持不变，则该技术进步即为哈罗德中性技术进步。

图 3.3 中，T_0 曲线和 T_1 曲线分别描述技术进步前后的生产情况，a、d 两点资本—产出比相同，a 到 d 的变化用以描述哈罗德中性技术进步。哈罗德中性技术进步不影响资本的边际生产率，只是使每单位劳动由于配备了更多的资本从而提高了效率。技术进步以后，金融业与服务业 $L_{3,t}$ 数量的劳动力能够做相当于以前 A'_t 倍的工作，因此又被称为劳动增长型技术进步。哈罗德中性技术进步对产量增加的作用与人口增

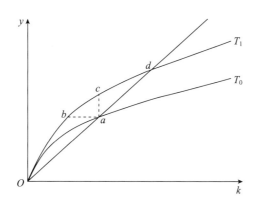

图 3.3 哈罗德中性技术进步

加相同，是纯粹的扩大劳动的技术进步，原本假定 $\dfrac{A_{t+1}}{A_t}=1+g$（$A_t>0$，

$g>0$）可改写为：

$$\frac{A'_t}{A_t}=1+g'\ (A'_t>A_t>0,\ g'>g>0) \tag{3.2}$$

因此，金融业与服务业劳动增长率变为：

$$\frac{\dot{L}_{3,t}}{L_{3,t}}=g'\frac{\overline{C_3}}{B_3\phi_{3,t}K_t} \tag{3.3}$$

金融业与服务业产出增长率为：

$$\frac{\dot{C}_{3,t}}{C_{3,t}}=g'\frac{C_{3,t}+\overline{C_3}}{C_{3,t}} \tag{3.4}$$

上述理论模型推导得到了以下结论：

金融创新推动金融业与服务业技术进步，推动经济结构发展，成为持续增长的动力。

第三节 金融创新对狭义与广义结构影响的实证分析

一 金融创新发展现状

基于数据可得性，本书以北京大学数字金融研究中心发布的"互联网金融发展指数"和"数字普惠金融指数"衡量广义金融创新。"互联网金融发展指数"及时、客观地记录和评价中国互联网金融的发展轨迹,帮助了解相关行业的整体发展状况和发展热点,展现各地区互联网金融发展概况,并为当地的互联网金融发展指明方向。"数字普惠金融指数"为国内创新性普惠金融研究以及统计指标体系设计提供重要参考,反映我国创新性互联网金融趋势下数字普惠金融发展程度和均衡程度,有助于更好地了解我国数字普惠金融的发展现状,识别普惠金融发展面临的"瓶颈"与障碍,以期制定相应政策,促进数字普惠金融健康可持续发展。

表 3.9　　　　　　　　全国互联网金融发展指数（*HJ*）

时间	互联网金融发展指数（*HJ*）
2014 年 1 月	100
2014 年 2 月	109.54
2014 年 3 月	129.03
2014 年 4 月	126.7
2014 年 5 月	130.71
2014 年 6 月	131.91
2014 年 7 月	135.77
2014 年 8 月	138.1
2014 年 9 月	149.95
2014 年 10 月	154.07
2014 年 11 月	181.95
2014 年 12 月	181.7
2015 年 1 月	190.28
2015 年 2 月	182.87
2015 年 3 月	214.28
2015 年 4 月	233.33
2015 年 5 月	267.5
2015 年 6 月	279.88
2015 年 7 月	289.66
2015 年 8 月	299.29
2015 年 9 月	316.34

续表

时间	互联网金融发展指数（*HJ*）
2015 年 10 月	326.6
2015 年 11 月	390.15
2015 年 12 月	385.99
2016 年 1 月	389.36
2016 年 2 月	353.73
2016 年 3 月	430.26

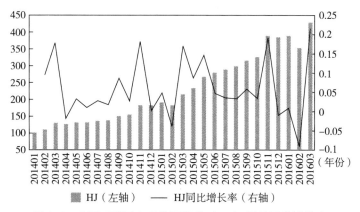

图 3.4　全国互联网金融发展指数（*HJ*）及其同比增长率

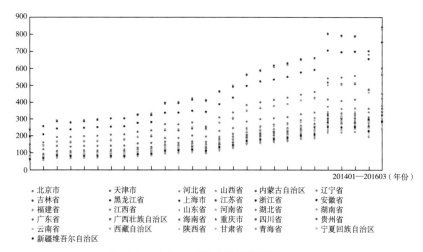

图 3.5　省级互联网金融发展指数（*HJ*）

表3.10　　　　　　　省级数字普惠金融指数（*SJP*）

年份 省级单位	2011	2012	2013	2014	2015	2016	2017	2018
北京市	79.41	150.65	215.62	235.36	276.38	286.37	329.94	368.54
天津市	60.58	122.96	175.26	200.16	237.53	245.84	284.03	316.88
河北省	32.42	89.32	144.98	160.76	199.53	214.36	258.17	282.77
山西省	33.41	92.98	144.22	167.66	206.3	224.81	259.95	283.65
内蒙古自治区	28.89	91.68	146.59	172.56	214.55	229.93	258.5	271.57
辽宁省	43.29	103.53	160.07	187.61	226.4	231.41	267.18	290.95
吉林省	24.51	87.23	138.36	165.62	208.2	217.07	254.76	276.08
黑龙江省	33.58	87.91	141.4	167.8	209.93	221.89	256.78	274.73
上海市	80.19	150.77	222.14	239.53	278.11	282.22	336.65	377.73
江苏省	62.08	122.03	180.98	204.16	244.01	253.75	297.69	334.02
浙江省	77.39	146.35	205.77	224.45	264.85	268.1	318.05	357.45
安徽省	33.07	96.63	150.83	180.59	211.28	228.78	271.6	303.83
福建省	61.76	123.21	183.1	202.59	245.21	252.67	299.28	334.44
江西省	29.74	91.93	146.13	175.69	208.35	223.76	267.17	296.23
山东省	38.55	100.35	159.3	181.88	220.66	232.57	272.06	301.13
河南省	28.4	83.68	142.08	166.65	205.34	223.12	266.92	295.76
湖北省	39.82	101.42	164.76	190.14	226.75	239.86	285.28	319.48
湖南省	32.68	93.71	147.71	167.27	206.38	217.69	261.12	286.81
广东省	69.48	127.06	184.78	201.53	240.95	248	296.17	331.92
广西壮族自治区	33.89	89.35	141.46	166.12	207.23	223.32	261.94	289.25
海南省	45.56	102.94	158.26	179.62	230.33	231.56	275.64	309.72
重庆市	41.89	100.02	159.86	184.71	221.84	233.89	276.31	301.53
四川省	40.16	100.13	153.04	173.82	215.48	225.41	267.8	294.3
贵州省	18.47	75.87	121.22	154.62	193.29	209.45	251.46	276.91
云南省	24.91	84.43	137.9	164.05	203.76	217.34	256.27	285.79
西藏自治区	16.22	68.53	115.1	143.91	186.38	204.73	245.57	274.33
陕西省	40.96	98.24	148.37	178.73	216.12	229.37	266.85	295.95
甘肃省	18.84	76.29	128.39	159.76	199.78	204.11	243.78	266.82
青海省	18.33	61.47	118.01	145.93	195.15	200.38	240.2	263.12
宁夏回族自治区	31.31	87.13	136.74	165.26	214.7	212.36	255.59	272.92
新疆维吾尔自治区	20.34	82.45	143.4	163.67	205.49	208.72	248.69	271.84

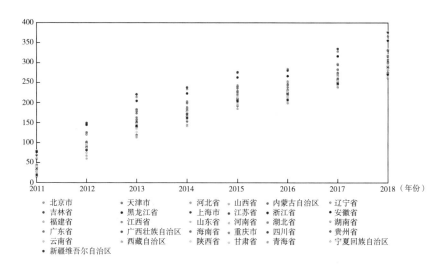

图 3.6 省级数字普惠金融指数（*SJP*）

重新计算"互联网金融发展指数"和"数字普惠金融指数"，使其与本书其他数据口径一致。其中，"互联网金融发展指数"月度数据只包含 2014 年 1 月至 2016 年 3 月，因此选取各年 1—3 月数据平均后标准化，作为 2014—2016 年年度数据；"数字普惠金融指数"省级数据按年度加总平均后标准化，得到 2011—2017 年年度数据。

表 3.11　　　　同口径全国互联网金融发展指数（*HJ*）和
数字普惠金融指数（*SJP*）

年份	互联网金融发展指数（*HJ*）	数字普惠金融指数（*SJP*）
2011	—	0
2012	—	0.2294
2013	—	0.4433
2014	0	0.5371
2015	0.2981	0.6918
2016	1	0.7318
2017	—	1

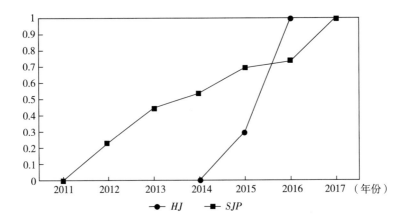

图 3.7 金融创新发展现状：互联网金融发展指数（**HJ**）和
数字普惠金融指数（**SJP**）

二 金融创新对狭义与广义结构影响机制分析

（一）互联网金融发展指数（**HJ**）

1. 数据拟合与模型设定

下列展示了互联网金融发展指数（**HJ**）分别与狭义经济结构
（XES）和广义经济结构（GES）的散点拟合图。由于国家层面样本量
少，无法进行数理分析，故选用省级层面数据，包括全国 30 个省
（市、区）。

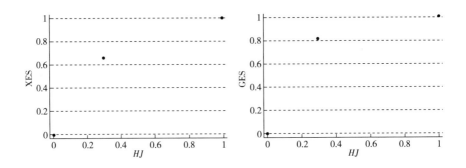

图 3.8 HJ 与 XES、GES 的散点图：国家层面

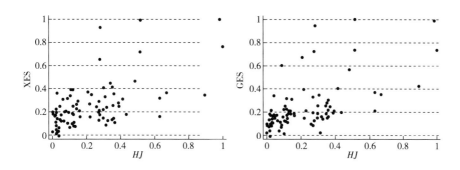

图 3.9 *HJ* 与 XES、GES 的散点图：省级层面

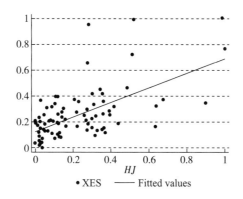

图 3.10 *HJ* 与 XES 的一次拟合：全部省份

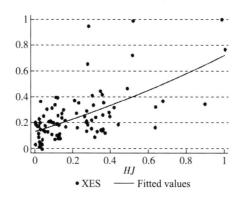

图 3.11 *HJ* 与 XES 的二次拟合：全部省份

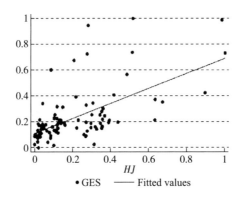

图 3.12　*HJ* 与 GES 的一次拟合：全部省份

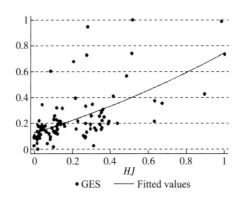

图 3.13　*HJ* 与 GES 的二次拟合：全部省份

　　我国是一个区域发展不平衡、处于转型中的国家，处于不同发展阶段的中国各区域的要素禀赋与各种经济结构会有所差别。党的十九大报告指出，"强化举措推进西部大开发形成新格局，深化改革加快东北等老工业基地振兴，发挥优势推动中部地区崛起，创新引领率先实现东部地区优化发展，建立更加有效的区域协调发展新机制"。依据"十一五"时期国家相关政策文件，国家统计局于 2011 年发布公告，将中国的经济区域划分为东部、中部、西部和东北四大地区。其中，东部地区包括：北京、天津、河北、山东、江苏、上海、浙江、福建、广东、海南；中部地区包括：山西、河南、湖北、湖南、江西、安徽；西部地区包括：四川、广西、贵州、云南、重庆、陕西、甘肃、内蒙古西部、宁夏、新疆、青海、西藏；东北地区包括：黑龙江、吉林、辽宁、内蒙古东部。其中，内蒙古呼伦贝尔市、通辽市、赤峰市划归为东北地区，内蒙古其余城市划归为西部地区。因此，将30个省级行政单位划分为东部、中部、西部和东北以探究区域差异。

表3.12　　　　　　国家统计局关于中国四大经济区域划分

东部	北京、天津、河北、山东、江苏、上海、浙江、福建、广东、海南
中部	山西、河南、湖北、湖南、江西、安徽
西部	四川、广西、贵州、云南、重庆、陕西、甘肃、内蒙古（内蒙古大都属于西部，故将其纳入西部）、宁夏、新疆、青海、西藏（样本不含西藏予以剔除）
东北	黑龙江、吉林、辽宁

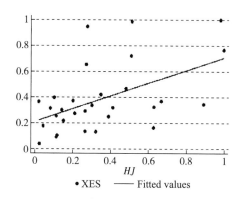

图3.14　*HJ* 与 **XES** 的一次拟合：东部

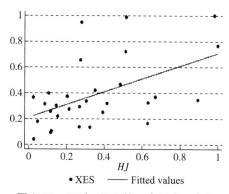

图3.15　*HJ* 与 **XES** 的二次拟合：东部

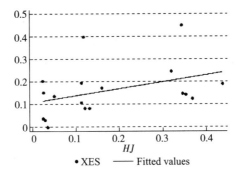

图 3.16 *HJ* 与 XES 的一次拟合：中部

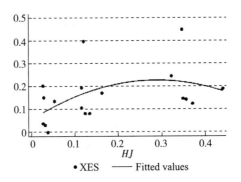

图 3.17 *HJ* 与 XES 的二次拟合：中部

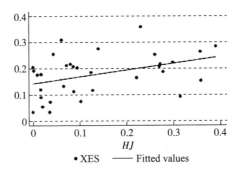

图 3.18 *HJ* 与 XES 的一次拟合：西部

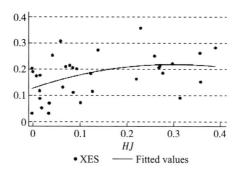

图 3. 19 *HJ* 与 **XES** 的二次拟合：西部

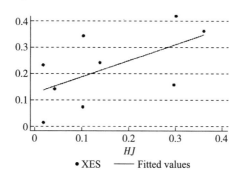

图 3. 20 *HJ* 与 **XES** 的一次拟合：东北

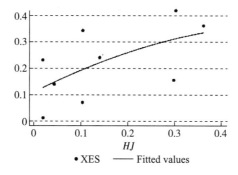

图 3. 21 *HJ* 与 **XES** 的二次拟合：东北

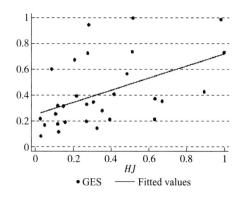

图 3.22　*HJ* 与 GES 的一次拟合：东部

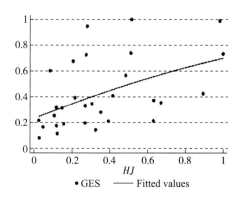

图 3.23　*HJ* 与 GES 的二次拟合：东部

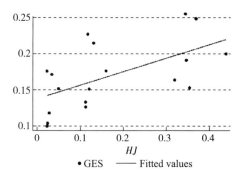

图 3.24　*HJ* 与 GES 的一次拟合：中部

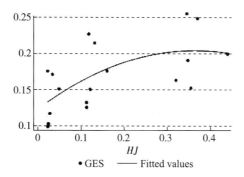

图 3. 25 *HJ* 与 GES 的二次拟合：中部

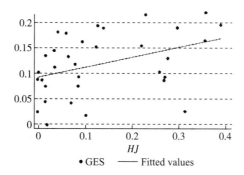

图 3. 26 *HJ* 与 GES 的一次拟合：西部

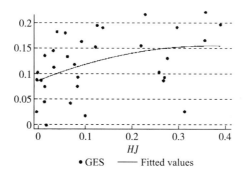

图 3. 27 *HJ* 与 GES 的二次拟合：西部

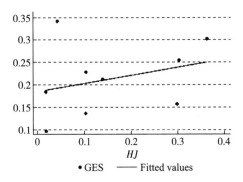

图3.28　*HJ*与GES的一次拟合：东北

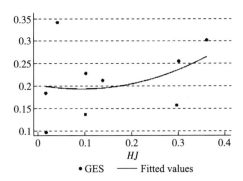

图3.29　*HJ*与GES的二次拟合：东北

直观上看，各地区一次拟合中，狭义经济结构和广义经济结构都随着 *HJ* 的增大而增大，但二次拟合存在较大差异，尝试在模型中加入二次项进行回归。

$$XES_{it}=\beta_0+\beta_1 HJ_{it}+\varepsilon_{it} \tag{R1}$$

$$XES_{it}=\beta_0+\beta_1 HJ_{it}+\beta_2 SqHJ_{it}+\varepsilon_{it} \tag{R2}$$

$$GES_{it}=\beta_0+\beta_1 HJ_{it}+\varepsilon_{it} \tag{R3}$$

$$GES_{it}=\beta_0+\beta_1 HJ_{it}+\beta_2 SqHJ_{it}+\varepsilon_{it} \tag{R4}$$

2. 狭义经济结构回归结果

使用面板固定效应模型进行回归检验，表3.13至表3.17报告了狭义经济结构回归结果。

表 3.13   **HJ 对 XES 的影响：全部省份**

VARIABLES	(R1)	(R2)	对比
	XES	XES	XES
HJ	0.2186***	0.4290***	—
	(0.0331)	(0.0556)	
$SqHJ$	—	−0.2820***	0.1618***
		(0.0574)	(0.0415)
固定效应	Yes	Yes	Yes
R-squared	0.5342	0.6805	0.2111
Provinces Obs.	30	30	30

注：括号内是稳健标准误，*、**、*** 分别表示 10%、5%、1% 的显著性水平；下同。

表 3.14   **HJ 对 XES 的影响：东部**

VARIABLES	(R1)	(R2)	对比
	XES	XES	XES
HJ	0.1372***	0.3004***	—
	(0.0221)	(0.0595)	
$SqHJ$	—	−0.1652**	0.1059***
		(0.0544)	(0.0221)
固定效应	Yes	Yes	Yes
R-squared	0.7126	0.8352	0.4652
Provinces Obs.	10	10	10

表 3.15   **HJ 对 XES 的影响：中部**

VARIABLES	(R1)	(R2)	对比
	XES	XES	XES
HJ	0.3286***	1.1483**	—
	(0.0800)	(0.3621)	
$SqHJ$	—	−1.9487**	0.6593**
		(0.7301)	(0.2056)
固定效应	Yes	Yes	Yes
R-squared	0.6308	0.8145	0.4700

续表

VARIABLES	（R1）	（R2）	对比
	XES	XES	XES
Provinces Obs.	6	6	6

表 3. 16   *HJ* 对 **XES** 的影响：西部

VARIABLES	（R1）	（R2）	对比
	XES	XES	XES
HJ	0. 2801***	0. 6891***	—
	（0. 0626）	（0. 1857）	
SqHJ	—	-1. 1778***	0. 6721***
		（0. 4755）	（0. 1797）
固定效应	Yes	Yes	Yes
R-squared	0. 5565	0. 6428	0. 4143
Provinces Obs.	11	11	11

表 3. 17   *HJ* 对 **XES** 的影响：东北

VARIABLES	（R1）	（R2）	对比
	XES	XES	XES
HJ	0. 5898***	0. 9530*	—
	（0. 0511）	（0. 2762）	
SqHJ	—	-0. 9839**	1. 4808***
		（0. 7361）	（0. 0499）
固定效应	Yes	Yes	Yes
R-squared	0. 9340	0. 9508	0. 8403
Provinces Obs.	3	3	3

上述结果显示，仅考虑一次回归时全部区域、东部、中部、西部和东北 *HJ* 一次项均在 1% 水平下显著为正。考虑二次回归时，全部区域和西部 *HJ* 二次项回归结果在 1% 水平下显著为负，东部、西部和东北 *HJ* 二次项回归结果在 5% 水平下显著为负，且同时上述回归 *HJ* 一次项均显著。

3. 广义经济结构回归结果

表 3.18 至表 3.22 报告了广义经济结构回归结果。

表 3.18　　　　　　　　*HJ* 对 GES 的影响：全部省份

VARIABLES	(R3)	(R4)	对比
	GES	GES	GES
HJ	0.0960***	0.2154***	—
	(0.0187)	(0.0269)	
SqHJ	—	−0.1560***	0.0628***
		(0.0246)	(0.0223)
固定效应	Yes	Yes	Yes
R-squared	0.3430	0.4996	0.1060
Provinces Obs.	30	30	30

表 3.19　　　　　　　　*HJ* 对 GES 的影响：东部

VARIABLES	(R3)	(R4)	对比
	GES	GES	GES
HJ	0.0509**	0.1568**	—
	(0.0184)	(0.0602)	
SqHJ	—	−0.1070**	0.0344**
		(0.0455)	(0.0148)
固定效应	Yes	Yes	Yes
R-squared	0.2242	0.3415	0.1119
Provinces Obs.	10	10	10

表 3.20　　　　　　　　*HJ* 对 GES 的影响：中部

VARIABLES	(R3)	(R4)	对比
	GES	GES	GES
HJ	0.182***	0.4612***	—
	(0.0213)	(0.0612)	
SqHJ	—	−0.6648***	0.3827***
		(0.1223)	(0.0723)

续表

VARIABLES	（R3）	（R4）	对比
	GES	GES	GES
固定效应	Yes	Yes	Yes
R-squared	0.8674	0.9637	0.7134
Provinces Obs.	6	6	6

表 3.21　　　　　　　　　　*HJ* 对 GES 的影响：西部

VARIABLES	（R3）	（R4）	对比
	GES	GES	GES
HJ	0.1649***	0.4815***	—
	（0.0312）	（0.0937）	
SqHJ	—	-0.9117***	0.3808***
		（0.2282）	（0.0947）
固定效应	Yes	Yes	Yes
R-squared	0.6056	0.7681	0.4117
Provinces Obs.	11	11	11

表 3.22　　　　　　　　　　*HJ* 对 GES 的影响：东北

VARIABLES	（R3）	（R4）	对比
	GES	GES	GES
HJ	0.1201	-0.0614	—
	（0.1035）	（0.8181）	
SqHJ	—	0.4918	0.3330
		（1.8901）	（0.1954）
固定效应	Yes	Yes	Yes
R-squared	0.14448	0.1605	0.1588
Provinces Obs.	3	3	3

上述结果显示，仅考虑一次回归时全部区域、中部、西部和东北 *HJ* 一次项均在1%水平下显著为正，东部 *HJ* 一次项均在5%水平下显著为正，东北 *HJ* 一次项不显著。考虑二次回归时，全部区域、中部和

西部 *HJ* 二次项回归结果在 1% 水平下显著为负，东部 *HJ* 二次项回归结果在 5% 水平下显著为负，东北 *HJ* 二次项不显著，且同时全部区域、东部、中部和西部的 *HJ* 一次项均显著。

4. 结果分析

对于狭义经济结构，各区域 *HJ* 二次项回归结果均显著。从图 3.30 可以看出，*HJ* 对东部狭义经济结构的促进效应稳步增强，对中部、西部和东北促进作用先增强后减弱，随即转为抑制。这说明，随着互联网金融的创新发展，东部狭义经济结构能够与之匹配，金融创新有效地优化了东部产业结构，其余地区产业结构虽然也得以优化但金融创新与产业结构失衡问题也逐步暴露。

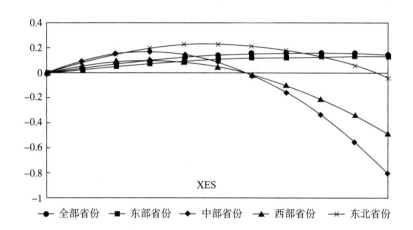

图 3.30 *HJ* 对狭义经济结构的作用效果比较

对于广义经济结构，全国、东部、中部和西部 *HJ* 二次项回归结果均显著，而东北 *HJ* 一次项、二次项均不显著。从图 3.31 可以看出，*HJ* 对东部、中部和西部广义经济结构的作用效应与狭义经济结构基本对应一致，而 *HJ* 对东北广义经济结构作用不显著。这说明，随着互联网金融的创新发展，东部广义经济结构能够与之匹配，互联网金融发展有效地优化了东部经济结构，中部和西部地区经济结构虽然也得以优化但互联网金融发展与经济结构失衡问题也逐步暴露，东北的经济结构失衡问题则更加突出。

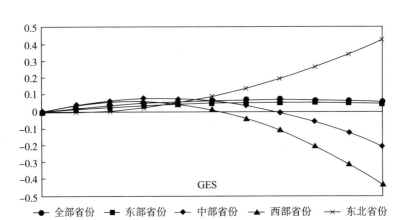

图 3.31 *HJ* 对广义经济结构的作用效果比较

（二）数字普惠金融指数（*SJP*）

1. 数据拟合与模型设定

下列展示了数字普惠金融指数（*SJP*）分别与狭义经济结构（XES）和广义经济结构（GES）的散点拟合图。选用国家和省级两个层面数据。

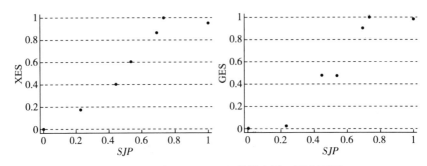

图 3.32 *SJP* 与 XES、GES 的散点图：国家层面

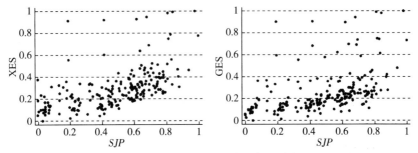

图 3.33 *SJP* 与 XES、GES 的散点图：省级层面

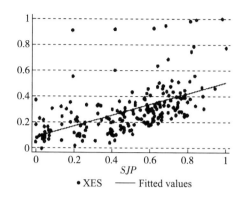

图 3. 34 *SJP* 与 **XES** 的一次拟合：全部省份

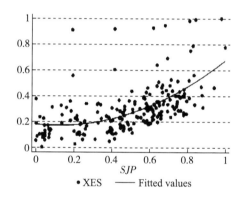

图 3. 35 *SJP* 与 **XES** 的二次拟合：全部省份

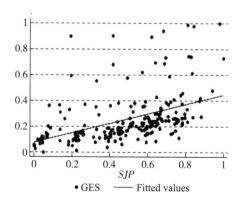

图 3. 36 *SJP* 与 **GES** 的一次拟合：全部省份

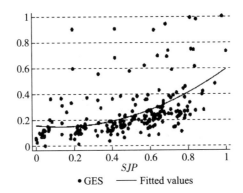

图 3.37 *SJP* 与 **GES** 的二次拟合：**全部省份**

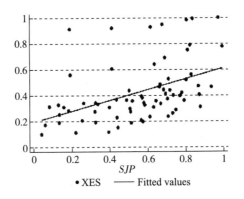

图 3.38 *SJP* 与 **XES** 的一次拟合：**东部**

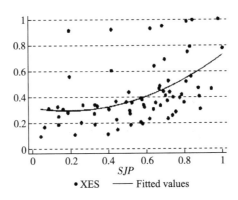

图 3.39 *SJP* 与 **XES** 的二次拟合：**东部**

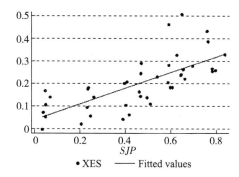

图 3.40 *SJP* 与 **XES** 的一次拟合：中部

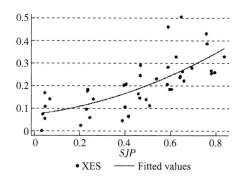

图 3.41 *SJP* 与 **XES** 的二次拟合：中部

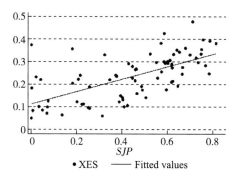

图 3.42 *SJP* 与 **XES** 的一次拟合：西部

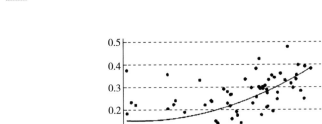

图 3.43 *SJP* 与 XES 的二次拟合：西部

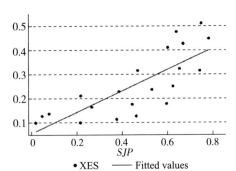

图 3.44 *SJP* 与 XES 的一次拟合：东北

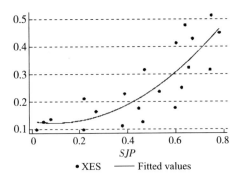

图 3.45 *SJP* 与 XES 的二次拟合：东北

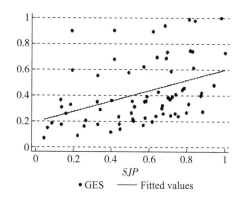

图 3.46 *SJP* 与 GES 的一次拟合：东部

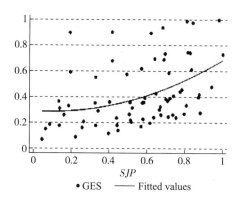

图 3.47 *SJP* 与 GES 的二次拟合：东部

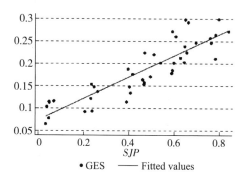

图 3.48 *SJP* 与 GES 的一次拟合：中部

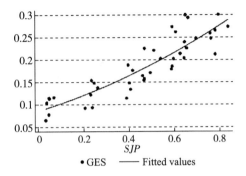

图 3.49　*SJP* 与 GES 的二次拟合：中部

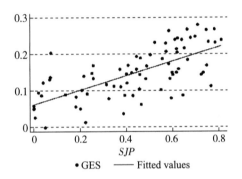

图 3.50　*SJP* 与 GES 的一次拟合：西部

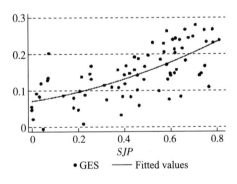

图 3.51　*SJP* 与 GES 的二次拟合：西部

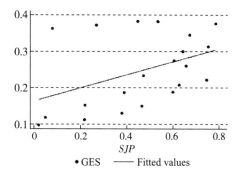

图 3.52 *SJP* 与 **GES** 的一次拟合：东北

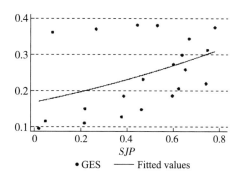

图 3.53 *SJP* 与 **GES** 的二次拟合：东北

直观上看，各地区一次拟合中，狭义经济结构和广义经济结构都随着 *SJP* 的增大而增大，二次拟合也与一次趋势大致相同，尝试在模型中加入二次项进行回归。

$$XES_{it} = \beta_0 + \beta_1 SJP_{it} + \varepsilon_{it} \tag{R5}$$

$$XES_{it} = \beta_0 + \beta_1 SJP_{it} + \beta_2 SqSJP_{it} + \varepsilon_{it} \tag{R6}$$

$$GES_{it} = \beta_0 + \beta_1 SJP_{it} + \varepsilon_{it} \tag{R7}$$

$$GES_{it} = \beta_0 + \beta_1 SJP_{it} + \beta_2 SqSJP_{it} + \varepsilon_{it} \tag{R8}$$

2. 狭义经济结构回归结果

使用 OLS 模型（国家层面）和面板固定效应模型（省级层面）进行回归检验，表 3.23 至表 3.28 报告了狭义经济结构回归结果。

表 3.23   SJP 对 XES 的影响：国家层面

VARIABLES	（R5）	（R6）	对比
	XES	XES	XES
SJP	1.1270***	1.5261**	—
	（0.1595）	（0.5253）	
SqSJP	—	−0.4071	0.9951***
		（0.5086）	（0.2528）
R−squared	0.9090	0.9215	0.7560
Observations	7	7	7

表 3.24   SJP 对 XES 的影响：全部省份

VARIABLES	（R5）	（R6）	对比
	XES	XES	XES
SJP	0.3007***	0.1066*	—
	（0.0252）	（0.0628）	
SqSJP	—	0.2241***	0.3373***
		（0.0675）	（0.0315）
固定效应	Yes	Yes	Yes
R−squared	0.7173	0.7432	0.7360
Provinces Obs.	30	30	30

表 3.25   SJP 对 XES 的影响：东部

VARIABLES	（R5）	（R6）	对比
	XES	XES	XES
SJP	0.2481***	0.0838	—
	（0.0226）	（0.0521）	
SqSJP	—	0.1636**	0.2420***
		（0.0574）	（0.0274）
固定效应	Yes	Yes	Yes
R−squared	0.8256	0.8495	0.8437
Provinces Obs.	10	10	10

表 3. 26   *SJP* 对 **XES** 的影响：中部

VARIABLES	（R5）	（R6）	对比
	XES	XES	XES
SJP	0. 3487 ***	0. 0808	—
	(0. 0497)	(0. 0946)	
SqSJP	—	0. 3249 ***	0. 4161 ***
		(0. 0672)	(0. 0576)
固定效应	Yes	Yes	Yes
R-squared	0. 7823	0. 8176	0. 8146
Provinces Obs.	6	6	6

表 3. 27   *SJP* 对 **XES** 的影响：西部

VARIABLES	（R5）	（R6）	对比
	XES	XES	XES
SJP	0. 2860 ***	−0. 0441	—
	(0. 0527)	(0. 0805)	
SqSJP	—	0. 4242 ***	0. 3718 ***
		(0. 0854)	(0. 0630)
固定效应	Yes	Yes	Yes
R-squared	0. 6443	0. 7132	0. 7120
Provinces Obs.	11	11	11

表 3. 28   *SJP* 对 **XES** 的影响：东北

VARIABLES	（R5）	（R6）	对比
	XES	XES	XES
SJP	0. 4376 **	−0. 1542	—
	(0. 0866)	(0. 1900)	
SqSJP	—	0. 7372 **	0. 5576 **
		(0. 1424)	(0. 0840)
固定效应	Yes	Yes	Yes
R-squared	0. 7969	0. 8984	0. 8920
Provinces Obs.	3	3	3

上述结果显示，OLS 回归中，国家层面 *SJP* 一次项在 1% 水平下显著为正，*SJP* 二次项不显著。

面板固定效应回归中，仅考虑一次回归时全部区域、东部、中部、西部和东北 *SJP* 一次项均在 1% 水平下显著为正，东北 *SJP* 一次项均在 5% 水平下显著为正。考虑二次回归时，全部区域、中部和西部 *SJP* 二次项回归结果在 1% 水平下显著为负，东部和东北 *SJP* 二次项回归结果在 5% 水平下显著为负，且同时全部区域 *SJP* 一次项显著，东部、中部、西部和东北 *SJP* 一次项不显著。

3. 广义经济结构回归结果

表 3.29 至表 3.34 报告了广义经济结构回归结果。

表 3.29   *SJP* 对 GES 的影响：国家层面

VARIABLES	(R7)	(R8)	对比
	GES	GES	GES
SJP	1.2143 ***	1.4300	—
	(0.1945)	(0.6806)	
SqSJP	—	−0.2200	1.0939 ***
		(0.6590)	(0.2694)
R-squared	0.8863	0.8894	0.7673
Observations	7	7	7

表 3.30   *SJP* 对 GES 的影响：全部省份

VARIABLES	(R7)	(R8)	对比
	GES	GES	GES
SJP	0.1975 ***	0.1669 ***	—
	(0.0136)	(0.0317)	
SqSJP	—	0.0353	0.2127 ***
		(0.0294)	(0.0167)
固定效应	Yes	Yes	Yes
R-squared	0.7725	0.7741	0.7302
Provinces Obs.	30	30	30

表 3.31   *SJP* 对 **GES** 的影响：东部

VARIABLES	（R7）	（R8）	对比
	GES	GES	GES
SJP	0.1992***	0.2459**	—
	（0.3090）	（0.0947）	
SqSJP	—	−0.0465	0.1833***
		（0.0802）	（0.0190）
固定效应	Yes	Yes	Yes
R-squared	0.7751	0.7779	0.7048
Provinces Obs.	10	10	10

表 3.32   *SJP* 对 **GES** 的影响：中部

VARIABLES	（R7）	（R8）	对比
	GES	GES	GES
SJP	0.2361***	0.1495**	—
	（0.1046）	（0.0438）	
SqSJP	—	0.1051*	0.2736***
		（0.0491）	（0.0139）
固定效应	Yes	Yes	Yes
R-squared	0.9281	0.9377	0.9112
Provinces Obs.	6	6	6

表 3.33   *SJP* 对 **GES** 的影响：西部

VARIABLES	（R7）	（R8）	对比
	GES	GES	GES
SJP	0.1885***	0.1045**	—
	（0.0218）	（0.0354）	
SqSJP	—	0.1078**	0.2322***
		（0.0373）	（0.0295）
固定效应	Yes	Yes	Yes
R-squared	0.8078	0.8206	0.8022
Provinces Obs.	11	11	11

表 3.34   *SJP* 对 **GES** 的影响：东北

VARIABLES	(R7)	(R8)	对比
	GES	GES	GES
SJP	0.1443	0.1495	—
	(0.1035)	(0.0572)	
SqSJP	—	−0.0064**	0.1676
		(0.1439)	(0.1327)
固定效应	Yes	Yes	Yes
R-squared	0.3980	0.3980	0.3702
Provinces Obs.	3	3	3

上述结果显示，OLS 回归中，国家层面 *SJP* 一次项在 1% 水平下显著为正，*SJP* 二次项不显著。

面板固定效应回归中，仅考虑一次回归时全部区域、东部、中部、西部 *SJP* 一次项均在 1% 水平下显著为正，东北 *SJP* 一次项不显著。考虑二次回归时，全部区域和东部 *SJP* 二次项不显著，中部 *SJP* 二次项回归结果在 5% 水平下显著为负，西部和东北 *SJP* 二次项回归结果在 5% 水平下显著为负，且同时只有中部和西部 *SJP* 一次项显著。

4. 结果分析

对于狭义经济结构，各区域 *SJP* 仅一次项回归结果显著。从图 3.54 可以看出，*SJP* 对东北狭义经济结构的促进效应最强，其次依次是中部、西部、东部。这说明，随着数字普惠金融的逐步发展，全国范围内产业结构均得以优化，这一效应在金融发展较为落后的地区更加明显。

对于广义经济结构，全国、东部、中部和西部 *SJP* 一次项回归结果显著，东北不显著。从图 3.54 可以看出，*SJP* 对中部广义经济结构的促进效应最强，其次依次是东部、西部，且作用效果明显低于对狭义经济结构的影响。这说明，数字普惠金融发展先影响产业结构，进而影响广义经济结构，而东北可能存在数字普惠金融发展与产业结构、与广义经济结构的失衡矛盾。

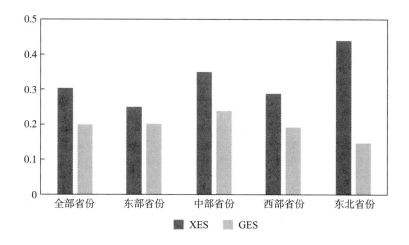

图 3.54 **SJP** 对经济结构的作用效果比较

（三）综合考量的金融创新指数

将 *HJ* 与 *SJP* 等权重合成并进行其标准化处理，得到的金融创新指数（*JRCX*），综合考量宏观金融创新对狭义经济结构、广义经济结构的影响及其区域差异。

1. 数据拟合与模型设定

下列展示了金融创新指数（*JRCX*）分别与狭义经济结构（XES）和广义经济结构（GES）的散点拟合图。

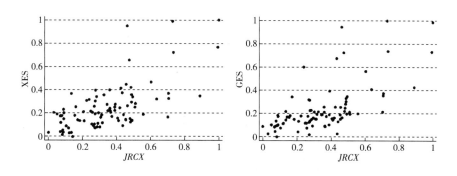

图 3.55 **JRCX** 与 **XES**、**GES** 的散点图：省级层面

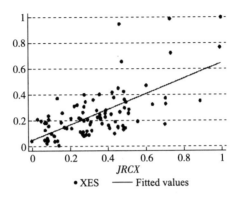

图 3.56　*JRCX* 与 XES 的拟合：全部省份

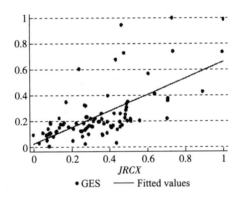

图 3.57　*JRCX* 与 GES 的拟合：全部省份

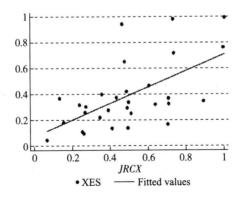

图 3.58　*JRCX* 与 XES 的拟合：东部

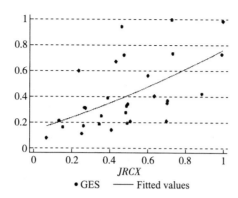

图 3.59 *JRCX* 与 GES 的拟合：东部

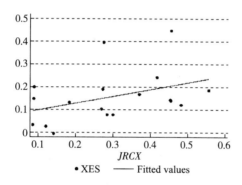

图 3.60 *JRCX* 与 XES 的拟合：中部

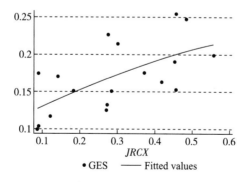

图 3.61 *JRCX* 与 GES 的拟合：中部

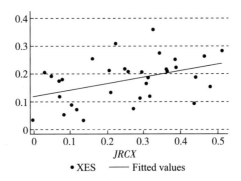

图 3. 62　*JRCX* 与 XES 的拟合：西部

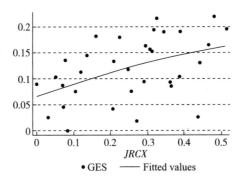

图 3. 63　*JRCX* 与 GES 的拟合：西部

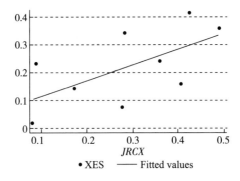

图 3. 64　*JRCX* 与 XES 的拟合：东北

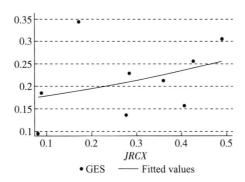

图 3.65 *JRCX* 与 GES 的拟合：东北

建立回归模型如下：

$$XES_{it} = \beta_0 + \beta_1 JRCX_{it} + \varepsilon_{it} \tag{R9}$$

$$GES_{it} = \beta_0 + \beta_1 JRCX_{it} + \varepsilon_{it} \tag{R10}$$

2. 狭义经济结构回归结果

使用面板固定效应模型进行回归检验，表 3.35 报告了狭义经济结构回归结果。

表 3.35   *JRCX* 对 **XES** 的影响

VARIABLES	（R9）				
	XES				
	全部省份	东部	中部	西部	东北
JRCX	0.2668***	0.1830***	0.3490***	0.2723***	0.5441**
	（0.0314）	（0.0252）	（0.0806）	（0.0584）	（0.0742）
固定效应	Yes	Yes	Yes	Yes	Yes
R-squared	0.6890	0.8275	0.7509	0.6744	0.9472
Provinces Obs.	30	10	6	11	3

上述结果显示，全部区域、东部、中部、西部 *JRCX* 一次项均在 1%水平下显著为正，东北 *JRCX* 一次项在 5%水平下显著为正。

3. 广义经济结构回归结果

表 3.36 报告了广义经济结构回归结果。

表 3.36 　　　　　　　　　　　*JRCX* 对 **GES** 的影响

VARIABLES	(R10)				
	GES				
	全部省份	东部	中部	西部	东北
JRCX	0.1212***	0.0782***	0.1837***	0.1596***	0.0864
	(0.01700)	(0.0202)	(0.0183)	(0.0274)	(0.1276)
固定效应	Yes	Yes	Yes	Yes	Yes
R-squared	0.4732	0.3452	0.9472	0.7279	0.0893
Provinces Obs.	30	10	6	11	3

注：括号内是稳健标准误，*、**、***分别表示10%、5%、1%的显著性水平。

上述结果显示，全部区域、东部、中部、西部 *JRCX* 一次项均在1%水平下显著为正，东北 *JRCX* 一次项不显著。

4. 结果分析

前文回归结果表明，从互联网金融发展来看，东部产业结构得到了有效优化，其余地区产业结构虽然也得以优化但金融创新与产业结构失衡问题也逐步暴露；互联网金融发展有效地优化了东部经济结构，中部和西部地区经济结构虽然也得以优化但互联网金融发展与经济结构失衡问题也逐步暴露，东北的经济结构失衡问题则更加突出。从数字普惠金融发展来看，全国范围内产业结构均得以优化；数字普惠金融发展先影响产业结构，进而影响广义经济结构，而东北可能存在数字普惠金融发展与产业结构、与广义经济结构的失衡矛盾。

但由于 *HJ* 与 *SJP* 指数在年份上存在差异，它们的回归结果也仅表现互联网金融或数字普惠金融的单一作用，而金融创新应综合考虑二者的融合租用，因此，将 *HJ* 与 *SJP* 合成金融创新指数（*JRCX*）综合考量宏观金融创新对狭义经济结构、广义经济结构的影响及其区域差异。

JRCX 回归结果表明：对于狭义经济结构，随着金融创新的逐步发展，全国范围内产业结构均得以优化，这一效应在金融发展较为落后的地区更加明显；对于广义经济结构，全国范围内作用效果均低于产业结构，金融创新先影响产业结构进而影响广义经济结构，而东北金融创新与产业结构、广义经济结构的失衡矛盾较为突出。

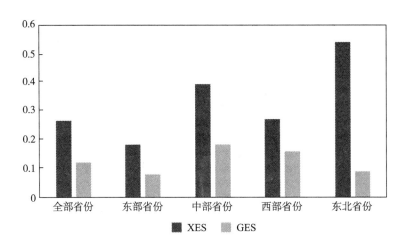

图 3.66 金融创新对经济结构的作用效果比较

第四章

金融开放与经济结构

——基于要素结构的视角

第一节　金融开放与要素变化

一　生产要素变化

1. 生产要素的特点

在金融开放的深化、国际贸易投资一体化和要素分工的新形式下生产要素在生产、流动中出现了一些新的特点：①要素的细化性，同一种生产要素按其培育成本或在生产中所发挥效能的高低被视为不同的生产要素；②要素的扩展性，生产要素的内涵不仅包括劳动、资本和土地，而且包括技术、人力资本、研究开发、信息以及管理等新要素；③要素具有流动性，随着科学技术的不断发展，以及交通通信条件的不断改善，生产要素跨国流动的成本不断降低，生产要素不仅可以实现国内的流动，金融开放使跨国流动更加频繁和通畅；④要素具有变动性，随着要素流动性不断地加强，由于各个国家的政策和经济实力不同，对要素的吸引力也不同，从而导致各个国家所拥有的要素种类、要素量和要素比例都处于动态的变化之中；⑤要素的专用性，要素职能日益专业化而成为专用性资产，这就增加了要素彼此替代的难度。要素的专用性越强，其使用范围越窄，转置成本越大，尤其是后天的生产要素。

2. 要素租金变化

作为重大的政治制度变革和经济制度变革的金融开放改革不仅改变

了金融市场和要素市场的结构，并通过重构的均衡市场创造和重新分配了生产要素租金。此外，以租金形式分配和掠夺剩余价值已成为金融化时代以金融利益为主导的空间积累体系中社会价值的运作形式（Moreno，2014；Andreucci et al.，2017；Purcell et al.，2019），这使要素变化更多以要素租金变化的方式体现出来。

随着租金理论的发展，租金的概念扩展到土地之外的其他生产要素，于是产生不同的生产要素租金。土地之外的其他生产要素包含的内容很多、外延很大，如资本、劳动力、矿藏、技术、信息、管理等，由此产生了资本租金、劳动力租金、自然资源租金、信息租金等概念。金融开放改革能够放松对国际资本流动的控制、改善金融机构的设施和服务以及（完善）相关的制度法规，因此，金融开放改革将直接影响金融市场和要素市场的资本要素和劳动力要素的流动和配置，并且资本要素和劳动力要素也是生产要素中最基础、最重要、最具代表性、分布最广、普遍被生产活动参与者所拥有的生产资料。分析和理解金融开放、资本和劳动力要素租金之间的关系基本就能够掌握金融开放对生产要素租金乃至经济活动、社会分层的影响。根据马克思主义理论的抓住主要问题和矛盾的分析方法，本部分集中分析金融开放对资本租金和劳动力租金的影响。

根据生产要素租金的定义，资本租金是指资本要素实际报酬与完全竞争市场应得的差额，即金融市场利率与资本边际产出的差额；劳动力租金是指劳动力要素实际报酬与完全竞争市场应得的差额，即依靠劳动力要素获取其在完全竞争市场上获得收入的超额部分（Ten and Mohnen，2008；Brueckner，2017；Schweiker and Groß，2017），此处的劳动力要素包含了人力资本的内涵。依据其所拥有的生产要素可以将经济参与者划分为资本家和劳动者，资本家主要依赖其拥有的资本要素获取收益，劳动者主要依赖其所拥有的劳动力要素获取收益。这为下文分析资本租金和劳动力租金在金融开放改革前后不同经济状态中的动态变化以及二者对收入分配的影响奠定基础。

二 生产要素租金核算

本书根据生产要素租金的定义，资本租金就是指资本边际产出与市场利率的差额；劳动力租金就是工资与劳动力边际产出的差额，并结合理论模型选择最常用、有较高解释力度的生产函数法进行测度。假设生产函数是 Cobb-Douglas 形式,资本的边际产出可以表示为 $\alpha Y/K$,此时资本家的单位资本租金 R_c=实际利率-$\alpha Y/K$;劳动力的边际产出可以表示为 $\beta Y/L$,此时劳动者的单位劳动力租金 R_l=单位劳动力报酬-$\beta Y/L$。因此,计算资本和劳动力的边际产出需要估计出生产函数中的资本弹性和劳动力弹性。

根据 Brueckner(2017),生产函数估计的线性方程为:

$$\Delta Ln(Y) = \alpha \Delta Ln(K) + \beta \Delta Ln(L) + e \tag{4.1}$$

其中,Y 表示实际产出,K 表示资本存量,L 表示劳动力投入,即总人力资本投入,是工人总人数和人力资本的乘积。本书采用 Penn World Table 数据库中 111 个国家 1970—2017 年的数据并根据 Wooldridge(2009)方法估算出每个国家每年的生产函数。估计出每个生产函数后并对 $\alpha + \beta = 1$ 做假设检验后,支持 Brueckner(2017)的不能在常规显著性水平上拒绝生产规模报酬不变的假设的研究结果。

根据生产函数方程和生产要素租金的定义估算出每个国家每年的资本租金、劳动力租金。根据新古典经济学理论的要素价格扭曲理论,要素价格与要素边际产出的差额在一定程度上表现出要素配置扭曲的程度,从租金理论角度分析,可以将其视为偏离程度,此偏离往往会成为企业或者组织利用其地位或者资源获得的超额利润的重要来源。根据分析中资本租金和劳动力租金的公式核算出实际市场利率与资本边际产出的偏离程度($\lambda^\tau-1$)以及劳动力实际薪资与劳动力边际产出的偏离程度 $\mu-1$(见图 4.1 和图 4.2),其中 λ 用来衡量金融市场的不完全程度,参数 τ 反映了市场不完善程度对金融市场利率的影响强度,从根本上更反映了政府、制度等对金融市场的调控力度,($\lambda^\tau-1$)可以表示为实际市场利率与资本边际产出的偏离程度,也表示每个资本家从项目中提取单位资本($\lambda^\tau-1$)比例的利润的租金收益;$\mu>0$ 表示劳动力市场实际薪资水平与劳动力边际产出的相关程度。($\mu-1$)表示劳动力市场实际薪资水平与劳动力边际产出的偏离程度,其数值越大,表示劳动力市场实际薪资水平与劳动力的边际产出的偏离程度越大。

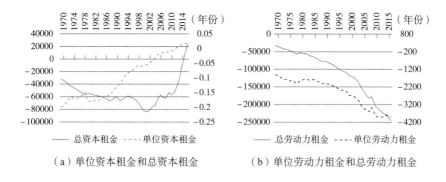

（a）单位资本租金和总资本租金   （b）单位劳动力租金和总劳动力租金

图 4.1　资本租金和劳动力租金变化趋势

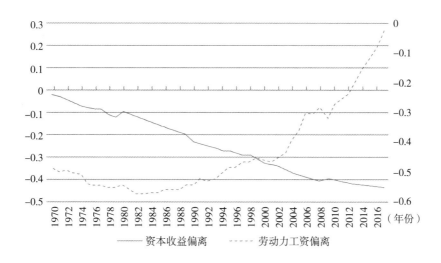

图 4.2　资本收益偏离程度（$\lambda^{\tau}-1$）与劳动力工资偏离程度（$\mu-1$）

从图 4.1 可以看出，单位资本租金呈现逐步递增的趋势，并且在 1980 年后该递增趋势增大，这可能是源于金融开放改革带来的影响效应。值得注意的是，随着金融开放的深化和经济的发展，单位资本租金在 2013 年后出现正值，这表明此时企业家已经不再获取资本租金，资本租金则分配给金融中介机构或者金融市场的投资者，也说明金融机构或者资本资源在市场中的博弈力量在逐渐增加。总资本租金则呈现出先降低后增加的趋势，这说明前期资本存量增加对总资本租金的增长效应小于其降低效应，而随着资本存量的继续增加，其对总资本租金的增长

93

趋势加剧，2000年后资本存量对总资本租金的增长效应大于边际资本的降低效应，此时总资本租金将会增加。与劳动力报酬份额不断降低的趋势不同的是，由于工资刚性的存在，单位劳动力租金在不断递减。全球平均劳动力租金出现负值说明在经济收益分配时更多地表现为企业家掠夺劳动者的产出收益，并且这种趋势在不断增加，但在1980年后有所放缓，直到2008年国际金融危机后，金融开放改革进入稳健期后，单位劳动力租金的递减趋势进一步放缓，因为金融开放改革能降低工资刚性。由于出现企业家掠夺劳动者收益的现象，总劳动力租金会随着经济的增长而不断降低，因此，总劳动力租金的递减趋势要大于单位劳动力租金的递减趋势，但与单位劳动力租金不同，2008年国际金融危机对总劳动力租金产生短期的震荡，之后并没有产生较大的影响，其影响效应小于对单位劳动力租金的影响。这反映出金融开放改革对单位资本租金和劳动力租金有明显的影响作用。

根据要素租金的核算方程可以看出，单位资本租金和单位劳动力租金除了与要素边际产出相关之外，更多地会受到资本利率与资本边际产出偏离程度或者劳动力市场薪资与劳动力边际产出偏离程度的影响，尤其是随着经济的发展，劳动力市场薪资与劳动力边际产出之间的相关关系越来越弱（都阳和曲玥，2009；张庆昌，2011；Dufour and Russell，2015）。从图4.1可以看出，资本利率与资本边际产出偏离程度在1980年金融开放改革后由原来较弱的递减趋势转为逐步增加趋势，并在2008年国际金融危机后增长的趋势在短期震荡后还有所增强，尤其注意的是资本利率与资本边际产出偏离程度在2013年后为正值，而这正是单位资本租金为正、企业家已经不再获取资本租金的根本原因。劳动力市场薪资与劳动力边际产出偏离程度一直为负并随着时间的推移不断降低，在1980年后降低趋势不断增加，但在2008年国际金融危机后下降的趋势才有所减缓。这也反映金融开放改革对资本利率与资本边际产出偏离程度和劳动力市场薪资与劳动力边际产出偏离程度具有显著的影响作用。资本利率与资本边际产出偏离程度与单位资本租金的变化趋势相类似；劳动力市场薪资与劳动力边际产出偏离程度则与单位劳动力租金的变化趋势相类似，这说明资本利率与资本边际产出偏离程度是单位资本租金变化的主要因素，其对单位资本租金的动态变化描述具有代表性；劳动力市场薪资与劳动力边际产出偏离程度也是单位劳动力租金变化的主要因素，其对劳动力租金的动态变化描述也具有代表性。因此，在分析单位资本租金和单位劳动力租金时，为了解决可能存在的内生性问题和除去边际要素产出对要素租金的影响效应，可以分别采用资本利率与资本边际产出偏离程度（简化为资本收益偏离程度）和劳动力市场薪资与劳动力边际产出偏离程度（简化为劳动力工资偏离程度）作为替代变量进行分析。

发展中国家和发达国家除了平均金融开放程度明显有区别之外，资本租金、劳动力租金、资本利率与资本边际产出偏离程度（$\lambda^r - 1$）和劳动力市场薪资与劳动力边际产出偏离程度（$\mu - 1$）在发展中国家和发达国家都有所不同（见图 4.3 至图 4.5）。由于发达国家的经济发展水平高于发展中国家，发展中国家的平均总资本租金和平均总劳动力租金都小于发达国家的平均总资本租金和平均总劳动力租金，并且平均总资本租金呈现不断增加的趋势；发达国家的平均单位租金逐步增加的趋势非常缓慢，发展中国家的平均单位资本租金增长的趋势明显高于发达国家的平均单位资本租金增长趋势；发展中国家的平均单位劳动力租金和平均总劳动力租金降低的趋势则明显平缓于发达国家。

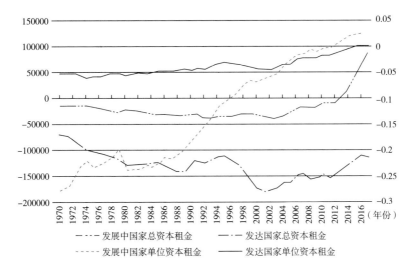

图 4.3 不同发展水平国家的资本租金

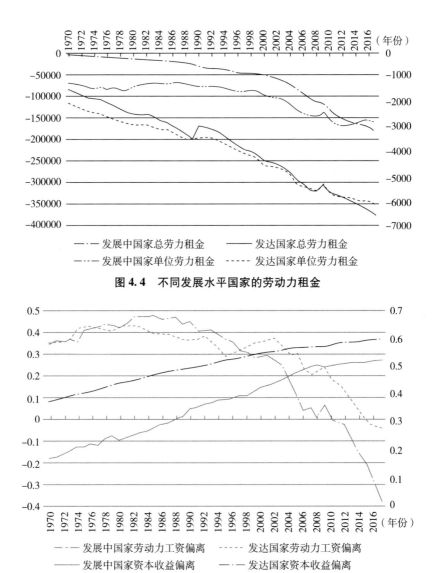

图 4.4 不同发展水平国家的劳动力租金

图 4.5 不同发展水平国家的资本收益偏离程度与劳动力工资偏离程度

结合图 4.4 可以看出，发达国家的资本利率与资本边际产出偏离程度和劳动力市场薪资与劳动力边际产出偏离程度的变化趋势都小于发展中国家的资本利率与资本边际产出偏离程度和劳动力市场薪资与劳动力边际产出偏离程度的变化趋势，发展中国家的资本利率与资本边际产出偏离程度由负向转正向，意味着由企业家获取资本租金逐步变为金融中介和投资者获取资本租金，并且资本利率与资本边际产出偏离程度在不断增大；而发达国家基本都是由金融中介和投资者获取资本租金。与发达国家相比，发展中国家的劳动力市场薪资与劳动力边际产出偏离程度下降的趋势明显较高，并在 1999 年后开始低于发达国家的劳动力市场薪资与劳动力边际产出偏离程度。这意味着随着企业家被金融中介机构或者投资者掠夺资本收益后，发展中国家的资本收益不断向金融中介机构或者投资者倾斜，并明显高于在发达国家的掠夺的收益比例。从发达国家和发展中国家的对比可以发现，不同的国家在劳动力和资本家等群体之间分配要素租金收益不同，从而导致最终收入不平等有所不同。金融开放对资本租金和劳动力租金究竟有什么样的影响效应？金融开放又是如何通过资本租金和劳动力租金来影响收入不平等？

三 金融开放对要素租金影响的模型设定与变量选择

（一）基准回归模型的设定

基于现有研究和研究的问题以及跨国数据构成的面板数据，为考察金融开放对生产要素租金产生何种影响，本书构建如下基准计量模型：

$$Rent_{it} = \alpha_0 + \alpha_1 Finanopen_{it} + \alpha_2 X_{it} + f_i + \eta_t + \varepsilon_{it} \qquad (4.2)$$

其中，$Rent_{it}$ 表示 i 国第 t 年的要素租金，$Caprent_{it}$ 表示资本要素租金，$Labrent_{it}$ 根据方程（4.1）计算得出；$Finanopen_{it}$ 表示 i 国第 t 年的金融开放程度；f_i 表示国家固定效应，用以控制国家层面未观察到的因素；η_t 表示时间固定效应，用以控制各国在时间上共同面临的冲击；ε_{it} 表示随机扰动项。

（二）关键变量的衡量

金融开放程度。根据金融开放的内涵和概念界定得出金融开放是一项重要的制度变革，因此本书采用了目前学者广泛采用的法定测度指标，Chinn-Ito（2010）指数，该指数越大，说明金融开放程度越高。尽管正如 Quinn（1997，2003）所提出的那样，Chinn-Ito 指标并不能很好地衡量资本管制的强度。但 Chinn-Ito 指标与 Quinn 指标的相关系数为 0.84，表明它在合理的范围内能够很好地衡量金融开放的程度（Lagarda，2016）。此外，为保证研究结果的稳定性和有效性，本书还采用国外直接投资占 GDP 的比重（FDIfacto 指数）和考虑风险的基于股票市场的 Lane 和 Milesi-Ferretti（2007）的一国的资本流动 Caflow 占GDP 比重（Cafolwfacto 指数）（均对数化处理）的事实上的指标进行稳健性检验。

（三）其他控制变量的选取

本书控制了对经济状态发展的重要影响因素：经济发展状况、金融市场发展、制度质量、技术创新以及资本和劳动力的相对市场力等。本书采用人均 GDP 产出和产业就业结构来反映经济发展状况；对金融市场发展程度的衡量采用常用的包括金融发展深度的"量"的衡量和金融市场的效率"质"的衡量指标（Abiad et al.，2008；Bumann and Lensink，2016）。根据租金理论和制度理论分析可知，金融开放改革带来相关政治制度的改革改变了市场主体和要素之间的市场力，从而影响要素租金或者利润的分配。本书采用聚合的 WGI 指标对一国的多项制度质量指标进行综合衡量。本书还采用布恩指标来衡量资本要素的市场力，反映出资本和劳动力的相对市场力。此外，本书在实证分析中控制国家层面的因素有：政体民主化程度，民主程度、受教育程度、社会抚养、失业率等作为控制变量。实证分析所使用指标的数据来源及解释详见表 4.1。

表 4.1 变量描述及数据来源

变量名称	指标解释	数据来源
金融开放程度 1：Chinn - Ito 指数	标准化在 0 到 1 的法规的衡量指标，数值越大越开放	Chinn 和 Ito，2010
金融开放程度 2：FDIfacto 指数	FDI 占 GDP 比重的对数	WDI 数据库
金融开放程度 3：Cafolwfacto 指数	一国的资本流动 Caflow 占 GDP 比重的对数	External Wealth of Nations Mark Ⅱ 数据库
金融发展深度（Findep）	私人信贷占 GDP 的比重	Global Financial Development 数据库
金融市场效率（Fineff）	该期间交易的股票总价值与该期间的平均市值的比值	
金融部门市场力（Booneindex）	根据利润计算的布恩指标，数值越大，金融部门市场力越强	
制度质量（Instiqual）	将控制腐败能力、民众话语权、政治稳定性、公共部门效力、法治水平和管治能力这 6 个指标聚合成一个综合指标	WGI 数据库

续表

变量名称	指标解释	数据来源
人均 GDP（GDPper）	人均实际 GDP 的对数	
产业就业结构（Serveindus）	服务业就业人口占制造业就业人口的比重	
技术创新（Resch）	国内技术和研发的投入占实际 GDP 的比重	
高等教育的入学人数占比（Schtie）	高等教育的入学人数占总人口数的比重	WDI 数据库
抚养比（Agedepend）	年龄小于 15 岁及超过 64 岁人口占劳动人口的比重	
失业率（Unemploy）	失业人口占总劳动力人口的比重	
民主程度（Polity 2）	数值范围介于 −10 和 +10 之间，数值越大表示政体民主程度越高	Polity IV 数据库

（四）关键变量的描述性分析

本书采用法规的衡量指标和事实的衡量指标对全球的金融开放程度这一关键变量进行简单的描述。从图 4.6 中的（a）可以看出，金融开放程度自 1980 年，尤其是 1990 年之后急速提升直到 2008 年国际金融危机，之后金融开放程度提升的速度才有所放缓。金融开放程度事实的度量方法增长趋势明显高于法定测度指标，法规的测度指标增长的趋势相对比较平滑，这说明金融开放改革的渐进性以及政策实施和效果表现之间存在的滞后性。1990 年前可能因为金融开放改革实施的范围比较窄、金融开放程度比较低、金融开放改革效果的时滞性，金融开放改革对经济发展的影响效果较低，不具有代表性，因此，本书选取 1990 年后金融开放改革在全球大范围推广，金融开放程度较高的时间段进行分析。

由于金融开放改革是由发达国家向发展中国家推广的，发达国家的平均金融开放程度远高于所有国家的平均金融开放程度和发展中国家的平均金融开放程度。根据制度变迁理论可知，尽管金融开放改革的初衷都是促进经济的发展，但由于发达国家和发展中国家有着不同的政治、经济制度和社会文化环境，发达国家和发展中国家的金融开放改革实施的动力和发展路径都有所区别。发达国家更多体现于制度变迁演化的进化博弈理论，是发达国家的金融机构和人员与其他部门的博弈以及市场经济发展寻求一种新增长路径的结果，这更多源于市场经济和一部分群体引导的诱致性制度变迁；发展中国家的金融开放的制度变迁则除了源自市场经济和部分群体的利益诉求之外，还受到外部发达国家的制度影响，政府法令推行在这些国家的金融开放改革中发挥出更多的作用。

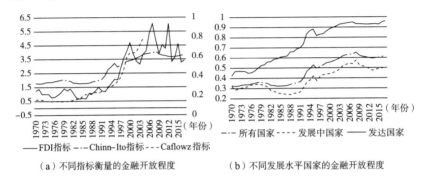

（a）不同指标衡量的金融开放程度　　　　（b）不同发展水平国家的金融开放程度

图 4.6　金融开放程度变化趋势

除此之外，发达国家和发展中国家的金融发展深度和金融市场效率以及制度质量也都表现出明显的差异，发达国家的金融发展深度、金融市场效率和制度质量都明显高于发展中国家。从图 4.7 中可以看出，金融开放显著地提升了发展中国家和发达国家的金融发展深度，并且对发达国家的影响效应更大；金融开放同样大幅度提升发达国家的金融市场效率，但对发展中国家的金融市场效率影响相对较小，这说明在金融市场发展程度较高的发达国家，金融开放改革促使其金融市场的"质"和"量"都显著提高，但对于金融市场发展程度较低的发展中国家，金融开放还更多地表现为对金融市场"量"方面的提升，对"质"的影响相对较小或者还未发展到提高"质"的阶段。

基于各国的金融开放改革情况和各种影响因素的分析，本书收集并整理了 80 个国家 1990—2017 年的面板数据。同时为了规避经济发展中可能出现的经济繁荣或者衰退的总体经济环境波动的影响，本书采用每5 年的间隔数据进行分析。最终选取跨国数据的变量描述统计见表 4.2，表 4.3 中的相关矩阵也显示要素租金与金融开放程度、经济发展、金融市场发展、制度质量、技术创新以及资本和劳动力的谈判力等重要影响因素明显相关。对跨国数据中有部分数据或者指标存在缺失的问题，不利于进行深入的回归分析，因此，本书采用平衡面板数据插值法对缺失数据进行补充。

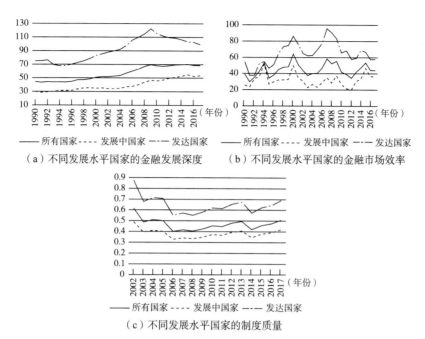

（a）不同发展水平国家的金融发展深度　　（b）不同发展水平国家的金融市场效率

（c）不同发展水平国家的制度质量

图 4.7　不同发展水平国家的金融市场发展和制度质量状况

表 4.2　　　　　　　　　　主要变量的描述性统计

变量名称	样本量	均值	最大值	最小值
Chinn-Ito	475	0.622583	1	0
FDIfacto	475	0.698633	5.239013	−7.20502
Caflowfacto	475	−0.84634	2.313184	−4.57888
Findep	475	0.057697	0.247869	0.014828
Fineff	475	0.000341	0.015999	0.000119
GDPper	475	10.56149	17.75419	−2.14061
Serveindus	475	2.549795	5.377152	0.806258
Instiqual	475	0.569685	1.077068	0.03896
Resch	475	0.897214	4.81602	−1.79759
Booneindex	475	−0.01068	24.30061	−37.3326
Schtie	475	3.472603	4.917076	−0.07154
Agedepend	475	55.74663	103.0875	16.14228
Unemploy	475	8.968998	64.61499	0.470001
Polity 2	475	6.073684	10	−10

注：基础数据是每 5 年间隔的面板数据。

表 4.3

主要变量相关矩阵

变量	Caprent	Larent	Chinn-Ito	Agedepend	Unemploy	Polity 2	Schtie	GDPper	Serveindus	Findep	Fineff1	Instiqual	Booneindex	Resch
Caprent	1.000													
Larent	0.092	1.000												
Chinn-Ito	0.170	-0.066	1.000											
Agedepend	-0.242	0.122	-0.283	1.000										
Unemploy	-0.300	0.024	-0.152	0.264	1.000									
Polity 2	0.149	-0.067	0.293	-0.143	-0.013	1.000								
Schtie	0.185	0.001	0.487	-0.528	-0.180	0.278	1.000							
GDPper	0.161	-0.132	0.519	-0.506	-0.254	0.043	0.542	1.000						
Serveindus	0.099	0.123	0.297	0.175	-0.015	0.171	0.334	0.250	1.000					
Findep	0.125	-0.123	0.351	-0.372	-0.141	0.187	0.461	0.493	0.256	1.000				
Fineff	0.049	-0.046	0.034	-0.133	-0.038	0.042	0.097	0.116	-0.030	0.112	1.000			
Instiqual	0.017	-0.358	0.368	-0.321	-0.054	0.421	0.296	0.356	0.032	0.416	0.084	1.000		
Booneindex	0.009	0.038	0.166	-0.024	0.003	-0.031	0.110	0.069	0.027	0.050	0.016	-0.012	1.000	
Resch	0.046	-0.126	0.410	-0.350	-0.160	0.174	0.594	0.552	0.256	0.536	0.137	0.489	0.031	1.000

注：基础数据是每 5 年间隔的面板数据。

第二节　金融开放与资本租金

一　金融开放对资本租金的影响效应

金融开放降低国际资本要素流动的壁垒，使资本要素在全球范围内自由流动，与此同时，金融开放能促进各国金融市场的发展，降低企业的融资成本，提高资本要素的效率。金融开放促使国际金融市场的一体化，使各国争相吸引国际资本要素，增强了资本要素的市场力量，从而使资本要素的所有者获取更多的资本租金。

表 4.4 报告了金融开放对资本租金影响的回归结果。列（1）以金融开放对资本租金进行简单的 OLS 回归，估计系数在 1% 统计水平下显著为正，金融开放程度每提高 1，资本租金将上升 12.3%，金融开放程度越高，资本租金越高。列（2）和列（3）分别在简单的回归基础上增加控制影响资本租金的重要因素以及经济环境、制度等宏观层面的因素，回归的结果仍支持金融开放提高资本租金，列（4）则汇报了同时加入影响资本租金的重要因素以及经济环境、制度等宏观层面的因素后的回归结果，也支持了金融开放对资本租金的正向影响效应。由于金融开放对资本租金的影响效应可能会受到内生性问题的干扰，本书在简单的 OLS 回归的基础上还采用系统 GMM 方法进行回归分析，并且都通过了 Hansen 的检验，接受"所有工具变量都有效"的假设。表 4.4 的列（5）至列（7）在分别加入影响资本租金的重要指标和经济环境、制度等宏观层面指标后的系统 GMM 回归结果也依然支持了金融开放对提高资本租金有积极的影响效应。

表 4.4　　　　　　　金融开放对资本租金影响的回归结果

	OLS	OLS	OLS	OLS	GMM	GMM	GMM
	Caprent	Caprent	Caprent	Caprent	Caprent	Caprent	Caprent
Finanopen	0.123***	0.046**	0.060***	0.052**	0.215**	0.190**	0.322**
	(0.04)	(0.01)	(0.02)	(0.02)	(0.10)	(0.09)	(0.14)
Agedepend		-0.003***		-0.002***	-0.003**		-0.011**
		(0.00)		(0.00)	(0.00)		(0.00)

续表

	OLS	OLS	OLS	OLS	GMM	GMM	GMM
	Caprent	Caprent	Caprent	Caprent	Caprent	Caprent	Caprent
Unemploy		−0.009		−0.000	−0.039***		−0.037**
		(0.01)		(0.00)	(0.02)		(0.02)
Polity 2		0.005**		0.002**	0.013*		−0.004
		(0.00)		(0.00)	(0.01)		(0.01)
Schtie		0.0001**		0.0001**	0.001**		0.003**
		(0.00)		(0.00)	(0.00)		(0.00)
GDPper			0.0001***	0.0001*		0.0001*	0.0001*
			(0.00)	(0.00)		(0.00)	(0.00)
Serveindus			0.017**	0.030***		0.059*	0.123*
			(0.01)	(0.01)		(0.01)	(0.07)
Findep			0.450*	0.155*		3.307*	−0.797
			(0.13)	(0.05)		(1.63)	(1.16)
Fineff			5.187*	3.289*		2.834*	1.942*
			(3.01)	(1.78)		(0.33)	(0.45)
Instiqual			−0.228***	−0.249***		−0.281***	−0.210**
			(0.03)	(0.03)		(0.09)	(0.10)
Booneindex			−0.001*	−0.001*		0.001*	0.005*
			(0.00)	(0.00)		(0.03)	(0.02)
Resch			0.003**	0.003**		−0.059	0.038**
			(0.00)	(0.00)		(0.05)	(0.00)
Constant	−0.075**	0.168*	0.030	0.164***	0.367	−0.107	0.396*
	(0.04)	(0.10)	(0.03)	(0.04)	(0.31)	(0.18)	(0.22)
Time FE	Yes	Yes	Yes	Yes	Yes	Yes	Yes
Country FE	Yes	Yes	Yes	Yes	Yes	Yes	Yes
Observations	475	475	451	451	475	451	451
Groups	80	80	80	80	80	80	80
Hansen					68.22	55.31	58.60
AR (2)					−0.764	−1.555	−1.047

注：括号内是稳健标准误，*、**、***分别表示10%、5%、1%的显著性水平；下同。

　　根据租金理论和制度分析理论得出经济发展水平、产业结构、金融市场发展、制度质量、资本市场力以及研发都对资本要素的产出以及利润分配产生影响，与此同时，不同金融开放程度在一定程度上又会对这些因素的指标水平以及对资本租金的影响效应有所不同（Bumann and Lensink，2016）。因此，本书在基准回归的基础上又分别加入金融开放与经济发展水平、经济结构、金融发展深度、金融市场效率、制度质量、资本相对市场力以及技术创新的交互项进行进一步分析，加入交互项的回归结果见表4.5。表4.5的回归结果验证了经济发展水平、经济结构、金融发展深度、金融市场效率、制度质量、资本相对市场力以及技术创新除了直接影响资本租金之外还通过金融开放程度影响资本租金。表4.5中加入交互项的经济发展水平的系数依然显著为正，但金融开放与经济发展水平的交互项显著为负，说明随着经济发展水平的提高，金融开放对资本租金的抑制作用会增强，但经济发展水平依然主要以直接路径影响资本租金。经济结构的系数比未加入交互项的系数显著增大并依然显著为正，但金融开放与经济结构的交互项显著为负，说明随着经济发展水平的提高，金融开放对资本租金的抑制作用会增强。加入交互项的金融发展深度的系数由不显著转为正向显著，但金融开放与金融发展深度的交互项显著为负，说明金融发展深度直接和间接的相反影响效应相互抵消致使其对资本租金的影响效应弱化乃至没有，但随着金融开放程度的进一步深化，金融发展深度会通过金融开放程度对资本租金产生抑制作用。金融市场效率的系数比未加入交互项的系数显著增大并依然显著为正，但金融开放与金融市场效率的交互项显著为负，说明随着金融市场效率的提高，金融开放对资本租金的抑制作用会增强。加入交互项的制度质量的系数由显著为负转为显著为正，但金融开放与制度质量的交互项显著为负，说明随着制度质量的提高，金融开放对资本租金的抑制作用会增强，并且制度质量主要通过金融开放程度的间接路径来影响资本租金。技术创新的系数比未加入交互项的系数显著增大并依然显著为正，但金融开放与技术创新的交互项显著为负，说明随着技术创新的提高，金融开放对资本租金的抑制作用会增强。

　　这也说明不同水平的经济发展、经济结构、制度质量、金融发展深度、金融市场效率等会对金融开放影响资本租金的效应产生影响。

表 4.5　　金融开放对资本租金影响的回归结果（考虑交互项）

VARIABLES	GMM	GMM	GMM	GMM	GMM	GMM	GMM
	Caprent	Caprent	Caprent	Caprent	Caprent	Caprent	Caprent
Finanopen	0.528 ***	1.418 **	0.360 ***	0.159 **	0.810 **	0.296 *	0.208 *
	(0.16)	(0.27)	(0.13)	(0.08)	(0.34)	(0.17)	(0.12)
Agedepend	−0.0001 **	−0.002 **	−0.002 **	−0.004 **	−0.007 ***	−0.010 ***	−0.009 ***
	(0.00)	(0.01)	(0.00)	(0.00)	(0.00)	(0.00)	(0.00)
Unemploy	−0.026 **	−0.036 **	−0.023 **	−0.025 **	−0.023 **	−0.040 ***	−0.034 ***
	(0.01)	(0.02)	(0.01)	(0.01)	(0.01)	(0.01)	(0.01)
Polity 2	0.013 **	0.015 **	0.016 **	0.014 **	0.005 **	0.006 **	0.004 **
	(0.01)	(0.01)	(0.00)	(0.00)	(0.00)	(0.00)	(0.00)
Schtie	−0.004 ***	−0.001 **	0.001	−0.0001 **	−0.002 **	−0.004 **	−0.002 **
	(0.00)	(0.00)	(0.00)	(0.00)	(0.00)	(0.00)	(0.00)
GDPper	0.0001 ***	0.0001	0.0001	−0.0001	−0.0001	0.0001	0.0001
	(0.00)	(0.00)	(0.00)	(0.00)	(0.00)	(0.00)	(0.00)
Serveindus	0.053 *	0.328 **	0.067 **	0.079 **	0.098 ***	0.153 **	0.112 **
	(0.03)	(0.00)	(0.00)	(0.03)	(0.04)	(0.06)	(0.05)
Findep	1.602 *	−0.161	2.796 **	0.011	1.669 **	0.786 **	−0.614
	(0.90)	(1.31)	(1.60)	(0.49)	(0.80)	(0.25)	(0.79)
Fineff	5.134	9.123 **	5.386	69.935 **	3.962	91.661	95.288 *
	(4.67)	(0.50)	(4.17)	(33.20)	(4.46)	(58.34)	(53.72)
Instiqual	−0.168	−0.046	−0.135	0.206 **	0.762 **	0.199	−0.050
	(0.11)	(0.14)	(0.13)	(0.02)	(0.13)	(0.14)	(0.12)
Booneindex	0.001 **	0.025 **	0.046 **	0.002 **	0.009 **	0.137 **	0.009 **
	(0.00)	(0.00)	(0.00)	(0.00)	(0.00)	(0.01)	(0.00)
Resch	−0.090 *	−0.089 *	−0.153 **	−0.125 **	−0.142 **	−0.259 **	0.167 **
	(0.01)	(0.01)	(0.01)	(0.02)	(0.06)	(0.11)	(0.01)
Finanopen× GDPper	−0.00001 ***						
	(0.00)						
Finanopen× Serveindus		−0.402 *					
		(0.02)					

续表

VARIABLES	GMM Caprent	GMM Caprent	GMM Caprent	GMM Caprent	GMM Caprent	GMM Caprent	GMM Caprent
Finanopen× Findep			−3.841* (2.04)				
Finanopen× Fineff				−59.364** (12.80)			
Finanopen× Instiqual					−1.226** (0.55)		
Finanopen× Booneindex						0.139** (0.01)	
Finanopen× Resch							−0.085* (0.01)
Constant	−0.156 (0.22)	−0.572 (0.75)	−0.046 (0.22)	0.315* (0.16)	−0.021 (0.25)	0.517* (0.27)	0.599** (0.29)
Time FE	Yes	Yes	Yes	Yes	Yes	Yes	Yes
Country FE	Yes	Yes	Yes	Yes	Yes	Yes	Yes
Observations	475	475	475	475	475	475	475
Groups	80	80	80	80	80	80	80
Hansen	67.90	67.04	75.97	77.40	71.18	60.58	75.40
AR（2）	−0.728	−0.547	−0.137	−0.0455	−0.255	−1.457	−0.889

二 金融开放对资本要素产出与报酬偏离程度的影响

从要素租金的概念和分析中得出，资本租金和劳动力租金都主要由两部分构成：资本和劳动力要素边际产出、资本和劳动力要素报酬与要素边际产出的偏离程度。其中根据 C-D 生产函数核算的资本和劳动力边际产出必然与经济发展、金融发展、制度质量、技术创新直接相关，因为这些因素都会影响经济产出的数量和效率。但金融开放对资本要素报酬与要素边际产出的偏离程度的影响如何？

表4.6 报告了金融开放对资本要素报酬与边际产出的偏离程度影响的回归结果，由于金融开放对资本要素报酬与边际产出的偏离程度的影响效应可能会受到内生性问题的干扰，本书采用系统 GMM 方法进行回

归分析，并且都通过了 Hansen 的检验，接受"所有工具变量都有效"的假设。列（1）未加入交互项的回归系数在 5% 统计水平下显著为正，金融开放程度每提高 1，资本租金将上升 1.39，金融开放程度越高，资本要素报酬与边际产出的偏离程度越高。结合图 4.2 和图 4.5 可知，资本要素报酬与边际产出的偏离程度随着金融开放程度的深化逐步由负值转向正向，即企业对投资者的租金收益掠夺逐步弱化，金融市场的投资者和中介结构的市场力不断增大，不仅获取其在完全竞争市场中应得的收益，还掠夺了企业家的生产收益，从而不断扩大经济发展红利的分享份额。与表 4.4 中资本租金的估计系数相比，表 4.6 中资本要素报酬与边际产出偏离程度的回归系数显著增大，这说明尽管金融开放会提高资本要素的产出效率，但同时由于边际效率递减规律而降低资本边际产出效率，并且这种递减的效应远远大于其提高资本要素的产出效率，但这种递减效应却小于金融开放对要素偏离程度的影响，从而使金融开放对资本租金的影响效应只是低于对资本要素报酬与边际产出的偏离程度的影响。由此可以看出，相对于资本和劳动力要素边际产出，资本和劳动力要素报酬与要素边际产出的偏离程度更能够反映出资本租金的变化情况，因此将资本要素报酬与要素边际产出的偏离程度视为资本租金的代理变量时，能将影响资本和劳动力要素边际产出的因素剔除出去，从而稳健并有效地分析经济发展、金融发展、制度质量、技术创新、资本与劳动力的谈判力这些重要因素对资本要素报酬与要素边际产出的偏离程度，即资本租金的影响效应。本书在表 4.6 中的列（2）至列（8）加入金融开放与重要影响因素交互项的回归结果。

从表 4.6 的回归结果中可以看出，金融开放与经济发展水平、经济产业结构调整、金融发展深度、金融市场效率、制度质量、技术创新以及金融部门市场力的交互项都显著。在不考虑其他影响因素的情况下，随着金融开放程度的加深，资本租金会不断增加，这说明金融开放改革加强了金融中介部门或者投资者相对于企业家之间的相对权力，使企业家和生产者将更多的收益分享给金融中介部门或者投资者。金融开放最初是针对经济增长而提出的，金融开放会促进经济增长，由回归结果可以看出，经济发展水平的提高会降低资本收益偏离程度，这也与资本边际报酬不断递减相符合，但相对于经济发展水平，经济产业结构调整主

表 4.6

金融开放对资本收益偏离程度影响的回归结果①

VARIABLES	(1) $\lambda^\tau-1$	(2) $\lambda^\tau-1$	(3) $\lambda^\tau-1$	(4) $\lambda^\tau-1$	(5) $\lambda^\tau-1$	(6) $\lambda^\tau-1$	(7) $\lambda^\tau-1$	(8) $\lambda^\tau-1$
Finanopen	1.3907**	11.7308**	10.3819***	4.5120***	1.6227**	2.5324**	0.4088***	2.9945***
	(0.4851)	(4.9099)	(2.2629)	(0.9531)	(0.7492)	(1.1106)	(0.0411)	(0.7424)
Agedepend	0.1988***	0.2111***	0.1767***	0.1888***	0.2122***	0.1929***	0.1313***	0.0736***
	(0.0321)	(0.0330)	(0.0349)	(0.0313)	(0.0311)	(0.0322)	(0.0241)	(0.0251)
Unemploy	-0.0615	0.0931*	-0.0448	0.1792***	-0.0550	-0.0745	0.1098***	0.1408***
	(0.0452)	(0.0482)	(0.0489)	(0.0490)	(0.0426)	(0.0459)	(0.0361)	(0.0354)
Polity 2	0.4137***	0.3522***	0.3877***	0.3199***	0.3973***	0.4410***	0.2983***	0.2195***
	(0.0533)	(0.0612)	(0.0577)	(0.0546)	(0.0510)	(0.0564)	(0.0450)	(0.0431)
Schtie	2.5193***	2.8647***	2.8208***	2.2147***	2.5528***	2.2847***	2.1087***	2.0168***
	(0.4683)	(0.5013)	(0.5092)	(0.4587)	(0.4395)	(0.4937)	(0.3666)	(0.3539)
GDPper	-0.1876	-0.7911**	-0.0397	0.0343	-0.2335	-0.2083	-0.0256	0.0051
	(0.1597)	(0.3258)	(0.1754)	(0.1605)	(0.1523)	(0.1597)	(0.1213)	(0.1161)
Serveindus	-2.0006***	-1.9146***	-4.2661***	-1.7967***	-2.0414***	-1.9617***	-1.4742***	-1.3039***
	(0.2654)	(0.2719)	(0.6011)	(0.2607)	(0.2500)	(0.2656)	(0.2136)	(0.2084)

① 由于金融市场效率的指标量纲与其他变量的差异较大，因此在回归前先对其按照计量方法进行量纲处理，使其与其他变量处于同一级别的量纲。

续表

VARIABLES	(1) λᵗ⁻¹	(2) λᵗ⁻¹	(3) λᵗ⁻¹	(4) λᵗ⁻¹	(5) λᵗ⁻¹	(6) λᵗ⁻¹	(7) λᵗ⁻¹	(8) λᵗ⁻¹
Findep	-12.0909***	-21.9959**	-35.6129***	-82.5479***	-30.7323***	-27.9230***	-22.6871***	-30.2573***
	(3.0639)	(9.2981)	(9.4323)	(12.3718)	(8.1817)	(8.6135)	(6.8299)	(6.7956)
Fineff	-2.8733***	-13.9362***	-16.20714***	-11.39312***	-15.9915***	-11.6482***	-10.2044***	-8.7739***
	(0.8632)	(3.2226)	(3.4363)	(2.9818)	(3.7112)	(3.0663)	(2.1962)	(2.1263)
Instiqual	-4.3040	-1.5944	6.5005**	-3.3098	-3.1681	8.5101**	3.1509*	3.6039**
	(2.6579)	(2.9773)	(2.9076)	(2.5907)	(2.5841)	(3.9308)	(1.8815)	(1.8160)
Booneindex	0.4640***	0.4504**	0.3459*	0.3987	0.4560***	0.4699***	1.0934	0.3736***
	(0.1750)	(0.1774)	(0.1904)	(0.1705)	(0.1641)	(0.1743)	(0.9108)	(0.1296)
Resch	2.3457***	1.5468***	1.4725***	1.8653***	2.2422***	2.3773***	1.6368***	2.7419***
	(0.3115)	(0.4896)	(0.3925)	(0.3153)	(0.2986)	(0.3109)	(0.2451)	(0.9299)
Finanopen×GDPper		0.9420**						
		(0.4414)						
Finanopen×Serveindus			3.8154***					
			(0.8907)					
Finanopen×Findep				85.4447***				
				(15.6211)				

续表

VARIABLES	(1)	(2)	(3)	(4)	(5)	(6)	(7)	(8)
	$\lambda^{\tau-1}$	$\lambda^{\tau-1}$	$\lambda^{\tau-1}$	$\lambda^{\tau-1}$	$\lambda^{\tau-1}$	$\lambda^{\tau-1}$	$\lambda^{\tau-1}$	$\lambda^{\tau-1}$
Finanopen×Fineff					10.0847*			
					(6.0749)			
Finanopen×Instiqual						3.4888***		
						(0.4105)		
Finanopen×Booneindex							-2.3753*	
							(1.3425)	
Finanopen×Resch								5.0879***
								(1.0339)
Constant	-14.1832***	-9.6332**	-8.1349*	-12.1525***	-14.7076***	-11.6258***	-12.0577***	-6.2580**
	(3.6888)	(4.3029)	(4.2156)	(3.6059)	(3.4728)	(4.0762)	(2.8231)	(2.9638)
Time FE	Yes	Yes	Yes	Yes	Yes	Yes	Yes	Yes
Country FE	Yes	Yes	Yes	Yes	Yes	Yes	Yes	Yes
Observations	395	395	395	395	395	395	395	395
Groups	79	79	79	79	79	79	79	79
Hansen	10.21	19.34	15.64	18.15	13.71	14.86	19.13	13.54
AR (2)	-0.29	-0.44	0.04	-0.20	0.12	-0.09	0.69	0.11

要通过金融开放程度来降低资本收益偏离程度。金融发展规模的提高和金融市场效率的提高同样会降低资本收益偏离程度，金融开放的确会通过扩大金融市场的服务，使资本所有者有更多的方式和途径获取资本租金。作为重要的制度改革的金融开放改革带来的制度质量的提升，尽管有可能会降低由寻租行为和由法规制度等人为设定的壁垒和垄断而获得的租金，但更多地提高政策执行的效率，降低法规制度的执行成本和经济活动的交易成本，从而提升整个经济产出效率（Angelopoulos et al.，2009）。同样，金融开放会促进技术创新的投入，而对技术创新投入需求的增加会增强资本要素的市场力，从而提高资本收益偏离程度。当同时考虑劳动力市场时，金融开放通过金融机构市场力（资本要素市场力）提高资本租金，此时金融中介较强的市场力使其获得更多的资本租金，从而使生产者分享的资本收益有所降低，这也进一步迫使企业家，即实体产业加大对技术研发的投入和对金融产业的投入。

三　内生性问题及稳健性检验

（一）内生性问题

金融开放对资本租金的回归结果可能受到内生性问题的干扰。为了解决内生性问题，本书的回归分析中都采用系统 GMM 方法，但尽管系统 GMM 面板回归能处理由于变量之间的双向因果和国家层面异质性特征等带来的内生性，但是估计的结果很可能依然存在一定程度的偏误。为了进一步解决内生性问题，构建不受金融开放和资本租金相关的外生变量作为工具变量，本书采用传统的滞后项作为工具变量进行检验。Larrain（2015）、Bumann 和 Lensink（2016）、梅冬州等（2019）采用金融开放指数的滞后作为工具变量，并检验出采用滞后三年以上的金融开放指数作为工具变量能显著降低内生性问题。由于本书采用每 5 年的间隔数据，因此，本书采用金融开放指数的滞后一期作为工具变量的方法，即滞后 5 年的金融开放程度指数来进行回归。表 4.7 和表 4.8 报告了工具变量法的回归结果，且采用的工具变量都通过了弱工具变量检验。这也再次表明金融开放具有提高资本租金和扩大资本要素报酬与边际产出的偏离程度的影响效应。

表 4.7 工具变量估计结果——资本租金

VARIABLES	(1)	(2)	(3)	(4)	(5)	(6)
	Caprent	Caprent	Caprent	Caprent	Caprent	Caprent
Finanopen	0.029 *	0.145 ***	0.085 ***	0.035 **	0.225 *	0.031 *
	(0.00)	(0.04)	(0.03)	(0.02)	(0.03)	(0.02)
Agedepend	−0.0001 **	−0.001 **	−0.001 **	−0.0001 **	−0.0001 **	−0.0001 **
	(0.00)	(0.00)	(0.00)	(0.00)	(0.00)	(0.00)
Unemploy	−0.0001 **	0.0001	−0.0001 **	0.0001	−0.001 **	−0.0001 **
	(0.00)	(0.00)	(0.00)	(0.00)	(0.00)	(0.00)
Polity 2	0.0001	0.0001 **	0.0001 **	0.0001 **	−0.0001	0.0001
	(0.00)	(0.00)	(0.00)	(0.00)	(0.00)	(0.00)
Schtie	−0.0001 *	−0.001 ***	−0.0001 **	−0.000 *	−0.000 **	−0.0001 *
	(0.00)	(0.00)	(0.00)	(0.00)	(0.00)	(0.00)
GDPper	0.0001 ***	0.0001 ***	0.0001 ***	0.0001 ***	0.0001 ***	0.0001 ***
	(0.00)	(0.00)	(0.00)	(0.00)	(0.00)	(0.00)
Serveindus	0.0001 **	0.001	0.002	0.002 **	0.005	0.0001 **
	(0.00)	(0.00)	(0.00)	(0.00)	(0.01)	(0.00)
Findep	0.0001 **	0.0001 **	0.001 ***	0.0001 **	0.0001 **	0.0001 **
	(0.00)	(0.00)	(0.00)	(0.00)	(0.00)	(0.00)
Fineff	0.0001 **	−0.0001	0.0001 **	0.0001 **	0.0001 **	0.0001 **
	(0.00)	(0.00)	(0.00)	(0.00)	(0.00)	(0.00)
Instiqual	0.155 ***	0.159 ***	0.151 ***	0.157 ***	0.134	0.156 ***
	(0.02)	(0.02)	(0.02)	(0.02)	(0.17)	(0.02)
Booneindex	0.001 **	−0.001	−0.0001	0.001 **	0.001 **	−0.003
	(0.00)	(0.00)	(0.00)	(0.00)	(0.00)	(0.01)
Resch	−0.008 *	−0.003	−0.007 **	−0.008 *	−0.003 **	−0.008 *
	(0.00)	(0.00)	(0.00)	(0.00)	(0.01)	(0.00)
Finanopen× GDPper		−0.0001 ***				
		(0.00)				
Finanopen× Findep			−1.086 ***			
			(0.33)			
Finanopen× Fineff				−0.231 **		
				(0.09)		

VARIABLES	(1) Caprent	(2) Caprent	(3) Caprent	(4) Caprent	(5) Caprent	(6) Caprent
Finanopen× Instiqual					−0.383* (0.23)	
Finanopen× Booneindex						0.006* (0.00)
Time FE	Yes	Yes	Yes	Yes	Yes	Yes
Country FE	Yes	Yes	Yes	Yes	Yes	Yes
Constant	0.090*** (0.02)	−0.010 (0.03)	0.021 (0.03)	0.085*** (0.02)	−0.043 (0.08)	0.091*** (0.02)
Observations	375	375	375	375	375	375
R−squared	0.225	0.251	0.237	0.234	0.150	0.224
F statistics	113.26	134.51	123.29	119.35	103.94	113.34

表 4.8　　　　　工具变量估计结果——资本收益偏离

VARIABLES	$\lambda^\tau - 1$	$\lambda^\tau - 1$	$\lambda^\tau - 1$	$\lambda^\tau - 1$	$\lambda^\tau - 1$	$\lambda^\tau - 1$
Finanopen	0.856** (0.14)	−3.049** (0.64)	1.446** (0.81)	0.912** (0.16)	8.666** (1.55)	0.840** (0.15)
Agedepend	0.013** (0.00)	0.001** (0.00)	0.011** (0.00)	0.014** (0.00)	0.023* (0.00)	0.013** (0.00)
Unemploy	−0.013 (0.01)	0.037** (0.00)	−0.016 (0.01)	−0.012 (0.01)	0.032* (0.02)	−0.013 (0.01)
Polity 2	0.007** (0.00)	−0.029 (0.03)	0.004* (0.02)	0.005** (0.02)	−0.027 (0.02)	0.007** (0.02)
Schtie	−0.004 (0.00)	0.014** (0.00)	−0.003 (0.00)	−0.004 (0.00)	0.0001** (0.00)	−0.004 (0.00)
GDPper	−0.0001*** (0.00)	−0.0001*** (0.00)	−0.0001*** (0.00)	−0.0001*** (0.00)	−0.0001*** (0.00)	−0.0001*** (0.00)
Serveindus	0.051 (0.11)	−0.387** (0.17)	0.082 (0.12)	0.065 (0.11)	−0.224** (0.01)	0.049 (0.11)
Findep	−0.001* (0.00)	−0.006** (0.00)	0.007 (0.01)	−0.002** (0.00)	−0.002** (0.00)	−0.002* (0.00)

续表

VARIABLES	$\lambda^\tau-1$	$\lambda^\tau-1$	$\lambda^\tau-1$	$\lambda^\tau-1$	$\lambda^\tau-1$	$\lambda^\tau-1$
Fineff	-0.0001	-0.0001	-0.0001	-0.001^*	-0.001	-0.0001^{**}
	(0.00)	(0.00)	(0.00)	(0.00)	(0.00)	(0.00)
Instiqual	1.887^{***}	6.140^{***}	1.851^{***}	1.846^{***}	13.391^{***}	1.896^{***}
	(0.54)	(0.84)	(0.56)	(0.55)	(4.59)	(0.55)
Booneindex	0.026^{**}	-0.015	0.032^{**}	0.026^{**}	-0.028	0.015^{**}
	(0.00)	(0.08)	(0.00)	(0.05)	(0.06)	(0.02)
Resch	0.102^{**}	0.129^{**}	0.106^{**}	0.099^{**}	0.267^*	0.102^{**}
	(0.01)	(0.01)	(0.01)	(0.01)	(0.15)	(0.01)
dejure GDP perp		0.0001^{***}				
		(0.00)				
dejure Findep			-1.124^{**}			
			(0.10)			
dejure Fineff				-0.210		
				(0.24)		
dejure Instiqual					15.300^{**}	
					(6.22)	
dejure Booneindex						-0.059^{**}
						(0.00)
Constant	-1.102^*	-0.233	-1.782^{**}	-1.145^*	-6.422^{***}	-1.103^*
	(0.60)	(1.27)	(0.77)	(0.60)	(2.18)	(0.60)
Time FE	Yes	Yes	Yes	Yes	Yes	Yes
Country FE	Yes	Yes	Yes	Yes	Yes	Yes
Observations	375	375	375	375	375	375
R-squared	0.713	0.279	0.707	0.713	0.637	0.713
F	143.96	140.34	123.17	143.40	147.96	144.83

（二）稳健性检验

1. 金融开放衡量指标的更换和增加

本书关注的核心变量金融开放，采用法规的 Chinn-Ito 指标进行衡量，但此指标更多关注于资本流动和信贷市场的改革，缺乏对国有制、进入壁垒等体制方面的衡量，同时政策效果还依赖于政策的执行力度，并且与政策实施之间存在时间滞后性。因此，为了全面、准确地刻画金融开放对资本租金的影响效应，本书进一步采用国外直接投资占 GDP 比重和考虑风险的 Lane 和 Milesi-Ferretti（2007）的事实指标和系统 GMM 方法进行回归分析（见表 4.9 和表 4.10）。此外，由于政策效果还依赖政策的执行力度，政策效果与政策改革之间存在时滞性问题，法规的金融开放指标并不能对实际金融开放程度进行准确的刻画，还需要其他指标对金融开放的法规衡量指标进行补充。因此，本书还同时采用法规和事实上的指标共同来衡量金融开放程度，并采用系统 GMM 方法来进行回归检验。回归结果［见表 4.9 和表 4.10 的列（1）和列（2）］表明当将事实的衡量指标作为金融开放程度衡量的指标时，事实的金融开放指标的系数都显著为正，这再次验证金融开放能显著提高资本租金和资本收益偏离程度，只是衡量的提高资本租金和资本收益偏离程度的效应低于法规指标衡量的金融开放；当事实的衡量指标作为金融开放程度衡量的补充变量时，金融开放事实指标的估计系数则由显著转为不显著［见表 4.9 和表 4.10 中的列（3）至列（4）］，这可能是因为政策实施的效果往往低于法规政策计划的应然效果，也可能因为事实指标也只是衡量金融开放程度的某个方面，衡量的范围更窄。

2. 更换样本数据

由于实证分析中的数据存在不可预估的选择偏误或者能影响数据对总体样本的代表性等问题，回归结果与总体的实际估计之间可能会存在偏误，同时为了验证基本回归模型中控制了宏观经济波动的影响效应，本书又采用每 3 年的间隔数据形成一个新的样本进行回归分析。表 4.9 和表 4.10 中的列（5）的回归结果也再次表明金融开放提高资本租金和扩大资本收益偏离程度的影响效应具有良好的稳健性。

表 4.9　　　　金融开放对资本租金的稳健性检验回归结果

VARIABLES	(1)	(2)	(3)	(4)	(5)
	Caprent	Caprent	Caprent	Caprent	Caprent
Chinn-Ito			0.359 *	0.294 **	0.046 **
			(0.19)	(0.15)	(0.02)

续表

VARIABLES	（1） Caprent	（2） Caprent	（3） Caprent	（4） Caprent	（5） Caprent
FDIfacto	0.196** （0.08）		0.069 （0.05）		
Caflowfacto		0.280** （0.11）		0.173 （0.11）	
Constant	−0.042 （0.30）	0.978** （0.41）	0.485 （0.34）	0.859** （0.43）	−0.031 （0.05）
Time FE	Yes	Yes	Yes	Yes	Yes
Country FE	Yes	Yes	Yes	Yes	Yes
Observations	475	475	475	475	475
Groups	80	80	80	80	80
Hansen	69.21	66.68	73.26	64.65	65.69
AR（2）	0.313	−0.377	−0.0538	−0.665	1.327

表 4.10 金融开放对资本收益偏离程度的稳健性检验回归结果

VARIABLES	（1） $\lambda^{\tau}-1$	（2） $\lambda^{\tau}-1$	（3） $\lambda^{\tau}-1$	（4） $\lambda^{\tau}-1$	（5） $\lambda^{\tau}-1$
Chinn−Ito			3.583** （0.87）	3.772** （1.46）	1.090*** （0.31）
FDIfacto	0.747** （0.30）		1.113*** （0.36）		
Caflowfacto		0.559** （0.27）		0.607 （0.49）	
Constant	−11.550*** （4.19）	−9.939*** （2.25）	−12.917** （5.36）	−0.280 （3.88）	−0.542 （0.63）
Time FE	Yes	Yes	Yes	Yes	Yes
Country FE	Yes	Yes	Yes	Yes	Yes
Observations	475	475	475	475	475
Groups	80	80	80	80	80
Hansen	73.55	70.58	70.56	54.68	70.37
AR（2）	1.105	1.083	1.514	0.718	1.606

第三节 金融开放与劳动力租金

一 金融开放对劳动力租金的影响效应

随着金融开放的深化，金融开放改革引发的相关制度变革会延伸到劳动力市场，致使劳动力要素的规章、组织和利益分配产生重大变革，从而影响劳动力要素的流动、分配、经济活动的参与度以及对经济发展利润分享份额。

表4.11报告了金融开放对劳动力租金影响的回归结果。列（1）仅以金融开放对劳动力租金进行简单的OLS回归，估计系数在1%统计水平下显著为负，金融开放程度每提高1，劳动力租金将下降1.171，金融开放程度越高，劳动力租金越低。列（2）和列（3）分别在简单的回归基础上增加控制影响劳动力租金的重要因素以及经济环境、制度等宏观层面的因素，回归的结果仍支持金融开放会降低劳动力租金，列（4）则汇报了同时加入影响劳动力租金的重要因素以及经济环境、制度等宏观层面的因素后的回归结果，也支持了金融开放对劳动力租金的负向影响效应。由于金融开放对劳动力租金的影响效应可能会受到内生性问题的干扰，本书在简单的OLS回归的基础上还采用系统GMM方法进行回归分析，并且都通过了Hansen的检验，接受"所有工具变量都有效"的假设。表4.11中的列（5）至列（7）在分别加入影响劳动力租金的重要指标和经济环境、制度等宏观层面指标后的系统GMM回归结果也依然支持了金融开放对降低劳动力租金有积极的影响效应。

表 4.11　　　　　　金融开放对劳动力租金影响的回归结果

VARIABLES	OLS	OLS	OLS	OLS	GMM	GMM	GMM
	Larent	Larent	Larent	Larent	Larent	Larent	Larent
dejure	−1.171***	−0.812***	−0.387**	−0.385**	−1.136***	−0.988**	−1.590**
	(0.22)	(0.21)	(0.02)	(0.02)	(0.37)	(0.13)	(0.71)
Agedepend		0.048***		0.029***	0.113***		0.106***
		(0.01)		(0.01)	(0.02)		(0.02)

续表

VARIABLES	OLS	OLS	OLS	OLS	GMM	GMM	GMM
	Larent	Larent	Larent	Larent	Larent	Larent	Larent
Unemploy		0.003		−0.002 **	0.062		−0.068 *
		(0.01)		(0.00)	(0.06)		(0.01)
Polity 2		0.038 **		0.018 **	0.064 **		0.037 **
		(0.00)		(0.00)	(0.00)		(0.00)
Schtie		0.005 *		0.0001 **	0.006 **		0.022 ***
		(0.00)		(0.00)	(0.00)		(0.01)
GDPper			−0.0001 ***	−0.0001 ***		−0.0001 ***	−0.0001 ***
			(0.00)	(0.00)		(0.00)	(0.00)
Serveindus			0.095	−0.069 **		0.120	−0.286 *
			(0.08)	(0.00)		(0.16)	(0.02)
Findep			−1.435 **	−0.995 *		−8.081 **	−6.043 **
			(0.49)	(0.57)		(1.07)	(1.16)
Fineff			−48.955 **	−40.310 **		−78.551 **	−75.728 ***
			(20.03)	(20.11)		(33.09)	(27.13)
Instiqual			2.592 ***	1.545 ***		3.220 **	0.937 **
			(0.48)	(0.56)		(1.36)	(0.36)
Booneindex			0.0001 **	0.004 **		0.019 **	0.051 **
			(0.00)	(0.00)		(0.00)	(0.00)
Resch			0.028 **	0.005 **		0.594 **	0.138 **
			(0.00)	(0.00)		(0.26)	(0.14)
Constant	−4.486 ***	−7.316 ***	−2.898 ***	−5.043 ***	−12.202 ***	−2.410 **	−10.314 ***
	(0.24)	(0.66)	(0.40)	(0.65)	(1.19)	(1.01)	(1.54)
Time FE	Yes	Yes	Yes	Yes	Yes	Yes	Yes
Country FE	Yes	Yes	Yes	Yes	Yes	Yes	Yes
Observations	475	475	475	475	475	475	475
Groups	80	80	80	80	80	80	80
Hansen					64.52	68.02	72.62
AR (2)					−1.298	−1.055	−1.172

根据租金理论和制度分析理论得出经济发展水平、产业结构、金融

市场发展、制度质量、资本市场力以及研发都对资本要素的产出以及利润分配产生影响，与此同时不同金融开放程度在一定程度上又会对这些因素的指标水平以及对劳动力租金的影响效应有所不同（Bumann and Lensink，2016）。因此，本书在基准回归的基础上又分别加入金融开放与经济发展水平、经济结构、金融发展深度、金融市场效率、制度质量、资本相对市场力以及技术创新的交互项进行进一步分析，加入交互项的回归结果见表4.12。表4.12的回归结果验证了经济发展水平、经济结构、金融发展深度、金融市场效率、制度质量、资本相对市场力以及技术创新除了直接影响劳动力租金之外还通过金融开放程度影响劳动力租金。表4.12中加入交互项的经济发展水平的系数依然显著为负，但金融开放与经济发展水平的交互项显著为正，说明随着经济发展水平的提高，金融开放对劳动力租金的抑制作用会增强，但经济发展水平依然主要以直接路径影响劳动力租金。经济结构的系数比未加入交互项的系数绝对值显著增大并依然显著为负，但金融开放与经济结构的交互项显著为正，说明随着经济发展水平的提高，金融开放对劳动力租金的抑制作用会增强。加入交互项的金融发展深度的系数绝对值显著增大并依然显著为负，并且金融开放与金融发展深度的交互项显著为负，说明随着金融发展深度的提高，金融开放对劳动力租金的抑制作用会减弱。金融市场效率的系数比未加入交互项的系数显著增大并依然显著为负，但金融开放与金融市场效率的交互项显著为正，说明随着金融市场效率的提高，金融开放对劳动力租金的抑制作用会增强。加入交互项的制度质量的系数增大并依然显著为正，并且金融开放与制度质量的交互项显著为正，说明随着制度质量的提高，金融开放对劳动力租金的抑制作用会减弱，并且制度质量主要通过金融开放程度的间接路径来影响劳动力租金。加入交互项的技术创新的系数由显著为正变为不显著，但金融开放与技术创新的交互项显著为正，说明随着技术创新的提高，金融开放对劳动力租金的抑制作用会减弱，并且制度质量主要通过技术创新的间接路径来影响劳动力租金。这也说明不同水平的经济发展、经济结构、制度质量、金融发展深度、金融市场效率会等对金融开放与劳动力租金之间的关系产生影响。

表 4.12　　金融开放对劳动力租金影响的回归结果（考虑交互项）

VARIABLES	(1)	(2)	(3)	(4)	(5)	(6)	(7)
	Larent	Larent	Larent	Larent	Larent	Larent	Larent
Finanopen	−3.899***	−5.805***	−3.244***	−2.144***	−6.711***	−2.435*	−1.606**
	(1.30)	(1.69)	(1.09)	(0.69)	(1.64)	(1.39)	(0.79)
Agedepend	0.101***	0.048**	0.101***	0.112***	0.114***	0.148***	0.093***
	(0.02)	(0.02)	(0.02)	(0.02)	(0.02)	(0.03)	(0.02)
Unemploy	−0.042	−0.113***	−0.054**	−0.045**	−0.015**	−0.070**	−0.057**
	(0.04)	(0.03)	(0.00)	(0.00)	(0.00)	(0.00)	(0.03)
Polity 2	−0.181***	−0.067**	−0.070**	−0.036**	0.006	−0.158**	−0.079**
	(0.04)	(0.00)	(0.00)	(0.00)	(0.06)	(0.07)	(0.04)
Schtie	0.035***	0.010**	0.010**	0.017**	0.022**	0.038**	0.017**
	(0.01)	(0.00)	(0.00)	(0.00)	(0.01)	(0.01)	(0.01)
GDPper	−0.0001***	−0.0001***	−0.0001**	−0.000*	−0.0001*	−0.0001**	−0.0001**
	(0.00)	(0.00)	(0.00)	(0.00)	(0.00)	(0.00)	(0.00)
Serveindus	−0.433	−1.419**	−0.403	−0.227	−0.440	−0.453	−0.220
	(0.30)	(0.59)	(0.28)	(0.25)	(0.29)	(0.36)	(0.18)
Findep	−1.675	−4.671	−34.522**	−8.972	−7.783	−0.626	−2.720
	(7.28)	(5.74)	(16.66)	(5.59)	(7.82)	(8.80)	(2.57)
Fineff	−61.463*	−45.729**	−80.282**	−60.413**	−51.118**	−84.957*	−71.391**
	(36.94)	(22.74)	(30.14)	(25.41)	(24.13)	(44.56)	(28.23)
Instiqual	4.875***	−0.690	3.742*	3.000**	7.158**	3.675*	2.777*
	(1.56)	(1.66)	(1.96)	(1.50)	(3.24)	(2.12)	(1.63)
Booneindex	−0.094	−0.009	−0.056**	−0.075	−0.074***	−0.768**	−0.093
	(0.14)	(0.07)	(0.01)	(0.11)	(0.03)	(0.10)	(0.10)
Resch	−0.169	−0.232	0.039**	−0.124	0.143**	−0.267	−0.119
	(0.24)	(0.18)	(0.00)	(0.20)	(0.07)	(0.27)	(0.57)
Finanopen× GDPper	0.0001***						
	(0.00)						
Finanopen× Serveindus		2.023***					
		(0.69)					
Finanopen× Findep			38.662**				
			(16.79)				

VARIABLES	(1)	(2)	(3)	(4)	(5)	(6)	(7)
	Larent	Larent	Larent	Larent	Larent	Larent	Larent
Finanopen× Fineff				78. 106 ** (342. 87)			
Finanopen× Instiqual					9. 490 *** (2. 66)		
Finanopen× Booneindex						−0. 939 ** (0. 03)	
Finanopen× Resch							0. 022 ** (0. 01)
Constant	−10. 349 *** (2. 05)	−2. 457 (2. 37)	−10. 147 *** (1. 90)	−11. 777 *** (1. 55)	−6. 794 *** (2. 21)	−14. 596 *** (2. 63)	−10. 631 *** (1. 82)
Time FE	Yes	Yes	Yes	Yes	Yes	Yes	Yes
Country FE	Yes	Yes	Yes	Yes	Yes	Yes	Yes
Observations	475	475	475	475	475	475	475
Groups	80	80	80	80	80	80	80
Hansen	63. 90	72. 06	71. 46	71. 97	69. 94	66. 40	66. 82
AR (2)	−3. 408	−4. 762	−3. 525	−4. 342	−4. 417	−3. 493	−4. 178

二 金融开放对劳动力产出与报酬的偏离程度的影响

同资本租金类似，从要素租金的概念和分析中得出，劳动力租金除了与动力要素边际产出有关，更与劳动力要素报酬与要素边际产出的偏离程度相关。其中，根据 C-D 生产函数核算的劳动力边际产出必然与经济发展、金融发展、制度质量、技术创新直接相关，因为这些因素都会影响经济产出的数量和效率。

金融开放往往是通过要素资源配置效率影响经济的动态发展。相对于劳动力要素边际产出，劳动力要素报酬与要素边际产出的偏离程度更能够反映出劳动力租金的变化情况，因此将劳动力要素报酬与要素边际产出的偏离程度视为劳动力租金的代理变量时，能将影响劳动力要素边际产出的因素剔除出去，从而稳健并有效地分析经济发展、金融发展、制度质量、技术创新、资本与劳动力的谈判力这些重要因素对劳动力要素报酬与要素边际产出的偏离程度，即劳动力租金的影响效应。表4.13汇报了金融开放对劳动力工资偏离程度的回归结果，加入金融开放与重要影响因素的交互项对其作用效应的影响。

从表4.13的回归结果中可以看出，金融开放与经济发展水平、经济产业结构调整、金融发展深度、金融市场效率、制度质量、技术创新以及金融部门市场力的交互项都显著，说明这些因素除了通过直接效应影响劳动力工资偏离程度之外，还通过金融开放程度影响劳动力工资偏离程度。在不考虑其他影响因素的情况下，随着金融开放程度的加深，劳动力工资偏离程度会不断降低，这说明金融开放改革加强了金融中介部门或者投资者相对于企业家之间的相对权力，使企业家和生产者将更多的收益分享给金融中介部门或者投资者的同时，追求租金收益的动机促使企业家掠夺更多的劳动力收益以弥补资本收益的缺失。与此同时，金融开放改革使企业在全球范围内寻求廉价的劳动力，降低劳动力储备也更多的是供求较多的低技能劳动者，而低技能劳动者往往只能分享较低的生产收益，从而整体上降低了劳动力工资偏离程度、降低劳动力租金（Kramarz，2003；Boulhol，2009）。经济发展水平对劳动力租金的影响效应与资本租金的影响效应相反。

三 内生性问题及稳健性检验

（一）内生性问题

金融开放对劳动力租金的回归结果同样可能受到内生性问题的干扰。为了解决内生性问题，本书的回归分析中都采用系统 GMM 方法，但尽管系统 GMM 面板回归能处理由于变量之间的双向因果和国家层面异质性特征等带来的内生性，但是估计的结果很可能依然存在一定程度的偏误。为了进一步解决内生性问题，构建不受金融开放和劳动力租金相关的外生变量作为工具变量，本书采用传统的滞后项作为工具变量进行检验。Larrain（2015）、Bumann 和 Lensink（2016）、梅冬州等（2019）采用金融开放指数的滞后作为工具变量，并检验出采用滞后三年以上的金融开放指数作为工具变量能显著降低内生性问题。由于本书采用每 5 年的间隔数据，因此本书采用金融开放指数的滞后一期作为工具变量的方法，即滞后 5 年的金融开放程度指数来进行回归。表 4.14和表 4.15 报告了工具变量法的回归结果，且采用的工具变量都通过了

表 4.13

金融开放对劳动力工资偏离程度影响的回归结果

VARIABLES	(1) μ^{-1}	(2) μ^{-1}	(3) μ^{-1}	(4) μ^{-1}	(5) μ^{-1}	(6) μ^{-1}	(7) μ^{-1}	(8) μ^{-1}
Finanopen	-1.0121**	-3.8268***	-0.9084**	-1.2721***	-0.8179***	-0.6877**	-0.6835***	-1.3210***
	(0.4648)	(1.0306)	(0.4277)	(0.2991)	(0.2169)	(0.3193)	(0.1890)	(0.2543)
Agedepend	0.1988***	0.0168**	0.0230***	-0.0034	0.0040	0.0208**	0.0017	0.0006
	(0.0321)	(0.0085)	(0.0081)	(0.0093)	(0.0095)	(0.0085)	(0.0074)	(0.0075)
Unemploy	-0.0615	-0.0319***	-0.0229**	-0.0192	-0.0179	-0.0218**	-0.0111	-0.0140
	(0.0452)	(0.0106)	(0.0100)	(0.0139)	(0.0142)	(0.0104)	(0.0116)	(0.0119)
Polity 2	0.4137***	0.0315***	0.0263***	0.0277**	0.0207	0.0407***	0.0229**	0.0200**
	(0.0533)	(0.0105)	(0.0102)	(0.0129)	(0.0134)	(0.0120)	(0.0115)	(0.0087)
Schtie	2.5193***	-0.2030	-0.0842	0.8727***	0.7914***	-0.0393	0.7219***	0.8760***
	(0.4683)	(0.1426)	(0.1345)	(0.1863)	(0.1866)	(0.1375)	(0.1417)	(0.1503)
GDPper	-0.1876	0.2394***	0.0094***	0.0941***	0.0938***	-0.0077	0.0848***	0.0608***
	(0.1597)	(0.0683)	(0.0006)	(0.0349)	(0.0354)	(0.0294)	(0.0325)	(0.0037)
Serveindus	-2.0006***	-0.1562**	0.0582	-0.1894**	0.1156	-0.1826**	0.1059	-0.2182***
	(0.2654)	(0.0787)	(0.1276)	(0.0681)	(0.0954)	(0.0809)	(0.0685)	(0.0761)
Findep	28.7330***	3.3572**	4.7330***	9.9082**	3.1699***	3.0386**	1.9743***	2.5979***
	(8.6317)	(1.6077)	(1.5940)	(3.7958)	(1.1216)	(1.0609)	(0.4571)	(0.4877)

VARIABLES	(1) μ-1	(2) μ-1	(3) μ-1	(4) μ-1	(5) μ-1	(6) μ-1	(7) μ-1	(8) μ-1
Fineff	-12.0909*** (3.0639)	-11.3859 (65.4994)	-3.9211 (65.5934)	-46.5242 (67.1751)	-20.5442** (9.9655)	25.4783 (69.2337)	-31.8400 (61.4744)	-77.8653 (63.0430)
Instiqual	-4.3040 (2.6579)	3.3178*** (0.6017)	2.4298*** (0.5345)	2.9723*** (0.6288)	2.8589*** (0.6462)	4.8599*** (0.9926)	2.3857*** (0.5426)	1.6686*** (0.5594)
Booneindex	-0.4640*** (0.1750)	0.0676 (0.0421)	0.0158 (0.0416)	0.0302 (0.0460)	0.0236 (0.0472)	0.0316 (0.0419)	-0.1642** (0.0457)	0.0183 (0.0155)
Resch	2.3457*** (0.3115)	0.5586*** (0.1143)	0.3433*** (0.0900)	0.2126** (0.0931)	0.1680** (0.0468)	0.3726*** (0.0937)	0.1668** (0.0772)	1.1676*** (0.2588)
Finanopen×GDPper		-0.3359*** (0.0918)						
Finanopen×Serveindus			-0.3162** (0.1555)					
Finanopen×Findep				-9.2387** (4.6685)				
Finanopen×Fineff					39.2248** (16.6443)			

续表

VARIABLES	(1)	(2)	(3)	(4)	(5)	(6)	(7)	(8)
	μ^{-1}	μ^{-1}	μ^{-1}	μ^{-1}	μ^{-1}	μ^{-1}	μ^{-1}	μ^{-1}
Finanopen×Instiqual	-14.1832***					2.1155***		
	(3.6888)					(0.7033)		
Finanopen×Booneindex							-0.2672*	
							(0.1401)	
Finanopen×Resch								-1.2449***
								(0.3083)
Constant		-2.4183**	-1.3305	3.6105***	3.3261***	0.3188	3.0896***	2.4532***
		(0.9646)	(0.8794)	(1.1275)	(1.1514)	(0.9790)	(0.9193)	(0.9455)
Time FE	Yes	Yes	Yes	Yes	Yes	Yes	Yes	Yes
Country FE	Yes	Yes	Yes	Yes	Yes	Yes	Yes	Yes
Observations	395	395	395	395	395	395	395	395
Groups	79	79	79	79	79	79	79	79
Hansen	5.21	16.32	17.48	17.81	19.47	17.96	15.50	17.95
AR (2)	-0.09	-1.04	-1.37	-1.38	-1.52	-1.55	-1.36	-0.90

弱工具变量检验。这也再次表明金融开放具有降低劳动力租金和劳动力
要素报酬与边际产出的偏离程度的影响效应。

表 4.14 工具变量估计结果——劳动力租金

VARIABLES	（1）	（2）	（3）	（4）	（5）	（6）
	Larent	Larent	Larent	Larent	Larent	Larent
Finanopen	-0.575**	-2.807***	-1.146**	-0.555**	-3.659**	-0.470**
	(0.01)	(0.86)	(0.19)	(0.12)	(0.30)	(0.12)
Agedepend	0.032**	0.012	0.020**	0.025***	0.020**	0.024***
	(0.00)	(0.01)	(0.01)	(0.01)	(0.01)	(0.01)
Unemploy	-0.007**	-0.014**	-0.007**	-0.007**	-0.004	-0.007**
	(0.00)	(0.00)	(0.00)	(0.00)	(0.01)	(0.00)
Polity 2	-0.014	-0.019**	-0.018**	-0.014	-0.002	-0.015**
	(0.02)	(0.01)	(0.01)	(0.02)	(0.02)	(0.01)
Schtie	0.020**	0.009**	-0.002	-0.001	0.003**	-0.001
	(0.01)	(0.01)	(0.00)	(0.00)	(0.00)	(0.00)
GDPper	-0.001***	-0.001***	-0.001***	-0.001***	-0.001***	-0.001***
	(0.00)	(0.00)	(0.00)	(0.00)	(0.00)	(0.00)
Serveindus	-0.052**	0.005	-0.068**	-0.059**	-0.058**	-0.052**
	(0.00)	(0.09)	(0.01)	(0.00)	(0.00)	(0.00)
Findep	-0.898	-0.665**	-9.642***	-0.807**	-0.915**	-0.653
	(1.81)	(0.08)	(0.94)	(0.82)	(0.18)	(1.83)
Fineff	-101.183**	-86.161**	-100.094**	-141.402**	-76.885**	-108.980**
	(7.59)	(7.55)	(7.67)	(1.67)	(8.14)	(7.60)
Instiqual	-0.427	0.030**	-0.347	-0.532	5.110**	0.595**
	(0.05)	(0.01)	(0.79)	(0.75)	(0.78)	(0.05)
Booneindex	0.004	-0.046**	0.019	0.012	-0.017**	-0.179**
	(0.04)	(0.00)	(0.04)	(0.04)	(0.00)	(0.01)
Resch	0.072**	-0.138	-0.053	0.034**	0.114**	-0.035
	(0.00)	(0.11)	(0.11)	(0.00)	(0.01)	(0.10)
Finanopen× GDPper		0.001***				
		(0.00)				
Finanopen× Findep			11.866**			
			(0.44)			

续表

VARIABLES	(1)	(2)	(3)	(4)	(5)	(6)
	Larent	Larent	Larent	Larent	Larent	Larent
Finanopen× Fineff				43.080** (2.16)		
Finanopen× Instiqual					6.250** (0.96)	
Finanopen× Booneindex						−0.280** (0.01)
Constant	1.597*** (0.58)	3.678*** (0.71)	2.358*** (0.72)	1.534*** (0.58)	3.920** (1.52)	1.529*** (0.57)
Time FE	Yes	Yes	Yes	Yes	Yes	Yes
Country FE	Yes	Yes	Yes	Yes	Yes	Yes
Observations	395	395	395	395	395	395
R−squared	0.781	0.784	0.777	0.779	0.767	0.780
F	141.05	144.43	136.82	139.51	132.46	140.03

表 4.15　　　　　　　　工具变量估计结果——劳动力收益偏离

VARIABLES	(1)	(2)	(3)	(4)	(5)	(6)
	$\mu-1$	$\mu-1$	$\mu-1$	$\mu-1$	$\mu-1$	$\mu-1$
Finanopen	−0.098** (0.00)	−0.380** (0.15)	−0.665*** (0.06)	−0.672*** (0.06)	−0.653*** (0.06)	−0.670*** (0.06)
Agedepend	0.004*** (0.00)	0.002** (0.00)	0.001** (0.00)	0.002** (0.00)	0.001** (0.00)	0.002** (0.00)
Unemploy	−0.004** (0.00)	−0.003** (0.00)	0.001 (0.00)	0.001 (0.00)	0.001 (0.00)	0.001 (0.00)
Polity 2	0.003** (0.00)	0.002** (0.00)	0.001 (0.00)	0.002** (0.00)	0.003** (0.00)	0.002** (0.00)
Schtie	0.002** (0.00)	0.001** (0.00)	0.001** (0.00)	0.001** (0.00)	0.001** (0.00)	0.001** (0.00)
GDPper	0.001*** (0.00)	0.001*** (0.00)	0.001*** (0.00)	0.001*** (0.00)	0.001*** (0.00)	0.001*** (0.00)
Serveindus	0.010 (0.02)	0.018 (0.02)	0.010 (0.01)	−0.011** (0.00)	−0.010** (0.00)	0.010 (0.01)

续表

VARIABLES	(1)	(2)	(3)	(4)	(5)	(6)
	μ−1	μ−1	μ−1	μ−1	μ−1	μ−1
Findep	0.408	0.427	0.621**	0.050**	0.053**	0.050**
	(0.31)	(0.31)	(0.00)	(0.00)	(0.00)	(0.00)
Fineff	−13.526**	−16.721**	−8.427*	−16.733**	11.291	7.407
	(0.14)	(0.131)	(0.61)	(0.29)	(12.15)	(11.55)
Instiqual	0.067	0.138**	0.138**	0.122	0.357**	0.125**
	(0.13)	(0.04)	(0.02)	(0.11)	(0.02)	(0.01)
Booneindex	0.004	0.008	0.003	0.002	0.003	0.008
	(0.01)	(0.01)	(0.01)	(0.01)	(0.01)	(0.03)
Resch	0.043**	0.030**	0.022**	0.023**	0.015	0.023**
	(0.00)	(0.00)	(0.00)	(0.00)	(0.02)	(0.00)
Finanopen× GDPper		−0.001***				
		(0.00)				
Finanopen× Findep			−0.612**			
			(0.01)			
Finanopen× Fineff				13.449**		
				(2.80)		
Finanopen× Instiqual					0.655**	
					(0.00)	
Finanopen× Booneindex						−0.008**
						(0.00)
Constant	0.522***	0.792***	1.050***	0.986***	1.229***	0.989***
	(0.10)	(0.12)	(0.11)	(0.10)	(0.22)	(0.10)
Time FE	Yes	Yes	Yes	Yes	Yes	Yes
Country FE	Yes	Yes	Yes	Yes	Yes	Yes
Observations	395	395	395	395	395	395
R−squared	0.930	0.931	0.946	0.946	0.945	0.946
F	120.59	152.71	163.47	166.36	123.25	169.91

（二）稳健性检验

1. 金融开放衡量指标的更换和增加

本书关注的核心变量金融开放，采用法规的 Chinn-Ito 指标进行衡量，但此指标更多关注于资本流动和信贷市场的改革，缺乏对国有制、进入壁垒等体制方面的衡量，同时政策效果还依赖于政策的执行力度，并且与政策实施之间存在时间滞后性。因此，为了全面、准确地刻画金融开放对劳动力租金的影响效应，本书进一步采用国外直接投资占GDP比重和考虑风险的 Lane 和 Milesi-Ferretti（2007）的事实指标和系统 GMM 方法进行回归分析（见表4.16和表4.17）。此外，由于政策效果还依赖政策的执行力度，政策效果与政策改革之间存在时滞性问题，法规的金融开放指标并不能对实际金融开放程度进行准确的刻画，还需要其他指标对金融开放的法规衡量指标进行补充。因此，本书还同时采用法规和事实上的指标共同来衡量金融开放程度，并采用系统 GMM 方法来进行回归检验。回归结果［见表4.16和表4.17的列（1）和列（2）］表明当将事实的衡量指标作为金融开放程度衡量的指标时，事实的金融开放指标的系数都显著为正，这再次验证金融开放能显著降低劳动力租金和劳动力收益偏离程度，只是衡量的降低劳动力租金和劳动力收益偏离程度的效应低于法规指标衡量的金融开放；当事实的衡量指标作为金融开放程度衡量的补充变量时，金融开放事实指标的估计系数则由显著转为不显著［见表4.16和表4.17的列（3）到列（4）］，这可能是因为政策实施的效果往往低于法规政策计划的应然效果，也可能因为事实指标也只是衡量金融开放程度的某个方面，衡量的范围更窄。

表 4.16　　金融开放对劳动力租金的稳健性检验回归结果

VARIABLES	（1）	（2）	（3）	（4）	（5）
	Larent	Larent	Larent	Larent	Larent
Chinn-Ito			-3.331^{***}	-3.974^{**}	-1.543^{***}
			(0.94)	(1.58)	(0.58)
FDIfacto	-0.522^{**}		-0.023		
	(0.25)		(0.11)		
Caflowfacto		-0.770^{***}		-0.765	
		(0.24)		(0.49)	
Constant	-6.738^{***}	-10.547^{***}	-8.107^{***}	-16.298^{***}	-2.033
	(1.83)	(1.83)	(1.84)	(3.65)	(1.25)
Time FE	Yes	Yes	Yes	Yes	Yes

续表

VARIABLES	(1)	(2)	(3)	(4)	(5)
	Larent	Larent	Larent	Larent	Larent
Country FE	Yes	Yes	Yes	Yes	Yes
Observations	475	475	475	475	475
Groups	80	80	80	80	80
Hansen	71.51	69.59	70.06	53.81	74.22
AR (2)	-1.054	-0.720	-1.518	-0.789	-0.936

表 4.17　　　　金融开放对劳动力收益偏离的稳健性检验回归结果

VARIABLES	(1)	(2)	(3)	(4)	(5)
	$\mu-1$	$\mu-1$	$\mu-1$	$\mu-1$	$\mu-1$
Chinn-Ito			-0.395**	-0.482**	-0.217***
			(0.19)	(0.19)	(0.07)
FDIfacto	-0.048***		-0.042		
	(0.02)		(0.03)		
Caflowfacto		-0.055**		-0.010	
		(0.02)		(0.09)	
Constant	-1.397***	-1.269***	-1.462***	-1.373**	-0.542***
	(0.45)	(0.24)	(0.42)	(0.57)	(0.21)
Time FE	Yes	Yes	Yes	Yes	Yes
Country FE	Yes	Yes	Yes	Yes	Yes
Observations	475	475	475	475	475
Groups	80	80	80	80	80
Hansen	68.56	59.21	60.64	64.28	68.35
AR (2)	-0.939	-1.301	-1.680	-0.798	-1.425

2. 更换样本数据

由于实证分析中的数据存在不可预估的选择偏误或者能影响数据对总体样本的代表性等问题，回归结果与总体的实际估计之间可能会存在偏误，同时为了验证基本回归模型中控制了宏观经济波动的影响效应，本书又采用每 3 年的间隔数据形成一个新的样本进行回归分析。表4.16 和表 4.17 中的列 (5) 的回归结果也再次表明金融开放降低劳动力租金和劳动力收益偏离程度的影响效应具有良好的稳健性。

金融开放改革不仅是一次经济政策的变革，同时也是一次重要的政治政策的变革。根据租金理论和制度变迁理论可知，市场均衡是多种力量博弈后的结果，此时制度规范的设定则显得尤为重要。金融开放改革就是通过制度和政治机制来控制生产要素的供给和需求以及要素收益的分配，以此创造和维持经济租金或破坏其他参与者的租金（Sørensen，1996，2000）。而在经济运行过程中的其他因素，对资本租金和劳动力租金都产生重要的调节作用。

金融开放通过经济发展、金融发展、制度质量、技术创新、资本与劳动力的谈判力增加资本租金和资本收益偏离程度，降低劳动力租金和劳动力收益偏离程度。在诸多要素中，受金融开放改革直接影响的金融发展深度、金融市场效率、制度质量对资本租金和劳动力租金的影响效应最大，并且通过直接和间接的路径对资本租金和劳动力租金产生影响。

第五章

金融开放与经济结构

——基于收入结构的视角

第一节　金融开放与收入差距的影响机制

本书在借鉴 Matsuyama（2004，2007）的研究思路和 Diamond 迭代模型的基础上，基于不完善的信贷市场和非完全竞争的市场理论，引入金融市场和要素市场及其相关的制度法规的变革等因素，探讨动态经济中生产要素租金和收入不平等的动态变化以及生产要素租金影响收入不平等的理论机理。本小节主要包含以下四个方面的内容，第一，比较分析金融开放改革前后，资本租金的动态变化及其对收入不平等的影响，同时基于有偏的技术变革探讨技术冲击对资本租金和收入不平等的影响；第二，将金融开放改革的影响扩展到劳动市场，探讨不存在资本租金的情况下，劳动力租金在动态经济模型中的动态变化及其对收入不平等的影响；第三，考虑资本租金和劳动力租金联动机制的情况下，分析资本租金和劳动力租金的动态变化以及其对收入不平等的影响；第四，基于现有的研究和国际经济发展的相关数据设置参数，通过计算机模拟进一步分析经济动态发展过程中的资本租金、劳动力租金和收入不平等的变化趋势以及相互关系。

一　金融开放对收入不平等影响的资本要素机制

金融开放首先影响的是金融市场和资本要素市场。金融开放会降低对资本要素的投资限制，提高资本投资效率，促进资本要素跨国流动，从而对资本租金的数量和分配产生最直观的影响，因此，在探讨金融开放改革的影响中，首先探讨其对金融市场中资本要素的影响。

（一）基础模型设定

开放理论研究中常采用两种方法确定金融开放和收入不平等的关系。一个是"代表性的消费者分配理论"，即在随机经济动态发展中引入异质性进行效应研究，所有的代理商都通过相同的渠道进入市场（Caselli and Ventura，2000）。异质性的另一个关键来源是初始禀赋的不同。如果代理人的偏好是同质的，则宏观经济的均衡和分布具有简单的递归结构（Erauskin and Turnovsky，2019）。在所有主体都可以平等地、不受阻碍地获得整个经济范围内的要素收益的情况下，可以依据其要素资源的分布实现宏观经济均衡。这是"不完全市场方法"中常采用的方法，除此之外，制度冲击、技术变革和其他不完全市场来源均起着核心作用（Alesina and Rodrik，1994；Persson and Tabellini，1994；Krusell and Smith，1998；Heathcote et al.，2009）。因此，根据制度变迁理论和租金理论中不完全竞争市场理论，同时借鉴 Matsuyama（2004，2007）的研究思路以同质初始禀赋为基础分析金融开放改革对生产要素租金和收入不平等的影响。在最后本书对异质性初始资源禀赋的情况进行进一步分析。

根据 Diamond 的跨期迭代模型的设定，假设每一代人生存两期，在第一期（年轻时期）劳动，第二期（年老时期）退休、死亡；每代人在年轻时期只进行工作，获得薪资收入 w_t，在年老时期将第一期的收入投入金融市场或者向金融市场借贷投资生产项目获得收入进行消费，并获得效用 u（c_{t+1}）。为了分析的简化，我们假设实物资本不可以进行交易；当存在资本流动时，外国资本不可以直接投资，即每代年轻人只能在自己的国家启动投资项目；每个人是同质的、风险中性的，最终形成的均衡市场中的要素是出清的，资本在一个时期内全部折旧。由于每代人都是风险中性，因此其效用函数是线性的。

为了获得年老时期，即 $t+1$ 期的消费，年青一代有两项选择来利用 t 期的劳动收入。一种选择是年青一代可以作为投资者将其 t 期获得的所有薪资收入 w_t 投入金融市场，获得收入 $r_{t+1}w_t$，其中 r_{t+1} 是 $t+1$ 期金融市场的利率，$r_{t+1}=\lambda^\tau F'$（K_{t+1}），是由金融市场的完善程度和资本的边际产出共同决定的。λ 用来衡量金融市场的不完善程度。根据 Petersen 和 Rajan（1995）的分析，λ 值越高表示金融市场越完善，当 λ 值等于 1 的时候，金融市场就是完全竞争市场，但在现实中这是很难实现的，因此 λ 的取值范围是（0，1）。金融市场的完善度受到金融市场发展程度、资本的市场力量、信息不对称、交易费用以及金融政策确定的法律、法规等因素的影响（Petersen and Rajan，1995）。在实数范围内取值的参数 τ 反映了市场不完善程度对金融市场利率的影响强度，从根本上反映了政府、制度等对金融市场的调控力度。另一种选择是在第二期的初期向金融市场申请贷款 $m_j - w_t \geq 0$ 投资生产项目并成为企业家，在第二期中生产产品并售出所有产品从而获得收入并进行消费。这里隐含假设企业家不能完全为生产项目自筹资金，因此某些人必须成为均衡中的借款人。企业家在进行生产项目投资时，必须要在一组离散的技术集合 J 中选择生产技术。正如 Galor 和 Zeira（1993）、Matsuyama（2004，2007）以及 Kikuchi 和 Vachadze（2018）分析的那样，生产项目的固定资本投资 $m_j = \varphi(T_j)$ 会因采用不同的技术而不同，并取决于技术的特征以及采用这项技术的各种要求和阻碍。其中，$\varphi'(T_j) > 0$，$\varphi''(T_j) > 0$。企业家会在作为原始资本的薪资收入 w_t 和收益限制的范围内采用最高的技术水平（Matsuyama，2007）。

假设经济活动只生产一种产品，每种技术的最终消费品都是根据结构简单、均质的 C-D 生产函数进行生产。建立的 C-D 生产函数模型如下：

$$Y_t = A_j K_t^{\alpha} L_t^{1-\alpha} \tag{5.1}$$

其中，Y_t 表示 t 期的生产总值，A_j 表示全要素生产率，K_t 和 L_t 分别表示 t 期总的资本和劳动力投入。我们假设每一代的人口 L_t 保持不变，全要素生产率 A_j 是由外部因素决定的。全要素生产率 A_j 模型采用 Ngendakuriyo（2013）和 Fuentes 等（2014）设定的模型：

$$A_j = z^{\xi} T_j^{1-\xi} \tag{5.2}$$

其中，z 表示制度质量，T_j 表示采用的技术水平。考虑到模型的复杂性，我们假设技术是外生的，没有特定的路径。参数 $0 < (1-\xi) < 1$ 反映了全要素生产率影响因素对全要素生产率的影响强度。由于每代人都是同质的，每个企业家的生产函数可以表示为：

$$f(k_{t+1}, l_{t+1}) = A_j k_{t+1}^{\alpha} l_{t+1}^{1-\alpha} \qquad (5.3)$$

假设每个人获得其他资源的能力取决于其所具有的资本量，则 $f'(k_{t+1}) = F'(K_{t+1})$。此模型仅考虑金融开放对金融市场和资本要素的影响，劳动力市场是完全竞争市场，隐含假设劳动力不分享产出和利润，因此，资本的边际产出 $\rho_t = F'(K_t)$，薪资收入 $w_t = F(K_t) - \rho_t K_t = W(K, A)$。换句话说，就是不存在由薪资不同产生的收入不平等。

最终，借款人或者投资者在 $t+1$ 期的消费函数如下：

$$c_{t+1}^{l} = w_t \lambda^{\tau} F'_j(K_{t+1}) \qquad (5.4)$$

借贷的企业家在 $t+1$ 期的消费函数则如下：

$$c_{t+1}^{e} = (1-\lambda^{\tau}) m_j F'_j(K_{t+1}) + w_t \lambda^{\tau} F'_j(K_{t+1}) \qquad (5.5)$$

年青一代面对两项选择时，即是否借贷进行生产投资的决策时，不仅要考虑其投资意愿，更要考虑其经营能力和还款能力，至少保证其在 $t+1$ 期的消费要大于等于借款人在 $t+1$ 期的消费，这就是盈利能力约束，可以表示为：

$$m_j(1-\lambda^{\tau}) F'_j(K_{t+1}) \geq 0 \qquad (5.6)$$

与此同时，企业家还面对借贷约束。由于金融市场是不完全竞争市场，基于 Matsuyama（2004，2007）、Foellmi 和 Oechslin（2007，2010）的假设，借款人仅抵押部分生产项目收益以偿还借贷。因此，借贷约束可以表示为：

$$F'_j(K_{t+1}) [(\lambda-\lambda^{\tau}) m_j + \lambda^{\tau} w_t] \geq 0 \qquad (5.7)$$

年青一代要成为企业家必须同时满足盈利能力约束和借贷约束。

由于不考虑劳动力要素市场，代理人根据投资活动的选择分为企业家和资本家或者投资者，资本家主要依赖其拥有的资本要素获取收益，在同质禀赋假设的前提下，企业家依据其管理能力、资源整合能力等分享或者掠夺资本租金收益。因此，在完全竞争的劳动力市场的情况下，在市场利益多方博弈协调后，每个资本家从项目中提取单位资本 $(\lambda^{\tau}-1)$ 比例的租金收益，$(\lambda^{\tau}-1)$ 也可以表示为实际市场利率与资本边际产出的偏离程度（Wu 和 Yao，2012）。根据方程（5.6）的盈利能力约束条件可知，当企业家掠夺资本家的资本租金时，盈利约束条件则一直满足。根据方程（5.6）和方程（5.7），当在金融市场发生借贷时，能满足盈利能力约束和借贷约束的初始资本满足以下条件：

$$\begin{cases} 1 \geq w_t/m_j \geq 1 - \lambda^{1-\tau}, & \text{当} 1 \geq \tau > 0 \\ 1 \geq w_t/m_j \geq 0, & \text{当} \tau > 1 \end{cases} \qquad (5.8)$$

从模型中可以看出，金融市场借贷行为的发生受到最初的净资产 W (K, A)、金融市场的不完善程度 λ、政府和制度对金融市场的调控力度 τ 以及生产项目固定资本 m_j 的共同影响，其中政府和制度对金融市场的调控力度 τ 因素很关键。在企业家获取资本租金的情况下，只要最初的净资产 w_t 满足方程（5.8）的条件，则不管 $t+1$ 期的生产产出情况如何，企业家都会向金融市场借贷进行生产投资。如果政府和制度对金融市场的调控力度足够大的情况下，只要存在初始资本，则企业家都会向金融市场借贷进行生产投资。由方程（5.8）得出最初的原始成本：若 $0 < \tau \leq 1$，$K_0 > [m_j^{1/\alpha} (1-\lambda^{1-\tau})^{1/\alpha} L_t] / [A (1-\alpha)]^{1/\alpha}$；如果 $\tau > 1$，最初的原始成本 $K_0 > 0$。作为方程解的资本序列 K_t 则是不同经济状态下的均衡轨迹，也反映了经济发展的各种发展阶段。

在对全球各国金融市场及其相关的制度变迁进行历史性分析时，可以发现金融改革的趋势是不断放松管制和扩大开放。金融开放的改革实施的理论基础是 McKinnon（1973）和 Shaw（1973）的理论假说和新自由主义政策模型（Harvey，2005）。Tomaskovic-Devey 和 Lin（2011）认为，这些正是收入不平等不断加剧的关键。为了简化分析，我们假设金融开放改革是跳跃的和阶段性的，因此，我们将金融开放改革的前后区分为两种不同的经济状态：金融开放改革前的封闭经济和金融开放改革后的开放经济。

（二）封闭经济中的资本租金与收入不平等

从金融政策角度分析可以看出，对许多国家来说 20 世纪 80 年代是一道"分水岭"。在这个时间段之前，许多国家的经济基本都是封闭的，不存在跨国的资本流动和借贷。为了反映封闭经济的这个特点，在均衡状态下的国内投资等于国内储蓄，即 $K_{t+1} = L_t w_t = A_j (1-\alpha) K_t^\alpha L_t^{1-\alpha}$。在金融市场进行借贷成为企业家的人数占总人口的比例为 w_t/m_j，其余 $1 - w_t/m_j$ 比例的人口成为贷方。因此，如图 5.1 所示的 K_t 的平衡轨迹是基于以下假设（Matsuyama，2007）：（1）$W (K, A)/K$ 在 K 中严格递减，并且 $\lim_{K \to +0} W(K, A)/K = \infty$，$\lim_{K \to +\infty} W(K, A)/K = 0$；（2）为简化分析，在 $t+1$ 期不存在技术变革。

正如图 5.1 所示，经济单调地趋向于唯一的稳定状态 K^*，由隐式求出 $K^* = L_t W(K^*, A) = z^{\xi/(1-\alpha)} T^{(1-\xi)/(1-\alpha)} (1-\alpha)^{1/(1-\alpha)} L_t$。由 K^* 方程得出 K^* 受到制度质量、技术水平、资本和劳动力产出弹性的影响，并且 $K^*(0^+) = 0^+$。在动态经济中的资本序列 K_t 不受金融市场不完善程度的影响。结合方程（5.8）的约束条件，稳定状态下的资本 K^* 必然大于临界初始资本，即 $A^{1/\alpha(1-\alpha)} (1-\alpha)^{1/\alpha(1-\alpha)} > m_j^{1/\alpha} (1-\lambda^{1-\tau})^{1/\alpha}$，借贷约束具有约束力，并且稳定状态下的盈利约束条件致使企业家获取的资本租金不为负。

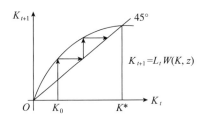

图 5.1 资本的动态单调收敛

在具有特定的技术水平、制度质量和确定的稳定资本 K^* 的经济体中，我们可以用关于金融市场的不完善程度、政府和制度对金融市场的调控力度的方程来表达经济动态发展中的资本租金和收入不平等。在分析资本租金对收入不平等的影响之前，我们需要对消费 Gini 系数进行简要说明。由于只有年老时期进行消费，如果没有信贷产生，每一代人的收入和消费是相同的，并且消费等于收入，此时就不存在收入不平等。当金融市场中发生信贷时，稳定状态下的资本家单位资本租金和消费 Gini 系数则如下：

$$R_c^* = (\lambda^\tau - 1) F_j'(K^*) \tag{5.9}$$

$$Gini^* = \frac{1}{2} - \left(1 - \frac{w^*}{m_j}\right)\lambda^\tau \tag{5.10}$$

由方程（5.9）、方程（5.10）可以得出，在封闭经济的经济发展过程中，每个资本家的单位资本租金和收入不平等受到金融市场的不完善程度 λ、政府和制度对金融市场的调控力度 τ 和全要素生产率 A（受到最初的制度质量和技术水平的影响）等因素的影响。由 C-D 生产函数得出，资本家的单位资本租金也随资本的递增而递减直到达到稳定状态，与此同时，资本家的单位资本租金将随着金融市场完善程度的提高、政府和制度对金融市场调控力度的降低而增加，而收入不平等则将会随着 λ^τ 的增加而降低，这意味着实际市场利率与资本边际产出的偏离程度（$\lambda^\tau-1$）的负向减少对社会财富具有均等效应，从而降低收入不平等。在经济动态发展过程中，由于经济的动态发展需要满足信贷市场的盈利能力调节和借贷约束，此时 $\partial Gini/\partial K > 0$，收入不平等随着资本的递增而递增直到达到其稳定状态，即处于收入不平等与经济发展正向相关关系阶段。

除此之外，较高的最初设定的全要素生产率和制度质量等社会环境会提高封闭经济中的资本租金和收入不平等。最初技术水平的选择通过最初的技术特点 T 以及技术的固定资本投资 m_j 对收入不平等产生影响。如果 $m_j\,(1-\xi)>T\varphi'\,(T)$，收入不平等会随着最初的技术水平提高而提高，而当 $m_j\,(1-\xi)<T\varphi'\,(T)$，收入不平等会随着最初的技术水平提高而降低。稳定状态下的资本家提取的资本租金仅受到金融市场的不完善程度、政府和制度对金融市场的调控力度的影响，因为稳定状态下的资本边际产出是一个常数，$F'\,(K^*)=\alpha/\,(1-\alpha)$。此时，消费 $Gini$ 系数等于 $1/2-\left[1-A^{1/(1-\alpha)}\,(1-\alpha)^{1/(1-\alpha)}\,/m_j\right]\lambda^\tau$。

该封闭经济的自给自足动态经济模型成为分析金融开放对资本租金和收入不平等影响的基准。这些分析的基础是封闭经济的总储蓄比开放经济中的总储蓄的弹性要小。

（三）开放经济中的资本租金与收入不平等

1980 年之后，由发达国家向发展中国家推广了金融开放改革，鉴于银行和保险公司利润的增加，金融服务扩展到更多的消费者和投资者，提供金融服务的非金融企业也在增加（Epstein and Jayadev，2005）。金融开放改革从根本上改变和调整市场经济的基本结构使其更有利于金融市场的发展。同时，个人投资机构和公共投资机构，国内投资机构和国际投资机构等各种投资机构以及金融单位企业的兴起，为持续的金融开放改革提供了稳定的资金来源（Fligstein，2002；Orhangazi，2008；Davis，2009）。金融开放改革除了使金融投资变得更具有吸引力之外，还通过全球金融市场的整合来为金融市场的竞争发展提供基本条件，这与 Krueger（1974）的理论研究结果相一致。显然，这些都提高了资本要素在市场的力量，影响市场的调节机制作用，重新构建了均衡市场。

对于金融开放的国家来说，每一代人都允许跨国贸易和跨国投融资，国内的总投资不再只受国内储蓄的影响，当国内资本不足时，可以向国际金融市场进行借贷。此时，国际金融市场利率 γ 是外生的。因此，开放经济中的每代年轻人做出生产投资决策的约束条件可以调整为：

$$F'(K_{t+1}) \geq \begin{cases} \dfrac{\gamma(1-w_t/m_j)}{\lambda}, & \text{当 } 1-\lambda \geq w_t/m_j > 0 \\ \lambda, & \text{当 } 1-\lambda \geq w_t/m_j > 0 \end{cases} \qquad (5.11)$$

从方程（5.11）中可以看出，开放经济体中政府和制度对金融市场的调控力度的影响作用明显弱化，这完全符合新自由理论思想和金融开放改革的初衷。金融开放改革明显降低了进入金融市场所需的资本临界值，使企业家更容易进入金融市场进行借贷，尤其是金融开放改革前 $\lambda^{1-\tau} \leq 1$。但与封闭经济相比，金融开放改革促使产生信贷的经济发展处于较高的水平，即金融开放改革在一定程度上促进了经济的发展。

方程（5.11）的开放经济动态模型只是对开放经济进行简单的描述分析，不能反映出全球经济的动态发展过程以及全球经济的均衡状态，因为它没有将不同国家在全球经济中的互动和平衡作用纳入模型中。根据结构主义，国民收入不平等不是一个孤立的问题。在开放经济中，由于一个国家只是全球经济的一部分，市场均衡是多政府互动和博弈的结果，因此需要将全球各国的经济发展和互动视为一个整体来进行分析。当所有国家都金融开放，实现金融市场的一体化，此时每个国家都面临着相同的资本回报率，而对每个国家的金融市场而言，资本回报率是外生于国际金融市场。此时，整个世界经济看作一个封闭的经济体，而国际资本回报率可以视为这个封闭经济体内生的。

在分析开放经济体中的资本租金和收入不平等之前，首先要考虑到资本的跨国流动以及由封闭经济向开放经济转变带来的金融市场结构的变化。全球经济作为封闭经济，所以无论国际金融市场是否存在，全球经济的总资本都要收敛到稳定状态的资本 $K^*(A)$，区别在于各个国家的经济发展和收敛情况可能会有所不同。假设所有国家进入国际金融市场都具有相同水平的资本存量 K_c，则通过资本流动使每个国家的资本边际生产率都与世界资本边际生产率相等，$F'(K) = F_w'(K)$，并且最终都收敛到对称稳定状态的资本 $K^*(A)$。如果各个国家的资本存量 K_c 不相同，最后可能出现不同的对称稳定状态，也有可能出现不对称的稳定状态。但当全球经济处于稳定状态情况下，开放经济体的所有国家也都处于稳定状态。换句话说，但凡有一个国家没有达到稳定状态，世界经济都无法实现稳定均衡。

对于每个开放经济体，当其进入国际金融市场时，如果 $F'(K) < \gamma/\lambda^\tau$，表明在整个世界经济中，国内较低的边际产出会使国内资本流向国际市场；如果 $F'(K) > \gamma/\lambda^\tau$，国内较高的边际产出会吸引国际资本流入国内金融市场进行投资，这也使此经济体中的劳动者获得较高的工资并更愿意向金融市场借贷进行生产项目投资从而创造更多的财富。这是因为更高的资本生产率能提高年轻时期的薪资收入，使其能够积累更多的财富并进行更多的投资。各国不同的经济发展水平和资本产出效率使跨国资本一直流动直到一国的资本的边际产出 $F'(K)$ 等于 γ/λ^τ。为简化分析过程，我们假设资本自由流动到各国资本边际产出相同的均衡状态是一次性即时完成的。这使我们能够专注于金融市场在确定资本需求、资本供给及其构成等方面的作用。这也意味着金融开放改革会重新分配国际资本资源。由方程（5.11）和资本的流动，我们得出金融开放改革会导致开放经济体产生七种不同的经济动态发展状态，如图 5.2（a）—（g）所示，其中有四种开放经济体能达到均衡的稳定状态。

在图 5.2（a）—（c）中，一个国家转向开放经济进入国际金融市场时具有的资本存量 $K_c < \lambda^{\tau/\alpha(1-\alpha)} z^{\xi/(1-\alpha)} T^{(1-\xi)/(1-\alpha)} \alpha^{1/\alpha(1-\alpha)} L_t/(1-\alpha)^{1/\alpha} \gamma^{1/\alpha(1-\alpha)}$，国外资本将流入国内金融市场进行投资。在图 5.2（e）—（g）中，一个国家进入国际金融市场并转变为开放经济体时具有的资本存量 $K_c > \lambda^{\tau/\alpha(1-\alpha)} z^{\xi/(1-\alpha)} T^{(1-\xi)/(1-\alpha)} \alpha^{1/\alpha(1-\alpha)} L_t/(1-\alpha)^{1/\alpha} \gamma^{1/\alpha(1-\alpha)}$，国内资本将流出到国际金融市场。在图 5.2（d）中，$K_c = \lambda^{\tau/\alpha(1-\alpha)} z^{\xi/(1-\alpha)} T^{(1-\xi)/(1-\alpha)} \alpha^{1/\alpha(1-\alpha)} L_t/(1-\alpha)^{1/\alpha} \gamma^{1/\alpha(1-\alpha)}$，此时不存在跨国的资本流动，经济发展的均衡轨迹则与封闭经济的均衡轨迹相似。

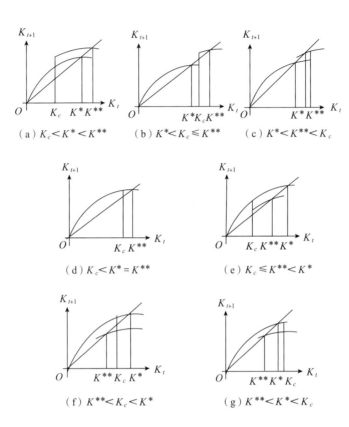

图 5.2 开放经济的动态经济发展

正如图 5.2（a）所展示的那样，一个国家在经济发展达到稳定状态前进行金融开放改革，即 $K_c < K^*$。此开放经济体将存在唯一的稳定点，K^{**}，并且 $K^{**} > K^*$。在图 5.2（b）和（c）中，一个国家在其经济发展达到稳定经济状态后才进行金融开放改革，即 $K_c > K^*$。如果 $K_c \leqslant \lambda^{\tau/(1-\alpha)} \ z^{\xi/(1-\alpha)} \ T^{(1-\xi)/(1-\alpha)} \ \alpha^{1/(1-\alpha)} \ L_t/\gamma^{1/(1-\alpha)}$ ［如图 5.2（b）所示］，此开放经济体将收敛于一个更高水平的稳定状态 K^{**}；如果 $K_c > \lambda^{\tau/(1-\alpha)} \ z^{\xi/(1-\alpha)} \ T^{(1-\xi)/(1-\alpha)} \ \alpha^{1/(1-\alpha)} \ L_t/\gamma^{1/(1-\alpha)}$，且 $\gamma(1-\alpha) < \alpha\lambda^{\tau}$ ［如图 5.2（c）所示］，此开放经济体不存在经济发展的稳定状态。在图 5.2（e）中，一个国家进行金融开放改革的经济发展水平低于其稳定状态，即 $K_c < K^*$。如果 $K_c < \lambda^{\tau/(1-\alpha)} \ z^{\xi/(1-\alpha)} \ T^{(1-\xi)/(1-\alpha)} \ \alpha^{1/(1-\alpha)} \ L_t/\gamma^{1/(1-\alpha)}$，且 $\gamma(1-\alpha) > \alpha\lambda^{\tau}$，此开放经济体将收敛到较低水平的唯一的稳定状态

$K^{**} < K^*$；而当 $K_c > \lambda^{\tau/(1-\alpha)}\ z^{\xi/(1-\alpha)}\ T^{(1-\xi)/(1-\alpha)}\ \alpha^{1/(1-\alpha)}\ L_t/\gamma^{1/(1-\alpha)}$，或者一个国家在经济发展达到其稳定经济状态后才进行金融开放改革，此开放经济体将不存在稳定的经济状态。这三种不稳定的情况可以统称为"信用崩溃"（Matsuyama，2007）。开放经济体将收敛到哪种稳定状态，完全取决于进行金融开放改革时的资本存量 K_c、金融开放改革后国际金融市场利率 γ、金融市场的不完善程度 λ、政府和制度对金融市场的调控力度 τ。因此，最后可能出现最初处于较高发展水平的经济体收敛到较低的稳定状态；而最初处于较低发展水平的经济体收敛到较高的稳定状态的现象，从而有可能缩小不同经济体之间的差距。而越早向国际金融市场开放的国家，就越能从国际金融市场中获得较高的收益。

在开放经济中，决定资本流动方向的资本临界阈值 $K_r = \lambda^{\tau/(1-\alpha)}\ z^{\xi/(1-\alpha)}\ T^{(1-\xi)/(1-\alpha)}\ \alpha^{1/(1-\alpha)}\ L_t/\gamma^{1/(1-\alpha)}$，会随着金融市场的不断完善而提高，同时会随着政府和制度对金融市场的调控力度的降低而增加。因此，金融市场完善程度的提高会增加国内投资，并使更多的海外资本投资于国内生产项目。另外，全要素生产率的提高会提高资本临界阈值 K_r。这种影响与通过在一定范围内提高全要素生产率从而增加外资流入的效果基本相同。因为较高的全要素生产率意味着更好的投资环境和更高的投资产出，能够吸引到更多的投资者。

假设当所有国家都转变为开放经济体时，占比 X 的国家的资本存量为 $K_{c1} < K_r$，占比 $1-X$ 的国家具有资本存量 $K_{c2} \geq K_r$。然后，世界经济中的资本和劳动力能够在国际市场上自由流动。而当 K_{c1} 和 K_{c2} 能分别满足图 5.2（a）—（b）和图 5.2（d）—（e）的条件时，所有国家都能够达到更高或者更低的经济稳定状态，此时，世界经济达到了不对称的稳定状态 $K^*（A，\lambda）$。因此，与封闭经济相比，金融开放改革有助于提高经济产出效率和发展水平，同时又通过跨境资本的流动提高或者降低经济发展的稳定状态。

根据新古典经济增长模型和相关假设，开放经济的稳定状态的资本 $K^{**} = z^{\xi}T^{(1-\xi)}（1-\alpha）K^{**\alpha}L^{1-\alpha} + [K_r - z^{\xi}T^{(1-\xi)}（1-\alpha）K_c^{\alpha}L^{1-\alpha}]$。当 $A^{\alpha/(1-\alpha)}\ \alpha^{1/(1-\alpha)}\ \lambda^{\tau/(1-\alpha)}\ L/（1-\alpha）\gamma^{1/(1-\alpha)} + （1-\alpha）K^{**\alpha}L^{1-\alpha} - （1-\alpha）K_c^{\alpha}L^{1-\alpha} > 0$，同时 $A（1-\alpha）\alpha K^{**\alpha-1}L^{1-\alpha} > 1$ 时，开放经济的稳定状态的资本 K^{**} 将随着制度质量、最初技术水平、金融市场完善程度的提高以及政府和

制度的调控力度的降低而降低。在对开放经济体的稳定状态进行分析时，还必须结合方程（5.11）的投资决策约束条件。值得强调的是，如果 $K^* < K(A, \lambda)$，更高的稳定状态的资本 $K^{**} < K(A, \lambda)$，则借贷约束对所有国家的稳定状态都具有约束力；如果 $K^* > K(A, \lambda)$，更低的稳定状态的资本 $K^{**} > K(A, \lambda)$，则盈利能力约束对所有国家的稳定状态都具有约束力；如果更低的稳定状态的资本 $K^{**} < K(A, \lambda)$，更高的稳定状态的资本 $K^{**} > K(A, \lambda)$，则借贷约束在有外资流入的国家具有约束力，盈利能力约束在有资本流出的国家具有约束力。如果一个国家不存在跨国资本流动，则其在经济稳定状态下的资本租金和收入不平等与在封闭经济体中的相同［如图 5.2（d）］。世界经济达到对称或非对称稳定状态下的资本家单位资本租金和收入不平等如下：

$$R_c^{**} = \gamma - F'(K^{**}) \tag{5.12}$$

$$Gini^{**} = \frac{1}{2} - \left(1 - \frac{K^{**}}{Lm_j}\right) \frac{1}{1 + \dfrac{K^{**}(F'(K^{**}) - \gamma)}{Lw^{**}\gamma}} \tag{5.13}$$

由方程（5.12）、方程（5.13）和方程（5.9）、方程（5.10）的对比分析可知：首先，由于金融开放改革促进了金融市场的发展、降低政府和制度对金融市场的调控力度以及完善金融市场运行的相关制度、法规，从而有可能提高金融市场的完善程度，增加了资本要素的市场力，提高实际市场利率与资本边际产出的偏离程度（$\lambda^\tau - 1$），最终有可能会增加同等经济发展水平下的单位资本租金。其次，作为重大制度变迁的金融开放改革促进了相关政治、经济制度和法规的变革，从而提高制度质量，降低经济活动中的交易成本、减少寻租行为，从而也有可能降低单位资本租金。除此之外，金融开放改革促使资本要素的自由流动，促进国家经济发展尤其是低发展水平国家的经济发展，从而影响资本家获取的单位资本租金。总的来说，金融开放通过金融市场发展、制度质量和经济发展来影响资本家获得的单位资本租金。在这过程中，收入不平等将会随资本的递增而增加，却会随着金融市场的不断完善而降低。最终当达到经济发展的稳定状态，具有资本流入（流出）的国家可能收敛于较低（较高）的收入不平等。该研究结果表明，金融开放会降低外国资本投资的成本，并将资源从国内转移出来，从而降低资本回报率，提高工资水平，而降低外国向本国金融市场借贷的成本则会产生相反的效果（Erauski et al.，2019）。

与封闭经济体相同，开放经济体中的资本家单位资本租金随着经济的发展，即资本的提高而降低，收入不平等也将随着实际市场利率与资本边际产出的偏离程度（$\lambda^\tau - 1$）的提高而降低，即随着金融市场的不断完善、政府和制度对金融市场调控力度的降低而增加，最终收入不平等随着单位资本租金的提高而降低。这可能是因为金融开放会降低金融市场准入条件、使更多的人更容易获得金融服务，与此同时，增强的资本市场力使更多的投资者分享生产收益，降低财富的集中程度，从而降低收入不平等（Banerjee and Newman，1993；Abiad et al.，2008；De et al.，2017；Furceri and Loungani，2018）。此时制度质量和经济发展对收入不平等的影响是非线性的，并受到资本流动流向的影响。由此可以得出：

理论假设 1：金融开放通过资本租金影响收入不平等，并且在资本租金机制中，资本租金与收入不平等之间存在负相关关系。

以上模型基本都是从经济的动态均衡发展的角度分析金融开放改革对资本租金和收入不平等的影响和作用机制，但没有对技术变革进行讨论。依据熊彼特租金理论的假设，技术变革会挤压额外的利润，并通过减少分配财富的不对称性来减少收入不平等（Aghion et al.，2013；Antonelli and Gehringer，2017）。此外，熊彼特租金可以激励创新，为技术变革提供所需的资金支持，从而促进经济发展（Galunic and Rodan，1998；Schwab and Werker，2018）。尤其是相较于劳动力租金，资本租金在促进技术变革的总效应中起到主导作用（Ten and Mohnen，2008）。因此，技术变革也将是此动态模型需要讨论的重要影响因素。

假设生产函数在第二期发生技术变革，第二期的生产技术将变为 T_j'，固定资本投资也将变为 m_j'，那么 $t+1$ 期的全要素生产率 $A_{t+1} = z^\xi T_j'^{1-\xi}$。因此，在封闭经济体稳定状态下的资本量 K^* 不受技术变革的影响，$t+1$ 期的资本边际产出将变为：

$$F'(K^*) = \left(\frac{T_j'}{T_j}\right)^{1-\xi} \frac{\alpha}{1-\alpha} \qquad (5.14)$$

结合方程（5.11）和方程（5.14）共同分析得出，稳定状态的资本租金随着技术变革后的技术水平 T_j' 的提升而增加，而收入不平等却随着技术变革后的技术水平 T_j' 的提升而降低。

当经济体由封闭经济向开放经济转变时，决定资本流动方向的资本临界阈值 $K_r = \lambda^{\tau/(1-\alpha)} \ z^{\xi/(1-\alpha)} \ T'^{(1-\xi)/(1-\alpha)} \ \alpha^{1/(1-\alpha)} \ L_t/\gamma^{1/(1-\alpha)}$ 会随着 $t+1$ 期的技术水平 T_j' 的提高而提高，这表明技术变革提高了资本临界阈值，也使技术水平较高的国家吸引更多的国外资本进行投资，从而进一步推动技术变革，形成良性循环。发生技术变革的开放经济的稳定状态的资本 $K^{**} = z^{\xi}T^{(1-\xi)} \ (1-\alpha) \ K^{**\alpha}L^{1-\alpha} + [\ K_r - z^{\xi}T_j'^{(1-\xi)} \ (1-\alpha) \ K_c^{\alpha}L^{1-\alpha}]$，当 $A\alpha$ $(1-\alpha) \ K^{**\alpha-1}L^{1-\alpha} > 1$ 时，收敛于较低的稳定状态，这是因为技术变革提升了生产率，从而相对减少了对资本要素的需求。技术变革前的技术水平可能对资本租金和收入不平等产生与技术变革后的技术水平相反的影响效应。

与技术变革对经济发展的稳定状态的影响不同，技术变革对收入不平等的最终影响效应取决于技术变革的程度 T_j' 和技术变革后的固定投资资本 mj'。在开放经济体中，熊彼特租金理论的假设只适用于部分情况，因为开放经济中的技术变革对收入不平等的影响是非线性的。当时，收入不平等会随着技术变革的技术水平提升而降低。当技术发展水平不满足以上条件时，收入不平等则会随着技术变革的技术水平提升而扩大。这表明当由封闭经济体向开放经济体转变时，对于经济发展水平较高的经济体，技术变革有可能会如熊彼特租金理论假设那样降低国内的收入不平等（Dabla-Norris 和 Kochhar，2015）。

二 金融开放对收入不平等影响的劳动力要素机制

基于信贷市场不完善最终形成的稳定经济状态会依据将金融开放改革发生在金融市场还是要素市场而有所不同（Matsuyama，2004）。金融开放改革引发的相关制度变革会延伸到劳动力市场，促使劳动力要素在全球经济中自由流动（Boulhol，2009），尤其是发展中国家的廉价劳动力被纳入全球劳动力市场，从而改变经济发展中的资源总量，使劳动力配置更具灵活性（Stockhammer，2017）。金融开放改革使工会参与度大幅度下降，削弱劳动力市场制度的约束力度，影响经济活动中劳动力租金的获取，从而影响收入不平等（Borjas and Ramey，1995；Pariboni and Tridico，2019）。金融开放不仅影响了金融市场和要素市场的资本要素，还对要素市场中的劳动力要素产生影响，因此，在探讨金融开放对经济活动的影响时，还要考量其对劳动力要素市场的影响。本节将探讨金融开放对要素市场中劳动力租金以及收入不平等的影响。

（一）基础模型设定

将动态模型扩展到要素市场中的劳动力要素时，由于劳动力市场也是不完善的，此时的劳动力市场薪资收入 $w_m = \mu w_t$。其中，$w_t = F(K_t) - \rho_t K_t = W(K, A)$，是 t 期完全竞争劳动力市场下劳动者应该获得的、等于劳动力边际产出的薪资。$\mu > 0$ 表示劳动力市场实际薪资水平与劳动力边际产出的相关程度。（$\mu-1$）表示劳动力市场实际薪资水平与劳动力边际产出的偏离程度，其数值越大，表示劳动力市场实际薪资水平与劳动力的边际产出的偏离程度越大，这也反映了企业利润在企业家和劳动者之间的分配情况。由模型可以看出，劳动力市场薪资与劳动力边际产出之间是相关的，但随着经济的发展，这种相关关系越来越弱（都阳和曲玥，2009；张庆昌，2011；Dufour and Russell，2015）。这说明劳动力市场实际薪资水平越来越受到生产函数之外的因素的影响，也表示劳动力市场实际薪资水平与劳动力的边际产出的偏离程度可能越来越小。劳动力市场实际薪资水平与劳动力边际产出的相关程度 μ 是由劳动力市场的开放程度、资本和劳动力的相对市场力、信息不对称、员工能力匹配成本以及劳动政策相关的法律和制度等因素决定的（Harrison，2005；Blanchard and Giavazzi，2003；黄先海和徐圣，2009；白重恩和钱震杰，2010；Bental and Demougin，2010；Karabarbounis and Neiman，2014）。

根据生产要素租金的定义，劳动力租金定义为依靠劳动力要素获得其在完全竞争市场上的收入的超额部分（Schweiker and Groß，2017）。当 $u = 1$ 时，此时劳动力市场实际薪资水平与劳动力边际产出没有偏离，不存在劳动力租金，经济动态模型与仅考虑资本市场的模型相同。$\mu > 1$，此时作为劳动要素的拥有者就会获取企业的部分利润作为其劳动力租金。此时 $R_t = (\mu-1) w_t$ 表示每个劳动者获得的单位劳动力租金。当 $\mu < 1$ 时，劳动者获得的工资报酬低于其边际产出，出现企业家掠夺劳动者劳动力租金的现象，（$\mu-1$）则表示企业家对劳动力收益掠夺的程度。这三种情况在现实中可能都会出现，但本模型主要探讨 $\mu > 1$ 和 $\mu < 1$ 的情况，即存在劳动力市场实际薪资水平与劳动力边际产出发生偏离的情况，也就是说存在劳动力租金或者掠夺劳动力要素收益的情况。同样，

这里隐含假设企业家不能完全为生产项目自筹资金，所以劳动力市场薪资收入 w_m 恒小于生产项目投资的固定资本 m_j，企业家需要借贷才能进行生产项目投资。为了方便研究劳动力租金的影响，此时假设不存在资本租金，即市场利率等于资本边际产出，$r_{t+1} = F'(K_{t+1})$，但金融市场依然是不完善的。此时代理人根据投资活动的选择分为劳动者和企业家，劳动者主要依赖其所拥有的劳动力要素获取租金收益，在同质禀赋假设的前提下，企业家依据其管理能力、资源整体能力等提取或者掠夺劳动力租金收益。

当动态模型考虑劳动力市场和金融市场时，借款人或者劳动者在 $t+1$ 期的消费函数如下：

$$c_{t+1}^l = \mu w_t F'_j(K_{t+1}) + \mu w_{t+1} \tag{5.15}$$

由于假设每个人是同质的，在金融市场借贷进行生产项目投资的企业家人数占总人口数的比重为 $K_{t+1}/m_j L$，总人口数 L 依然保持不变。$t+1$ 期完全竞争劳动力市场的工资，即劳动边际产出 $w_{t+1} = (1-\alpha) K_{t+1} F'(K_{t+1})/\alpha L$。因此，企业家在 $t+1$ 期的消费函数则如下：

$$c_{t+1}^e = \mu w_t F'_j(K_{t+1}) + \frac{(1-\mu) L m_j w_{t+1}}{K_{t+1}} + \mu w_{t+1} \tag{5.16}$$

因此年青一代在做投资决策时面对的盈利能力约束变为：

$$\frac{(1-\mu) L m_j w_{t+1}}{K_{t+1}} \geq 0 \tag{5.17}$$

与此同时，企业家面对的借贷约束变为：

$$\lambda \left(m_j F'_j(K_{t+1}) + \frac{(1-\mu) L m_j w_{t+1}}{K_{t+1}} \right) \geq (m_j - \mu w_t) F'_j(K_{t+1}) \tag{5.18}$$

根据方程（5.17）和方程（5.18），当在金融市场产生借贷时，需要同时满足的盈利能力约束和借贷约束调整为：

$$
\begin{cases}
1 \geq \dfrac{w_t}{m_j} \geq \dfrac{1}{\mu} - \dfrac{\lambda}{\mu} - \dfrac{\lambda(1-\alpha)(1-\mu)}{\alpha\mu}, \ \text{当} \ \dfrac{1}{\lambda} \geq 1 + \dfrac{(1-\alpha)(1-\mu)}{\alpha} > \dfrac{1-\mu}{\lambda} \\[4pt]
\quad \text{且} \ \mu \leq 1 \\[8pt]
1 \geq \dfrac{w_t}{m_j} \geq 0, \ \text{当} \ 1 + \dfrac{(1-\alpha)(1-\mu)}{\alpha} > \dfrac{1}{\lambda} \text{且} \ \mu \leq 1
\end{cases}
$$

$$\tag{5.19}$$

尽管同时考虑金融市场和劳动力市场的经济动态发展要比仅考虑金融市场复杂，根据方程（5.19）得出，金融市场是否发生信贷依然取决于其最初的净资产 W（K，A），并受到金融市场的不完善程度、劳动力市场薪资与劳动力边际产出的偏离程度的影响，与 $t+1$ 期的产出无关。但在经济发展过程中，$\mu \leqslant 1$ 恒成立，即一直存在企业家掠夺劳动者劳动力租金的现象。由进入金融市场的盈利能力约束和借贷约束可以得出原始成本的资本序列 K_t 依然是不同经济状态下的均衡轨迹。金融开放是怎样影响劳动力租金以及收入分配？在这过程中，又有哪些影响因素对劳动力租金以及收入分配产生影响？为了解决这些问题，同样，我们会在金融开放改革前后的不同经济状态：封闭经济和开放经济中做详细的比较分析。

（二）封闭经济中的劳动力租金与收入不平等

当分析劳动力要素市场时，封闭经济体中的国内投资依然等于国内储蓄，即 $K_{t+1}=L_t w_t=A_j$（$1-\alpha$）$K_t^{\alpha}L^{1-\alpha}$，在封闭经济中的金融市场进行借贷成为企业家的占总人口的比例则可以表示为 w_t/m_j，在 $t+1$ 期不存在技术变革的情况下，W（K，A）$/K$ 在 K 中严格递减，K_t 单调地趋向于唯一的稳定状态 K^*。由隐式求出稳定状态的资本 K^* 依然不变，即劳动力市场不影响经济发展的稳定状态，且 K^*（0^+）$= 0^+$。在整个经济的动态发展过程中，盈利能力约束一直都具有约束力，但借贷约束条件是否具有约束力取决于金融市场的完善程度、劳动力市场薪资与劳动力边际产出的偏离程度，即当稳定状态的 K^* 处于较高且大于零的阈值范围时，其将同时受盈利能力约束和借贷约束。

在特定的技术水平确定的稳定资本 K^* 的情况下，我们可以用关于金融市场的不完善程度、政府与制度对金融市场的调控力度的方程来表达稳定状态下的单位劳动力租金以及收入不平等。当金融市场发生信贷时，稳定状态下的单位劳动力租金以及消费 $Gini$ 系数如下：

$$R_l^* = (\mu-1)w^* \tag{5.20}$$

$$Gini^* = \frac{1}{2} - \left(1-\frac{w^*}{m_j}\right)\frac{1}{\left(1+\frac{(1-\mu)(1-\alpha)}{\mu}\right)} \tag{5.21}$$

由方程（5.20）、方程（5.21）可以得出，在考虑劳动力市场的封闭经济经济发展过程中，企业家从劳动者掠夺的劳动力收益是由劳动力市场薪资与劳动力边际产出的偏离程度和劳动力边际产出共同决定的。但如上文分析那样，劳动力市场薪资与劳动力边际产出的相关程度 μ 越来越依赖生产函数之外的外部制度环境，即劳动力市场薪资与劳动力边际产出的相关程度 μ 可能会随着经济的发展而降低。但在制度环境没有变化时，每一个劳动者获得的单位劳动力租金或者企业家从每个劳动者掠夺的劳动力收益都会随着资本的增长而增加，因此，此时经济发展对单位劳动力租金的影响可能是不确定的。与仅考虑金融市场的封闭经济相同，收入不平等依然会随着资本的增加而增加，因为等式 $\partial Gini/\partial K > 0$ 恒成立；由于经济的动态发展需要满足信贷市场的盈利能力调节和借贷约束，收入不平等也与劳动力市场实际薪资水平与劳动力边际产出的偏离程度 $(\mu-1)$ 呈现负相关关系。

除此之外，此时单位劳动力租金和收入不平等依然会随着制度质量的提高而增加；单位劳动力租金会随着最初的技术水平的提高而增加，收入不平等也依然受到技术特点 T 以及技术的固定资本投资 m_j 因素的共同影响，并且依然在 $m_j(1-\xi) \geq T\varphi'(T)$，收入不平等会随着最初的技术水平提高而增加；在 $m_j(1-\xi) < T\varphi'(T)$，收入不平等会随着最初的技术水平提高而降低。

由方程（5.20）和方程（5.21）可以得出，稳定状态下的劳动者的单位劳动力租金以及收入不平等。封闭经济稳定状态的资本边际产出依然是 $F'(K^*) = \alpha/(1-\alpha)$，此时的收入不平等则等于 $1/2 - [1 - A^{1/(1-\alpha)}(1-\alpha)^{1/(1-\alpha)}/m_j] / [1+(1-\mu)(1-\alpha)/\mu]$。由此得出，劳动力租金主要通过劳动力市场实际薪资水平与劳动力边际产出的偏离程度来影响收入不平等。此封闭经济的自给自足动态经济模型成为分析金融开放对劳动力租金以及收入不平等的影响效应的基准。

（三）开放经济中的劳动力租金与收入不平等

金融开放改革还促使劳动力市场放松管制，推动资本和劳动力要素在全球范围内自由流动，影响生产要素的质量和易得性、劳动力要素的价格，从而影响经济活动的动态变化（Jayadev，2007；Pariboni and Tridico，2019）。总体来说，金融开放通过变革后的制度法规重构了金融市场和要素市场，产生和破坏经济发展中的劳动力租金，从而影响不同群体的租金收入分配。

对于进行金融开放的国家来说，每一代人都允许进行资本和劳动力跨国流动、跨国贸易和跨国投融资。国内生产需要的资本和劳动力也不再仅受本国生产资源的限制。此时，对于每个国家而言，国际金融市场利率 γ 依然是外生的，但由于假设此时不存在资本租金，国际金融市场利率 γ 恒等于国际资本边际产出。从视为封闭经济的全球经济视角来看，国际金融市场利率则是由国际金融市场内生决定的。因此，开放经济的金融市场活动既要受到劳动力市场的影响，也要受到国际金融市场的影响。结合开放经济中生产项目投资决策的约束条件得出 $t+1$ 期的资本边际产出需要满足以下条件：

$$F'_j(K_{t+1}) \geqslant \frac{\gamma\alpha(1-\mu w_t/m_j)}{\lambda[\alpha+(1-\mu)(1-\alpha)]}, \ \text{且} \ \mu \leqslant 1 \qquad (5.22)$$

在同时考虑金融市场和劳动力市场的开放经济体中，企业家是否进入金融市场进行生产项目投资除了受到国际金融市场利率、金融市场完善程度的影响之外，还受到劳动力实际市场薪资与劳动力边际产出的偏离程度的影响，其中，劳动力实际市场薪资与劳动力边际产出的偏离程度的影响尤为显著。与封闭经济相比，金融开放改革促使产生信贷的经济发展处于较高的水平，即进一步证实了金融开放改革在一定程度上促进了经济的增长，尤其是低发展水平国家的经济发展。

从模型中可以看出，投资决策的盈利能力约束决定了劳动力市场薪资与劳动力边际产出的偏离程度，换句话说，劳动力市场薪资与劳动力边际产出的偏离程度将决定企业是否能产生利润，也影响了经济长期发展的潜力，即在劳动力获取超过一定范围的劳动力租金后会使企业家留存的租金或者收益不利于进一步发展。并且在经济发展过程中，$\mu \leqslant 1$ 恒成立，即一直存在企业家掠夺劳动者劳动力租金的现象。尽管劳动力市场薪资与劳动边际产出的相关性会随着经济的发展减弱，但经济的动态发展依然可以根据劳动生产率、经济发展状况进行劳资谈判或者根据资本劳动力的相对价格进行调整，从而调整经济运行状态和发展路径。

以上经济动态模型仅是对全球经济中的一个国家进行分析，如果要反映出全球经济发展过程中受到的全球资本和劳动力限制以及全球经济的均衡状态，同样要将各个国家在全球经济中的互动和平衡作用纳入模型中。全球经济作为封闭经济，由于假设总劳动力是不变的，所以无论国际金融市场和劳动力市场是否存在，全球经济的总资本都要收敛到稳定状态的资本 K^*（A）。假设所有国家转向开放经济进入国际金融市场都具有相同水平的资本存量 K_c 和劳动力 L_c，则每个国家的资本边际生产率都与世界资本边际生产率相等，$F'(K)=F_w'(K)$，并且所有国家和世界都收敛到对称稳定状态的资本 K^*（A）。当每个国家的资本存量 K_c 和劳动力 L_c 不相同时，最后均衡形成的对称稳定状态可能会有所不同，也有可能出现不对称的稳定状态。当世界经济处于稳定状态情况下，这同样就意味着作为开放经济体的所有国家也都处于稳定状态。

在同时考虑劳动力市场和金融市场的每个开放经济体中，决定是否会有跨国资本流动的条件依然是本国金融市场资本边际产出等于国际金融市场的资本边际产出，即 $F'(K)=F_w'(K)$，从而得出本国资本边际产出的临界阈值 $F'(K)$ 依然等于 γ/λ^τ。这与仅考虑金融市场的经济发展均衡路径相同，即当 $F'(K)>\gamma/\lambda^\tau$，吸引国外资本流入国内市场；如果 $F'(K)<\gamma/\lambda^\tau$，国内资本将流向有更高效率的国际市场。最终形成可能的经济发展状态也与如图 5.2（a）—（g）所示相同，并具有四种稳定状态。同样，决定是否会有跨国劳动力流动的条件是本国要素市场劳动力市场薪资等于国际要素市场的劳动力市场薪资，即 μw（L）$=\mu w_w$（L），即当 μw（L）$>\mu w_w$（L），吸引国外劳动力流入国内市场；如果 μw（L）$<\mu w_w$（L），国内劳动力将流向有报酬更高的国际劳动力市场。在劳动力和资本要素总量和影响效果的对比中发现，劳动力要素基本不会影响资本要素的流动，但劳动力普遍向经济发展水平较高的国家流动（Pariboni and Tridico，2019），即此时经济的动态均衡发展的轨迹和趋势基本相同，只是由于劳动力要素的变动，使经济动态发展过程的变化趋势减缓或者加剧。

在图 5.2（a）中，一个国家实施金融开放改革时，经济发展处于较低水平且 $K_c<K^*$，此开放经济体将收敛于较高的定点 K^{**}；在图 5.2（b）中，一个国家实施金融开放改革时，经济发展水平较高并已经达到其稳定经济状态，$K_c>K^*$ 且 $K_c \leqslant K_r$，此开放经济体也收敛于一个更高水平的稳定状态 K^{**}；在图 5.2（e）中，一个国家实施金融开放改革的经济发展水平也是低于其稳定状态，$K_c<K^*$ 且 $K_c \leqslant K_r$，此开放经济体

将收敛到较低的唯一的稳定状态 $K^{**}<K^*$。结合方程（5.22）和方程（5.19）的比较分析可以看出，同时考量金融市场和要素市场时，金融开放改革会在一定程度上促进低水平发展中国家的经济发展，但对经济发展水平较高的国家，比如发达国家可能会受到金融开放改革资本外流的伤害，限制了其经济增长的潜力（Prasad et al.，2003；Bekaert et al.，2005；王舒健和李钊，2006；Gamra，2009；Bekaert et al.，2011；邓敏和蓝发钦，2013）。

由于经济发展的稳定状态主要是依靠金融市场的发展，因此，此时开放经济稳定状态的影响因素与影响效应与仅考虑金融市场情况基本相同，此时开放经济的稳定状态的资本 $K^{**}=z^{\xi}T^{(1-\xi)}(1-\alpha)K^{**\alpha}L_c^{1-\alpha}+[K_r-z^{\xi}T^{(1-\xi)}(1-\alpha)K_c^{\alpha}L_c^{1-\alpha}]$。当 $A^{\alpha/(1-\alpha)}\alpha^{1/(1-\alpha)}\lambda^{\tau/(1-\alpha)}L/(1-\alpha)\gamma^{1/(1-\alpha)}+(1-\alpha)K^{**\alpha}L^{1-\alpha}-(1-\alpha)K_c^{\alpha}L_c^{1-\alpha}>0$，同时 $A(1-\alpha)\alpha K^{**\alpha-1}L_c^{1-\alpha}>1$ 时，开放经济的稳定状态的资本 K^{**} 将随着制度质量、最初技术水平、金融市场完善程度的提高以及政府和制度的调控力度的降低而降低。由于 $\partial K^{**}/\partial L_c=0$，开放经济的稳定状态的资本 K^{**} 将随着最初劳动力的增加而增加。结合经济动态发展的投资决策约束条件可知，盈利能力约束和借贷约束在整个经济的动态发展过程中都具有约束力，即稳定状态的 K^* 也同时受盈利能力约束和借贷约束。

在确定的稳定资本 K^* 的情况下，我们依然可以用关于劳动力市场薪资与劳动力边际产出的偏离程度的方程来表达劳动力租金以及收入不平等。当金融市场发生信贷时，稳定状态下的单位劳动力租金和消费 Gini 系数如下：

$$R_l^{**}=(\mu-1)w^{**} \tag{5.23}$$

$$Gini^{**}=\frac{1}{2}-\left(1-\frac{K^{**}}{Lm_j}\right)\frac{1}{1+\dfrac{(1-\alpha)(1-\mu)L}{\mu[\alpha Lw^{**}/m_j+(1-\alpha)K^{**}]}} \tag{5.24}$$

在同时考虑金融市场和劳动力市场的开放经济体中，单位劳动力租金和收入不平等除了受到劳动力市场实际薪资水平与劳动力边际产出的相关度 μ 和全要素生产率 A（受到最初的制度质量和技术水平的影响）等因素的影响之外，还受到资本流动冲击的影响。与封闭经济相比，当发生资本跨国流入（流出），同时使高技能人群向国际劳动力市场流出

（流入）时，增加（减少）本国的资本要素供给促使更多（更少）的人进行生产项目投资成为企业家；经济将会动态收敛到较高（较低）的稳定状态，劳动力租金急剧负向增加（负向降低），与此同时，收入不平等也会急剧增加（降低），这说明要素的流动会瞬间冲击经济发展和收入不平等，这冲击也会在后续经济发展中持续影响，但之后开放经济体会根据其经济运行特点不断地消化或者加剧冲击的影响，直到收敛到较高或者较低的稳定状态。

同时考虑金融市场和劳动力市场时，单位劳动力租金会随着资本的递增而负向增加直到达到稳定状态，同时随着劳动力市场薪资与劳动力边际产出相关度的降低而降低。同样由制度变迁理论可知金融开放改革会提高政治制度、经济制度的制度质量，优化资源配置效率，从而提高企业家掠夺的劳动力租金。但稳定状态的收入不平等有可能会随着制度质量的提高而增加，如果 $\partial K^{**}/\partial z [1+(1-\mu)(1-\alpha)L]/\mu [\alpha Lw^{**}/m_j + (1-\alpha)K^{**}]/Lm_j - (1-K^{**}/Lm_j)\mu^3 [\xi\alpha Lw^{**}/zm_j + (1-\alpha)][\alpha Lw^{**}/m_j + (1-\alpha)K^{**}]^2 \partial K^{**}/\partial z/(1-\alpha)(1-\mu)L$；否则，稳定状态的收入不平等会随着制度质量的提高而降低。与此同时，开放经济体的收入不平等会随着劳动力市场薪资与劳动力边际产出偏离程度的降低而增加。由此可以推出：

理论假设 2：金融开放改革通过劳动力租金影响收入不平等，并且劳动力租金机制主要通过劳动力市场薪资与劳动力边际产出偏离程度的影响机制来影响收入不平等。

此时稳定状态下的经济增长对收入不平等的影响是非线性的，当 $(1-K^{**}/Lm_j)\mu^3(L+L_c^{1-\alpha})[\alpha Lw^{**}/m_j + (1-\alpha)K^{**}]^2/(1-\alpha)(1-\mu)L - \{1+(1-\alpha)(1-\mu)L/\mu[\alpha Lw^{**}/m_j + (1-\alpha)K^{**}]\} \geq 0$ 时，稳定状态的收入不平等会随着稳定状态的资本的提高而扩大。这也证实了金融开放改革通常会降低中低发展水平国家的收入不平等（Lagarda 等，2016；Ni 和 Liu，2019）。由此可以推出：

理论假设 3：金融开放改革有利于降低中低收入发展中国家的收入不平等。

由方程（5.23）和方程（5.24）可知，当存在企业家掠夺劳动力租金收益的情况下，技术创新会降低单位劳动力租金，即增加企业家掠夺的劳动力收益。技术创新对动态经济收敛的稳定状态的影响与在仅考虑金融市场的动态经济中的影响相同，即同时受资本流入还是资本流出的影响。技术变革对收入不平等的影响效应依然受技术水平特点 T_j' 和技术变革后的生产项目固定资本 m_j' 的共同影响，并且技术变革对收入不平等的影响依然是非线性的。当 $(1-K_{t+1}/Lm_j)\ \mu^3\ [\alpha Lw^{**}/m_j+(1-\alpha)\ K^{**}]^2/(1-\mu)\ LK_{t+1}/\partial T_j'\geqslant\ \{1+(1-\alpha)\ (1-\mu)\ L/\mu\ [\alpha Lw_t/m_j+(1-\alpha)\ K_{t+1}]\}\ \partial K_{t+1}/\partial T_j'/Lm_j$ 时，收入不平等会随着技术变革后的技术水平的提高而提高。

三 金融开放对收入不平等影响的资本和劳动力要素的联动机制

由于资本和劳动力要素的替代关系，资本租金与劳动力租金并不是独立存在的，劳动力租金不仅受到金融开放改革引起的劳动力市场改革的影响，还受到资本租金变化的影响。金融开放改革不仅直接影响了金融市场和要素市场的制度和法规变革，还通过金融市场和要素市场、资本要素和劳动力要素的相互影响重新构建了均衡的市场。除此之外，金融开放改革会加速经济产业结构由制造业向服务业的转变，降低劳动力市场的刚性，而劳动力刚性的降低会增加资本的讨价还价能力（OECD，2012），同时金融开放带来的资本自由流动使各国为吸引资本产生的税收竞争改变了资本与劳动力之间的权力关系、抑制了工人的议价能力和议价渠道，从而降低劳动力的工资份额。在金融开放改革深化的过程中，资本会对劳动力产生一定的"挤出效应"，增加资本要素的租金，进一步降低劳动力租金（Harrison，2005；黄先海和徐圣，2007；王丹枫，2011；Stockhammer，2015；Pariboni and Tridico，2019）。因此，本节将金融市场和要素市场中资本和劳动力要素都纳入模型进行分析，将资本、劳动力这两个主要的生产要素结合起来共同探讨金融开放对资本租金和劳动力租金的影响以及其在不同群体之间的分配。

（一）基础模型设定

将动态模型扩展到要素市场时，由于金融市场和要素市场都是不完善的，此时可能同时存在资本租金和劳动力租金，即都存在资本市场利率和资本边际产出、劳动力市场实际薪资水平与劳动力边际产出发生偏离的情况。同样，这里隐含假设企业家不能完全为生产项目自筹资金，所以劳动力市场薪资收入 w_m 恒小于生产项目投资的固定资本 m_j，企业家需要借贷才能进行生产项目投资。代理人根据投资活动的选择分为企业家、资本家和劳动者，资本家主要依赖其拥有的资本要素获取收益，劳动者主要依赖其所拥有的劳动力要素获取收益，在同质禀赋假设的前提下，企业家依据其管理能力、资源整体等能力获取或者掠夺资本租金和劳动力租金。

当动态模型同时考虑金融市场和要素市场时，借款人或者劳动者在 $t+1$ 期的消费函数如下：

$$c^l_{t+1} = \mu w_t \lambda^\tau F'_j(K_{t+1}) + \mu w_{t+1} \tag{5.25}$$

由于假设每个人是同质的，在金融市场借贷进行生产项目投资的企业家人数占总人口数的比重为 $K_{t+1}/m_j L$，总人口数 L 依然保持不变。因此，企业家在 $t+1$ 期的消费函数则如下：

$$c^e_{t+1} = (1-\lambda^\tau) m_j F'_j(K_{t+1}) + \mu w_t \lambda^\tau F'_j(K_{t+1}) + \frac{(1-\mu) L m_j w_{t+1}}{K_{t+1}} + \mu w_{t+1} \tag{5.26}$$

因此年青一代在做投资决策时面对的盈利能力约束变为：

$$(1-\lambda^\tau) m_j F'_j(K_{t+1}) + \frac{(1-\mu) L m_j w_{t+1}}{K_{t+1}} \geq 0 \tag{5.27}$$

与此同时，企业家面对的借贷约束变为：

$$\lambda \left(m_j F'_j(K_{t+1}) + \frac{(1-\mu) L m_j w_{t+1}}{K_{t+1}} \right) \geq (m_j - \mu w_t) \lambda^\tau F'_j(K_{t+1}) \tag{5.28}$$

根据方程（5.27）和方程（5.28）可知，当在金融市场产生借贷时，需要同时满足的盈利能力约束和借贷约束调整为：

$$\begin{cases} 1 \geq \dfrac{w_t}{m_j} \geq \dfrac{1}{\mu} - \dfrac{\lambda}{\mu \lambda^\tau} - \dfrac{\lambda(1-\alpha)(1-\mu)}{\alpha \mu \lambda^\tau}, \ \text{当} \mu \leq \dfrac{\alpha(\lambda^\tau - \lambda)}{\lambda(1-\alpha)} - 1 \\[2mm] \quad \text{且} \mu \leq 1 + \dfrac{\alpha(1-\lambda^\tau)}{1-\alpha} \\[2mm] 1 \geq \dfrac{w_t}{m_j} \geq 0, \ \text{当} \mu \geq \dfrac{\alpha(\lambda^\tau - \lambda)}{\lambda(1-\alpha)} - 1 \ \text{且} \mu \leq 1 + \dfrac{\alpha(1-\lambda^\tau)}{1-\alpha} \end{cases} \tag{5.29}$$

根据方程（5.29）得出，金融市场是否发生信贷依然取决于其最初的净资产 $W(K, A)$，并受到金融市场的不完善程度、政府和制度对金融市场的调控力度以及劳动力市场薪资与劳动力边际产出的偏离程度的影响，与 $t+1$ 期的产出无关。相较于仅考虑金融市场或者只考虑劳动力要素的要素市场的模型，此动态模型可能会出现企业家分享不到资本租金收益，并通过掠夺劳动者的收益来平衡总收益的情况。由进入金融市场的盈利能力约束和借贷约束可以得出原始成本的资本序列 K_t 依然是不同经济状态下的均衡轨迹。金融开放是怎样影响资本租金和劳动力租金以及收入分配？在这过程中，又有哪些因素对资本租金、劳动力租金以及收入分配产生影响？为了解决这些问题，同样，我们会在金融开放改革前后的不同经济状态：封闭经济和开放经济中做详细的比较分析。

（二）封闭经济中的资本租金、劳动力租金与收入不平等

同时考虑要素市场时，封闭经济体中的国内投资依然等于国内储蓄，封闭经济中的金融市场进行借贷成为企业家的占总人口的比例依然可以表示为 w_t/m_j，在 $t+1$ 期不存在技术变革的情况下，$W(K, A)/K$ 在 K 中严格递减，K_t 单调地趋向于唯一的稳定状态 K^*。由隐式求出稳定状态的资本 K^* 依然等于 $LW(K^*, A) = z^{\xi/(1-\alpha)} T^{(1-\xi)/(1-\alpha)} (1-\alpha)^{1/(1-\alpha)} L^{1/(1-\alpha)}$。结合进入金融市场的约束条件得出的初始资本完全取决于金融市场的不完善程度、政府和制度对金融市场的调控力度以及劳动力市场薪资与劳动力边际产出的偏离程度的影响，并且在整个经济的动态发展过程中，盈利能力约束和借贷约束都具有约束力。

在确定的稳定资本 K^* 的情况下，当金融市场发生信贷时，稳定状态下的单位资本租金、单位劳动力租金以及消费 $Gini$ 系数如下：

$$R_c^* = (\lambda^\tau - 1) F'_j(K^*) \tag{5.30}$$

$$R_l^* = (\mu - 1) w^* \tag{5.31}$$

$$Gini^* = \frac{1}{2} - \left(1 - \frac{w^*}{m_j}\right) \frac{1 - \alpha + \alpha \lambda^\tau}{1 + (1-\alpha)(1-\mu)/\mu} \tag{5.32}$$

与仅考虑金融市场的封闭经济相同，单位资本租金随着资本的递增而递减直到达到稳定状态，金融开放限制了政府与制度对金融市场的调控力度从而有可能会降低单位资本租金。劳动者的劳动力租金或者企业家从劳动者掠夺的劳动力收益是由劳动力市场薪资与劳动力边际产出的偏离程度和劳动力边际产出共同决定的。在制度环境没有变化时，每一

个劳动者获得的劳动力租金或者企业家从每个劳动者掠夺的劳动力收益都会随着资本的增长而增加。同样，收入不平等依然会随着资本的增加而增加，因为等式 $\partial Gini/\partial K > 0$ 恒成立。但此时收入不平等还同时受到劳动力市场薪资与劳动力边际产出的相关程度 μ 的影响。结合金融市场信贷发生的约束条件，如果 $\lambda+(1-\alpha)/\alpha-2(1-\alpha)/\alpha[2-A^{1/(1-\alpha)}(1-\alpha)^{1/(1-\alpha)}/Lm_j]\leqslant\lambda^\tau\alpha<1$，收入不平等会随着 μ 的增加而增加；若 $\lambda^\tau\alpha\geqslant 1$，收入不平等会随着 μ 的增加而降低。

除此之外，与仅考虑金融市场的封闭经济相同，此时单位资本租金、劳动力租金和收入不平等依然会随着制度质量的提高而增加。单位资本租金、劳动力租金会随着最初的技术水平的提高而增加，收入不平等也依然受到技术特点 T 以及技术的固定资本投资 m_j 因素的共同影响，并且依然在 $m_j(1-\xi)\geqslant T\varphi'(T)$，收入不平等会随着最初的技术水平提高而扩大。

由方程（5.30）、方程（5.31）、方程（5.32）可以得出，稳定状态下的资本租金和劳动力租金以及收入不平等。封闭经济稳定状态的资本边际产出依然是 $F'(K^*)=\alpha/(1-\alpha)$，此时的收入不平等则等于 $1/[1-A^{1/(1-\alpha)}\alpha(1-\alpha)^{\alpha/(1-\alpha)}L/m_j][1-\mu(1-\alpha+\alpha\lambda^\tau)]/(1-\alpha\lambda^\tau+\mu\alpha\lambda^\tau)$。如果 $2-\mu-\alpha+\alpha\mu<0$，稳定状态下的收入不平等随着 λ^τ 的提高而降低；如果 $\alpha\lambda^\tau<1$ 且 $1+\alpha\lambda^\tau>\alpha$，稳定状态下的收入不平等随着 μ 的提高而降低。此封闭经济的自给自足动态经济模型成为分析金融开放对资本和劳动力租金以及收入不平等的影响效应的基准。

（三）开放经济中的资本租金、劳动力租金与收入不平等

对于进行金融开放的国家来说，每一代人都允许进行资本和劳动力跨国流动、跨国贸易和跨国投融资。国内的总投资不再只受国内储蓄和国内产值的影响，国内生产需要的资本和劳动力也不再只受本国生产资源的限制。此时，对于每个国家而言，国际金融市场利率 γ 依然是外生的。因此，开放经济的金融市场活动既要受到劳动力市场的影响，也要受到国际金融市场的影响。结合开放经济中每个国家的生产项目投资决策的约束条件得出 $t+1$ 期的资本边际产出需要满足以下条件：

$$
\begin{cases}
F'_j\ (K_{t+1}) \geqslant \dfrac{\gamma}{1+\dfrac{(1-\mu)\ (1-\alpha)}{\alpha}}, & \text{当}\ \mu \leqslant \dfrac{1}{1-\alpha} \\[8mm]
F'_j\ (K_{t+1}) \leqslant \dfrac{\gamma\ (1-\mu w_t/m_j)}{\lambda\left[1+\dfrac{(1-\mu)\ (1-\alpha)}{\alpha}\right]}, & \text{当}\ \mu \geqslant \dfrac{1}{1-\alpha}
\end{cases}
\tag{5.33}
$$

在同时考虑金融市场和劳动力市场的开放经济体中，企业家是否进入金融市场进行生产项目投资则除了受到国际金融市场利率、金融市场不完善程度的影响之外，还受到劳动力市场薪资与劳动力边际产出的偏离程度的影响，其中，劳动力市场薪资与劳动力边际产出的偏离程度的影响尤为显著。同样，开放经济中受到的政府和制度的调控力度也明显弱化。

从模型中可以看出，投资决策的盈利能力约束决定了劳动力市场薪资与劳动力边际产出的偏离程度。换句话说，劳动力市场薪资与劳动力边际产出的偏离程度将决定企业是否能产生利润，也影响了经济发展的市场潜力，即在劳动力获取超过一定范围的劳动力租金后会使企业家留存的租金或者收益不利于进一步发展。金融开放对经济影响作用则受到劳动力市场薪资与劳动力边际产出的偏离程度与劳动力产出弹性的关系影响。无论与封闭式经济还是与仅考虑金融市场和劳动力要素市场的模型相比，金融开放改革都能够降低进入金融市场的准入条件。这表明金融开放使金融市场更具有灵活性，提高了进入金融市场的公平性（Beck et al.，2007；Abiad et al.，2008）。如果将金融视为资源的话，这就表明金融开放使经济参与者更容易且公平地通过金融资源来获得收益，增加财富。

如果要反映出全球经济发展过程中受到的全球资本和劳动力的限制以及全球经济的均衡状态，同样要将各个国家在全球经济中的互动和平衡作用纳入模型中。当所有国家都几乎在同时进行金融开放改革时，形成一个可视为封闭经济的全球经济。当所有国家转向开放经济进入国际金融市场都具有相同水平的资本存量 K_c 和劳动力 L_c 时，所有国家和世界都收敛到对称稳定状态的资本 $K^*\ (A)$。当每个国家的资本存量 K_c 和劳动力 L_c 不相同时，最后可能形成不对称的稳定状态。当世界经济处于稳定状态情况下，这就意味着作为开放经济体的所有国家也都处于稳定状态。全球经济作为封闭经济，由于假设总劳动力是不变的，所以无论国际金融市场和劳动力市场是否存在，全球经济的总资本都要收敛到稳定状态的资本 K^*（A），区别在于各个国家经济发展和收敛情况可能是不同的。

在同时考虑资本和劳动力的要素市场和金融市场的每个开放经济体中，决定是否会有跨国资本流动的条件依然是本国金融市场资本边际产出等于国际金融市场的资本边际产出，即 $F'(K) = F'_w(K)$，从而得出本国资本边际产出的临界阈值 $F'(K)$ 依然等于 γ/λ^τ。这与仅考虑金融市场的经济发展均衡路径相同，即当 $F'(K) > \gamma/\lambda^\tau$，吸引国外资本流入国内市场；如果 $F'(K) < \gamma/\lambda^\tau$，国内资本将流向有更高效率的国际市场。最终形成可能的经济发展状态也与如图 5.2（a）—（g）所示相同，并具有四种稳定状态。同样，决定是否有跨国劳动力流动的条件是本国要素市场劳动力要素市场薪资等于国际要素市场的劳动力要素市场薪资，即 $\mu w(L) = \mu w_w(L)$，即当 $\mu w(L) > \mu w_w(L)$，吸引国外劳动力流入国内市场；如果 $\mu w(L) < \mu w_w(L)$，国内劳动力将流向有报酬更高的国际劳动力市场。在劳动力要素和资本要素总量和影响效果的对比中发现，劳动力要素基本不会影响资本要素的流动，但劳动力普遍向经济发展水平较高的国家流动（Pariboni and Tridico，2019），即此时经济的动态均衡发展的轨迹和趋势依然基本相同，只是由于劳动力要素的变动，经济动态发展过程的变化趋势会有所加剧或者减缓。由此可以看出，决定资本流动的资本临界阈值以及经济稳定状态都与劳动力市场无关，这表明无论是否考虑劳动力市场，经济的动态均衡发展的轨迹和趋势基本相同。

由于经济发展的稳定状态主要是依靠金融市场的发展，因此，此时影响开放经济的稳定状态的影响因素与影响效应与仅考虑金融市场情况相同，即当 $A^{\alpha/(1-\alpha)}\ \alpha^{1/(1-\alpha)}\ \lambda^{\tau/(1-\alpha)}\ L/(1-\alpha)\ \gamma^{1/(1-\alpha)} + (1-\alpha)K^{**\alpha}L^{1-\alpha} - (1-\alpha)K_c^\alpha L^{1-\alpha} > 0$，同时 $A(1-\alpha)\alpha K^{**\alpha-1}L^{1-\alpha} > 1$ 时，开放经济的稳定状态的资本 K^{**} 将随着制度质量、最初技术水平、金融市场完善程度的提高以及政府和制度的调控力度的降低而降低。结合经济均衡运行隐含的投资决策约束条件可知劳动力市场实际薪资与劳动力产出的偏离程度决定了盈利能力约束还是借贷约束的约束力更强。当一个国家的劳动力市场实际薪资与劳动力产出的偏离程度 $\mu<1/(1-\alpha)$ 时，则 $K^{**}\le A^{1/(1-\alpha)}[\alpha+(1-\alpha)(1-\mu)]^{1/(1-\alpha)}L/\gamma^{1/(1-\alpha)}$，盈利能力约束更具有约束力；如果一个国家的劳动力市场实际薪资与劳动力产出的偏离程度 $\mu>1/(1-\alpha)$，此时借贷约束更具有约束力。世界经济达到对称或非对称稳定状态下的单位资本租金、单位劳动力租金和收入不平等如下：

$$R_c^{**}=\gamma-F'(K^{**}) \tag{5.34}$$

$$R_l^{**}=(\mu-1)w^{**} \tag{5.35}$$

$$Gini^{**}=\frac{1}{2}-\left(1-\frac{K^{**}}{Lm_j}\right)\frac{1}{1+\dfrac{\alpha[F'(K^{**})-\gamma]}{\mu(1-\alpha)(\gamma+1)F'(K^{**})}} \tag{5.36}$$

在同时考虑金融市场和劳动力市场的开放经济体中，单位资本租金、单位劳动力租金和收入不平等除了受到劳动力市场实际薪资与劳动力边际产出的相关程度 μ 以及全要素生产率 A（受到最初的制度质量和技术水平的影响）等因素的影响之外，还要受到流动资本的冲击影响。与封闭经济相比，当发生资本要素跨国流入（流出）时，增加（减少）本国的资本要素供给促使更多（更少）的人进行生产项目投资成为企业家；经济将会动态收敛到较高（较低）的稳定状态，资本租金会急剧上升（下降），劳动力租金急剧增加（降低），与此同时，收入不平等也会急剧降低（扩大），这说明要素的流动会瞬间冲击经济发展和收入不平等，这冲击也会在后续经济发展中持续影响，直到收敛到较高或者较低的稳定状态。同时考虑金融市场和要素市场时，单位资本租金会随着资本的递增而递减直到达到稳定状态，单位劳动力租金则在劳动者获取劳动力租金的时候，随着资本的递增而递增直到达到稳定状态。同样由制度变迁理论可知金融开放改革会提高政治制度、经济制度的制度质量，优化资源配置效率，从而提高单位资本租金和劳动力租金。

与仅考虑金融市场相比，此时稳定状态下的收入不平等体现出经济增长对收入不平等的倒"U"形影响关系。当 $F'(K^{**})[\alpha\gamma+(1-\alpha)/L+(K^{**}-1)/\mu L]+\gamma/\mu(1-\alpha K^{**})\ge0$ 时，稳定状态的收入不平等会随着稳定状态的资本的提高而增加，这说明收敛到较高水平的国家有可能收入不平等程度反而较低。但稳定状态的收入不平等有可能会随着制度质量的提高而增加，如果 $\partial K^{**}/\partial z[1-\mu(1-\alpha)(w^{**}+1)/(\mu(1-\alpha)(w^{**}+1))]/[\mu(1-\alpha)(w^{**}+1)]+\alpha-\gamma\alpha/F'(K^{**})-(1-K^{**}/Lm_j)\mu(1-\alpha)/\alpha[w^{**}-\gamma/F'(K^{**})-(w^{**}+1)]\gamma[1+(\alpha-1)/K^{**}]\partial K^{**}/\partial z/F'(K^{**})$；否则，稳定状态的收入不平等会随着制度质量的提高而降低。结合上文的研究结果得出：

理论假设4：经济增长、金融发展、制度质量以及资本与劳动力的讨价还价能力对金融开放的收入分配效应具有重要的调节作用。

同时由方程（5.36）进一步验证理论假设1和理论假设2，即开放经济体的资本租金与收入不平等之间存在负相关关系；但当 $F'(K^{**})-\gamma\geq0$ 时，即企业家掠夺资本家资本收益时，开放经济体的收入不平等与劳动力市场实际薪资与劳动力边际产出的偏离程度呈负相关关系，而当资本家获取资本租金时，开放经济体的收入不平等会随着劳动力市场实际薪资与劳动力边际产出的偏离程度的降低而降低，即理论假设2是在一定条件下是成立的。由此可以推出：

理论假设5：金融开放改革通过资本租金和劳动力租金机制共同影响收入不平等。

根据熊彼特租金理论，资本租金和劳动力租金都会促进创新，尤其是资本租金，当同时考虑金融市场和要素市场时，无论企业家将其收益分享给劳动者还是掠夺劳动者的收益，这都会影响企业家的最终收益，从而影响创新的动力。因此，当开放经济体中发生技术变革时，资本租金、劳动力租金和收入不平等也相应受到影响。技术变革有可能使单位资本租金、单位劳动力租金都有所提高。

由于相对于劳动力租金，技术创新主要依靠资本租金，技术创新对稳定状态的影响与在仅考虑金融市场动态经济中的影响相同，即同时受资本流动冲击的影响。技术变革对收入不平等的影响效应依然受技术水平特点 T'_j 和技术变革后的生产项目固定资本 m'_j 的共同影响，并且技术变革对收入不平等的影响依然是非线性的。当 $m'_j\partial K_{t+1}/\partial T'_j-K_{t+1}\phi'(T'_j)\geq0$，且 $(1-\alpha)\partial K_{t+1}/\partial T'_j\leq0$ 时，技术变革会降低稳定状态的收入不平等。因此，技术变革是否对降低收入不平等具有积极的影响效应不仅取决于经济的发展水平，还受金融市场的完善程度和劳动力市场薪资与劳动力边际产出的偏离程度等共同影响。

（四）初始禀赋异质下的资本租金、劳动力租金与收入不平等

以上的模型分析都是基于初始禀赋同质的假设，这就意味着最初的社会发展中不存在人力资本不平等和财富不平等的情况。如果初始禀赋是异质的，基于初始禀赋资源异质而存在人力资本不平等和财富不平等的情况，这种不平等可能会通过信贷渠道和金融市场的"乘数效应"以及劳动市场的劳动力薪资分布，对经济的动态发展和收入不平等产生更大的影响作用（Fischer et al.，2019）。因此，为了全面分析金融开放对经济运行、生产要素租金和收入分配的影响，还要在考虑金融市场和要素市场的同时，将模型扩展到初始劳动资源禀赋异质的情况。

假设年青一代具有 l 单位的资源禀赋或者人力资本，年青一代的劳动力禀赋分配按照资源禀赋的累积函数 $G(l)$ 来分布，l 的取值范围是 $[0, l^{\max}]$，均值等于1，即 $\int \lg(l) \, dl = \int l \partial G(l) = 1$，其密度函数是 $g(l) = G'(l) > 0$，这也表示了每期的劳动力总供给。因此，$G(l)$ 表示资源禀赋小于 l 的人群占总人数的比例，并且 $l^{\max} G(l^{\max}) + g(0) = g(l^{\max}) + 1$，生产项目投资均是由最富有的年青一代通过借贷进行的，即总人数的 $1 - G(l)$ 比例的人将会选择生产项目投资。因此，此时进行生产项目投资所面对的盈利能力约束和借贷约束变为：

$$(1 - \lambda^{\tau}) m_j F'_j(K_{t+1}) + \frac{(1-\mu) w_{t+1}}{1 - G(l)} \geq 0 \tag{5.37}$$

$$\lambda \left(m_j F'_j(K_{t+1}) + \frac{(1-\mu) w_{t+1}}{1 - G(l)} \right) \geq (m_j - \mu l w_t) \lambda^{\tau} F'_j(K_{t+1}) \tag{5.38}$$

此时根据不同的劳动力市场结构和金融市场产生借贷的约束条件分情况探讨经济的动态发展路径。

（1）当劳动力市场中的劳动力市场薪资与劳动力边际产出的相关度 $\mu > 1$ 且政府和制度对金融市场的调控力度 $0 < \tau \leq 1$ 时，即劳动者获取劳动力租金，方程（5.37）和方程（5.38）的约束条件变为：

$$K_{t+1} \leqslant \begin{cases} \dfrac{[1-G(l)]\,\alpha l\,(\lambda-\lambda^{\tau}+\mu l w_t \lambda^{\tau})}{(\mu-1)(1-\alpha)\lambda}, & \text{当}\dfrac{w_t}{m_j} \geqslant \dfrac{\lambda^{1-\tau}}{\mu l}(1-\lambda^{\tau}) + \\ \qquad \dfrac{1}{\mu l m_j}(1-\lambda^{1-\tau}) \\ \dfrac{[1-G(l)]\,\alpha l\,(1-\lambda^{\tau})\,m_j}{(\mu-1)(1-\alpha)\lambda}, & \text{当}\dfrac{\lambda^{1-\tau}}{\mu l}(1-\lambda^{\tau}) + \dfrac{1}{\mu l m_j} \\ \qquad (1-\lambda^{1-\tau}) \geqslant \dfrac{w_t}{m_j} \geqslant \dfrac{1}{\mu l m_j}(1-\lambda^{1-\tau}) \end{cases}$$

$$(5.39)$$

（2）当劳动力市场中的劳动力市场薪资与劳动力边际产出的相关度 $\mu<1$ 时，此时投资决策的盈利能力约束一直满足，则受借贷约束的 $t+1$ 期的资本需要满足以下条件：

$$K_{t+1} \geqslant \begin{cases} \dfrac{[1-G(l)]\alpha l(\lambda-\lambda^{\tau}+\mu l w_t \lambda^{\tau})}{(\mu-1)(1-\alpha)\lambda}, & \text{当}\,0<\tau\leqslant 1\,\text{且}\,1\geqslant\dfrac{w_t}{m_j}\geqslant \\ \qquad \max\left(\dfrac{\lambda^{1-\tau}}{\mu l}(1-\lambda^{\tau})+\dfrac{1}{\mu l m_j}(1-\lambda^{1-\tau}),\,0\right) \\ 0,\ \text{当}\,1\geqslant\dfrac{w_t}{m_j}\geqslant\max\left(\dfrac{1}{\mu l m_j}(1-\lambda^{1-\tau}),\,0\right) \end{cases}$$

$$(5.40)$$

方程（5.29）也是方程（5.39）和方程（5.40）极限情况整理得出的，因为 $l<1$ 的累积函数 $G(l)\to 0$，$l>1$ 的累积函数 $G(l)\to 1$。从模型中可以看出，初始资源禀赋的异质性可能会使劳动力市场薪资与劳动力边际产出的偏离程度扩大，这意味着劳动者可能会获取更多的劳动力租金，也意味着初始资源禀赋的异质性使经济发展更具有灵活性和延展性。这同时也表明劳动者获取的劳动力租金可能会在一定程度上阻碍经济发展的潜力，因为这会限制企业家进行再生产投资的资本。

在封闭经济中，尽管每个人的初始资源禀赋不同，但企业家会根据社会发展和经济发展情况选择其可能范围内的最高技术水平，因此在不存在技术变革的条件下，具有不同财富的企业家投资生产项目所需要的固定资本都是一样的，此时 $K_{t+1}=L_t w_t$ 一直成立，初始资源禀赋 $l \geqslant G^{-1}(1-w_t/m_j)$ 的人群进行生产项目投资。封闭经济中的企业家借贷进行生产项目投资需要满足以下条件：

$$
\left\{
\begin{array}{l}
\min\left(1,\ \dfrac{(1-\lambda^{\tau-1})\alpha l[1-G(l)]}{m_j\{L(1-\alpha)(\mu-1)-\mu\alpha l^2\lambda^{\tau-1}[1-G(l)]\}},\right. \\[3mm]
\left.\dfrac{(1-\lambda^{\tau})\alpha l[1-G(l)]}{L(1-\alpha)(\mu-1)}\right)\geqslant\dfrac{w_t}{m_j}\geqslant 0,\ \ \text{当}\ \lambda^{\tau-1}\leqslant 1, \\[3mm]
\dfrac{L(1-\alpha)(\mu-1)}{\alpha l[1-G(l)]}\geqslant\mu l\lambda^{\tau-1} \\[3mm]
\min\left(1,\ \dfrac{(1-\lambda^{\tau})\alpha l[1-G(l)]}{L(1-\alpha)(\mu-1)}\right)\geqslant\dfrac{w_t}{m_j}\geqslant\max \\[3mm]
\left(\dfrac{(1-\lambda^{\tau-1})\alpha l[1-G(l)]}{m_j\{L(1-\alpha)(\mu-1)-\mu\alpha l^2\lambda^{\tau-1}[1-G(l)]\}},\ 0\right), \\[3mm]
\text{当}\ \dfrac{L(1-\alpha)(\mu-1)}{\alpha l[1-G(l)]}\leqslant\mu l\lambda^{\tau-1} \\[3mm]
\dfrac{(1-\lambda^{\tau-1})\alpha l[1-G(l)]}{m_j\{L(1-\alpha)(\mu-1)-\mu\alpha l^2\lambda^{\tau-1}[1-G(l)]\}}\leqslant 1
\end{array}
\right.
\tag{5.41}
$$

由于资源禀赋的累积函数的均值为 1，在总人数保持不变的情况下，劳动力总供给也不变，这消除了劳动力资源异质性对一个国家的整体经济的影响，国家整体经济的动态发展与资源禀赋异质性无关，此时经济发展的稳定状态依然收敛到初始禀赋同质的稳定状态，并且稳定状态的资本投资 K^* 依然同时受盈利能力约束和借贷约束。初始财富的不平等，对单位资本租金和劳动力租金基本没有影响，但对个人的资本租金以及劳动力租金有所影响，并且其分布趋势完全受初始资源禀赋的分布趋势影响。由此得出封闭经济稳定状态下的消费 Gini 系数方程：

$$
Gini^* = \frac{1}{2} - \frac{g[G^{-1}(1-w^*/m_j)]}{\dfrac{\{L-g[G^{-1}(1-w^*/m_j)]\}[\alpha(1-\lambda^{\tau})+(1-\mu)(1-\alpha)m_j]}{\mu w^*(\alpha\lambda^{\tau}+1-\alpha)}+L}
\tag{5.42}
$$

从方程（5.42）可以看出，资源禀赋的异质性使封闭经济稳定状态下的收入不平等要高于资源禀赋同质时稳定状态下的收入不平等，这因为资源禀赋的异质性使生产投资收益更多集中在资源禀赋较高的人群，并将大部分的低收入群体排除在金融市场之外，从而使金融市场的服务仅惠及少部分的高收入群体，从而使收入不平等处于较高的水平。

在金融开放改革后进入全球经济的开放经济体后，企业家投资决策需要满足方程（5.33）中 $\mu \leqslant 1/（1-\alpha）$ 的条件，这就意味着初始禀赋的异质性抑制了劳动者获取更高劳动力租金的可能性。由于全球各国经济的动态发展与资源禀赋异质性无关，此时经济发展的稳定状态依然收敛到初始禀赋同质的对称的或者不对称的稳定状态 K^{**}，并且稳定状态的资本投资 K^{**} 仅受盈利能力条件约束。此时单位资本租金也依然不受初始禀赋异质性的影响，但个人的资本租金依然受初始资源禀赋的影响。由此得出开放经济稳定状态下的消费 $Gini$ 系数方程：

$$Gini^{**} = \frac{1}{2} - \frac{g\left[G^{-1}\left(1-K^{**}/Lm_j\right)\right]}{1+\dfrac{\left\{L-g\left[G^{-1}\left(1-K^{**}/Lm_j\right)\right]\right\} m_j\left\{\left[1-\mu(1-\alpha)\right]F'_w(K^{**})-\alpha\gamma\right\}}{\mu\left[\alpha w^{**}\gamma+(1-\alpha)K^{**}F'_w(K^{**})\right]}}$$

（5.43）

此时劳动力资源禀赋的异质性导致初始财富的不平等可能会通过开放的金融市场和劳动力市场的"乘数效应"，进一步扩大收入不平等；但同时金融开放改革带来的劳动力市场改革、资本和劳动力要素的自由流动，可能使高技能的人才集中流向某些国家或者地区，从而使劳动力要素的分布有所变化，从而有可能降低收入不平等。

四 金融开放对收入不平等影响机制的数值模拟

由于金融开放对生产要素租金和收入不平等影响效应是由多种影响因素共同作用的，为了深入分析实施金融开放改革前后的经济发展轨迹，以及在这过程中资本租金、劳动力租金的变化及其对收入不平等的影响，我们通过参数设定和计算机模拟软件技术模拟金融开放改革对生产要素租金与收入不平等影响机理和效果，并以清晰的图像表现出来。为了方便比较分析，我们也根据上文的理论模型，将模拟分析分为仅考虑金融市场的资本租金模型的模拟，同时考虑金融市场和劳动力要素市场的劳动力租金模型的模拟以及同时考虑金融市场和要素市场的资本租金和劳动力租金模型的模拟。

（一）金融开放对收入不平等影响的资本要素机制的数值模拟

在进行模拟分析前，首先进行基本参数设定。生产函数相关参数都是根据常规值设定的，我们根据现有文献的研究结果设定资本产出弹性 $\alpha=0.4$，劳动力产出弹性则为 0.6，全要素生产率 $A=0.65$，此时规模报酬不变（Brueckner，2017；Erauskin and Turnovsky，2019）。金融市场完善度 λ 在（0，1）上随机取值，政府和制度对金融市场的调控力度 τ 在大于零的实数范围内随机取值，在其他相关的变量如最初的资本存量和人口数等都源于数据库 Penn World Table（PWT）的数据。由于经济的动态发展基本都是企业家掠夺资本家单位资本租金的情况，并且企业家获取的单位资本租金与资本家的单位资本租金仅是方向相反，因此，本书模拟出的数据是企业家获取的单位资本租金，即与资本家获得的单位资本租金正好相反。根据设定的基础参数和数据，经济的动态发展、企业家的资本租金以及收入不平等的情况如下面这些图所示。

正如上文模型所分析的那样，当开放经济体达到其稳定状态时，如果有国际资本流入国内金融市场，稳定状态的 K^{**} 高于封闭经济的稳定状态 K^*；如果国内资本通过国际金融市场流出到其他国家进行投资，国内经济发展达到的稳定状态的 K^{**} 低于封闭经济的稳定状态 K^*（如图 5.3 所示）。同时，当有资本流入（流出）国内金融市场，企业家的单位资本租金会收敛到较低的（较高的）水平，而社会总资本租金也都会相应地收敛到较高的（较低的）水平，如图 5.4、图 5.5 所示。在考量资本流动冲击下的金融开放改革前后的收入不平等的变化如图 5.6 所示。此时，我们会发现金融开放会降低有资本流入国家的收入不平等，扩大有资本流出国家的收入不平等。

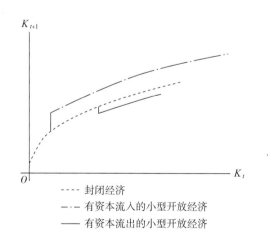

图 5.3 不同经济状态下的单调收敛

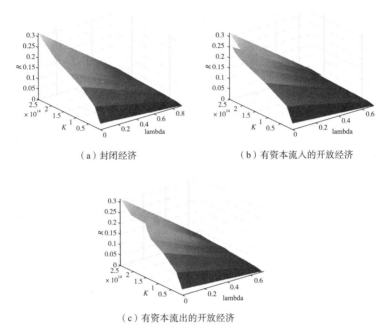

图 5.4　不同经济状态下的企业家单位资本租金

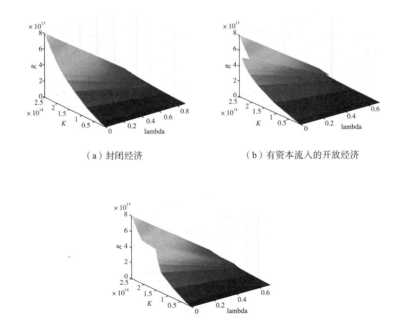

图 5.5　不同经济状态下的企业家总资本租金

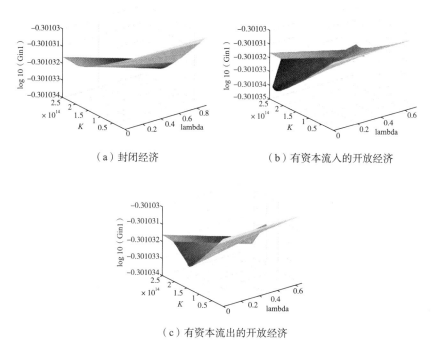

（a）封闭经济 （b）有资本流入的开放经济

（c）有资本流出的开放经济

图 5.6 不同经济状态下的收入不平等

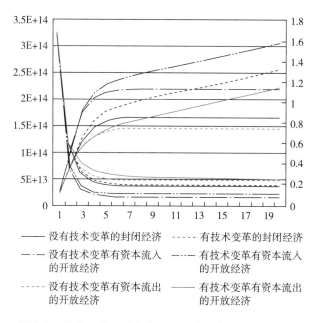

—— 没有技术变革的封闭经济 ---- 有技术变革的封闭经济

—·— 没有技术变革有资本流入 —··— 有技术变革有资本流入
　　的开放经济 　　的开放经济

---- 没有技术变革有资本流出 —— 有技术变革有资本流出
　　的开放经济 　　的开放经济

图 5.7 技术冲击下的资本和企业单位资本租金的影响

由熊彼特租金理论、经济增长与收入不平等的倒"U"形关系理论，技术变革会对经济发展以及收入不平等产生影响。为了模拟技术变革在金融开放的动态经济的作用，我们假设技术变革是每期都稳定进行的，技术水平是稳步提高，并且 $\varphi(T_j)$ 是简单的一元二次函数。根据数据库 Penn World Table（PWT）的数据，得出不同技术水平下的生产项目投资的固定资本与技术特点 T_j 之间的函数关系是：$mj = \varphi(T_j) = 236686.39A^2$，最终模拟得出的结果如图 5.7 所示。随着技术变革带来的技术水平不断提高，产出效率不断提高，同时动态经济稳定状态的资本 K^{**} 也在不断提高。但是，在封闭经济中发生技术变革时，企业家的单位资本租金也只是略高于没有技术变革的封闭经济，这说明技术变革对资本租金的影响微乎其微，可以忽略不计。金融开放改革之后，具有跨境资本流动的技术变革的开放经济体的资本要明显高于没有这些特征的经济体。这也说明金融开放会扩大技术变革对经济发展、资本的影响作用。这可能是因为资本密集型技术变革有助于提高全要素生产率，提高资本生产率，使适度的利润、准租金和租金促进经济增长，并且这种影响作用在发展国家尤为显著。

在开放经济体中，无论是否有技术变革，当有资本流入（流出）时，收入不平等都会急剧减少（增加）。尽管国内的收入不平等在增加，但所有国家的收入不平等程度可能会降低，如图 5.8 所示。这意味着资本密集型技术变革可能会减少由于财富分配不均而导致的收入不对称。由上文模型分析中可知，技术变革对收入不平等的最终影响取决于技术变革的值 T_j' 和生产项目投资的固定资本 mj'，当生产项目投资的固定资本 mj' 发生变化时，技术变革带来的影响作用也会有所改变。因此，技术变革对收入不平等的影响是不确定的。

（二）金融开放对收入不平等影响的劳动力要素机制的数值模拟

同时考虑金融市场和劳动力市场时，参照现有文献的研究结果设定资本产出弹性 $\alpha = 0.4$，劳动力产出弹性 $\beta = 0.6$，全要素生产率 $A = 0.65$，此时规模报酬依然不变（Brueckner，2017；Erauskin and Turnovsky，2019），劳动力市场薪资与劳动力边际产出相关程度 μ 在（0，1）随机取值，其他相关的变量如最初的资本存量和人口数等依然都来源于数据库 Penn World Table（PWT）的数据。根据设定的基础参数和数据，经济的动态发展中劳动力租金以及收入不平等的情况如下面这些图所示。

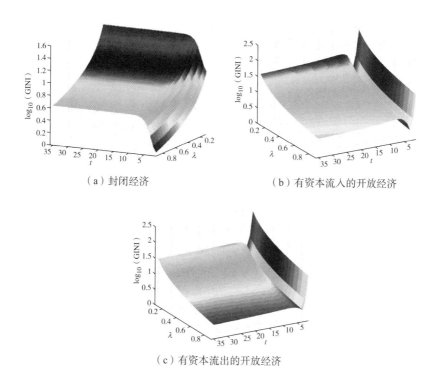

（a）封闭经济　　　　　　　（b）有资本流入的开放经济

（c）有资本流出的开放经济

图5.8　技术冲击下的收入不平等

从数据模拟的结果可以看出，与仅考虑金融市场的经济的动态发展相比，纳入劳动力要素市场后的经济动态均衡发展的稳定状态基本是不变的。由于不存在资本租金，此时存在企业家掠夺劳动力租金收益的情况。此时，经济的动态发展除了与现有生产要素资源的存量、金融市场的不完善程度有关，更与劳动力市场薪资与劳动力边际产出的偏离程度相关。单位劳动力租金是随着劳动力市场薪资与劳动力边际产出偏离程度和劳动力边际产出的提高而提高，但在开放经济中由于受到资本流动冲击的影响，劳动力租金有可能有所降低或者增加（见图5.9）。由于此时收入不平等与劳动力租金呈现负相关关系，则金融开放会降低有资本流入国家的收入不平等，扩大有资本流出国家的收入不平等（见图5.10）。

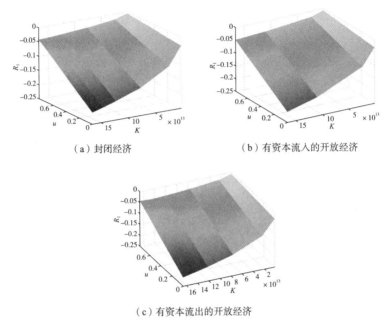

（a）封闭经济　　　　　　　　　　（b）有资本流入的开放经济

（c）有资本流出的开放经济

图 5.9　不同经济状态下的单位劳动力租金

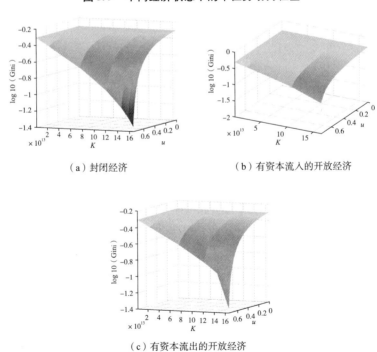

（a）封闭经济　　　　　　　　　　（b）有资本流入的开放经济

（c）有资本流出的开放经济

图 5.10　不同经济状态下的收入不平等

尽管劳动力租金并不能促进技术变革，但此时的技术变革能增加劳动力租金。技术变革会对经济的发展以及收入不平等产生影响。为了模拟技术变革在金融开放的动态经济的作用，我们假设技术变革是每期都稳定进行的，根据简单的一元二次函数 φ（Tj）和数据库 Penn World Table（PWT）的数据，最终模拟得出的结果如图 5.11 所示。随着技术变革带来的技术水平不断提高，产出效率不断提高，同时动态经济稳定状态的资本 K^{**} 也在不断提高。金融开放改革后，具有跨境资本流动的技术变革提高开放经济体的劳动力租金。在开放经济体中，无论是否有技术变革，当有资本流入（流出）时，收入不平等都会急剧减少（增加）。尽管国内的收入不平等在增加，但所有国家的收入不平等程度可能会降低，如图 5.12 所示。这意味着资本密集型技术变革可能会减少由于财富分配不均而导致的收入不对称。

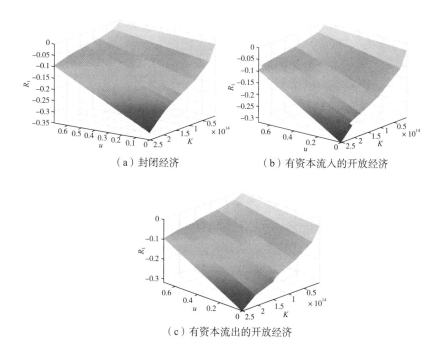

（a）封闭经济

（b）有资本流入的开放经济

（c）有资本流出的开放经济

图 5.11　技术冲击下的单位劳动力租金

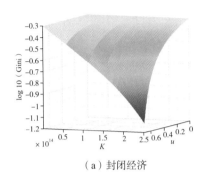

（a）封闭经济

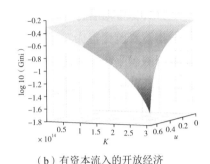

（b）有资本流入的开放经济

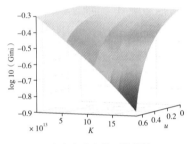

（c）有资本流出的开放经济

图 5.12　技术冲击下的收入不平等

（三）金融开放对收入不平等影响的资本和劳动力要素的联动机制的数值模拟

同时考虑金融市场和劳动力市场时，参照现有文献的研究结果设定资本产出弹性 $\alpha = 0.4$，劳动力产出弹性则为 0.6，全要素生产率 $A = 0.65$，此时规模报酬依然不变（Brueckner，2017；Erauskin and Turnovsky，2019），金融市场的不完善程度 λ 在（0，1）随机取值，劳动力市场薪资与劳动力边际产出相关程度 μ、政府和制度对金融市场的调控力度 τ 都是根据不同的经济发展状态随机取正值。根据设定的基础参数和数据库 Penn World Table（PWT）的数据，金融开放改革前后的经济动态发展、资本租金、劳动力租金以及收入不平等的情况如图 5.14 所示。

从动态模型和数据模拟的结果可以看出，与仅考虑金融市场的经济动态发展相比，纳入劳动力市场后的经济动态均衡发展的稳定状态在封闭经济和开放经济中都是不变的。因此，同时考虑金融市场和劳动力市

174

场时，在同等的经济发展水平的情况下，企业家的资本租金是不变的。由于企业家会将部分生产收益提取给劳动者或者掠取劳动者的收益，企业家最终获取的经济租金可能比仅考虑金融市场的情况下有所增加或减少。

纳入劳动力市场后会改变仅考虑金融市场的经济发展路径和经济动态发展过程中的资本租金、劳动力租金及其分配情况。此时，经济的动态发展除了与现有生产要素资源的存量、金融市场的不完善程度、政府与制度对金融市场的调控力度相关，更与劳动力市场薪资与劳动力边际产出的偏离程度相关。不管在封闭经济和开放经济中，劳动力租金都是由劳动力市场薪资与劳动力边际产出偏离程度和资本存量共同决定的。因此，劳动力市场薪资与劳动力边际产出的偏离程度随着投资环境、要素交易市场等的变化，劳动力租金也会在经济动态均衡发展过程中有所变化，劳动力租金是随着劳动力市场薪资与劳动力边际产出偏离程度和资本的提高而提高，但在开放经济中由于受到资本流动冲击的影响，劳动力租金有可能呈现逐步上升的趋势（见图 5.13）。

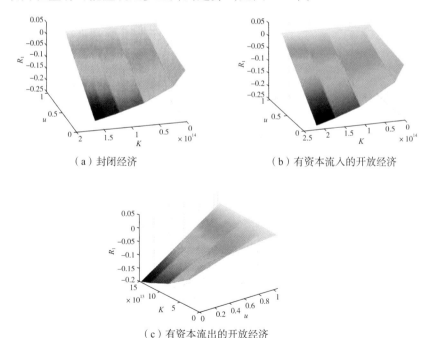

（a）封闭经济　　　　　　　　　（b）有资本流入的开放经济

（c）有资本流出的开放经济

图 5.13　不同经济状态下的劳动力租金

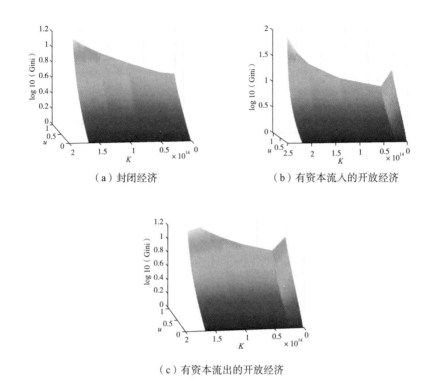

（a）封闭经济　　　　　　　　（b）有资本流入的开放经济

（c）有资本流出的开放经济

图 5.14　不同经济状态下的收入不平等

　　同时考虑金融市场和要素市场时，收入不平等不仅源于资本租金分配的不平等，还受到劳动力租金分配的影响。封闭经济的资本租金会随着经济的发展递减，劳动力租金则会随着经济的发展递增直到达到稳定状态，收入不平等则会随着经济的发展逐步增加；开放经济有国外资本流入国内时，企业单位资本租金会因受到冲击而急速减少而劳动力租金则会急速增加，收入不平等可能先降低后上升；开放经济有国内资本流到国外时，资本租金会因受到冲击而急速增加而劳动力租金则会急速减少，收入不平等也是先下降再上升之后再下降。但与封闭经济的收入不平等相比，开放经济的收入不平等程度都有可能有所增加（见图 5.14）。数值模拟进一步验证了理论假设 5，资本租金和劳动力租金是导致金融开放对收入不平等影响效应背后的深层次原因。

　　当初始资源禀赋是异质时，表示资源禀赋单位的 l 只能取正值，常规的正态分布函数不能解决此问题，因此，我们假设初始资源禀赋的单位 l 服从均值为 1，方差也为 1 的对数正态分布，此时能表现年青一代的初始资源禀赋的累积函数 $G(l) = \dfrac{1}{2} + \dfrac{1}{2} erf\left(\dfrac{\ln l - 1}{\sqrt{2}}\right)$，其密度函数 $g(l) = G'(l) = \dfrac{1}{l\sqrt{2\pi}} \exp\left(-\dfrac{(\ln l - 1)^2}{2}\right)$。此时劳动者的劳动力租金和每个企业家的资本租金都与其具有的劳动力资源禀赋相关，具体的变化趋势见图 5.15、图 5.16，收入不平等可能会一直增加，但有可能会低于初始禀赋同质的收入不平等（见图 5.17）。

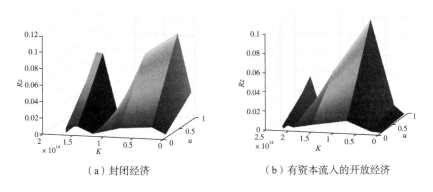

（a）封闭经济　　　　　　　　（b）有资本流入的开放经济

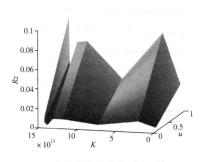

（c）有资本流出的开放经济

图 5.15　初始禀赋异质下的企业家资本租金

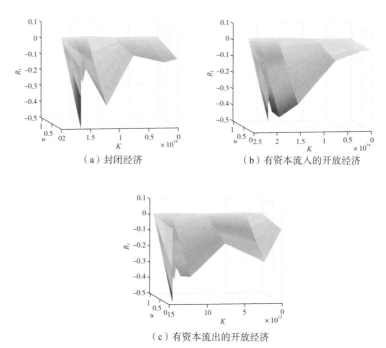

（a）封闭经济　　　　　　　　（b）有资本流入的开放经济

（c）有资本流出的开放经济

图 5.16　初始禀赋异质下的劳动力租金

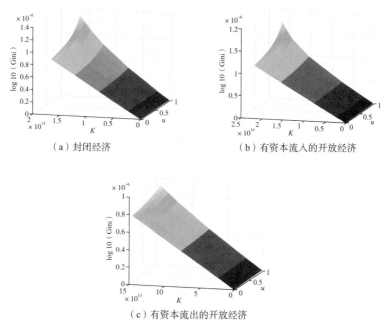

（a）封闭经济　　　　　　　　（b）有资本流入的开放经济

（c）有资本流出的开放经济

图 5.17　初始禀赋异质下的收入不平等

初始禀赋异质时，拥有较高的资源禀赋的企业家可能获取更多的租金收益从而进一步促进技术创新。因此，同时考虑技术变革和资源禀赋的异质性时，单位资本租金和劳动力租金会受技术变革的影响而有所增加。但由于初始资源禀赋的不同，不同资源禀赋的人分享到的技术变革带来的收益也不同，因此最后企业家和劳动者获得的资本租金和劳动力租金也会更加复杂，详见图 5.18 和图 5.19。此时的收入不平等也更加复杂，但收入不平等后期的降低趋势越发明显，这说明在经济水平较高的时候，初始资源禀赋的异质性反而更有利于降低收入不平等，金融开放可能会使这种趋势更加明显（见图 5.20）。

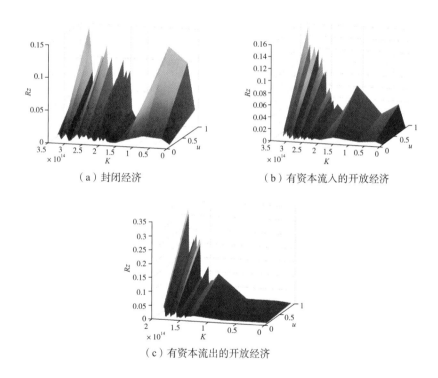

（a）封闭经济　　　　　　　　　（b）有资本流入的开放经济

（c）有资本流出的开放经济

图 5.18　初始禀赋异质和技术冲击下的企业家资本租金

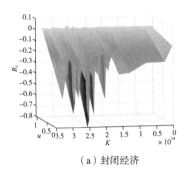

（a）封闭经济

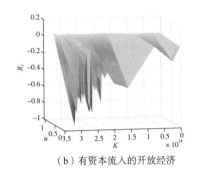

（b）有资本流入的开放经济

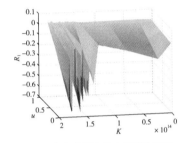

（c）有资本流出的开放经济

图 5.19　初始禀赋异质和技术冲击下的劳动力租金

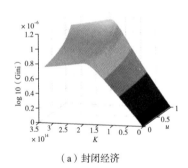

（a）封闭经济

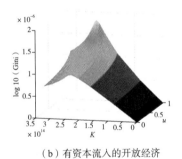

（b）有资本流入的开放经济

（c）有资本流出的开放经济

图 5.20　初始禀赋异质和技术冲击下的收入不平等

因此，无论从理论模型分析还是从模拟分析中都可以看出，金融开放对收入不平等的影响效果是受到诸如经济发展、制度质量（Jaumotte et al.，2013；De Haan and Sturm，2017；Ni and Liu，2019）、技术的发展水平（Horii et al.，2013；Dabla-Norris et al.，2015）和金融市场发展（Kunieda et al.，2014；Bumann and Lensink，2016）等因素的影响。这导致相关文献的实证研究得出的不同的甚至相矛盾的研究结果并不令人惊讶。

综合以上的理论模型分析与数值模拟的研究结果，金融开放改革作为重大的制度变迁通过多种因素和多种渠道影响经济的动态发展，并且这些因素和渠道又是彼此交错影响、错综复杂，因此，需要将其放在动态模型中进行系统分析，从而能够梳理其总体的发展脉络和路径。基于上述动态模型分析得出金融开放通过影响经济增长、金融市场发展、制度质量、技术创新以及资本和劳动力的谈判力影响资本租金和劳动力租金，同时资本租金对劳动力租金具有一定的挤出效应，最终影响收入不平等。根据社会分层理论和租金理论得出，在影响金融开放的诸多影响因素中，生产要素租金中最具代表性的资本租金和劳动力租金是影响收入不平等的深层次原因。图5.21展示了金融开放改革影响资本租金、劳动力租金以及收入不平等的作用机制路径图。这将为实证分析提供理论依据和支撑。结合多种数值模拟的结果可以得出：

理论假设6：金融开放改革可能会降低收入不平等。

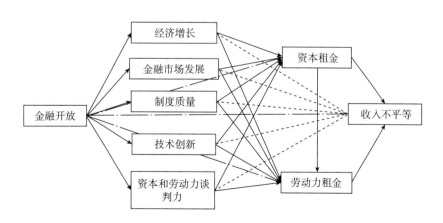

图5.21 金融开放对收入不平等的作用机制路径

　　本小节的主要目标是运用理论模型逻辑推导的方法，基于非完全竞争的金融市场和要素市场，系统构建了金融开放改革前后不同经济状态下的动态均衡发展路径，从而分析在经济动态发展过程中的资本租金、劳动力租金的动态变化以及对收入不平等的影响效应和作用机制。在金融开放对资本租金的影响机制中，根据熊彼特租金理论将技术创新引入经济发展的动态模型，探讨技术变革在这过程中发挥的作用；在将金融开放改革放在金融市场和要素市场同时进行考虑时，又引入初始资源禀赋异质的假设进一步探讨生产要素租金中最具代表性的资本租金、劳动力租金、收入不平等在动态经济发展中的变化趋势以及影响因素。最终依据理论模型分析的结果提出相应的理论假设。

　　总结起来，金融开放改革通过资本和劳动力要素的自由流动影响经济的动态发展和经济发展的稳定状态、金融市场的完善程度、资本和劳动力要素的讨价还价能力、制度质量以及技术变革等直接和间接地影响资本租金和劳动力租金，从而也引起收入不平等的动态变化。本小节的研究也为后续章节的实证分析提供了基本的理论基础与研究逻辑。

第二节　金融开放对收入不平等影响的平均效应与异质性

　　由于现实中不存在完全的封闭经济和开放经济，因此本章引入金融开放程度指标来分析金融开放对收入不平等的影响。本小节在理论模型分析的基础上，采用80个国家的跨国数据，结合目前金融开放对收入不平等的既有研究，考虑经济发展、金融市场发展程度、资本和劳动力要素的相对谈判力、技术创新、制度质量、经济发展的政治、经济环境等影响因素的情况下，分析金融开放对收入不平等的影响效应。为了排除实证研究中可能存在的发表偏倚和主观偏差，获得更客观的研究结果，本书还将医学上循证分析的 Meta 分析法运用到经济学领域，对现有的经验研究进行二次定量分析，以进一步验证金融开放对收入不平等的影响效应，并探索分析金融开放对收入不平等影响效应的异质性，基于此尝试解决学术界关于金融开放与收入不平等关系的争议问题。由于金融开放程度、金融市场发展程度、制度质量、政治体制等因素在发达

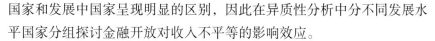

国家和发展中国家呈现明显的区别，因此在异质性分析中分不同发展水平国家分组探讨金融开放对收入不平等的影响效应。

一　金融开放对收入不平等的影响效应

（一）金融开放对收入不平等影响的计量模型设定与变量选择

1. 基准回归模型的设定

基于现有研究和研究的问题以及跨国数据构成的面板数据，为考察金融开放对收入不平等产生何种影响，本书构建如下基准计量模型：

$$Gini_{it} = \alpha_0 + \alpha_1 Finanopen_{it} + \alpha_2 X_{it} + f_i + \eta_t + \varepsilon_{it} \tag{5.44}$$

其中，$Gini_{it}$ 表示 i 国第 t 年的收入不平等的程度，用基尼系数表示；$Finanopen_{it}$ 表示 i 国第 t 年的金融开放程度；f_i 表示国家固定效应，用以控制国家层面未观察到的因素；η_t 表示时间固定效应，用于控制各国在时间上共同面临的冲击；ε_{it} 表示随机扰动项。

2. 关键变量的衡量

（1）收入不平等。对于一国收入不平等水平的衡量，目前主要都采用基尼系数来衡量，本书采用可以进行跨国比较的 SWIID 数据库。该数据库收录了 170 多个国家和地区的基尼系数，并包含基尼系数的净值和市场值。为了更好地刻画金融开放改革对收入不平等的影响，本书采用税前和转移支付前的收入计算的市场值基尼系数作为收入不平等的衡量指标。由基尼系数的核算方法可知，基尼系数对均值附近的收入变化最为敏感，可能会产生高估或低估收入不平等的情况，而泰尔指数在整个范围内具有恒定的敏感度，因此，本书还将根据 INDSTAT2 数据库中税前和转移支付前的收入计算出的泰尔指数作为收入不平等指标，泰尔指数的数值越大越不平等，并且依此指标进行稳健性检验。

（2）金融开放程度。根据金融开放的内涵和概念界定得出金融开放是一项重要的制度变革，因此本书采用了目前学者广泛采用的法定测度指标——Chinn-Ito（2010）指数，该指数越大，说明金融开放程度越高。尽管正如 Quinn（1997，2003）所提出的那样，Chinn-Ito 指标并不能很好地衡量资本管制的强度，但 Chinn-Ito 指标与 Quinn 指标的相关系数为 0.84，表明它在合理的范围上能够很好地衡量金融开放的程度（Lagarda，2016）。此外，为保证研究结果的稳定性和有效性，本书还采用国外直接投资占 GDP 的比重和考虑风险的基于股票市场的 Lane

和 Milesi-Ferretti（2007）的一国的资本流动 Caflow 占 GDP 比重（均对数化处理）的事实上的指标进行稳健性检验。

3. 其他控制变量的选取

根据理论模型分析和之前的文献研究，本书控制了对收入不平等的重要影响因素：经济发展状况、金融市场发展、制度质量、技术创新以及资本和劳动力的相对市场力等。本书采用人均 GDP 产出和产业就业结构来反映经济发展状况，其中产业就业结构采用广泛的以服务业的就业人数与制造业的就业人数之比作为指标（王春晖等，2011；Zakaria and Fida，2016），这能够很好地揭示产业结构是否朝服务业方向发展。本书对金融市场发展程度的衡量采用常用的金融发展深度的"量"的衡量和金融市场的效率"质"的衡量指标（Abiad et al.，2008；Bumann and Lensink，2016）。金融发展深度衡量了金融市场发展的规模，随着市场发展的深化，市场参与者尤其是低收入群体能更轻易地获取金融服务和资本资源从事生产、投资活动，从而增加这部分群体的收入降低收入不平等。金融开放能够提高金融市场的效率，提高资本要素的配置效率和产出，从而降低收入不平等（Abiad and Mody，2005）。技术创新的巨大冲击可能会降低财富分配的集中度，从而降低收入不平等（Antonelli and Gehringer，2017）。根据制度变迁理论和制度理论分析可知，金融开放改革带来相关政治制度的改革能够改善制度质量，而更好的制度质量能够更好地执行和完成减少贫困、降低不平等的政策（Li and Yu，2014）。本书采用聚合的 WGI 指标对一国的多项制度质量指标进行综合衡量。本书采用技术和研发投入占 GDP 比重的常规指标对技术创新进行衡量。对于资本和劳动力的相对市场力的衡量，即资本和劳动力的谈判力的衡量[1]，常规采用工会密度和工资协调的指标进行衡量，因为代表低技术人员或者非技术人员的工会有提高劳动薪资、让收入由顶层向下层分配的利益诉求，而在全面金融开放的情况下，工会组织密度和谈判力都有所降低，从而使其利益诉求的满足程度都有所降低，从而影响收入分配；工会、政府或专业协会为获得的技能和工作岗位设定系统性的障碍，从而限制劳动力的供给，从而影响资本和劳动力

---

[1] 资本和劳动力的谈判力是由资本和劳动力相对市场力的强弱决定的。

要素的相对谈判力（Quinn，1997）。由于金融开放改革明显弱化了工会组织和制度（Weeden，2002），各国的工会密度和工资协调的数据缺失严重。因此，本书通过衡量金融市场即资本的市场力来衡量资本和劳动力的相对市场力，本书采用布恩指标来衡量资本要素的市场力（Petersen and Rajan，1995；Aghion et al.，1999）。

与此同时，大量的研究表明一个国家的经济环境、制度以及其他国家层面的因素都会对收入不平等产生影响。本书在实证分析中控制国家层面的因素有：政体民主化程度，资本在非民主国家具有明显的地租，并且民主国家的工资收入更高，因为非民主国家更多由更富裕的政治精英制定或者修改有利于富裕阶层的法规制度（Rodrik，1999；Acemoglu and Robinson，2012），本书采用 Polity IV 数据库中 Polity 2 指标来衡量政体的民主程度；受教育程度采用对人力资本异质性影响较大的接受高等教育人数占总人口数比重来衡量，更多地参与教育意味着更多的人力资本投资，使他们能有机会获得更高的报酬，从而降低收入不平等（Bradle and Stephens，2003）；本书还采用年龄低于 15 岁和高于 64 岁的人口占劳动力人口比重的社会抚养比作为控制变量；除此之外，我们还控制失业率以捕捉资本和劳动力讨价还价中经典的"储备劳动军"的作用（Dünhaupt，2017；Stockhammer，2017）。

基于各国的金融开放改革情况和各种影响因素的分析，本书搜集并整理了 80 个国家 1990—2017 年的面板数据。同时为了规避经济发展中可能出现的经济繁荣或者衰退的总体经济环境波动的影响，本书采用每 5 年的间隔数据进行分析。表 5.1 中的相关矩阵也显示收入不平等与金融开放程度、经济发展、金融市场发展、制度质量、技术创新以及资本和劳动力的谈判力等重要影响因素明显相关。对跨国数据中有部分数据或者指标存在缺失的问题，不利于进行深入的回归分析，因此，本书采用平衡面板数据插值法对缺失数据进行补充。

表 5.1				主要变量相关矩阵					
	(1)	(2)	(3)	(4)	(5)	(6)	(7)	(8)	(9)
(1) Gini	1								
(2) Finanopen	−0.3119	1							

续表

	（1）	（2）	（3）	（4）	（5）	（6）	（7）	（8）	（9）
（3）GDPper	0.0105	0.1661	1						
（4）Servein-dus	0.0615	0.2965	0.268	1					
（5）Findep	−0.279	0.3512	0.1211	0.256	1				
（6）Fineff	−0.0584	0.0338	0.0523	−0.0302	0.1118	1			
（7）Instiqual	−0.5066	0.3676	0.0375	0.0319	0.4164	0.0836	1		
（8）Resch	−0.5441	0.4095	0.1383	0.2556	0.5363	0.1371	0.4892	1	
（9）Boonein-dex	0.0018	0.1655	0.0345	0.0266	0.05	0.0161	−0.0116	0.0313	1

注：基础数据是每5年间隔的面板数据。

（二）金融开放对收入不平等影响效应的实证结果分析

表5.2报告了金融开放对收入不平等的影响的回归结果。列（1）仅以金融开放对收入不平等进行简单的OLS回归，估计系数在1%统计水平下显著为负，金融开放程度每提高1，收入不平等将下降19.49%，金融开放程度越高，收入不平等越低。列（2）和列（3）分别在简单的回归基础上增加控制影响收入不平等的重要因素和一个国家的经济环境、制度等国家层面的因素，回归的结果仍支持金融开放降低收入不平等，列（4）则汇报了同时加入了影响收入不平等的重要因素和一个国家的经济环境、制度等国家层面的因素后的回归结果，也支持了金融开放对收入不平等的负向影响效应。由于金融开放对收入不平等的影响效应可能会受到内生性问题的干扰，本书在简单的OLS回归的基础上还采用系统GMM方法进行回归分析，并且都通过了Hansen的检验，接受"所有工具变量都有效"的假设。表5.2的列（5）至列（7）在分别加入影响收入不平等的重要指标和一个国家的经济环境、制度等国家层面指标后的系统GMM回归结果也依然支持了金融开放对降低收入不平等有积极的影响效应，验证了理论模型分析的理论假设6。

控制变量的系数表明，其他条件不变的情况下，随着经济发展水平、产业结构向服务业的调整、金融发展深度和金融机构市场力的提高

表 5.2

金融开放对收入不平等影响的回归结果

VARIABLES	OLS Gini	OLS Gini	OLS Gini	OLS Gini	GMM Gini	GMM Gini	GMM Gini
Finanopen	-0.1994*** (0.0346)	-0.1516*** (0.0407)	-0.1097*** (0.0366)	-0.0518** (0.0242)	-0.0918*** (0.0163)	-0.3341*** (0.0984)	-0.0949*** (0.0166)
Agedepend		0.0027*** (0.0009)		0.0143*** (0.0031)	0.0070*** (0.0009)		0.0058*** (0.0009)
Unemploy		0.0037* (0.0019)		0.0046** (0.0018)	0.0040*** (0.0014)		0.0036*** (0.0013)
Polity 2		-0.0014 (0.0018)		-0.0051 (0.0033)	-0.0135*** (0.0018)		-0.0019 (0.0014)
Schtie		-0.1204*** (0.0180)		-0.0794*** (0.0181)	-0.1673*** (0.0154)		-0.1496*** (0.0167)
GDPper			0.0009 (0.0039)	0.0103** (0.0041)		0.0548*** (0.0131)	0.0197*** (0.0032)
Serveindus			0.0475*** (0.0112)	0.0281** (0.0125)		0.1510*** (0.0210)	0.0493*** (0.0075)
Findep			0.2601 (0.2604)	0.7626*** (0.2577)		3.1615*** (0.4384)	0.5269*** (0.1924)
Fineff			10.6246 (8.2299)	4.7280 (6.0100)		-26.2538 (24.1232)	-17.1002** (7.3733)

续表

VARIABLES	OLS	OLS	OLS	OLS	GMM	GMM	GMM
	Gini	Gini	Gini	Gini	Gini	Gini	Gini
Instiqual			-0.2681***	-0.2926***		-0.3274**	-0.1800***
			(0.0602)	(0.0600)		(0.1338)	(0.0556)
Booneindex			0.0168***	-0.0025		0.0221**	-0.0004
			(0.0045)	(0.0034)		(0.0096)	(0.0045)
Resch			-0.1106***	-0.0650***		-0.1048***	-0.0175*
			(0.0148)	(0.0138)		(0.0200)	(0.0096)
Constant	3.7134***	3.9170***	3.7669***	3.7043***	3.9536***	2.9920***	3.6462***
	(0.0257)	(0.0959)	(0.0504)	(0.1236)	(0.0919)	(0.1689)	(0.0932)
Time FE	No	No	No	No	Yes	Yes	Yes
Country FE	No	No	No	No	Yes	Yes	Yes
Observations	475	475	475	475	395	395	395
R-squared	0.097	0.381	0.433	0.572			
F	33.26	25.62	48.40	40.07			
Groups					79	79	79
Hansen					35.68	17.84	30.29
AR (2)					0.61	-0.95	0.20

注：括号内是稳健标准误，*、**、***分别表示10%、5%、1%的显著性水平；下同。

扩大收入不平等；金融市场效率、制度质量和技术创新都能够降低收入不平等；国家层面的经济、制度环境中的抚养比和失业率的提高会加剧收入不平等，民主程度和受到高等教育比重的提高会降低收入不平等。根据理论模型分析得出，现实金融开放对收入不平等影响效应不确定的制度质量和技术变革处于随着影响要素提高而降低收入不平等的阶段，而经济发展水平对收入不平等的影响效应则处于经济增长对收入不平等的倒"U"形关系中增加收入不平等的阶段。从表5.2的回归结果中可以看出，金融发展深度和金融市场效率对收入不平等产生相反的影响效应，但金融发展深度的影响更稳健，金融效率的影响效应更大，这也验证了金融市场发展的"质"对收入不平等的影响效应更大的研究结论（Abiad et al.，2008）。这说明为了降低收入不平等，更要提高金融市场的效率。

根据理论分析得出金融市场发展和制度质量对收入不平等的影响效应会依据其本身的发展程度而有所不同，并与金融开放程度相关（Bumann and Lensink，2016），因此，本书在基准回归的基础上又分别加入金融开放与金融发展深度、金融市场效率、制度质量的交互项进行进一步分析，加入交互项的回归结果见表5.3。表5.3的回归结果验证了金融发展深度、金融市场效率、制度质量除了直接影响收入不平等之外还通过金融开放程度影响收入不平等。表5.3中加入交互项的金融发展深度的系数比未加入交互项的系数显著增大并依然显著为正，但金融开放与金融发展深度的交互项显著为负，说明随着金融发展深度的提高，金融开放对收入不平等的抑制作用会增强；加入交互项的金融市场效率系数显著为正，与未加入交互项系数的影响效应相反，金融开放与金融市场效率的交互项显著为负，说明随着金融市场效率的提高，金融开放对收入不平等的抑制作用也会增强；加入交互项的制度质量系数比未加入交互项的系数显著减小或者不显著，但金融开放与制度质量的交互项显著为负，说明随着制度质量的提高，金融开放对收入不平等的抑制作用会增强。这验证了不同水平的制度质量、金融发展深度、金融市场效率会对金融开放的收入分配效应产生影响。这就支持了Bumann和Lensink（2016）认为的金融开放会改善金融发展水平较高国家的收入不平等的研究假设和在制度质量较高的国家中，金融开放会平滑低收入群体的消费，降低其波动性从而降低收入不平等的研究结论（Jaumotte et al.，2013）。

表5.3　　金融开放对收入不平等影响的回归结果（考虑交互项）

VARIABLES	OLS	OLS	OLS	GMM	GMM	GMM
	Gini	Gini	Gini	Gini	Gini	Gini
Finanopen	−0.1274***	−0.0376**	−0.1597**	−0.3191***	−0.2348***	−0.3425***
	(0.0326)	(0.0107)	(0.0779)	(0.0394)	(0.0680)	(0.0693)
GDPper	0.0098**	0.0083*	0.0066	−0.0032	0.0131	0.0298***
	(0.0038)	(0.0044)	(0.0044)	(0.0064)	(0.0082)	(0.0046)
Serveindus	0.0360***	0.0319**	0.0286**	0.0833***	0.1195***	0.0698***
	(0.0124)	(0.0136)	(0.0135)	(0.0144)	(0.0141)	(0.0101)
Findep	2.8002***	0.6913***	0.7098***	6.3687***	0.9235***	0.8367***
	(0.4684)	(0.2503)	(0.2538)	(0.4966)	(0.1570)	(0.2520)
Fineff	−4.9784***	40.1541**	7.9098	−33.3998***	33.7223*	−9.1561
	(1.7590)	(16.5864)	(6.6429)	(12.2550)	(18.2007)	(9.9521)
Instiqual	−0.3172***	−0.2940***	0.1324	−0.1918*	0.0231	−0.0784***
	(0.0511)	(0.0616)	(0.1610)	(0.1079)	(0.1076)	(0.0124)
Booneindex	0.0000	−0.0053	0.0141***	0.0138*	0.0319**	−0.0089
	(0.0030)	(0.0039)	(0.0035)	(0.0081)	(0.0137)	(0.0080)
Resch	−0.0757***	−0.0804***	−0.0709***	−0.0252*	−0.0669***	−0.1002***
	(0.0120)	(0.0142)	(0.0134)	(0.0151)	(0.0188)	(0.0138)
Agedepend	0.0033***	0.0013	0.0014	0.0038**	−0.0008	0.0037***
	(0.0009)	(0.0010)	(0.0010)	(0.0016)	(0.0017)	(0.0013)
Unemploy	0.0031**	0.0043**	0.0036*	0.0108***	0.0125***	0.0034*
	(0.0013)	(0.0019)	(0.0018)	(0.0024)	(0.0029)	(0.0017)
Polity 2	0.0012	0.0007	0.0006	−0.0149***	−0.0136***	0.0016
	(0.0018)	(0.0021)	(0.0018)	(0.0025)	(0.0034)	(0.0021)
Schtie	−0.0701***	−0.0981***	−0.0951***	−0.1810***	−0.2331***	−0.1513***
	(0.0176)	(0.0322)	(0.0202)	(0.0289)	(0.0194)	(0.0206)
Finanopen× Findep	−2.7871***			−6.8033***		
	(0.5357)			(0.6171)		

续表

VARIABLES	OLS	OLS	OLS	GMM	GMM	GMM
	Gini	Gini	Gini	Gini	Gini	Gini
Finanopen× Fineff		−52. 6043***			−85. 6808***	
		（20. 3100）			（32. 2867）	
Finanopen× Instiqual			−0. 4180**			−0. 3846***
			（0. 1625）			（0. 1218）
Constant	3. 5428***	3. 8519***	3. 7505***	3. 8690***	4. 3325***	3. 7249***
	（0. 1204）	（0. 1276）	（0. 1283）	（0. 1708）	（0. 1932）	（0. 1472）
Time FE	No	No	No	Yes	Yes	Yes
Country FE	No	No	No	Yes	Yes	Yes
Observations	475	475	475	395	395	395
R−squared	0. 540	0. 539	0. 552			
F	42. 72	28. 49	38. 91			
Groups				79	79	79
Hansen				11. 90	15. 20	16. 67
AR（2）				0. 89	−0. 22	−0. 58

（三）金融开放对不同发展水平国家的收入不平等的影响效应

根据图4.6和图4.7可知，发达国家的金融开放程度、金融市场发展程度和制度质量等都普遍高于发展中国家，除此之外，发达国家和发展中国家在政治、经济等方面明显的异质性特征以及不同的金融开放制度变迁过程都有可能影响金融开放对收入不平等的影响效应。按经济发展水平和制度完善程度划分的发达国家和发展中国家也是分析金融开放对收入不平等影响效应的非线性关系的常规分析方法之一。因此，基于系统GMM方法，从国家异质性特征角度分析金融开放对收入不平等的影响在发展中国家、发达国家不同样本中的差异，并识别造成上述差异性的主要原因。

表5.4和表5.5分别显示了发展中国家和发达国家中金融开放对收入不平等的影响效应。从表5.4发展中国家的回归结果中可以看出，金融开放的估计系数在1%水平上显著为负，金融开放程度每提高1，收入不平等将下降11.26%，并且随着金融开放程度的提高，收入不平等

越低；从表5.5发达国家的回归结果中可以看出，金融开放的估计系数在5%水平下显著为正，金融开放程度每提高1，收入不平等将提高16.92%，并且金融开放程度越高，收入不平等程度越高。表5.4和表5.5的回归结果表明，金融开放会显著降低发展中国家的收入不平等，但显著扩大发达国家的收入不平等，并且金融开放降低发展中国家的收入不平等效应高于全样本的影响效应，因为发展中国家金融开放的系数高于全样本中的金融开放系数，这也验证了金融开放改革有利于降低中低收入国家的收入不平等的理论假设3。这也同时说明金融开放对收入不平等的影响效应是非线性的，并且对收入不平等的影响效应呈现"U"形的关系。

表5.4　　发展中国家金融开放对收入不平等影响的回归结果

VARIABLES	OLS	GMM	GMM	GMM	GMM
	Gini	Gini	Gini	Gini	Gini
Finanopen	−0.0662**	−0.1126***	−0.1618***	−0.1009***	−0.4942***
	(0.0169)	(0.0229)	(0.0440)	(0.0229)	(0.1010)
Agedepend	0.0024**	0.0032***	0.0052***	0.0027**	0.0030**
	(0.0011)	(0.0011)	(0.0012)	(0.0011)	(0.0013)
Unemploy	0.0042**	0.0017	0.0059***	0.0016	0.0031
	(0.0018)	(0.0021)	(0.0016)	(0.0020)	(0.0024)
Polity 2	0.0067***	0.0051***	−0.0020	0.0055***	0.0105***
	(0.0021)	(0.0018)	(0.0018)	(0.0018)	(0.0026)
Schtie	−0.0911***	−0.2063***	−0.1038***	−0.2077***	−0.2047***
	(0.0198)	(0.0227)	(0.0171)	(0.0223)	(0.0265)
GDPper	0.0055	−0.0007	−0.0130**	−0.0007	−0.0019
	(0.0052)	(0.0038)	(0.0059)	(0.0037)	(0.0044)
Serveindus	0.0120	0.0452***	0.0468***	0.0453***	0.0319**
	(0.0160)	(0.0117)	(0.0101)	(0.0114)	(0.0140)
Findep	1.0235**	1.4954***	3.9140***	1.4096***	0.8793**
	(0.4716)	(0.2658)	(0.4841)	(0.2624)	(0.3470)
Fineff	17.6958**	16.9786*	18.4312**	41.2314***	32.3149***
	(7.4767)	(8.9938)	(8.4445)	(13.1154)	(11.1742)

续表

VARIABLES	OLS	GMM	GMM	GMM	GMM
	Gini	Gini	Gini	Gini	Gini
Instiqual	−0.1643	0.1561 **	0.1618	0.1355 *	−0.2868 **
	(0.0998)	(0.0773)	(0.1179)	(0.0761)	(0.1445)
Booneindex	−0.0244	−0.0693	−0.0251	−0.0558	−0.0721
	(0.0338)	(0.0561)	(0.0451)	(0.0552)	(0.0653)
Resch	−0.0567 *	−0.1219 ***	−0.0076	−0.1219 ***	−0.1386 ***
	(0.0332)	(0.0246)	(0.0240)	(0.0241)	(0.0289)
Finanopen× Findep			−5.5761 ***		
			(0.6594)		
Finanopen× Fineff				−64.5570 **	
				(25.8829)	
Finanopen× Instiqual					0.8241 ***
					(0.2105)
Time FE	No	Yes	Yes	Yes	Yes
Country FE	No	Yes	Yes	Yes	Yes
Constant	3.7424 ***	4.0489 ***	3.6337 ***	4.0902 ***	4.2777 ***
	(0.1444)	(0.1362)	(0.1424)	(0.1343)	(0.1689)
Observations	250	250	250	250	250
R−squared	0.345				
F	9.685				
Groups		50	50	50	50
Hansen		13.25	15.47	17.34	16.94
AR（2）		−0.84	−0.36	−1.11	−0.55

表 5.5　　发达国家金融开放对收入不平等影响的回归结果

VARIABLES	OLS	GMM	GMM	GMM	GMM
	Gini	Gini	Gini	Gini	Gini
Finanopen	0.1565 **	0.1692 ***	0.0610 ***	0.0538 **	0.3818 *
	(0.0589)	(0.0332)	(0.0231)	(0.0257)	(0.2168)
Agedepend	0.0061 ***	0.0089 ***	0.0073 ***	0.0097 ***	0.0092 ***
	(0.0020)	(0.0018)	(0.0018)	(0.0019)	(0.0019)

续表

VARIABLES	OLS	GMM	GMM	GMM	GMM
	Gini	Gini	Gini	Gini	Gini
Unemploy	−0.0017	−0.0073***	−0.0020	−0.0059***	−0.0088***
	(0.0020)	(0.0017)	(0.0017)	(0.0017)	(0.0019)
Polity 2	−0.0308***	−0.0264***	−0.0310***	−0.0323***	−0.0258***
	(0.0029)	(0.0031)	(0.0031)	(0.0033)	(0.0032)
Schtie	0.0384	0.0661*	0.1087***	0.0687*	0.0580
	(0.0430)	(0.0374)	(0.0345)	(0.0392)	(0.0398)
GDPper	−0.0593***	−0.0445***	−0.0435***	−0.0362***	−0.0438***
	(0.0076)	(0.0060)	(0.0056)	(0.0059)	(0.0063)
Serveindus	0.0293*	0.0573***	0.0138	0.0427***	0.0573***
	(0.0151)	(0.0093)	(0.0085)	(0.0088)	(0.0098)
Findep	0.6398*	0.3074*	−3.4805**	0.0212	0.4303**
	(0.3242)	(0.1791)	(1.5151)	(0.1711)	(0.1959)
Fineff	−12.2032*	−12.1672**	−2.1422	−146.7337***	11.6073*
	(7.0638)	(6.0193)	(8.0255)	(36.5408)	(6.3861)
Instiqual	−0.1162**	−0.5422***	−0.1947*	−0.2569**	−1.3492***
	(0.0554)	(0.0941)	(0.1056)	(0.1028)	(0.3288)
Booneindex	−0.0050**	−0.0041**	−0.0094***	−0.0079***	−0.0052**
	(0.0025)	(0.0019)	(0.0016)	(0.0018)	(0.0021)
Resch	−0.0386***	−0.0561***	−0.0389***	−0.0709***	−0.0604***
	(0.0110)	(0.0118)	(0.0092)	(0.0102)	(0.0126)
Finanopen× Findep			3.9954***		
			(1.4814)		
Finanopen× Fineff				158.2591***	
				(36.8151)	
Finanopen× Instiqual					0.7906***
					(0.3069)
Constant	3.7117***	3.5324***	3.4530***	3.4444***	4.0533***
	(0.2102)	(0.1543)	(0.1228)	(0.1530)	(0.2735)
Time FE	No	No	Yes	Yes	Yes
Country FE	No	No	Yes	Yes	Yes

续表

VARIABLES	OLS	GMM	GMM	GMM	GMM
	Gini	Gini	Gini	Gini	Gini
Observations	145	145	145	145	145
R-squared	0. 567				
F	30. 30				
Groups		29	29	29	29
Hansen		10. 57	18. 07	15. 34	17. 39
AR（2）		0. 26	−0. 31	−0. 00	0. 70

除此之外，其他影响因素对收入不平等的影响效应也是非线性的，并对收入不平等的调节效应存在"门槛效应"（赵奉军和高波，2010）。发展中国家的收入不平等会随着经济发展水平的提高而增加，而发达国家的经济发展水平具有降低收入不平等的影响效应，这说明发达国家处于经济增长与收入不平等倒"U"形关系的降低收入不平等阶段，而发展水平较低的发展中国家则仍然处于提高收入不平等的阶段，即在经济发展较低的时候，经济的增长会增加收入不平等，而在经济发展水平较高的发达国家，经济的增长会降低收入不平等（Horii et al.，2013）。金融发展深度的提高都会增加发展中国家和发达国家的收入不平等，随着金融发展深度的提高，发展中国家的金融开放对收入不平等的抑制作用会增强，发达国家的金融开放对收入不平等的促进作用会增强。金融市场效率会扩大发展中国家的收入不平等，但会降低发达国家的收入不平等，此研究结果质疑了金融发展深度的扩大会使更多的低收入群体进入金融市场并获取利润，从而导致更低的收入不平等的研究结论（Li and Yu，2014），现实是金融发展深度的扩大有利于高收入群体或者已经拥有资源的人群运用金融市场获取更多的收益。发展中国家和发达国家中金融市场效率与金融开放的交互项都显著，这表明随着金融市场效率的提高，发展中国家的金融开放对收入不平等的抑制作用会增强，发达国家的金融开放对收入不平等的促进作用会增强。这进一步验证了金融开放改革对收入不平等的影响是非线性的，其受金融发展深度和金融市场效率的影响。从表5.4和表5.5的回归结果可

以看出，制度质量会扩大发展中国家的收入不平等，但会降低发达国家的收入不平等。发展中国家和发达国家中制度质量与金融开放的交互项都显著，这表明随着制度质量的提高，发展中国家的金融开放对收入不平等的抑制作用会减弱，发达国家的金融开放对收入不平等的促进作用会增强，此时金融开放与制度质量对收入不平等的影响效应较高（Chang and Calderon，2000）。

除此之外，无论在发展中国家还是在发达国家中，技术创新都会明显降低收入不平等，说明目前经济发展处于技术创新降低收入不平等的阶段。与发展中国家的回归系数不同，发达国家的高等教育水平会增加收入不平等；发达国家的金融机构市场力、失业率和民主程度的提高会降低收入不平等。根据理论分析和经验研究证实资本和劳动力讨价还价能力的变化必然影响到收入不平等，金融开放对讨价还价效应的强度可能取决于所研究的特定经济体（Mezzetti and Dinopoulos，1991；Jaya-dev，2007）。如果从人力资本的投资角度比较分析时，发展中国家的受教育程度明显会降低收入不平等，这可能由于金融开放在短期内会促使发展中国家较多的低技能群体更容易、更多地进入金融市场借贷进行人力资本的投资和积累，从而能获得更多的租金收益，正是这种高人力资本的金融改革能够明显缩小收入不平等（Li and Yu，2014）。同样拥有较高技能劳动力的发达国家，其就业率的增加会通过"储备劳动力"效应降低收入不平等。

（四）内生性问题处理

金融开放对收入不平等的回归结果可能受到内生性问题的干扰。为了解决内生性问题，本书的回归分析中都采用系统 GMM 方法，但尽管系统 GMM 面板回归能处理由于变量之间的双向因果和国家层面异质性特征等带来的内生性，估计的结果很可能依然存在一定程度的偏误。为了进一步解决内生性问题，构建不受金融开放和收入不平等相关的外生变量作为工具变量，本书采用传统的滞后项作为工具变量进行检验。Larrain（2015）、Bumann 和 Lensink（2016）、梅冬州等（2019）采用金融开放指数的滞后作为工具变量，并检验出采用滞后三年以上的金融开放指数作为工具变量能显著降低内生性问题。由于本书采用每 5 年的间隔数据，因此，本书采用金融开放指数的滞后一期作为工具变量的方法，即滞后 5 年的金融开放程度指数来进行回归。表 5.6 报告了工具变量法的回归结果，且采用的工具变量都通过了弱工具变量检验。这也再次表明金融开放具有降低收入不平等的影响效应。

表 5.6　　　　　　　　　　工具变量估计结果

VARIABLES	（1）Gini	（2）Gini	（3）Gini	（4）Gini
Finanopen	−0.0179**	−0.2624***	−0.0222**	−0.1404**
	（0.0085）	（0.0859）	（0.0105）	（0.0713）
Agedepend	−0.0002	0.0016	−0.0002	0.0001
	（0.0002）	（0.0010）	（0.0002）	（0.0002）
Unemploy	0.0009***	0.0039**	0.0010***	0.0008**
	（0.0003）	（0.0016）	（0.0003）	（0.0003）
Polity 2	−0.0003	0.0019	−0.0001	−0.0002
	（0.0007）	（0.0020）	（0.0007）	（0.0004）
Schtie	−0.0035	−0.1261***	−0.0079	−0.0120***
	（0.0089）	（0.0418）	（0.0092）	（0.0033）
GDPper	0.0088***	0.0057	0.0080***	0.0095***
	（0.0030）	（0.0043）	（0.0031）	（0.0033）
Serveindus	0.0149***	0.0391***	0.0144***	0.0129**
	（0.0049）	（0.0135）	（0.0049）	（0.0059）
Findep	0.0864**	3.9697***	0.0822**	0.0967**
	（0.0401）	（0.7419）	（0.0403）	（0.0469）
Fineff	2.1703	6.8725	14.3302***	−0.8942
	（2.1935）	（6.5440）	（4.6693）	（2.7813）
Instiqual	−0.0401*	−0.4078***	−0.0425**	−0.1487*
	（0.0214）	（0.1036）	（0.0215）	（0.0837）
Booneindex	−0.0004	0.0065*	−0.0005	−0.0006
	（0.0014）	（0.0039）	（0.0015）	（0.0019）
Resch	−0.0068***	−0.0628***	−0.0066***	−0.0084***
	（0.0025）	（0.0135）	（0.0025）	（0.0030）
Finanopen×Findep		−4.2938***		
		（0.9053）		
Finanopen×Fineff			−17.5266***	
			（5.9812）	

续表

VARIABLES	(1)	(2)	(3)	(4)
	Gini	Gini	Gini	Gini
Finanopen×Instiqual				-0.2495**
				(0.1252)
Constant	0.2711***	3.7330***	0.2815***	0.2069***
	(0.0647)	(0.1308)	(0.0633)	(0.0644)
Time FE	Yes	Yes	Yes	Yes
Country FE	Yes	Yes	Yes	Yes
Observations	395	395	395	395
R-squared	0.981	0.562	0.982	0.979
F statistics	236.09	505.92	232.78	154.52

（五）稳健性检验

1. 核心变量中金融开放衡量指标的更换和增加

（1）金融开放衡量指标更换。本书关注的核心变量金融开放，采用法规的 Chinn-Ito 指标进行衡量，但此指标更多关注于资本流动和信贷市场的改革，缺乏对国有制、进入壁垒等体制方面的衡量，同时政策效果还依赖于政策的执行力度，并且与政策实施之间存在时间滞后性。因此，为了全面、准确地刻画金融开放对收入不平等的影响效应，本书进一步采用国外直接投资占 GDP 比重和考虑风险的 Lane 和 Milesi-Ferretti（2007）的事实指标和系统 GMM 方法进行回归分析（见表5.7）。回归的结果表明金融开放虽然会降低收入不平等，但会增加发达国家的收入不平等。

表5.7　　　　　　金融开放对收入不平等的稳健性检验——
金融开放衡量指标更换

VARIABLES	全样本		发展中国家样本		发达国家样本	
	FDIfacto	Caflowfacto	FDIfacto	Caflowfacto	FDIfacto	Caflowfacto
	Gini	Gini	Gini	Gini	Gini	Gini
Finanopen	-0.0336***	-0.0254*	-0.0702***	-0.0294*	0.0063*	0.0891***
	(0.0062)	(0.0133)	(0.0074)	(0.0157)	(0.0037)	(0.0172)

续表

VARIABLES	全样本		发展中国家样本		发达国家样本	
	FDIfacto	Caflowfacto	FDIfacto	Caflowfacto	FDIfacto	Caflowfacto
	Gini	Gini	Gini	Gini	Gini	Gini
Constant	4.9764***	3.6893***	3.9079***	3.9689***	3.4530***	3.5730***
	(0.1858)	(0.1768)	(0.1840)	(0.1938)	(0.1258)	(0.2256)
Controls	Yes	Yes	Yes	Yes	Yes	Yes
Time FE	Yes	Yes	Yes	Yes	Yes	Yes
Country FE	Yes	Yes	Yes	Yes	Yes	Yes
Observations	395	395	250	250	145	145
Groups	79	79	50	50	29	29
Hansen	13.99	12.48	16.38	10.22	17.62	15.15
AR (2)	0.35	0.65	-0.38	-1.04	0.04	0.81

注：控制变量 Controls 与表 5.2 的控制变量相同。

（2）增加金融开放衡量指标。由于政策效果还依赖政策的执行力度，政策效果与政策改革之间存在时滞性问题，法规的金融开放指标并不能对实际金融开放程度进行准确的刻画，还需要其他指标对金融开放的法规衡量指标进行补充。因此本书还同时采用法规和事实上的指标共同来衡量金融开放程度，并采用系统 GMM 方法来进行回归检验。回归结果（见表 5.8）表明当将事实的衡量指标作为金融开放程度衡量的补充变量时，法规的和事实的金融开放指标的系数都显著为负，这再次验证了金融开放能显著降低收入不平等，只是事实指标衡量的金融开放降低收入不平等的效应低于法规指标衡量的金融开放，这可能是因为政策实施的效果往往低于法规政策计划的应然效果，也可能因为事实指标也只是衡量金融开放程度的某个方面，衡量的范围更窄。

表 5.8　　　　金融开放对收入不平等的回归结果——
增加金融开放事实衡量指标

VARIABLES	全样本		发展中国家样本		发达国家样本	
	Gini	Gini	Gini	Gini	Gini	Gini
Finanopen	-0.3663***	-0.1424**	-0.2735***	-0.1986***	0.2555***	0.2700***
	(0.0788)	(0.0604)	(0.0728)	(0.0603)	(0.0942)	(0.0499)

续表

VARIABLES	全样本		发展中国家样本		发达国家样本	
	Gini	Gini	Gini	Gini	Gini	Gini
FDIfacto	-0.0479***		-0.0717***		0.0132**	
	(0.0073)		(0.0101)		(0.0056)	
Caflowfacto		-0.0629***		-0.0305***		0.0275**
		(0.0125)		(0.0073)		(0.0135)
Constant	4.5933***	4.3785***	3.9090***	3.6410***	3.1317***	3.9724***
	(0.2085)	(0.2165)	(0.2493)	(0.3177)	(0.2620)	(0.2089)
Controls	Yes	Yes	Yes	Yes	Yes	Yes
Time FE	Yes	Yes	Yes	Yes	Yes	Yes
Country FE	Yes	Yes	Yes	Yes	Yes	Yes
Observations	395	395	250	250	145	145
Groups	79	79	50	48	29	29
Hansen	18.95	18.82	11.56	9.92	16.67	16.56
AR (2)	0.31	0.34	-0.61	-0.79	0.54	0.86

注：控制变量 Controls 与表 5.2 的控制变量相同。

2. 核心变量中被解释变量指标的更换

收入不平等也是本书的核心变量。以基尼系数衡量的收入不平等对中间阶层的收入变化更敏感可能会导致高估收入不平等的情况，从而有可能使不显著的效应显著。鉴于此，本书采用对各个范围的敏感度都相同的泰尔指数 $Theil_{it}$ 来衡量收入不平等。回归的结果表明，金融开放降低收入不平等的研究结果是稳健的，并且分样本分析的回归结果也是稳健的（见表 5.9）。

表 5.9　　　　　金融开放对收入不平等的回归结果——
被解释变量指标更换

VARIABLES	全样本		发展中国家样本		发达国家样本	
	OLS	GMM	OLS	GMM	OLS	GMM
	Theil	Theil	Theil	Theil	Theil	Theil
Finanopen	-0.4238**	-0.6133***	-0.4858***	-0.5450**	0.5630**	0.7599**
	(0.1709)	(0.2022)	(0.1720)	(0.2703)	(0.1196)	(0.3304)

续表

VARIABLES	全样本		发展中国家样本		发达国家样本	
	OLS	GMM	OLS	GMM	OLS	GMM
	Theil	Theil	Theil	Theil	Theil	Theil
Constant	−2. 2960 ***	−7. 4317 ***	−1. 3955	−5. 6200 ***	−2. 3399	−0. 9845
	(0. 7194)	(0. 9579)	(0. 7432)	(1. 2496)	(1. 6899)	(1. 0797)
Controls	Yes	Yes	Yes	Yes	Yes	Yes
Time FE	Yes	Yes	Yes	Yes	Yes	Yes
Country FE	Yes	Yes	Yes	Yes	Yes	Yes
Observations	372	372	230	184	142	142
R−squared	0. 367		0. 330		0. 322	
F	8. 42		7. 64		8. 54	
Groups		75		46		29
Hansen		12. 07		16. 42		19. 21
AR (2)		0. 50		0. 42		−0. 17

注：括号内是稳健标准误，*、**、***分别表示10%、5%、1%的显著性水平；控制变量Controls与表5.2的控制变量相同。

3. 更换样本数据

由于实证分析中的数据存在不可预估的选择偏误或者能影响数据对总体样本的代表性等问题，回归结果与总体的实际估计之间可能会存在偏误，同时为了验证基本回归模型中控制了宏观经济波动的影响效应，本书又采用每3年的间隔数据形成一个新的样本进行回归分析。表5.10的回归结果的系数依然显著为负，这也再次表明金融开放对降低收入不平等的影响效应具有良好的稳健性。

表 5. 10　　　　金融开放对收入不平等的稳健性检验——
全样本每 3 年数据

VARIABLES	OLS	GMM	GMM	GMM	GMM
	Gini	Gini	Gini	Gini	Gini
Finanopen	−0. 0344 **	−0. 0525 ***	−0. 4260 ***	−0. 2387 ***	−0. 3204 ***
	(0. 0178)	(0. 0137)	(0. 0255)	(0. 0308)	(0. 0308)
Findep	0. 7784 ***	0. 9403 ***	7. 7557 ***	0. 8927 ***	0. 1829
	(0. 2026)	(0. 0696)	(0. 3192)	(0. 0879)	(0. 1183)

VARIABLES	OLS	GMM	GMM	GMM	GMM
	Gini	Gini	Gini	Gini	Gini
Fineff	−7. 2017***	3. 5159	−19. 8006***	14. 7332	−12. 1710***
	(1. 9871)	(4. 3858)	(6. 2357)	(13. 8877)	(3. 5765)
Instiqual	−0. 3130***	−0. 3465***	−0. 6812***	−0. 2712***	−0. 3574***
	(0. 0426)	(0. 0392)	(0. 0570)	(0. 0472)	(0. 0475)
Finanopen×Findep			−8. 5142***		
			(0. 3797)		
Finanopen×Fineff				−10. 4363***	
				(0. 6215)	
Finanopen× Instiqual					−0. 3258***
					(0. 0499)
Constant	3. 7370***	3. 8217***	3. 5146***	3. 7508***	3. 7588***
	(0. 0910)	(0. 0600)	(0. 0852)	(0. 0911)	(0. 0662)
Controls	Yes	Yes	Yes	Yes	Yes
Time FE	No	Yes	Yes	Yes	Yes
Country FE	No	Yes	Yes	Yes	Yes
Observations	720	720	720	720	720
R−squared	0. 523				
F	57. 51				
Groups		80	80	80	80
Hansen		16. 62	17. 46	13. 06	13. 27
AR (2)		0. 65	0. 87	0. 55	−0. 35

注：控制变量 Controls 与表 5.2 的控制变量相同。

同样，分样本数据也面临实证分析中的数据存在不可预估的选择偏误或者能影响数据对总体样本的代表性等问题，为了控制数据的选择偏误和宏观经济波动的影响，本书对分样本数据也采用每 3 年的间隔数据形成一个新的样本进行回归分析（见表 5.11 和表 5.12）。回归的结果也再次证实基准回归结果的稳健和研究结论的可靠。

表 5.11　　金融开放对收入不平等的稳健性检验——
发展中国家每 3 年数据

VARIABLES	OLS	GMM	GMM	GMM	GMM
	Gini	Gini	Gini	Gini	Gini
Finanopen	−0.0552**	−0.0171**	−0.3700***	−0.2229***	−0.3385***
	(0.00977)	(0.0068)	(0.0266)	(0.0273)	(0.0473)
Findep	1.0234**	0.4628***	5.4593***	0.9925***	0.3656**
	(0.4715)	(0.0601)	(0.2520)	(0.1286)	(0.1543)
Fineff	17.6958**	21.2966***	29.2019***	9.9664**	8.5260**
	(7.4766)	(2.9461)	(4.8291)	(0.1584)	(3.9468)
Instiqual	−0.1744**	−0.0229	−0.4940***	−0.1658**	−0.1148**
	(0.0681)	(0.0298)	(0.0706)	(0.0690)	(0.0551)
Finanopen×Findep			−7.1428***		
			(0.3586)		
Finanopen×Fineff				−0.2235**	
				(0.0948)	
Finanopen× Instiqual					0.4910***
					(0.0911)
Constant	3.5804***	4.1291***	3.6698***	3.0954***	3.7268***
	(0.0353)	(0.0353)	(0.0890)	(0.0982)	(0.0849)
Controls	Yes	Yes	Yes	Yes	Yes
Time FE	Yes	Yes	Yes	Yes	Yes
Country FE	Yes	Yes	Yes	Yes	Yes
R−squared	0.3451				
F	9.59				
Observations	459	459	459	459	459
Groups		51	51	51	51
Hansen		7.56	9.82	9.67	8.56
AR（2）		−0.61	−0.79	0.54	0.86

注：控制变量 Controls 与表 5.2 的控制变量相同。

表 5. 12 　　　　　金融开放对收入不平等的稳健性检验——
发达国家每 3 年数据

VARIABLES	OLS	GMM	GMM	GMM	GMM
	Gini	Gini	Gini	Gini	Gini
Finanopen	0. 2558 **	0. 1956 ***	0. 5006 ***	0. 2314 ***	0. 3085 **
	(0. 0992)	(0. 0258)	(0. 0554)	(0. 0503)	(0. 1469)
Findep	0. 6921 ***	0. 7564 ***	4. 4967 ***	0. 5908 ***	0. 5902 ***
	(0. 2500)	(0. 0536)	(0. 8248)	(0. 0743)	(0. 1110)
Fineff	12. 2682 *	10. 0961 ***	1. 7298	−35. 6406 **	12. 4584 ***
	(7. 1771)	(2. 5476)	(4. 8902)	(17. 3910)	(4. 3052)
Instiqual	−0. 1218 ***	−0. 7168 ***	−0. 4516 ***	−0. 3590 ***	−1. 6927 ***
	(0. 0423)	(0. 0473)	(0. 0760)	(0. 0822)	(0. 2067)
Finanopen×Findep			3. 9569 ***		
			(0. 8229)		
Finanopen×Fineff				36. 8806 *	
				(18. 8914)	
Finanopen×Instiqual					0. 6423 ***
					(0. 1890)
Constant	3. 5833 ***	3. 9131 ***	3. 8759 ***	3. 8853 ***	4. 6543 ***
	(0. 1740)	(0. 0513)	(0. 0948)	(0. 0907)	(0. 1828)
Controls	Yes	Yes	Yes	Yes	Yes
Time FE	Yes	Yes	Yes	Yes	Yes
Country FE	Yes	Yes	Yes	Yes	Yes
Observations	261	261	261	261	261
R−squared	0. 554				
F	48. 50				
Groups		29	29	29	29
Hansen		19. 07	14. 17	16. 18	11. 49
AR (2)		1. 15	−0. 74	1. 18	1. 59

注：控制变量 Controls 与表 5.2 的控制变量相同。

二　金融开放对收入不平等的平均效应和异质性

本书采用的面板回归实证分析证实了金融开放会降低收入不平等，

但目前学界对金融开放与收入不平等的关系存在争议，同时由于单一实证研究的研究结果可能由于发表偏倚和主观偏差等问题导致其很难全面、系统地评估金融开放对收入不平等的影响效应。因此，本书在现有的跨国经验研究的基础上，运用医学循证分析的 Meta 分析法对现有的经验结果进行二次定量的整合分析，以期望排除可能存在的发表偏倚和主观偏差，获得金融开放对收入不平等的无偏的平均效应值，从而进一步验证金融开放对收入不平等的影响效应。同时本书还希望通过 Meta 回归和亚组分析识别导致研究结果差异的各影响因素以及其可能存在的阈值效应。

（一）Meta 分析方法的研究设计

1. 效应值的选取和计算

经典的 Meta 分析方法是先从文献中获得基于整体研究的聚合数据，然后再进行合并统计，这也是目前大多数学者常采用的方法，但这种方法可能会忽视研究中重要的研究成果而导致最终估计的结果有偏，因此本书将每项研究中的所有研究结果都纳入进来，进行统计分析。尽管系统评价并没有所谓的"金标准"（Riley et al.，2010），但此方法能尽量避免可能发生的偏误。

由于不同研究中的因变量所采用的衡量指标不同，不同研究之间的研究结果不能跨文献直接进行比较，同时由于研究中模型设计的异质性，金融开放与收入不平等的相关系数也不能进行跨文献分析，为此，本书采用偏相关系数（PCC）代替金融开放与收入不平等的相关系数（包含半弹性或者弹性的系数）来进行比较和综合分析（Doucouliagos，2011）：

$$PCC_{is} = \frac{t_{is}}{\sqrt{t_{is}^2 + df_{is}}} \tag{5.45}$$

其中，$i = 1，\cdots，m$ 代表每个最初研究的回归项，$s = 1，\cdots，n$ 代表最初的研究，t_{is} 是每个研究的 t 统计量，df_{is} 是自由度，PCC_{is} 是在保持其他变量不变的情况下，金融开放与收入不平等之间的偏相关系数，用以衡量金融开放与收入不平等之间的关系和强度。

2. 发表偏倚检验模型设计

由于研究者或者编辑可能会选择有显著性的结果或者符合主流理论的估计结果，从而会高估效应值（Stanley，2005）。为了测试和纠正可能存在的发表偏倚，本书基于 Card 和 Krueger（1995）以及 Stanley（2005），采用基础的 Meta 分析模型来检验 PCC_{is} 的标准误对综合统计的影响：

$$PCC_{is}=\alpha0+\alpha1PCCSE_{is}+\varepsilon_{is} \tag{5.46}$$

其中，$PCCSE_{is}$ 是效应量的标准误，可以用来衡量潜在的发表偏倚。当不存在发表偏倚时，研究效应在不同研究之间随机分布，即不同研究采用不同的研究方法可以从中抽离出来，只有抽样误差导致了异质性。如果研究者或期刊对研究结果具有倾向性，则估计效应与其标准误差之间存在相关性。

3. Meta 回归分析设计

为了对研究结果异质性进行探索，本书根据 Dauvin 和 Guerreiro（2017），采用简单的 Meta 回归模型：

$$PCC_{is}=\alpha_0+\alpha_1PCCSE_{is}+\beta X_{is}+v_{is} \tag{5.47}$$

其中，X 是 $N\times K$ 的调节变量矩阵（$s=1$，…，N 个回归，$k=1$，…，K 个变量），β 是 $K\times1$ 的 Meta 回归系数向量，v_{is} 是回归分析的样本误差。

与经典的经济模型不同，Meta 回归不能假设误差项是独立的和正态分布的，因为不同的效应量具有不同的标准误。但研究结果之间可能存在异方差性和内部相关性，如果用最小二乘法（OLS）来进行 Meta 分析，得出的结果是无偏的，但是不一致，为此，本书采用加权最小二乘法（WLS）进行分析，这种方法可能比常规的固定效应和随机效应的效果更好（Stanley 和 Doucouliagos，2013）。

加权最小二乘法（WLS）常以偏相关系数（PCC）的倒方差作为权重（Stanley 和 Doucouliagos，2015）：

$$\frac{PCC_{is}}{PCCSE_{is}}=\frac{\alpha_0}{PCCSE_{is}}+\alpha_1+\beta X_{is}\frac{1}{PCCSE_{is}}+v_{is}\frac{1}{PCCSE_{is}} \tag{5.48}$$

其中，α_0 评估了出版物选择的范围和方向，表示研究结果的精确度，α_1 是在更正发表偏倚后，金融开放对收入不平等的平均影响效应。

在最初的研究有多个估计结果的情况下，Meta 回归分析的结果可能会对同一研究中的估计数目产生依赖性，即当一篇文献有太多的研究结果时，这一篇文献可能会主导整个 Meta 分析（Stanley，2001；Stanley and Doucouliagos，2012）。为了解决这个问题，我们可以通过平衡或者非平衡面板模型对方程（5.48）进行改进，在误差项的结构中增加常见的未报告或未观察到的研究层面的影响因素，进行固定效应评估（以研究为集合）和随机效应评估（Stanley 和 Doucouliagos，2012）。

固定效应模型如下：

$$\frac{PCC_{is}}{PCCSE_{is}} = \frac{\alpha_0}{PCCSE_{is}} + \alpha_1 + \beta X_{is} \frac{1}{PCCSE_{is}} + \sum_{s=1}^{n} \delta_i D_{is} + \varepsilon_{is} \qquad (5.49)$$

固定效应模型包含了面板中每个研究的所有个体，以解释被遗忘或观察不到的研究层面的特征，同时这种最小二乘虚拟变量方法也允许使用效应值标准差的倒数作为权重。虽然固定效应模型可以控制研究层面上不可观察的特征，但也很难对这些特征进行识别和深入研究。

随机效应模型包含了来自群体效应异质性（潜在的群体差异）的随机项：

$$\frac{PCC_{is}}{PCCSE_{is}} = \frac{\alpha_0}{PCCSE_{is}} + \alpha_1 + \beta X_{is} \frac{1}{PCCSE_{is}} + u_s + \varepsilon_{is} \qquad (5.50)$$

其中，u_s 表示随机项，方程（5.50）通常也可以称为混合效应模型（运用最大似然法估计研究层面的随机效应）。虽然混合效应模型要更灵活，但要求混合效应模型中的调节变量 X_{is} 必须是外生的条件很难成立（Stanley and Doucouliagos，2012）。此外，为了使标准误对研究内的关联关系稳健，本书采用的是研究层面的聚类标准误，这并不会影响估计的系数，只会对系数的显著性做出更保守的估计。对于敏感性分析，本书除了采用不同的模型方法外，还采用不同的权重方法来进行稳健性检验，即方程（5.46）除以不同的变量。最后，考虑到金融开放对收入不平等可能存在非线性关系、影响因素可能存在门槛效应以及在发达国家与发展中国家之间存在资本输出与输入的区别、制度变迁演进过程不同等，本书还将最初的研究分为发达国家和发展中国家进行亚组分析。

（二）文献筛选和数据编码

1. 文献筛选

依据循证分析的 Meta 分析方法在经济学中运用的指导（Stanley and Doucouliagos，2013），通过 Web of Science、JSTOR、Google Scholar 和 Science Direct 等数据库，用关键词"金融开放+收入不平等/收入分

配/收入差距""金融一体化+收入不平等/收入分配/收入差距""金融全球化+收入不平等/收入分配/收入差距"以及"金融改革+收入不平等/收入分配/收入差距"搜索所有相关的研究,共搜索出954篇文献,再排除定性研究、特定国家的案例研究以及无法计算出相关系数的研究(如缺失自由度等),最终获得23篇独立的跨国定量研究,共556个实证研究结果,并以此为基础进行 Meta 分析。

本书所选取的23篇文献都是采用以下模型:

$$I_{it} = \alpha + \beta FO_{it} + \eta FD_{it} + \lambda FO_{it} \times FD_{it} + \gamma_k Z_{itk} + \varepsilon_{it} \tag{5.51}$$

其中,I_{it} 是收入不平等的评估指标,FO_{it} 是金融开放的评估指标,FD_{it} 是金融发展的评估指标,Z_{itk} 是其他控制变量,ε_{it} 是误差项,i 和 t 分别代表国家和时间。方程(5.51)包含了以最高收入群体和最低收入群体的平均收入作为解释变量。[①] 原则上应该对线性效应和交互项效应单独进行 Meta 分析,但仅有约1/5的文献研究了金融开放和金融发展的交互作用(且仅有53个研究数据),不足以作有效的 Meta 分析。对于这些研究,本书采用金融开放对收入分配的平均边际效应,并利用增量法来逼近相应的标准差。

2. 变量设定和数据编码

从现有的研究中可以看出,金融开放与收入不平等之间之所以有不同的效应关系主要是因为影响因素和作用路径的不同,同时国家发展水平、制度质量、政策支持、变量指标的选取、研究方法、数据特征等调节因素对其影响效应也具有制约作用(Arestis and Caner,2004;LaGarda et al.,2016)。因此,本书基于现有的理论研究和 Meta 分析法,将各种影响因素划分为六个层面来更好地解释各种研究结果之间的差异,具体的分析框架见图5.22。

Meta 回归分析的控制变量主要分为三大部分:影响机制控制变量、其他情景因素的控制变量和中间调节变量。其中,影响机制的控制变量主要有金融发展、经济发展、金融危机、制度质量以及资本和劳动力谈判力;其他情景控制变量主要有政府支出和再分配制度、国家发展水平

---

① 当因变量是最贫困群体时,其 t 值要乘以 -1 再计算偏相关系数,因为贫困群体收入的增加会降低收入不平等差距。

等；Meta 分析中的调节变量又包含以下四个大类：金融开放和收入不平等的衡量指标、样本数据特征、研究方法和文献特征（Stanley and Doucouliagos，2012）。

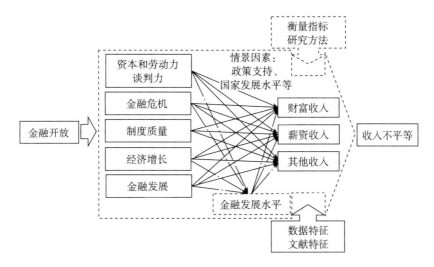

图 5.22　金融开放对收入不平等影响效应的 Meta 分析框架

　　影响机制因素的选取是本书的重点。①金融发展机制：金融市场发展除了通过"质"和"量"直接影响收入不平等之外，还通过金融开放程度影响收入不平等，即金融发展程度对金融开放影响收入不平等效应具有一定的制约作用；②经济发展影响机制：正如前面所讨论的那样，金融开放会促进经济增长，从而改善收入分配。而经济增长和收入分配的关系除了 Kuznets（1955）倒"U"形曲线理论，还有针对工业化和后工业化社会的"U"形曲线理论（Nielsen and Alderson，1995）；金融开放促进经济发展产业结构向服务业转移，而在部门间相对生产率的变化会促使劳动力在生产部门间流动，导致部门相对规模与部门就业者的收入差距发生变动（Robinson，1976）；③资本和劳动力谈判力：金融限制会抑制资本所有者和工人在技能和教育方面投资的"效率"与收益，金融开放改革使发达国家的资本向发展中国家流动，增加熟练劳动者和高技能劳动者的相对需求（Acharyya，2011；Cornia and Kiiski，2001）。另外，金融开放改革增强了资本所有者相对于政府和劳工的力量，降低了劳动力的议价能力和政府的调节能力，从而增加不平等

（Bradley et al.，2003）；④制度质量：制度质量对金融开放影响收入不平等具有重要的调节作用，作为重大制度变迁的金融开放改革，不仅提高了经济制度质量和政治制度质量，并且与经济制度质量相比，金融开放对政治制度质量影响更大，因其会导致其他相关政治制度变革，政治制度质量对金融开放缓解收入不平等的影响也更大（Haan and Sturm，2017）；⑤金融危机：由金融开放带来的跨境资本流动，尤其是短时间的投资组合流动，会导致较多的投机性融资，从而更有可能引发金融危机（Kaminsky and Reinhart，1999；Weller，2001）或者发达国家在向发展中国家输入流动资本时将其风险向发展中国家进行转移，从而扩大金融危机影响的范围和程度。当发生金融危机时，其产生的代价和成本大部分往往由低收入群体承担（Baldacci et al.，2002；Townsend，2002）；金融危机后，政府相关政策调整和财政支出扩大，低收入人群又是最后获得收益的群体（Ravallion，2010）。

从金融开放对收入不平等的影响研究中发现，金融开放改革必须要在稳定的宏观经济环境中和完善的制度、政策基础上实施，否则会扩大收入不平等（Arestis and Caner，2004）。因此，金融开放改革实施的国家层面的政治、经济环境等都对收入不平等具有重要的调节效应。Mandel（2010）认为，金融开放改革只有在公平合理的再分配制度下实施，才会减少不平等。Lagarda 等（2016）则认为，由于发达国家的制度体系和法规制度比发展中国家更完善，金融开放对高收入国家更有利。

在 Meta 分析中四个大类的调节变量中，金融开放衡量指标的选取是本书的关键。不同的衡量指标只是反映了金融开放的某些方面，这可能是导致实证结果与理论预测出现矛盾的原因之一，也解释了为什么不同的研究采用不同的衡量指标会得到不一致的结果。对金融开放的衡量除了常用的法定的（De jure）和事实上（De facto）的两种衡量方法之外，还有两种指标结合起来共同衡量形成的多维指标。Batuo 和 Asongu（2015）认为，法定的（De jure）测量方法比事实上的测量方法（De facto）对收入不平等具有更大的影响。对收入不平等程度的衡量大多以基尼系数作为衡量指标，但基尼系数对收入分配中间收入群体的收入变化更敏感，从而有可能会低估收入差距（Kakwani，1980）。因此，有些研究会用泰尔指数、高收入群体或低收入群体的平均收入等作为收入不平等的衡量指标。

将数据中的所有变量或者变量簇重新组合,以解释研究结果的异质性,如收入类型、研究的时间段、研究的国家数目等。对于不同的收入类型,Bradley 等(2003)发现,金融开放对总收入不平等的影响不大,但阻碍了国家再分配政策的有效实施,导致净收入不平等上升。相反,Mahler(2004)发现金融开放会加大总收入不平等,但对净收入不平等的影响不大,而 Alemán(2011)则认为,金融开放会加大总收入和净收入不平等,并且对前者的影响大于后者。实证研究所使用的计量方法和模型设计也可以解释研究结果的不同,如最小二乘法(OLS)、弹性或半弹性、内生性的模型设计等。除此之外,研究者和编辑可能倾向于某种研究结果,从而会高估其影响效应,特别是高质量的文献更注重研究的创新性和严谨性。

最终,本书根据上述调节变量从研究描述项与效应值统计项两个方面对样本书进行了编码:研究描述项分为影响机制、情景因素、变量、样本、文献、研究方法六个方面。影响机制包含金融发展、经济发展水平、经济增长率、经济结构、金融危机、工会谈判能力、制度质量等编码;情景因素包含政府支出、政府再分配政策、科技发展、宏观经济波动、教育、劳动力人口等因素编码;变量描述包括金融开放的测量指标与方法、收入不平等的测量指标与方法编码;样本描述项包括解释变量的个数、样本中的国家总数、样本总年度、样本中的国家类型、数据时间周期等信息的编码;文献描述项包括文献作者、发表期刊、发表时间、被引用数等文献来源信息;研究设计和方法描述项主要对模型中采用对数、内生性、OLS 等研究方法进行编码;效应值编码项主要有金融开放与收入不平等的偏相关系数 PCC、标准误 SE 以及标准误的倒数 $INVSEpcc$,原始回归系数 FES、t 值等(详细的变量描述见表5.13)。

表 5.13　　　　　　　　　　Meta 分析的数据和变量描述

变量符号	变量描述	均值	标准差	最大值	最小值
TSTAT	估计效应的 t 统计量	−0.269	3.061	24.595	−14.921
PCC	偏相关系数	−0.056	0.259	0.889	−0.884
INVSEpcc	偏相关系数标准差的倒数	14.423	8.216	49.371	4.961

续表

变量符号	变量描述	均值	标准差	最大值	最小值
FES	金融开放与收入不平等的回归系数	0.148	1.248	15.496	-4.565
SE	偏相关系数的标准差	0.088	0.039	0.202	0.020
金融开放衡量指标					
de jure	=1，金融开放采用法规的衡量指标，其他为0	0.248	0.433		
de facto	=1，金融开放采用事实的测量指标，其他为0	0.203	0.402		
Multidimensional measure	=1，金融开放采用多维度衡量指标，其他为0	0.469	0.500		
收入不平等衡量指标					
Gini	=1，收入不平等采用基尼系数作为衡量指标，其他为0	0.745	0.437		
Income Share Bottom	=1，收入不平等采用低收入群体平均收入作为衡量指标，其他为0	0.050	0.219		
Income Share Top	=1，收入不平等采用高收入群体平均收入作为衡量指标，其他为0	0.061	0.240		
Theil	=1，收入不平等采用泰尔指数作为衡量指标，其他为0	0.047	0.212		
控制变量		0.000	0.000		
Lagged	=1，采用因变量滞后项，其他为0	0.369	0.483		
Financial development	=1，采用金融发展变量，其他为0	0.435	0.496		
Level of economic development	=1，采用经济发展水平变量，其他为0	0.191	0.392		
Economic growth	=1，采用经济增长率变量，其他为0	0.183	0.388		
Economic structure	=1，采用经济结构变量，其他为0	0.160	0.367		
Financial crisis	=1，采用金融危机变量，其他为0	0.245	0.431		
Macroeconomic volatility	=1，采用宏观经济波动变量，其他为0	0.032	0.177		
Political institutional quality	=1，采用政治制度变量，其他为0	0.112	0.313		
Economic institutional quality	=1，采用经济制度质量变量，其他为0	0.216	0.412		

续表

变量符号	变量描述	均值	标准差	最大值	最小值
Unionization	=1，采用工会谈判能力变量，其他为0	0.054	0.226		
GD	=1，采用政府再分配政策变量，其他为0	0.040	0.195		
Education	=1，采用教育变量，其他为0	0.468	0.499		
Demo	=1，采用劳动力人口因素变量，其他为0	0.049	0.215		
Trade	=1，采用贸易相关变量，其他为0	0.761	0.427		
Technology development	=1，采用技术发展变量，其他为0	0.156	0.364		
Government spending	=1，采用政府支出变量，其他为0	0.353	0.478		
FO×Fd	=1，模型中有金融开放和金融发展交互项，其他为0	0.095	0.294		
FO×others	=1，模型中有金融开放和其他变量交互项，其他为0	0.056	0.230		
文献发表特征					
Journal	=1，文献研究在学术期刊中发表，其他为0	0.919	0.273		
Citation	文献引用量的对数	1.473	0.619	2.825	0.000
研究方法和数据特征					
Expl	解释变量个数的对数	0.835	0.234	1.362	0.000
Country	国家总数的对数	1.401	0.493	2.149	0.477
Time	样本总年度的对数	1.256	0.203	1.613	0.699
Pre	=1，收入采用税前总收入，其他为0	0.331	0.471		
Post	=1，收入采用净收入，其他为0	0.201	0.402		
Developed	=1，含有发达国家，其他为0	0.532	0.499		
Developing	=1，含有发展中国家，其他为0	0.879	0.326		
Theoretical	=1，研究中建立分析模型，其他为0	0.318	0.466		
Log specification	=1，研究模型中采用对数，其他为0	0.388	0.488		
Endogeneity	=1，研究中考虑内生性问题，其他为0	0.349	0.477		

变量符号	变量描述	均值	标准差	最大值	最小值
OLS	=1，采用 OLS 分析方法，其他为 0	0.482	0.500		
Fixed effect	=1，采用固定效应模型，其他为 0	0.581	0.494		
Random effect	=1，采用随机效应模型，其他为 0	0.052	0.223		
数据时间周期					
DUMMY60	=1，时间周期在 1960s，其他为 0	0.020	0.140		
DUMMY70	=1，时间周期在 1970s，其他为 0	0.311	0.463		
DUMMY80	=1，时间周期在 1980s，其他为 0	0.581	0.494		
DUMMY90	=1，时间周期在 1990s，其他为 0	0.942	0.233		
DUMMY00	=1，时间周期在 2000s，其他为 0	0.736	0.442		
DUMMY10	=1，时间周期在 2010s，其他为 0	0.085	0.276		

注：笔者根据文献整理制作。

（三）金融开放对收入不平等影响的平均效应

在 556 个研究结果中，表示金融开放会缓解收入不平等的研究结果有 297 个，表示金融开放会加大收入不平等的研究结果共有 259 个。根据式（5.45）转化过来的偏相关系数都是在 [-1，1] 之间分布，而金融开放对收入不平等的偏相关系数是在 -0.889 到 0.884（见表 5.14）之间分布。如果用典型的均值法估计，得出金融开放对收入不平等的影响效应是 -0.056，标准差是 0.259。此外，从图 5.23 可以看出，不仅23 篇文献之间的研究结果存在异质性，每篇文献内的研究结果也存在异质性，而研究结果之间存在异质性是运用 Meta 回归分析的基础，其异质性的来源也将是 Meta 回归分析探索的主要内容之一。

在分析金融开放对收入不平等的影响效应前，要排除可能存在的发表偏倚对研究结果的影响。如果不存在发表偏倚或者异质性的情况下，图 5.24 左边的漏斗图应该是对称的，最精确的估计将接近真实的影响效应，不太精确的估计将更加分散，并且报告低精确度（低统计显著性）的正估计和负估计。此外，运用漏斗图不对称检验后，95% 的研究结果应该位于由直线定义的漏斗内，并且越靠近顶端的研究结果的效度越高。但图 5.24 左边的图向左边偏倚，表示研究者偏向于选择金融开放缓解收入不平等的研究结果，而图 5.24 右边的图中有大量的研究结果落在置信区间之外，可能表明发表偏倚有利于统计显著的估计，但也可能表明研究数据和方法存在异质性。将研究结果的效应值对标准误差做简单的回归时，斜率为负值，表明存在发表偏倚，截距略高于零，也表明金融开放对收入不平等的负向效应的研究结果存在发表偏倚。

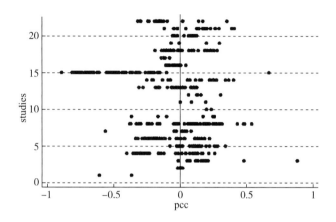

图 5.23　偏相关系数的异质性分析

注：偏相关系数在［-1，1］之间分布，并且越靠近两边边界，效应越大，偏相关系数在考虑相关度的同时还考虑到了回归分析的自由度。图中每一个点代表一个偏相关系数，同一水平线上的点都来自同一篇文献，在同一水平线上的点越多，表示研究估计中的尺寸效应越大。（尺寸效应，又叫尺度效应，指通过测量得到的不同尺寸试样的力学参数或行为存在差异的现象）

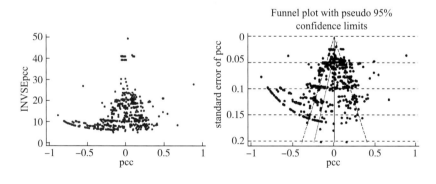

图 5.24　漏斗图

注：左图，偏相关系数的标准差倒数表示精度；右图，在虚线表示的漏斗区域内，95%的研究结果是不存在异质性和发表偏倚的。

表5.14 总体偏相关系数估计

	Estimate	Standard error	95%confidence	Interval
算术平均的 PCC	−0.056	0.256	0.889	−0.884
固定效应的 PCC	−0.089	0.021	−0.100	−0.078
随机效应的 PCC	−0.048	0.011	−0.069	−0.027

注：固定效应估计使用方差的倒数作为权重，随机效应估计使用 IV 法。

为了进一步分析发表偏倚的偏倚程度和真实的影响效应，采用研究层面的聚类标准误的最小二乘法、固定效应模型和混合效应对方程（5.46）进行估计，估计出的常数项表示金融开放对收入不平等的真实影响效应。从表5.15 可以看出，估计出的常数项是不稳健的。在表5.16 中，本书做了稳健性检验，将权重改为每项研究的观察项的倒数。这些估计的结果证实了前文讨论的发表偏倚的方向和程度，但这些二元回归的结果是不稳定的，可能是因为回归方程中忽略了一些重要的调节变量，对此，本书将根据模型信息准则在回归方程中加入相应的调节变量，并分析各调节因素的影响作用。

表5.15 真实效应和发表偏倚检验

	聚类标准误的 OLS			固定效应			混合效应		
	系数	t-Stat	P>│t│	系数	t-Stat	P>│t│	系数	Z-Stat	P>│t│
标准差（发表偏倚）	−1.987	−1.70	0.104	−0.488	−0.34	0.738	−0.497	−0.36	0.722
常数项（真实效应）	0.119*	2.01	0.057	−0.423**	−2.21	0.038	0.046	0.35	0.726
模型诊断	obs＝556			obs＝556			obs＝556		
	F（1, 22）＝2.88			groups＝23			groups＝23		
	Prob>F＝0.104			Prob>F＝0.00			Wald chi2（1）＝0.13		
	R-squared＝0.100			R-squared＝0.585			Prob>chi2＝0.722		

注：所有的结果都是以倒方差作为权重，t 值都是基于异方差的聚类稳健标准误，* p<0.1，** p<0.05，*** p<0.01。

表 5.16 真实效应和发表偏倚检验——稳健性

	聚类标准误的 OLS			固定效应			混合效应		
	系数	t-Stat	P>｜t｜	系数	t-Stat	P>｜t｜	系数	Z-Stat	P>｜t｜
标准差 （发表偏倚）	-1.212**	-2.41	0.025	1.361	0.61	0.545	-0.497	-0.36	0.722
常数项 （真实效应）	-0.012	-0.09	0.926	-0.661**	-2.23	0.036	0.0457	0.35	0.726
模型诊断	obs = 556			obs = 556			obs = 556		
	F（1，22）= 5.81			groups = 23			groups = 23		
	Prob>F = 0.0247			Prob>F = 0.00			Wald chi2（1）= 0.13		
	R-squared = 0.0167			R-squared = 0.6129			Prob>chi2 = 0.7224		

注：所有的结果都是以每项研究的观察项的倒数作为权重，＊p<0.1，＊＊p<0.05，＊＊＊p<0.01。

（四）金融开放对收入不平等影响效应的异质性分析

1. 金融开放对收入不平等影响效应的 Meta 回归分析

从上面的分析可以看出，金融开放对收入不平等的平均影响效应是较弱的，加入影响机制、情景环境、研究方法、文献特征等调节变量后（详细的变量描述见表 5.13），表 5.17 中的 R^2 值明显比表 5.15 中的 R^2 值高，并且从表 5.17 的 Meta 回归结果中可以看出，金融开放明显缓解了收入不平等，进一步支持了本书的实证研究结论，进一步验证了理论模型分析的理论假设 6。因为 Meta 分析的平均效应（常数项）为负，从 -0.0697 到 -1.567 变动，并且在 1% 水平上显著。而其他的参数都是对这常数项的进一步解释，也丰富了该结论的合理性。另外，SE 的系数都是不显著的，因此回归的结果都是没有发表偏倚的，即 Meta 回归的常数项表示的平均影响效应是无偏的。在三种估计中，本书倾向于选择来自 WLS-FE 的结果，因为它与 WLS 相比，其误差项的结构构成考虑到未观察到的异质性，同时还考虑到特定研究中的依赖性问题，也不像 WLS-RE 那样易受偏倚的影响，并且从回归结果中可以看出，金融开放对收入不平等影响效应的异质性更多来自研究设计而非随机因素，此时，WLS-FE 估计的结果更有效（Schmidtand Le，2004）。

从表 5.17 中可以看出，金融发展的系数为正并且显著，说明金融发展会降低金融开放对收入不平等的负向效应。而金融开放与金融发展的交互项的影响作用不显著，说明金融发展主要是通过直接影响路径来影响金融开放与收入不平等的关系。控制金融发展及其交互项，其他变量固定在样本均值，获得的偏相关系数为 -0.105，根据 Doucouliagos（2011）和 Abdullah 等（2015），表明在金融发展水平足够高时，金融开放与收入不平等的降低存在较弱的正相关关系。[①] 由于目前对金融发展的研究更多地采用金融发展深度指标，即金融发展的市场规模角度来进行研究，这也验证了本书的实证分析的研究结果，尽管金融发展深度通过直接效应和与金融开放的交互效应来影响收入不平等，但最主要的是通过直接效应来影响收入不平等。

表 5.17	Meta 回归分析的结果		
	WLS	WLS-FE	WLS-RE
SE	0.354	0.937	0.410
	(0.23)	(0.55)	(0.18)
Expl	-0.246^{*}	-0.475^{***}	-0.279^{**}
	(-2.03)	(-3.62)	(-2.27)
Country	0.231	0.492^{***}	0.467^{**}
	(1.60)	(3.32)	(2.31)
Citation	-0.0237	0.125^{**}	0.0130
	(-0.55)	(2.19)	(0.16)
Time	-0.127	-0.0843	0.0713
	(-1.21)	(-0.67)	(0.70)
De jure	0.120^{*}	0.188^{***}	0.180^{***}
	(1.74)	(9.20)	(8.43)
De facto	0.0539	0.119^{***}	0.131^{***}
	(1.19)	(7.73)	(5.88)
Multidimensional measure	-0.187^{**}	-0.0391	0.00498
	(-2.71)	(-1.00)	(0.14)

---

① 判断关联度的大小一般根据 Doucouliagos（2011）和 Abdullah 等（2015）的标准，当偏相关系数小于 0.07 时，则表示影响效应较弱；当偏相关系数大于 0.17 时，则表示影响效应为中等；当偏相关系数大于 0.33 时，则表示影响效应较大。

续表

	WLS	WLS-FE	WLS-RE
Gini	0.0692***	0.0920**	0.0939**
	(3.29)	(2.58)	(2.57)
Income Share Bottom	0.114	0.0721	0.0983
	(1.71)	(0.98)	(1.09)
Income Share Top	0.324***	0.243***	0.267***
	(8.05)	(4.37)	(4.00)
Theil	0.0554***	0.0642***	0.0712***
	(3.32)	(3.74)	(4.05)
Journal	-0.335	0.301**	0.345
	(-1.14)	(2.12)	(1.12)
Theoretical	-0.113*	-0.173**	-0.344*
	(-1.86)	(-2.01)	(-1.69)
OLS	0.0246	0.0615	0.0368
	(0.66)	(1.08)	(0.64)
Endogeneity	-0.185***	-0.170***	-0.203***
	(-6.21)	(-4.03)	(-3.72)
Log specification	0.0724	-0.0447	-0.123***
	(1.00)	(-0.59)	(-3.09)
Lagged	0.0175	0.0880***	0.0647**
	(0.56)	(2.97)	(2.13)
Financial development	-0.000798	0.0455**	0.0322**
	(-0.03)	(2.18)	(2.06)
Level of economic development	0.0428	-0.00290	0.00712
	(0.78)	(-0.05)	(0.12)
Economic growth	0.0236	0.0772**	0.0784**
	(1.11)	(2.06)	(2.14)
Economic structure	-0.00671	0.0860**	0.0761***
	(-0.15)	(2.56)	(3.55)
Education	-0.0145	-0.136	-0.0415
	(-0.32)	(-1.45)	(-0.82)

续表

	WLS	WLS−FE	WLS−RE
Demo	0.0129	0.0363	0.0630
	(0.32)	(0.60)	(0.78)
Macroeconomic volatility	0.0515	0.0938**	0.0269
	(1.64)	(2.13)	(0.94)
Financial crisis	0.0449	0.0862***	0.0476**
	(1.30)	(2.76)	(2.07)
Political institutional quality	0.0779	0.179***	0.164***
	(1.59)	(8.45)	(3.98)
Economic institutional quality	0.187**	0.186**	0.0912**
	(2.59)	(2.38)	(2.05)
Unionization	−0.205*	−0.0339	−0.0948*
	(−1.78)	(−0.46)	(−1.89)
GD	−0.00346	0.309**	−0.00585
	(−0.03)	(2.29)	(−0.13)
Government spending	0.0120	−0.0596*	0.00500
	(0.28)	(−1.95)	(0.18)
Technology development	0.0537	0.0544	0.00174
	(1.42)	(0.96)	(0.03)
Trade	0.139*	0.172**	−0.0142
	(1.76)	(2.30)	(−0.22)
FO×Fd	0.00301	0.00201	0.00518
	(0.12)	(0.13)	(0.57)
FO×others	0.0168	0.0255	0.0285
	(0.36)	(0.57)	(0.47)
Developed	−0.00266	−0.0985	−0.118
	(−0.04)	(−1.08)	(−1.13)
Developing	−0.0525	−0.210***	−0.226***
	(−0.60)	(−7.43)	(−8.23)
Fixed effect	−0.0873***	−0.0983***	−0.134*
	(−3.30)	(−3.96)	(−2.57)

续表

	WLS	WLS-FE	WLS-RE
Random effect	−0.0648	−0.0966**	−0.0935
	(−1.12)	(−1.96)	(−0.79)
Pre	0.229***	0.272***	0.276***
	(3.15)	(6.11)	(4.09)
Post	0.248***	0.141***	0.118***
	(3.91)	(3.20)	(2.72)
DUMMY60	0.0566	−0.128	0.145
	(0.48)	(−0.47)	(0.45)
DUMMY70	0.0307	−0.214*	−0.284*
	(0.52)	(−1.73)	(−1.69)
DUMMY80	0.203*	0.205	0.266
	(1.97)	(1.04)	(1.05)
DUMMY90	0.0534	0.345***	0.519
	(0.78)	(4.05)	(1.19)
DUMMY00	0.0678	0.0531	0.259
	(0.65)	(0.26)	(1.01)
DUMMY10	−0.519**	0.00907	−0.377*
	(−2.25)	(0.09)	(−1.68)
Constant	−0.0697	−1.322***	−1.567**
	(−0.15)	(−3.55)	(−2.04)
R^2	0.66	0.76	—
N	556	556	556

注：括号内是 t 值，* $p<0.1$，** $p<0.05$，*** $p<0.01$，多水平模型运用随机模型，无法获得 R^2 值。

在经济发展的影响机制中，对于经济发展水平、经济增长率和经济结构三个衡量经济发展状况的指标，经济发展水平不会影响金融开放与收入不平等之间的关系，但经济增长率、经济结构对金融开放缓解收入不平等具有显著的正向作用。相对于经济发展水平，金融开放更多的是通过经济产业结构的调整对收入不平等产生影响，这说明随着经济总量的发展，经济发展质量的提升对提升经济发展潜力和改善社会福利有更大的影响作用。

制度质量中的政治制度质量和经济制度质量的系数都显著为正，表明政治制度质量与经济制度质量对金融开放缓解不平等具有正向作用，根据其他影响因素的均值，控制政治制度质量，得到偏相关系数是-0.105，而控制经济制度质量，得到的偏相关系数为-0.125，表明都具有较小的负向效应（Doucouliagos，2011；Abdullah et al.，2015），即在一个制度质量较高的国家中，金融开放会缓解收入不平等。这进一步验证了金融开放对政治制度质量的影响更大，并通过提高政治制度质量在低发展水平国家中减少金融开放降低收入不平等的影响效应。

对于资本和劳动力的谈判力的影响机制，工会的谈判能力的系数显著为负，表明工会的谈判能力能直接作用于薪资和收入不平等，而其他的影响因素则没有显著的影响作用，如教育、劳动人口因素等。但在具有更多高技能人才的发达国家中，这些影响因素都负向影响金融开放与收入不平等的关系，这也体现了高技能人才更多的是向发达国家流动。

对于金融危机的影响机制，金融风险对金融开放缓解收入不平等存在显著的消极作用，即金融风险会伤害低收入者。这支持了金融开放改革会增加金融风险发生的概率，同时由于全球经济的关联紧密，这极易产生金融危机发生的联动效应，扩大金融危机危害的范围和强度，而面对金融危机往往低收入者受到危害更大，因为其拥有的资源和地位不足以应对危机的发生并规避金融风险，但高收入群体可以通过风险成本的转嫁和分摊到拥有较低地位和较少资源的低收入群体中，从而最终增加收入不平等。

在情景因素中，政府的再分配政策、政府支出都对金融开放缓解收入不平等没有显著的影响作用，表明这些政策支持或因传导机制较长或因政策实施效果的不确定性等问题，最终对收入不平等的影响作用呈现不显著的状态。大量的理论和实证研究表明通货膨胀会扩大收入差距，因为它会降低购买力（Al-Marhubi，2000；Albanesi，2007）；贸易开放度的提高会将生产收益更多分配给技术人员和高收入的劳动者，减缓低工资工人的工资增长速度从而增加收入不平等（Weller and Hersh，2004），表5.17的回归结果也支持了以上的研究结论。当然，之前的收入不平等对金融开放与收入不平等的关系也具有显著的正向作用，因为之前的收入不平等状况往往反映出不平等的资源分配，而在当期中由于初始的资源、机会的不平等，各阶层从金融开放中获取的收益也是不平等的。

对于中间调节变量，金融开放衡量指标中的多维度衡量指标会加大金融开放缓解收入不平等的积极效应，尽管这种影响不是很显著，而金融开放的两个衡量方法的影响却相反，且在1%水平下显著。将金融开放法定的测量方法（De jure）与事实上的测量方法（De facto）相比较时发现，法理上的衡量方法（De jure）的偏相关系数是-0.132，比事实上的测量方法（De facto）的偏相关系数-0.109要小，即法理上的衡量方法（De jure）对金融开放缓解收入不平等的积极影响更大。不平等的衡量指标中，除了低收入群体平均收入的衡量指标没有显著影响作用之外，其他的衡量指标都会显著降低金融开放对收入不平等的负向影响作用。这与本书实证研究中加入事实衡量指标后的回归结果相一致，也说明相对于事实的衡量指标，金融开放的法规衡量指标更具有代表性，这也为目前学者大多采用法规指标衡量金融开放提供较为可靠的依据。

对于数据特征和研究方法，金融开放会降低总收入和净收入的不平等，即金融开放对不同收入类型的影响方向是一致的。将两者进行比较后，发现金融开放对总收入的影响作用大于对净收入的影响作用，这与政府支出、政府再分配政策等政策支持的影响作用不显著相关，而政府政策对净收入的调节作用不显著，使总收入与净收入之间尽管有差别，但差别不大。对于研究方法，模型中的内生性以及固定效应模型都展现出其促进金融开放缓解收入不平等的逻辑。但最小二乘法（OLS）、弹性或半弹性、随机效应模型则对金融开放与收入不平等的关系没有显著的影响作用。

以金融开放浪潮全面兴起之后的时间段来看，即20世纪80年代起，在金融开放发展的初期阶段，金融开放缓解收入不平等的效应较低，但随着金融开放的发展，金融开放对收入不平等的负向效应先降低后增加。另外，从文献的被引用数和文献发表在期刊上[①]的两个指标中，可以看出高质量的文献研究结果很少体现金融开放会缓解收入不平

---

① 一般认为，发表在学术期刊上的文献质量要比工作文献、报告等的文献质量高。

等，并且高质量文献的相关系数与整体研究地系数相差约0.5。但对于发达国家，高质量的文献则倾向于金融开放会缓解收入不平等的研究结果。除此之外，贸易相关的因素也会显著地降低金融开放对收入不平等的负向效应，而其他的调节变量只在某一回归方程中显著，因此它们的影响并不是稳定的。

2. 金融开放对收入不平等的亚组分析

由于经济增长、金融发展、制度质量等因素对收入不平等的影响是非线性的，并且经济发展的政治、经济环境等国家层面的因素也对金融开放的收入分配效应产生影响，因此，诸多学者（包括本书的实证分析）也从不同国家的发展水平划分的发展中国家和发达国家的角度进行进一步研究。本书采用的Meta分析法根据经验研究样本数据的特点进行发达国家和发展中国家的亚组分析。Meta亚组回归分析的研究结果见表5.18。从表5.18中可以看出，发展中国家的金融开放会明显加大缓解收入不平等的积极效应，而表5.18中发达国家Meta回归的平均效应（常数项）为正，并且在1%水平下显著，说明在发达国家中，金融开放会显著加大收入不平等（Lee等，2011）。这也说明与发达国家相比，发展中国家更能从金融开放中获益。这可能是由于随着自由资本的流动，生产资源更多地向发展中国家重新分配，使发展中国家从中获得巨大收益，此结论也符合以上多种因素综合影响的结果（Kollmeyer，2015）。这进一步验证金融开放改革有利于改善发展中国家的收入不平等，并且有利于促进发展中国家的经济、社会发展。

表5.18　　　　　　　　亚组分析——发展中国家与发达国家

	发展中国家			发达国家		
	WLS	WLS-FE	WLS-RE	WLS	WLS-FE	WLS-RE
SE	1.986	1.977	1.986	1.903	1.075	1.095
	(0.40)	(0.43)	(0.43)	(1.14)	(0.69)	(1.15)
Expl	-0.215	-0.481	-0.215	1.961***	1.804**	2.165***
	(-0.71)	(-1.00)	(-0.76)	(3.57)	(2.70)	(5.15)
Country	0.312	0.281***	0.312	—	—	—
	(1.73)	(2.91)	(1.86)			

续表

	发展中国家			发达国家		
	WLS	WLS-FE	WLS-RE	WLS	WLS-FE	WLS-RE
Citation	0. 105	−0. 644*	0. 105	−1. 103**	−1. 057**	−2. 705***
	(0. 66)	(−1. 81)	(0. 71)	(−3. 09)	(−2. 57)	(−5. 91)
Time	−0. 275	1. 187***	−0. 275	−4. 434***	−9. 047***	−9. 163***
	(−0. 49)	(4. 83)	(−0. 52)	(−3. 55)	(−4. 34)	(−10. 03)
De jure	0. 105**	0. 115***	0. 105**	0. 130**	0. 123**	0. 130***
	(2. 61)	(4. 92)	(2. 80)	(3. 33)	(3. 00)	(4. 61)
De facto	0. 0766	0. 0806**	0. 0766	0. 115**	0. 111**	0. 114***
	(1. 74)	(2. 78)	(1. 86)	(3. 28)	(2. 98)	(4. 56)
Multidimensional measure	−1. 005***	−0. 866*	−1. 005***	0. 126**	0. 123**	0. 146***
	(−3. 52)	(−1. 99)	(−3. 78)	(3. 33)	(3. 01)	(5. 44)
Gini	0. 0449	0. 0436*	0. 0449	—	—	—
	(1. 74)	(2. 05)	(1. 87)			
Income Share Bottom	0. 146	0. 279***	0. 146	—	—	—
	(1. 46)	(5. 03)	(1. 57)			
Income Share Top	0. 367***	0. 497***	0. 367***	—	—	—
	(6. 52)	(9. 27)	(7. 00)			
Theil	0. 0767***	0. 0766***	0. 0767***	—	—	—
	(8. 11)	(9. 41)	(8. 71)			
Journal	0. 0469	1. 617**	0. 0469	−1. 616**	−1. 650**	−2. 116***
	(0. 17)	(2. 47)	(0. 18)	(−2. 92)	(−3. 07)	(−9. 08)
Theoretical	0. 838*	0. 807*	0. 838*	—	—	—
	(2. 19)	(1. 77)	(2. 35)			
OLS	0. 00682	0. 0478	0. 00682	1. 859***	2. 639***	3. 739***
	(0. 15)	(0. 90)	(0. 16)	(3. 58)	(26. 53)	(8. 70)
Endogeneity	−0. 251***	−0. 240***	−0. 251***	−1. 018**	0. 0288	−2. 261***
	(−7. 57)	(−7. 56)	(−8. 12)	(−2. 89)	(0. 03)	(−5. 84)
Log specification	0. 770***	0. 427	0. 770***	−0. 106*	−0. 225	−0. 211***
	(3. 51)	(1. 02)	(3. 77)	(−1. 88)	(−1. 70)	(−2. 99)
Lagged	0. 0891	0. 176	0. 0891	−0. 00554	0. 00869	−0. 0189
	(0. 83)	(1. 57)	(0. 89)	(−0. 12)	(0. 16)	(−0. 54)

续表

	发展中国家			发达国家		
	WLS	WLS-FE	WLS-RE	WLS	WLS-FE	WLS-RE
Financial development	0.00323	0.0632	0.00323	−0.133**	−0.123**	−0.143***
	(0.11)	(1.61)	(0.12)	(−2.79)	(−2.43)	(−4.32)
Level of economic development	0.0853	0.127	0.0853	−0.771***	−0.744***	−1.045***
	(1.04)	(0.58)	(1.12)	(−4.69)	(−3.85)	(−8.50)
Economic growth	0.0662	0.168**	0.0662	−0.771***	−2.354**	−1.543***
	(1.06)	(2.39)	(1.14)	(−4.21)	(−2.46)	(−13.59)
Economic structure	—	—	—	0.141***	0.141*	0.445***
				(2.47)	(2.05)	(3.33)
Education	0.209	−1.364***	0.209	−0.363**	−0.332*	−0.392***
	(1.52)	(−6.15)	(1.63)	(−2.65)	(−2.03)	(−4.22)
Demo	0.118	1.886***	0.118	−0.243**	−0.192	−0.180**
	(0.93)	(7.92)	(1.00)	(−2.59)	(−1.83)	(−2.65)
Macroeconomic volatility	0.0944**	0.0898***	0.0944**	—	—	—
	(2.73)	(3.56)	(2.93)			
Financial crisis	0.0154	0.0437**	0.0154	−0.492**	−0.447**	−0.464***
	(0.97)	(2.19)	(1.04)	(−3.49)	(−2.71)	(−5.51)
Political institutional quality	0.182***	0.180***	0.182***	0.0242	0.0175	0.0122
	(4.05)	(2.80)	(4.34)	(1.09)	(1.38)	(1.22)
Economic institutional quality	0.130	0.150	0.130	0.0167	0.350**	0.132
	(1.18)	(1.55)	(1.26)	(0.09)	(3.33)	(1.59)
Unionization	—	—	—	−0.0635***	−0.0595**	−0.0673***
				(−3.75)	(−3.70)	(−6.61)
Government spending	−0.0154	−0.0311	−0.0154	0.132***	0.156***	0.296***
	(−0.40)	(−0.74)	(−0.43)	(3.89)	(6.02)	(7.36)
Technology development	−0.231***	1.360***	−0.231***	−0.353**	−0.305	−0.436***
	(−4.22)	(7.18)	(−4.53)	(−2.39)	(−1.77)	(−3.56)
Trade	−0.190	−0.163	−0.190	−0.254***	−0.253**	−0.386***
	(−1.08)	(−1.02)	(−1.16)	(−3.72)	(−3.51)	(−5.97)
FO×Fd	0.0727***	0.0881**	0.0727***	−0.118***	−0.109**	−0.130***
	(5.58)	(2.33)	(5.99)	(−3.69)	(−2.80)	(−5.32)

续表

	发展中国家			发达国家		
	WLS	WLS-FE	WLS-RE	WLS	WLS-FE	WLS-RE
FO×others	−0.0744**	−0.0366	−0.0744**	0.162***	0.171***	0.158***
	(−3.00)	(−1.42)	(−3.22)	(4.99)	(4.24)	(6.08)
Fixed effect	−0.0330	−0.0311	−0.0330	−2.736**	−2.473*	−5.867***
	(−0.57)	(−0.60)	(−0.62)	(−3.22)	(−2.21)	(−7.26)
Random effect	0.256**	0.211***	0.256***	−2.681**	−2.415*	−5.809***
	(3.28)	(6.10)	(3.51)	(−3.18)	(−2.16)	(−7.18)
Pre	—	—	—	0.243***	0.283***	0.339***
				(4.92)	(7.41)	(7.51)
Post	—	—	—	0.178***	0.152***	0.179***
				(4.78)	(6.22)	(7.76)
Constant	−0.501	−2.189***	−0.501	8.245***	14.43***	18.37***
	(−0.39)	(−3.47)	(−0.42)	(3.38)	(7.50)	(7.94)
R^2	0.71	0.75	—	0.47	0.48	—
N	260	260	260	67	67	67

注：括号内是 t 值，＊$p<0.1$，＊＊$p<0.05$，＊＊＊$p<0.01$，多水平模型运用随机模型，无法获得 R^2 值。

从表 5.18 中可以看出，金融发展影响机制中，将金融发展水平较高的发达国家与金融发展水平较低的发展中国家进行分组比较分析，发现发达国家的金融发展及其交互项对金融开放影响收入不平等具有显著的负向作用，但在发展中国家中，金融发展及其交互项的系数正好与发达国家的方向相反，说明金融发展对金融开放与收入不平等关系的影响存在门槛效应。同时，这也说明在发展中国家，金融发展主要是通过其间接的制约作用来影响金融开放与收入不平等的关系，而在发达国家，金融发展则通过直接和间接两条影响路径进行影响。当控制金融发展及其交互项时，得到发展中国家的偏相关系数为−0.154，发达国家的偏相关系数为 0.641，即在金融发展水平较低的国家，金融开放会缓解收入不平等，在金融发展水平较高的国家，金融开放会加大收入不平等（同 Kunieda et al.，2014）。这从金融发展角度验证理论假设 3，并解释了金融开放有利于降低中低收入发展中国家的收入不平等的原因。

经济发展影响机制中，在经济发展水平较高的发达国家中，经济发展水平和经济增长率则会负向影响金融开放与收入不平等的关系，说明经济发展水平的影响作用也存在门槛效应的，并且符合倒"U"形假说。这也支持了本书的实证研究结果，即金融开放促进向服务业转变的产业结构的调整会增加对收入不平等的正向影响效应，并且分不同发展水平分析的实证研究也支持了目前全球经济还主要处于工业经济的经济增长与收入不平等的倒"U"形关系理论。这与本书分国家发展水平的异质性分析的研究结果一致。

制度质量影响机制中，金融开放改革对政治制度的影响，尤其对发展中国家的制度质量的影响更大，因此通过制度质量的提高对收入不平等的影响更大，而分不同发展水平的亚组分析中，在低水平发展的金融开放改革的制度质量提高会减少其降低收入不平等的影响效应，因为在制度质量对收入不平等的非线性关系中，金融开放改革后仍然处于低水平的制度质量也仍然处于倒"U"形的上升阶段，而在高发展水平的国家中增加金融开放将降低收入不平等的影响效应。

资本与劳动力谈判力影响机制中，虽然发展中国家的工会密度指标缺失，但发展中国家的总人口数的系数显著为正，而发达国家的总人口数的系数显著为负，这从资本和劳动力讨价还价能力的"储备劳动力"效应中可以看出发达国家的高技能人口占比较高，其总人口数的增加使其面对较高的高技能人才需求而增加高技能人才的收入水平，从而整体上降低收入不平等。

在金融风险的影响机制中，发展中国家的金融风险系数显著为正，但发达国家的金融风险系数显著为负，即金融风险负向影响金融开放与收入不平等的关系，这估计与自由资本的流向和较为完善的社会安全机制相关。发达国家在向发展中国家输入资本的同时，也会将某些可能引起波动的影响因素输出，致使发展中国家的宏观经济波动明显加强。同时，发达国家的社会安全机制能使金融危机的成本社会化，并使社会各阶层合理地分担风险，从而也减少金融危机的负面影响（Claessens and Perotti，2007；LaGarda et al.，2016；Furceri et al.，2017）。

其他调节变量对发展中国家和发达国家中收入不平等的影响区别不

大，或者其他调节变量对发展中国家和发达国家中收入不平等的影响效应在一定程度上有所不同，但只在某一回归方程中显著，因此它们的影响并不是稳定的。

（五）稳健性检验

为了验证结果的稳健性，本书除了采用不同模型外，还采用每个研究的观察数代替标准误作为权重再次进行回归，得出相似的结果（见表 5.19）[①]。同时，由于回归方程中包含许多解释变量，回归结果会受到模型不确定的影响（Havranek 和 Sokolova，2016），因此用贝叶斯模型平均法进行 Meta 分析，并且也得出相似的结果。表 5.19 的回归结果也验证了金融开放与收入不平等之间是负相关的研究结果是稳健的。

表 5.19　　稳健性检验——以每个研究的观察数为权重

	WLS	WLS-FE	WLS-RE
SE	2.353	2.791	3.320
	(1.28)	(1.34)	(1.30)
Expl	-0.376***	-0.522**	-0.0813
	(-2.92)	(-2.45)	(-0.21)
Country	0.406***	0.645***	0.541
	(3.01)	(2.96)	(1.03)
Citation	-0.0929**	-0.0153	-0.425
	(-2.18)	(-0.09)	(-1.04)
Time	-0.0171	0.0323	0.164
	(-0.14)	(0.20)	(1.40)
De jure	0.0913	0.163***	0.141***
	(1.34)	(18.58)	(5.89)
De facto	0.0447	0.105***	0.117***
	(0.87)	(8.80)	(6.33)
Multidimensional measure	-0.277***	-0.149*	0.0461
	(-4.09)	(-1.86)	(0.75)

---

① 对于发达国家和发展中国家的分组分析，由于研究文献的数量限制，仅采用不同的模型来进行敏感性分析。

续表

	WLS	WLS-FE	WLS-RE
Gini	0.0786**	0.0856**	0.0733**
	(2.46)	(2.25)	(2.24)
Income Share Bottom	0.108	0.0673	0.190**
	(1.17)	(0.60)	(2.00)
Income Share Top	0.349***	0.295***	0.420***
	(6.64)	(4.11)	(6.77)
Theil	0.0492**	0.0557***	0.0476**
	(2.57)	(3.18)	(2.51)
Journal	−0.245	0.423*	−0.0201
	(−0.89)	(1.87)	(−0.02)
Theoretical	0.0129	−0.110	−2.194**
	(0.21)	(−0.54)	(−2.47)
OLS	0.0615**	0.116***	0.139
	(2.08)	(3.68)	(1.08)
Endogeneity	−0.220***	−0.147***	−0.152
	(−5.22)	(−5.99)	(−1.30)
Log specification	0.204***	0.110	−0.0754
	(3.12)	(0.57)	(−1.47)
Lagged	0.0402	0.120***	0.0531
	(1.16)	(3.25)	(1.10)
Financial development	0.00969	0.0542*	0.0210
	(0.34)	(1.84)	(0.81)
Level of economic development	0.0509	0.0491	−0.0101
	(0.86)	(0.64)	(−0.14)
Economic growth	0.0216	0.0954***	0.0488*
	(1.15)	(2.59)	(1.69)
Economic structure	0.00978	0.0561	0.0174
	(0.17)	(1.36)	(1.11)
Education	−0.0570	−0.135	−0.0952
	(−1.15)	(−1.29)	(−1.30)

续表

	WLS	WLS-FE	WLS-RE
Demo	0.0158	0.110	0.0172
	(0.41)	(1.22)	(0.28)
Macroeconomic volatility	0.0435	0.116*	0.00443
	(1.39)	(1.93)	(0.25)
Financial crisis	0.0802**	0.113**	0.0363
	(2.10)	(2.34)	(1.01)
Political institutional quality	0.0313	0.149***	0.176***
	(0.64)	(10.37)	(4.22)
Economic institutional quality	0.254***	0.243**	0.00561
	(3.65)	(2.14)	(0.04)
Unionization	-0.0821	-0.0280	0.0196
	(-0.91)	(-0.50)	(0.44)
GD	-0.179	0.218***	-0.0175
	(-1.84)	(3.42)	(-0.09)
Government spending	0.0550	-0.0488***	-0.0641
	(1.09)	(-4.05)	(-0.42)
Technology development	0.0603	0.0284	0.0593
	(0.82)	(0.38)	(1.57)
Trade	0.206***	0.183	0.0508
	(3.12)	(1.56)	(0.61)
FO×Fd	-0.00368	0.00960	-0.0138
	(-0.20)	(0.52)	(-0.48)
FO×others	-0.0124	0.0385	-0.0134
	(-0.30)	(0.66)	(-0.32)
Developed	-0.0111	-0.0904	-0.129
	(-0.12)	(-0.77)	(-0.85)
Developing	-0.0419	-0.171***	-0.198**
	(-0.44)	(-3.19)	(-2.54)
Fixed effect	-0.0818***	-0.0932***	-0.109***
	(-2.89)	(-3.01)	(-3.03)

续表

	WLS	WLS-FE	WLS-RE
Random effect	−0.0417	−0.0531	−0.0269
	(−0.50)	(−0.65)	(−0.38)
Pre	0.177*	0.307***	0.448***
	(2.54)	(3.80)	(3.90)
Post	0.259***	0.168**	0.264***
	(4.08)	(2.44)	(2.65)
DUMMY60	−0.0121	−0.321	−2.445**
	(−0.11)	(−0.90)	(−2.25)
DUMMY70	0.0356	−0.0728	−0.105
	(0.62)	(−0.43)	(−0.43)
DUMMY80	0.208*	−0.137	−0.121
	(1.78)	(−0.32)	(−0.17)
DUMMY90	0.0210	0.482**	2.237*
	(0.30)	(2.59)	(1.89)
DUMMY00	−0.0143	−0.374	−1.718
	(−0.13)	(−0.68)	(−1.16)
DUMMY10	−0.415*	−0.0187	−1.194**
	(−1.84)	(−0.11)	(−2.54)
Constant	−0.543	−1.522***	−0.801
	(−1.41)	(−3.35)	(−0.32)
R^2	0.66	0.73	—
N	556	556	556

注：括号内是 t 值，＊表示 p<0.1，＊＊表示 p<0.05，＊＊＊表示 p<0.01，多水平模型运用随机模型，无法获得 R^2 值。

根据 Meta 分析法的分析模型可知金融开放对收入不平等影响效应的异质性一般来源于计量经济学方法和估计中使用的数据特征，并通过①模型中是否有初始收入不平等变量；②金融开放和收入不平等的度量（Bradley et al.，2003；Mahler，2004；Asteriou et al.，2014；Furceri and Loungani，2015）；③内生性；④仅使用发达国家的数据（Bradley et al.，2003；Mahler，2004；Alemán，2011；Asterio et al.，2014）四种方式来验证该异质性。此外，我们专注于影响机制的异质性来源。金融发展、经济发展、制度质量、金融危机以及资本和劳动力相对谈判力等因素导致了金融开放对收入不平等影响效应的异质性，并且这些影响机制还受到政治和经济环境等国家层面因素的影响，这支持了理论假设4（Ang，2010；De Haa and Sturm，2017）。总体而言，Meta 分析方法的回归结果证实，影响机制以及其所在的国家政治和经济制度共同影响和确定了金融开放对收入不平等的影响效应。

本小节在理论模型分析的基础上，基于 80 个国家 1990—2017 年的跨国数据，采用面板回归方法验证金融开放会降低收入不平等的理论假设，并在解决内生性问题后通过多种稳健性方法证实此研究结果是稳健的。在加入金融开放与金融发展深度、金融市场效率和制度质量的交互项后发现，金融发展深度、金融市场效率和制度质量都是通过其直接效应和与金融开放程度的交互效应影响收入不平等，只是金融发展深度更多是通过直接效应影响收入不平等；金融市场效率则主要通过金融开放程度间接影响收入不平等；制度质量则通过直接效应和与金融开放程度的交互效应共同影响收入不平等。

为了解决单一研究方法可能存在的误差、发表偏倚和主观偏差的问题，更加系统、综合地分析金融开放对收入不平等的影响效应以及其异质性，本小节运用基于现有经验研究进行定量综合分析的 Meta 分析方法揭示了金融开放对收入不平等的平均弱负相关关系，为金融开放降低收入不平等的积极影响效应提供了可靠的依据。在运用改进的 Meta 回归模型和亚组分析后，识别出金融开放与收入不平等关系的异质性主要源于影响机制、情景因素、变量衡量指标的选取、研究方法、样本数据和文献特征等层面的调节变量的影响。其中金融发展、经济发展、制度质量、金融危机以及资本和劳动力相对谈判力等影响因素对金融开放收入分配效应的调节作用显著，并且在诸多调节因素中，制度质量的调节效应极大。

在对发达国家和发展中国家的金融开放收入分配效应进行比较分析时发现相对于发达国家，发展中国家从金融开放改革中获得的收益更大，这也再次验证了理论假设 3。与此同时，从发达国家和发展中国家的亚组分析中可以看出，在金融发展程度较低的、金融市场效率较高的、经济发展水平较高的、制度质量较高的、高技能人才较多的国家中，金融开放降低收入不平等的影响效应会增强。

第三节　金融开放对收入不平等影响机制的实证检验

本书已通过理论分析和数据模拟验证了金融开放影响收入不平等的深层次的动机原理和原因。尽管构建的理论模型能够精练和简化现实的影响机制和作用路径，但为了检验理论模式在实际生活中的作用机制和影响效应，本书还借助中介效应模型分析金融开放是如何通过资本租金和劳动力租金，影响社会分层的基础表现的收入不平等，并借助链式多重回归中比较分析资本租金和劳动力租金作用机制在收入不平等中的相对贡献度和重要性，甄别何种因素主导金融开放对收入不平等的影响作用。

一　计量模型设定和中介变量测度

（一）中介效应逐步回归模型

根据第三章的理论分析得出金融开放通过资本租金和劳动力租金深层次作用机制影响收入不平等。本章借助中介效应逐步回归模型对这两条作用途径进行经验识别（Baron 和 Kenny，1987），设定的计量模型如下：

$$Gini_{it} = \alpha_0 + \alpha_1 Finanopen_{it} + \alpha_2 X_{it} + f_i + \eta_t + \varepsilon_{it} \tag{5.52}$$

$$M_{it} = \beta_0 + \beta_1 Finanopen_{it} + \beta_2 X_{it} + f_i + \eta_t + \varepsilon_{it} \tag{5.53}$$

$$Gini_{it} = \gamma_0 + \gamma_1 Finanopen_{it} + \gamma_2 M_{it} + \gamma_3 X_{it} + f_i + \eta_t + \varepsilon_{it} \tag{5.54}$$

其中，下标 i 和 t 分别表示国家和年份，$Gini_{it}$ 为 i 国第 t 年的收入不平等，$Finanopen_{it}$ 为 i 国第 t 年的金融开放的程度，M_{it} 是测度出来的 i 国第 t 年的单位资本租金和劳动力租金。X_{it} 表示为金融开放影响收入不平等的重要影响因素、国家层面特征的控制变量集，具体控制变量与基准模型保持一致，f_i 和 η_t 对应国家和时间的固定效应，ε_{it} 为随机扰动项。

一般来说，当同时满足以下四个条件时，可以认为存在中介效应：①金融开放程度 $Finanopen_{it}$ 在不包含中介变量 M_{it} 的方程（5.52）中显著影响收入不平等 $Gini_{it}$；②核心解释变量 $Finanopen_{it}$ 对中介变量 M_{it} 存在显著影响；③中介变量 M_{it} 显著影响被解释变量 $Gini_{it}$；④相比于方程（5.52）中的金融开放程度 $Finanopen_{it}$ 的系数在加入中介变量 M_{it} 后的方程（5.54）中变小或影响不再显著。上述条件是判断是否存在中介效应的基础，如果 α_1、β_1、γ_1 和 γ_2 均通过显著性检验，γ_1 显著且小于 α_1，或者 α_1、β_1 和 γ_2 通过显著性检验而 γ_1 不再通过显著性检验，则意味着金融开放程度 $Finanopen_{it}$ 对收入不平等 $Gini_{it}$ 的影响部分或者全部通过中介变量实现。中介效应逐步回归模型示意图见图 5.25。由于 Iacobucci（2012）指出，完全中介的情况非常少见，在总效应值较小时，间接效应达到总效应的 70% 可能会导致方程（5.54）中的直接效应 γ_1 不再显著（温忠麟和叶宝娟，2014），因此本书也不区分部分中介和完全中介，重点关注中介效应是否存在以及效应比重。

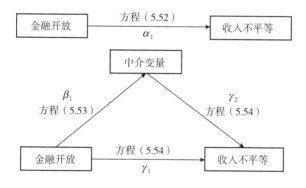

图 5.25　中介效应逐步回归模型示意

（二）中介效应系数乘积检验方法

根据上述中介效应模型，如果 $\beta_1 \neq 0$ 和 $\gamma_2 \neq 0$ 均显著成立，在代数计算上可以推导出 $\beta_1 \times \gamma_2 \neq 0$，但温忠麟和叶宝娟（2014）认为，这种通过逐步回归法检验系数乘积不为零的显著性方法容易犯下当系数乘积在实际上显著时，逐步回归检验法得出的系数乘积不显著的错误结论。Sobel（1987）提出的系数乘积 Sobel 检验法在逐步回归的基础上控制了可能发生的第一类错误，使逐步回归检验法的准确性得以增加。

Sobel 检验在原假设是中介效应模型路径上的系数乘积为 0，即 H_0：$\beta_1 \times \gamma_2 = 0$。Sobel 检验的 Z 统计量计算方法为：

$$Z = \beta_1 \times \gamma_2 / \sqrt{\beta_1^2 \times S_{\gamma_2}^2 + \gamma_2^2 \times S_{\beta_1}^2} \tag{5.55}$$

其中，$S_{\beta_1}^2$ 和 $S_{\gamma_2}^2$ 分别表示估计系数 β_1 和 γ_2 的标准误的平方。如果 Sobel 检验的 Z 统计量拒绝原假设，则表明中介效应显著存在。

中介效应检验方法除了逐步回归法、系数乘积 Sobel 检验法之外，还有系数差异检验法、Bootstrap 法和马尔科夫链蒙特卡罗法（Markov Chain Monte Carlo，MCMC）等检验方法。系数差异检验法和系数乘积 Sobel 检验法的准确程度基本相同，但这两种检验方法的局限在于要求系数乘积或系数差值服从正态分布。偏差纠正的非参数百分位 Bootstrap 法和马尔科夫链蒙特卡罗法（Markov Chain Monte Carlo，MCMC）不需要正态分布的假设，并能够提供比系数乘积 Sobel 检验法更准确的置信区间，但要求更多的统计数据和非常复杂的算法程序（Hayes and Scharkow，2013；温忠麟和叶宝娟，2014）。尽管逐步回归法可能导致第一类错误，但如果在这种情况下依然得出中介效应显著的结论，那么逐步法对作用机制的检验反而更加可靠。权衡各种检验方法的精确度和其检验方法运算难度，本书同时采用中介效应的逐步回归法和系数乘积 Sobel 检验法共同检验中介效应的显著性。

二　金融开放对收入不平等影响的资本租金机制检验

（一）回归结果与分析

根据上文的理论模型分析与资本租金、劳动力租金的描述分析中发现（见图 4.1 和图 4.2），相较于总资本租金和总劳动力租金，单位资本租金和单位劳动力租金对收入不平等的影响效应更显著，其动态变化趋势也更体现出金融开放改革的影响，同时也能降低可能由要素边际产出变化带来的内生性问题。因此，本书基于 80 个国家 1990 年到 2017 年的跨国数据核算出来的资本租金、劳动力租金、资本收益偏离程度和劳动力工资偏离程度，分析金融开放对收入不平等的作用机制，并验证金融开放通过资本租金和劳动力租金影响收入不平等。

根据逐步回归模型和 Sobel 检验法，对金融开放影响收入不平等的资本租金影响机制进行中介效应分析和检验，得出的回归结果见表 5.20。表 5.20 中列（1）为收入不平等基准模型的回归结果；列（2）和列（3）分别运用简单 OLS 和能解决内生性问题的系统 GMM 估计金融开放对资本租金的影响，结果显示金融开放程度每提高1，资本租金就会增加5.58%，估计系数在5%统计水平下显著异于零，表明金融开放会增加资本家获取的单位资本租金。列（4）则是在收入不平等模型中加入资本租金变量，金融开放的估计系数有所降低但依然在1%统计水平下显著为负，资本租金的估计系数在1%统计水平下也显著为负，表明金融开放通过增加资本租金降低收入不平等。Sobel 检验的 Z 统计量为-1.9152，显著拒绝不存在中介效应的原假设，验证了资本租金机制是金融开放影响收入不平等的传导渠道之一，这也支持了理论假设1，即金融开放改革通过增加资本租金降低收入不平等。

表 5.20　　　　　　　　　资本租金机制回归结果

VARIABLES	GMM	OLS	GMM	GMM
	Gini	Caprent	Caprent	Gini
Finanopen	-0.0949***	0.0262*	0.0558**	-0.0758**
	(0.0166)	(0.0137)	(0.0271)	(0.0085)
Caprent				-0.3416**
				(0.0655)
Agedepend	0.0058***	0.0012**	0.0019***	0.0018**
	(0.0009)	(0.0005)	(0.0006)	(0.0007)
Unemploy	0.0036***	0.0030**	0.0020**	0.0055***
	(0.0013)	(0.0006)	(0.0009)	(0.0011)
Polity 2	-0.0019	-0.0016	0.0034***	-0.0056***
	(0.0014)	(0.0014)	(0.0011)	(0.0017)
Schtie	-0.1496***	0.0024	-0.0122	-0.0854***
	(0.0167)	(0.0075)	(0.0082)	(0.0141)
GDPper	0.0197***	-0.0036**	-0.0064**	0.0033
	(0.0032)	(0.0015)	(0.0026)	(0.0055)
Serveindus	0.0493***	-0.0084**	-0.0114**	0.0161*
	(0.0075)	(0.0041)	(0.0049)	(0.0089)
Findep	0.5269***	-0.2149***	-0.5530***	-0.0031
	(0.1924)	(0.0690)	(0.1279)	(0.0720)
Fineff	-17.1002**	-2.5221	-19.4803***	-21.6509**
	(7.3733)	(2.9953)	(5.7008)	(8.5096)

续表

VARIABLES	GMM	OLS	GMM	GMM
	Gini	Caprent	Caprent	Gini
Instiqual	-0.1800***	0.1012***	0.2341***	0.0024
	(0.0556)	(0.0260)	(0.0332)	(0.0514)
Booneindex	-0.0004	0.0013**	0.0126***	0.0027**
	(0.0045)	(0.0001)	(0.0047)	(0.0014)
Resch	-0.0175*	-0.0172	0.0580***	-0.0188**
	(0.0096)	(0.0189)	(0.0076)	(0.0078)
Constant	3.6462***	-0.1161**	0.1826***	0.0001
	(0.0932)	(0.0464)	(0.0627)	(0.0001)
Time FE	Yes	No	Yes	Yes
Country FE	Yes	No	Yes	Yes
Sobel-Z				-1.9152**
Observations	395	395	395	395
R-squared		0.597		
F		14.31		
Groups	79		79	79
Hansen	10.29		11.80	10.38
AR (2)	0.20		-0.19	0.69

除此之外，从表 5.20 中列（2）和列（3）的回归结果中可以看出，单位资本租金会随着制度质量、金融机构市场力、技术创新、民主化程度、失业率和抚养比的提高而提高，同时还会随着经济发展水平、产业结构调整、金融发展深度、金融市场效率的提高而降低，而除了受教育程度，金融开放改革都明显会对金融发展深度、金融市场效率、制度质量、技术创新和金融机构的市场力产生积极的影响效应。在诸多影响因素中，金融发展深度、金融市场效率、制度质量的系数的绝对值较高，表示相较于其他影响因素，金融发展深度、金融市场效率、制度质量对资本租金的影响效应较大。

根据理论模型分析和图 4.1 可知，资本租金除了受到资本边际产出的影响，还受到资本利率与资本边际产生的偏离程度（资本收益偏离程度）的影响。金融开放改革会通过促进经济增长、促进金融市场的发展和技术创新、提高制度质量等途径使资本边际产出增加的趋势小于资本要素边际递减的趋势，总而言之，金融开放会提高资本要素的产出效率从而提高资本边际产出。但在这一过程中，金融开放更会通过重构的均衡市场加强资本要素和金融部门的市场力，从而压缩企业家的利润空间，增加资本家的资本租金，这就意味着金融开放改革后，资本租金的降低来源于资本利率与资本边际产生偏离程度的快速降低。因此，本书进一步分析资本租金中资本利率与资本边际产生的偏离程度，即资本收益的偏离程度（$\lambda^\tau - 1$），对收入不平等的影响。表 5.21 中列（1）依然为基准模型的回归结果；列（2）到列（3）分别运用简单的 OLS 回归和处理内生性问题的系统 GMM 方法估计金融开放对资本收益偏离程度具有显著影响，估计系数在 5% 统计水平下为 0.8072，相较于资本租金，资本收益偏离程度的影响作用更大，因为其系数的绝对值更大；列（4）汇报了金融开放和资本收益偏离程度对收入不平等的影响，资本收益偏离程度估计系数在 5% 统计水平下显著为负的同时，金融开放的估计系数有所降低但依然在 1% 统计水平下显著为负，同时 Sobel 检验的 Z 统计量为 -1.7794，显著拒绝不存在中介效应的原假设，进一步验证了金融开放通过资本租金作用机制影响收入不平等，只是金融开放对资本收益偏离程度影响效应高于对金融开放单位资本租金的影响效应，但资本收益偏离程度对收入不平等的影响效应低于单位资本租金对收入不平等的影响效应，即资本收益偏离程度和资本租金对收入不平等作用路径上的影响效应有所区别。这也进一步证实了资本收益偏离程度可以在一定程度上解释除去资本要素边际产出影响的资本租金作用机制。这也支持了金融开放改革通过提高资本利率与资本边际产生的偏离程度降低收入不平等的研究结论。这可能源于金融开放改革使资本租金收益分散到在金融市场进行投资的人群中，同时金融市场的发展使越来越多的人群尤其是低收入群体通过金融市场分享经济增长的收益，从而降低收入不平等（Tomaskovic-devey and Lin，2011）。这也验证了理论假设 1，即金融开放通过增加资本租金降低收入不平等，并且资本租金机制也主要通过资本利率与资本边际产生的偏离程度机制来影响收入不平等。

表 5. 21　　资本租金机制中资本收益偏离程度机制回归结果

VARIABLES	GMM	OLS	GMM	GMM
	Gini	$\lambda^{\tau}-1$	$\lambda^{\tau}-1$	Gini
Finanopen	−0. 0949 ***	0. 7126 **	0. 8072 **	−0. 0901 ***
	(0. 0166)	(0. 1961)	(0. 3993)	(0. 0166)
$\lambda^{\tau}-1$				−0. 0060 **
				(0. 0016)
Agedepend	0. 0058 ***	0. 0408 **	0. 0278	0. 0013 **
	(0. 0009)	(0. 0169)	(0. 0181)	(0. 0007)
Unemploy	0. 0036 ***	0. 0175 **	0. 0123	0. 0029 ***
	(0. 0013)	(0. 0085)	(0. 0226)	(0. 0008)
Polity 2	−0. 0019	0. 0981	0. 1385 ***	−0. 0017 *
	(0. 0014)	(0. 0622)	(0. 0229)	(0. 0010)
Schtie	−0. 1496 ***	−0. 0348	0. 2950	−0. 0482 ***
	(0. 0167)	(0. 2937)	(0. 2661)	(0. 0101)
GDPper	0. 0197 ***	−0. 1442 ***	−0. 3133 ***	0. 0216 ***
	(0. 0032)	(0. 0551)	(0. 0704)	(0. 0031)
Serveindus	0. 0493 ***	−0. 5654 ***	−0. 3000 **	0. 0112 **
	(0. 0075)	(0. 1971)	(0. 0612)	(0. 0051)
Findep	0. 5269 ***	−9. 5875 ***	−5. 9626 ***	0. 1262
	(0. 1924)	(3. 0273)	(0. 9600)	(0. 1251)
Fineff	−17. 1002 **	−74. 7779 ***	−63. 6336 ***	−6. 5750 ***
	(7. 3733)	(14. 6408)	(16. 7359)	(0. 2161)
Instiqual	−0. 1800 ***	5. 1658 ***	2. 6032 **	−0. 0831 **
	(0. 0556)	(0. 6342)	(1. 2915)	(0. 0334)
Booneindex	−0. 0004	0. 0933 **	0. 1617 **	−0. 0094 ***
	(0. 0045)	(0. 0376)	(0. 0628)	(0. 0029)
Resch	−0. 0175 *	0. 1288	1. 0239 ***	−0. 0178 **
	(0. 0096)	(0. 1638)	(0. 2120)	(0. 0078)
Constant	3. 6462 ***	−2. 6472	−6. 6889 ***	1. 2689 ***
	(0. 0932)	(1. 8650)	(1. 9209)	(0. 1434)
Time FE	Yes	No	Yes	Yes
Country FE	Yes	No	Yes	Yes

VARIABLES	GMM	OLS	GMM	GMM
	Gini	$\lambda^{\tau}-1$	$\lambda^{\tau}-1$	Gini
Sobel−Z				−1.7794*
Observations	395	395	395	395
R−squared		0.236		
F		12.00		
Groups	79		79	79
Hansen	10.29		10.21	15.48
AR（2）	0.20		−0.09	1.00

除此之外，从表 5.21 中列（2）和列（3）的回归结果中可以看出，资本利率与资本边际产生的偏离程度（资本收益偏离程度）会随着制度质量、金融机构市场力、技术创新、抚养比和民主程度的提高而提高，同时还会随着经济发展水平、经济产业结构调整、金融发展深度、金融市场效率的提高而降低。这与对资本租金的影响趋势相同，只是这些影响因素对资本收益偏离程度的影响更大，因为这些因素估计系数的绝对值都比较大。与对资本租金的影响相一致，在这些影响因素中，依然是金融发展深度、金融市场效率和制度质量这三个影响因素对资本收益偏离程度的影响效应最大。金融发展深度、金融市场效率和制度质量也是受到金融开放改革最直接的影响。结合表 5.20 中列（2）和列（3）的回归结果分析，得出经济发展、经济产业结构调整、金融市场发展、制度质量和技术创新影响资本租金。

（二）稳健性检验

1. 核心变量中金融开放衡量指标的更换

本书关注的核心变量是金融开放，采用法规的 Chinn-Ito 指标进行衡量，但此指标更多关注于资本流动和信贷市场的改革，为了全面、准确地刻画金融开放对资本租金的影响效应以及对收入不平等的影响机制，本书进一步采用国外直接投资占 GDP 比重和考虑风险的 Lane 和 Milesi-Ferretti（2007）的事实指标以及系统 GMM 方法进行回归分析（见表 5.22 和表 5.23）。

表 5.22　　　　资本租金机制的稳健性检验——金融开放指标更换

VARIABLES	FDIfacto	FDIfacto	FDIfacto	Caflowfacto	Caflowfacto	Caflowfacto
	Gini	Caprent	Gini	Gini	Caprent	Gini
Finanopen	−0.0336***	0.0130***	−0.0263	−0.0254*	0.0229**	−0.0243
	(0.0062)	(0.0019)	(0.1050)	(0.0133)	(0.0097)	(0.0985)
Caprent			−0.5573**			−0.4050**
			(0.0865)			(0.2035)
Constant	4.9764***	0.4635***	3.9315***	3.6893***	0.1792	3.6707***
	(0.1858)	(0.1279)	(0.0933)	(0.1768)	(0.1655)	(0.0929)
Controls	Yes	Yes	Yes	Yes	Yes	Yes
Time FE	Yes	Yes	Yes	Yes	Yes	Yes
Country FE	Yes	Yes	Yes	Yes	Yes	Yes
Sobel−Z			2.3459**			2.0551**
Observations	395	395	395	395	395	395
Groups	79	79	79	79	79	79
Hansen	13.99	15.21	16.60	12.48	17.65	19.46
AR（2）	0.35	0.85	0.08	0.65	1.43	0.58

注：控制变量 Controls 与表 5.20 的控制变量相同。

表 5.23　　　　　资本租金机制中资本收益偏离程度机制
稳健性检验——金融开放指标更换

VARIABLES	FDIfacto	FDIfacto	FDIfacto	Caflowfacto	Caflowfacto	Caflowfacto
	Gini	$\lambda^{\tau}-1$	Gini	Gini	$\lambda^{\tau}-1$	Gini
Finanopen	−0.0336***	0.4477***	−0.0075	−0.0254*	0.4744***	0.0254
	(0.0062)	(0.0725)	(0.1288)	(0.0133)	(0.1525)	(0.0928)
$\lambda^{\tau}-1$			−0.0582***			−0.0590***
			(0.0059)			(0.0078)
Constant	4.9764***	−12.3848***	3.7957***	3.6893***	−15.0975***	2.9966***
	(0.1858)	(3.7493)	(0.1155)	(0.1768)	(2.5420)	(0.1987)
Controls	Yes	Yes	Yes	Yes	Yes	Yes
Time FE	Yes	Yes	Yes	Yes	Yes	Yes
Country FE	Yes	Yes	Yes	Yes	Yes	Yes
Sobel−Z			4.681***			1.9645**

续表

VARIABLES	FDIfacto	FDIfacto	FDIfacto	Caflowfacto	Caflowfacto	Caflowfacto
	Gini	$\lambda^{\tau}-1$	Gini	Gini	$\lambda^{\tau}-1$	Gini
Observations	395	395	395	395	395	395
Groups	79	79	79	79	79	79
Hansen	13.99	12.16	12.15	12.48	14.67	15.48
AR（2）	0.35	0.40	1.30	0.65	1.51	1.21

注：控制变量 Controls 与表 5.20 的控制变量相同。

表 5.22 和表 5.23 列（1）到列（3）以国外直接投资占 GDP 比重的事实指标来衡量金融开放程度进行回归分析；列（4）到列（6）则以考虑了风险的 Lane 和 Milesi-Ferretti（2007）的事实指标来衡量金融开放程度。表 5.22 的回归结果显示，不同指标的金融开放都显著增加资本租金，同时纳入金融开放和资本租金，资本租金的系数均在 1% 水平下显著为负，金融开放的系数降低或者不显著，同时 Sobel 检验的结果也是显著拒绝不存在中介效应的原假设，即验证了资本租金作用机制是金融开放改革影响收入不平等的传导路径之一。表 5.23 的回归结果显示，同指标的金融开放都显著提高资本收益偏离程度，同时纳入金融开放和资本收益偏离程度，资本收益偏离程度的系数均在 1% 水平下显著为负，金融开放的系数降低或者不显著，再次验证了金融开放通过资本租金影响收入不平等的作用机制，并且金融开放还通过资本租金中的资本收益偏离程度来影响收入不平等。

2. 核心变量中被解释变量衡量指标的更换

收入不平等也是本书的核心变量。以基尼系数衡量的收入不平等对中间阶层的收入变化更敏感可能会导致高估收入不平等的情况，从而有可能使不显著的效应显著。鉴于此，本书采用对各个范围的敏感度都相同的泰尔指数 $Theil_{it}$ 来衡量收入不平等。表 5.24 中列（3）和列（5）加入金融开放和资本租金或者资本收益偏离程度的控制变量后，资本租金和资本收益偏离程度的估计系数都在 1% 水平下显著为负，再次验证了金融开放通过资本租金机制影响收入不平等。

表 5.24　　资本租金机制的稳健性检验——被解释变量指标更换

VARIABLES	GMM	GMM	GMM	GMM	GMM
	Theil	Caprent	Theil	$\lambda^{\tau}-1$	Theil
Finanopen	−0.6133***	0.9342***	−0.0032	0.8262***	−0.0955
	(0.2022)	(0.0321)	(0.2545)	(0.0402)	(0.2725)
Caprent			−0.6533***		
			(0.0188)		
$\lambda^{\tau}-1$					−0.6064**
					(0.0250)
Constant	−7.4317***	0.3595***	−6.9774***	−0.9294	−5.9478***
	(0.9579)	(0.1211)	(1.2172)	(1.5092)	(1.1399)
Controls	Yes	Yes	Yes	Yes	Yes
Time FE	Yes	Yes	Yes	Yes	Yes
Country FE	Yes	Yes	Yes	Yes	Yes
Sobel-Z			−2.900***		−15.6804**
Observations	372	372	372	372	372
Groups	75	75	75	75	75
Hansen	12.07	15.34	15.61	11.34	17.73
AR (2)	0.50	0.66		−0.41	−0.27

注：控制变量 Controls 与表 5.20 的控制变量相同。

3. 更换样本数据

由于实证分析中的数据存在不可预估的选择偏误或者能影响数据对总体样本的代表性等问题，回归结果与总体的实际估计之间会存在偏误，同时为了验证基本回归模型中控制了宏观经济波动的影响效应，本书又采用每 3 年的间隔数据形成一个新的样本进行回归分析（见表 5.25）。表 5.25 中列（3）和列（5）加入金融开放和资本租金或者资本收益偏离程度的控制变量后，资本租金和资本收益偏离程度的估计系数都在 1%水平下显著为负，同时逐步回归模型的回归结果和 Sobel 检验的结果都支持金融开放通过增加资本租金降低收入不平等的研究结论。

表 5.25　　　　　　　资本租金机制的稳健性检验——每 3 年数据

VARIABLES	GMM	GMM	GMM	GMM	GMM
	Gini	Caprent	Gini	$\lambda^{\tau}-1$	Gini
Finanopen	−0.0525***	0.0560**	−0.0447***	0.0513**	−0.0424**
	(0.0137)	(0.0259)	(0.0127)	(0.0240)	(0.0174)
Caprent			−0.1391***		
			(0.0158)		
$\lambda^{\tau}-1$					−0.1967***
					(0.0145)
Constant	3.8217***	0.3595***	4.3168***	−1.1638	3.6205***
	(0.0600)	(0.1211)	(0.0612)	(0.9246)	(0.0869)
Controls	Yes	Yes	Yes	Yes	Yes
Time FE	Yes	Yes	Yes	Yes	Yes
Country FE	Yes	Yes	Yes	Yes	Yes
Sobel−Z			2.1000**		2.1069**
Observations	720	720	720	720	720
Groups	80	80	80	80	80
Hansen	16.62	9.38	15.19	11.09	9.98
AR（2）	0.65	1.12	1.50	−0.45	1.45

注：控制变量 Controls 与表 5.20 的控制变量相同。

4. 采用不同的回归方法

金融开放对收入不平等的回归结果可能受到内生性问题的干扰。尽管系统 GMM 面板回归能处理由于变量之间的双向因果和国家层面异质性特征等带来的内生性，但是估计的结果很可能依然存在一定程度的偏误。为了进一步解决内生性问题，本书还采用工具变量法进行进一步验证，即采用滞后一期作为金融开放的工具变量；由于资本租金的增加主要来源于资本收益偏离程度的快速增加，因此，本书还采用资本收益偏离程度作为资本租金的工具变量。表 5.26 在分别加入金融开放和资本租金的工具变量指标后，资本租金和资本收益偏离程度出现不同程度的上升，资本租金和资本收益偏离程度的上升显著降低收入不平等，再次表明金融开放通过资本租金降低收入不平等的作用机制具有良好的稳健性。

表 5. 26   资本租金机制的稳健性检验（工具变量法）

VARIABLES	（1）	（2）	（3）	（4）	（5）
	Gini	Caprent	Gini	$\lambda^{\tau}-1$	Gini
Finanopen	-0.0396***	0.0291**	0.0022	0.5694**	0.0004
	（0.0085）	（0.0145）	（0.0441）	（0.1499）	（0.0467）
Caprent			-1.2852***		
			（0.1996）		
$\lambda^{\tau}-1$					-0.0689***
					（0.0146）
Constant	0.2711***	-0.0983***	3.7957***	-6.7788***	3.7394***
	（0.0647）	（0.0329）	（0.1221）	（1.2925）	（0.1258）
Controls	Yes	Yes	Yes	Yes	Yes
Time FE	Yes	Yes	Yes	Yes	Yes
Country FE	Yes	Yes	Yes	Yes	Yes
Sobel-Z			-1.9160*		-2.9590***
Observations	395	395	395	395	395
R-squared	0.981	0.686	0.631	0.593	0.604
F statistics	236.09	366.50	677.13	781.84	674.20

注：控制变量 Controls 与表 5. 20 的控制变量相同。

三   金融开放对收入不平等影响的劳动力租金机制检验

（一）回归结果与分析

根据逐步回归模型和 Sobel 检验法，对金融开放影响收入不平等的劳动力租金作用机制进行中介效应分析和检验，得出的回归结果见表 5. 27。表 5. 27 汇报了对劳动力租金影响机制检验的回归结果，列（1）为收入不平等基准模型的回归结果；列（2）和列（3）分别运用简单 OLS 和系统 GMM 估计法检验金融开放是否对劳动力租金的中介变量具有显著影响，估计系数在 5% 统计水平下为 -3.0540，表明金融开放会降低劳动力租金，如果劳动力租金为负值，意味着会增加企业家掠夺的劳动力收益；表 5. 27 中列（4）汇报了金融开放和劳动力租金对收入不平等的影响，劳动力租金对收入不平等的估计系数在 1% 统计水平下显著为负，而金融开放的估计系数依然显著但系数有所提高。Sobel 检验的 Z 统计量也是显著拒绝不存在中介效应的原假设，因此劳动力租金机制是金融开放影响收入不平等的传导渠道之一，这也支持了理论模型分析所提出的理论假设 2，即金融开放改革通过降低劳动力租金提高收入不平等。由于金融开放通过降低劳动力租金提高收入不平等，与金融开放降低收入不平等的影响效应相反，并且金融开放的估计系数显著提高，这表明金融开放通过劳动力租金对收入不平等的影响具有遮掩效应。根据理论模型分析也得出资本租金和劳动力租金对收入不平等的方向是相反的，因此金融开放对收入不平等的影响效应取决于资本租金和劳动力租金两种机制共同作用的结果。

表 5.27　　　　　　　　　　劳动力租金机制回归结果

VARIABLES	GMM	OLS	GMM	GMM
	Gini	Labrent	Labrent	Gini
Finanopen	−0.0949***	−0.7646**	−3.0540**	−0.1146***
	(0.0166)	(0.0761)	(1.4313)	(0.0212)
Labrent				−0.0064***
				(0.0024)
Agedepend	0.0058***	0.0699***	0.0814**	0.0062***
	(0.0009)	(0.0046)	(0.0333)	(0.0008)
Unemploy	0.0036***	−0.0011	−0.0885**	0.0065***
	(0.0013)	(0.0203)	(0.0070)	(0.0010)
Polity 2	−0.0019	−0.0017	0.1329**	−0.0006
	(0.0014)	(0.0297)	(0.0186)	(0.0010)
Schtie	−0.1496***	0.0424**	0.4485	−0.1057***
	(0.0167)	(0.0066)	(0.4174)	(0.0097)
GDPper	0.0197***	0.2235**	0.2541**	0.0282***
	(0.0032)	(0.0896)	(0.0114)	(0.0027)
Serveindus	0.0493***	−0.0562**	0.0693	0.0642***
	(0.0075)	(0.0053)	(0.2735)	(0.0056)
Findep	0.5269***	4.3862***	2.1989	0.7467***
	(0.1924)	(0.0637)	(7.3163)	(0.1298)
Fineff	−17.1002**	−86.9798***	−11.2879***	−15.1160**
	(7.3733)	(10.1700)	(3.24258)	(7.2961)

续表

VARIABLES	GMM	OLS	GMM	GMM
	Gini	Labrent	Labrent	Gini
Instiqual	-0.1800***	2.3535**	3.3000**	-0.2163***
	(0.0556)	(0.2575)	(1.1081)	(0.0457)
Booneindex	-0.0004	0.0955**	0.5956**	-0.0161***
	(0.0045)	(0.0481)	(0.2713)	(0.0036)
Resch	-0.0175*	-0.5743	0.4040**	-0.0720***
	(0.0096)	(0.5608)	(0.0089)	(0.0079)
Constant	3.6462***	-2.7723	-7.8029**	3.4513***
	(0.0932)	(1.9680)	(3.4391)	(0.0762)
Time FE	Yes	Yes	Yes	Yes
Country FE	Yes	Yes	Yes	Yes
Sobel-Z				1.6660*
Observations	395	395	395	395
R-squared		0.117		
F		3.106		
Groups	79		79	79
Hansen	10.29		16.37	12.48
AR (2)	0.20		0.70	1.06

除此之外，从表 5.27 中列（2）和列（3）的回归结果中可以看出，单位劳动力租金会随着制度质量、技术创新、金融机构市场力、经济发展水平、金融发展深度、受教育程度、抚养比民主程度的提高而提高，同时还会随着经济产业结构调整、金融市场效率的提高而降低。技术变革增加劳动力租金，但对收入不平等具有积极的负面效应。在劳动力租金的影响因素中，金融发展深度、金融市场效率、制度质量这三个直接受到金融开放改革影响的因素对劳动力租金的影响效应最大，其他因素的影响效应相对较小或者不显著。

根据本章的理论模型分析和图 4.1 可知，劳动力租金除了受到劳动力边际产出的影响，还受到劳动力实际薪资与劳动力边际产出偏离程度（劳动力工资偏离程度）的影响。金融开放改革会通过重构的均衡市场以及资本要素对劳动力要素的挤出效应对劳动力实际薪资与劳动力边际产出偏离程度产出影响。为了进一步分析劳动力租金的作用机制，本书进一步分析劳动力租金中劳动力实际薪资与劳动力边际产出偏离程度，即劳动力工资偏离程度（$\mu-1$）对收入不平等的影响机制，得出的回归结果见表5.28。表5.28中列（2）和列（3）的结果显示金融开放程度每提高1，劳动力工资的偏离程度就会降低34.31%，估计系数在5%统计水平下显著异于零，金融开放会降低劳动力工资的偏离程度，但由于劳动力工资偏离程度为负值，这就意味着金融开放会使企业家加大对劳动者收益的掠夺，因为金融开放降低了劳动者相对资本家的谈判力（Ni and Liu，2019）；列（4）在收入不平等模型中加入劳动力工资偏离程度后，劳动力工资偏离程度对收入不平等的影响系数在1%的统计水平下显著不为零，同时Sobel检验的Z统计量也通过了中介效应的检验，进一步验证了金融开放通过劳动力租金影响收入不平等的作用机制。同样，劳动力工资偏离程度对收入不平等的影响具有遮掩效应，在同时加入劳动力工资偏离程度和金融开放指标后，金融开放的系数显著提升，这是由于金融开放会通过降低劳动力工资偏离程度增加收入不平等。与劳动力租金的遮掩效应相比，金融开放对劳动力工资偏离程度影响效应低于金融开放对单位劳动力租金的影响效应，但劳动力工资偏离程度对收入不平等的影响效应高于单位劳动力租金对收入不平等的影响效应，即劳动力工资偏离程度和劳动力租金对收入不平等作用路径上的影响效应有所区别。这也进一步证实了劳动力工资偏离程度可以在一定程度上替代描述除去劳动力要素边际产出影响的劳动力租金作用机制。这验证了金融开放改革通过劳动力实际薪资与劳动力边际产出偏离程度增加收入不平等的作用机制，进一步验证了劳动力租金机制是金融开放影响收入不平等的传导渠道之一。

除此之外，从表5.28中列（2）和列（3）的回归结果中可以看出，劳动力实际薪资与劳动力边际产出偏离程度（劳动力工资偏离程度）会随着技术创新、制度质量、经济发展水平、受教育程度、抚养比和民主程度的提高而提高，同时还会随着经济产业结构调整、金融发展深度、金融市场效率、金融机构市场力的提高而降低。实证分析金融开放主要通过经济产业结构调整、金融发展深度和金融机构市场力来影响劳动力工资偏离程度。结合表 5.27 中列（2）和列（3）的回归结果分析得出经济发展尤其是经济产业结构调整、金融市场发展，制度质量、技术创新、资本相对于劳动力谈判力的提高来影响劳动力租金。

表 5.28　劳动力租金机制中劳动力工资偏离程度机制的回归结果

VARIABLES	GMM	OLS	GMM	GMM
	Gini	$\mu-1$	$\mu-1$	Gini
Finanopen	−0.0949***	−0.2957**	−0.3431***	−0.1340**
	(0.0166)	(0.0509)	(0.0814)	(0.0525)
$\mu-1$				−0.1138***
				(0.0442)
Agedepend	0.0058***	0.0075**	0.0248***	0.0052***
	(0.0009)	(0.0005)	(0.0037)	(0.0009)
Unemploy	0.0036***	−0.0022**	−0.0175***	0.0055***
	(0.0013)	(0.0002)	(0.0046)	(0.0013)
Polity 2	−0.0019	0.0293	0.0299***	−0.0075***
	(0.0014)	(0.0227)	(0.0047)	(0.0017)
Schtie	−0.1496***	0.0711**	0.2187***	−0.0946***
	(0.0167)	(0.0198)	(0.0543)	(0.0122)
GDPper	0.0197***	0.0102**	0.0487***	0.0367***
	(0.0032)	(0.0015)	(0.0144)	(0.0042)
Serveindus	0.0493***	0.0749	−0.1424***	0.0767***
	(0.0075)	(0.0574)	(0.0329)	(0.0071)
Findep	0.5269***	−1.1440	−2.5302***	0.6012***
	(0.1924)	(1.0284)	(0.8077)	(0.1651)
Fineff	−17.1002**	−33.1345***	−91.5995***	−8.1014
	(7.3733)	(3.5888)	(33.6006)	(8.6630)
Instiqual	−0.1800***	0.9266***	−0.4116	−0.1040**
	(0.0556)	(0.3181)	(0.2634)	(0.0496)
Booneindex	−0.0004	0.0319**	−0.0001	−0.0118***
	(0.0045)	(0.0146)	(0.0189)	(0.0045)
Resch	−0.0175*	0.0552**	0.0701**	−0.0806***
	(0.0096)	(0.0096)	(0.0032)	(0.0096)

续表

VARIABLES	GMM	OLS	GMM	GMM
	Gini	$\mu-1$	$\mu-1$	Gini
Constant	3.6462***	−1.0882*	−2.6044***	2.9812***
	(0.0932)	(0.5747)	(0.3918)	(0.1091)
Time FE	Yes	Yes	Yes	Yes
Country FE	Yes	Yes	Yes	Yes
Sobel−Z				2.1972**
Observations	395	395	395	395
R−squared		0.236		
F		12.00		
Groups	79		79	79
Hansen	10.29		5.21	15.48
AR（2）	0.20		−0.09	1.00

劳动力实际薪资与劳动力边际产出偏离程度（劳动力工资偏离程度）会随着经济发展水平、制度质量、技术创新、金融机构的市场力、受教育程度、抚养比和民主程度的提高而提高，同时还会随着金融市场效率、金融市场效率、经济产业结构调整和失业率的提高而降低。在劳动力工资偏离程度的影响因素中，金融发展深度、金融市场效率、制度质量这三个直接受到金融开放改革影响的因素对劳动力租金的影响效应最大，其他因素的影响效应相对较小或者不显著。结合表5.20中列（2）和列（3）的回归结果分析，进一步验证了经济发展、金融市场发展、制度质量、技术创新、资本相对于劳动力谈判力会影响资本租金和劳动力租金，从而对收入不平等具有重要调节作用的理论假设4。

（二）稳健性检验

1. 核心变量中金融开放衡量指标的更换

本书关注的核心变量金融开放，采用法规的 Chinn-Ito 指标进行衡量，但此指标只是描述金融开放改革的一些方面，为了全面、准确地刻画金融开放对资本租金的影响效应以及对收入不平等的影响机制，本书进一步采用国外直接投资占 GDP 比重和考虑风险的 Lane 和 Milesi-Ferretti（2007）的事实指标以及系统 GMM 方法进行回归分析（见表

5.29)。表5.29和表5.30中列（1）到列（3）以国外直接投资占GDP比重的事实指标来衡量金融开放程度进行回归分析；列（4）到列（6）则以考虑风险的 Lane 和 Milesi-Ferretti（2007）的事实指标来衡量金融开放程度。回归的结果表明金融开放通过降低劳动力租金增加收入不平等的作用机制，并且金融开放通过劳动力租金中的劳动力工资偏离程度来影响收入不平等。

表5.29　劳动力租金机制的稳健性检验（金融开放衡量指标更换）

VARIABLES	FDIfacto	FDIfacto	FDIfacto	Caflowfacto	Caflowfacto	Caflowfacto
	Gini	Labrent	Gini	Gini	Labrent	Gini
Finanopen	−0.0336***	−0.3923*	−0.1175*	−0.0254*	−1.0717***	−0.1150
	(0.0062)	(0.2170)	(0.0695)	(0.0133)	(0.3584)	(0.0908)
Labrent			−0.1723***			−0.0838**
			(0.0343)			(0.0414)
Constant	4.9764***	−10.8515***	−3.7612***	3.6893***	−9.6585***	0.0001
	(0.1858)	(3.4303)	(0.8287)	(0.1768)	(3.3915)	(0.0001)
Controls	Yes	Yes	Yes	Yes	Yes	Yes
Time FE	Yes	Yes	Yes	Yes	Yes	Yes
Country FE	Yes	Yes	Yes	Yes	Yes	Yes
Sobel−Z			1.7010*			1.6762*
Observations	395	395	395	395	395	395
Groups	79	79	79	79	79	79
Hansen	13.99	13.92	15.70	10.68	16.30	9.40
AR（2）	0.35	−0.22	−0.71	−1.29	−0.72	0.67

注：控制变量 Controls 与表5.20的控制变量相同。

表5.30　　　劳动力租金机制中劳动力工资偏离程度机制

稳健性检验（金融开放衡量指标更换）

VARIABLES	FDIfacto	FDIfacto	FDIfacto	Caflowfacto	Caflowfacto	Caflowfacto
	Gini	$\mu-1$	Gini	Gini	$\mu-1$	Gini
Finanopen	−0.0336***	−0.0186*	−0.0628**	−0.0254*	−0.0376**	−0.0594**
	(0.0062)	(0.0109)	(0.0132)	(0.0133)	(0.0170)	(0.0075)

续表

VARIABLES	FDIfacto	FDIfacto	FDIfacto	Caflowfacto	Caflowfacto	Caflowfacto
	Gini	μ−1	Gini	Gini	μ−1	Gini
μ−1			−1.5648***			−0.9043***
			(0.5185)			(0.3372)
Constant	4.9764***	−1.1898***	0.0001	3.6893***	−0.6273**	−3.6063***
	(0.1858)	(0.2735)	(0.0001)	(0.1768)	(0.2935)	(1.0260)
Controls	Yes	Yes	Yes	Yes	Yes	Yes
Time FE	Yes	Yes	Yes	Yes	Yes	Yes
Country FE	Yes	Yes	Yes	Yes	Yes	Yes
Sobel−Z			1.4854			1.7063*
Observations	395	395	395	395	395	395
Groups	79	79	79	79	79	79
Hansen	13.99	17.26	15.95	10.68	13.38	17.26
AR (2)	0.35	−0.22	−1.11	−1.29	−1.11	−0.22

注：控制变量 Controls 与表 5.20 的控制变量相同。

2. 核心变量中被解释变量衡量指标的更换

收入不平等也是本书的核心变量。以基尼系数衡量的收入不平等对中间阶层的收入变化更敏感可能会导致高估收入不平等的情况，从而有可能使不显著的效应显著。鉴于此，本书采用对各个范围的敏感度都相同的泰尔指数 $Theil_{it}$ 来衡量收入不平等。表 5.31 中列（3）和列（5）分别加入金融开放和劳动力租金和劳动力工资偏离程度的控制变量后，劳动力租金和劳动力工资偏离程度的估计系数都在 1% 水平下显著为负，再次验证了金融开放通过劳动力租金机制影响收入不平等。

表 5.31 劳动力租金机制的稳健性检验（被解释变量指标更换）

VARIABLES	GMM	GMM	GMM	GMM	GMM
	Theil	Labrent	Theil	μ−1	Theil
Finanopen	−0.6133***	−0.0934***	−0.7190**	−0.3262***	−0.7251**
	(0.2022)	(0.0321)	(0.2545)	(0.0402)	(0.2725)
Labrent			−0.6533***		
			(0.0188)		

VARIABLES	GMM	GMM	GMM	GMM	GMM
	Theil	Labrent	Theil	$\mu-1$	Theil
$\mu-1$					−0.2064 **
					(0.0250)
Constant	−7.4317 ***	−7.8029 **	−4.2069 ***	−2.6044 ***	−4.4629 ***
	(0.9579)	(3.4391)	(0.8382)	(0.3918)	(1.0703)
Controls	Yes	Yes	Yes	Yes	Yes
Time FE	Yes	Yes	Yes	Yes	Yes
Country FE	Yes	Yes	Yes	Yes	Yes
Sobel-Z			2.900 ***		5.7858 **
Observations	372	372	372	372	372
Groups	75	75	75	75	75
Hansen	12.07	9.07	12.41	10.84	12.09
AR (2)	0.50	−0.25	−0.66	−0.79	0.03

注：控制变量 Controls 与表 5.20 的控制变量相同。

3. 更换样本数据

为了解决数据选择可能导致的偏误的问题，并验证基本回归模型中控制了宏观经济波动的影响效应，本书又采用每 3 年的间隔数据形成一个新的样本进行回归分析（见表 5.32）。表 5.32 中列（3）和列（5）分别加入金融开放和劳动力租金或者劳动力工资偏离程度指标后，劳动力租金和劳动力工资偏离程度的估计系数都在 1% 水平下显著为正，金融开放的估计系数都显著降低，逐步回归模型的回归结果和 Sobel 检验的结果都支持金融开放通过降低劳动力租金增加收入不平等的研究假设。

表 5.32　　　　劳动力租金机制的稳健性检验——每 3 年数据

VARIABLES	GMM	GMM	GMM	GMM	GMM
	Gini	Labrent	Gini	$\mu-1$	Gini
Finanopen	−0.0525 ***	−4.3841 ***	−0.0705 ***	−0.2115 ***	−0.07156 ***
	(0.0137)	(0.7988)	(0.0132)	(0.0763)	(0.0033)

续表

VARIABLES	GMM	GMM	GMM	GMM	GMM
	Gini	Labrent	Gini	$\mu-1$	Gini
Labrent			-0.0041***		
			(0.0011)		
$\mu-1$				-0.0901***	
				(0.0277)	
Constant	-26.4544***	4.0394***	0.2840	3.4888***	-26.4544***
	(3.3006)	(0.0844)	(0.4134)	(0.1256)	(3.3006)
Controls	Yes	Yes	Yes	Yes	Yes
Time FE	Yes	Yes	Yes	Yes	Yes
Country FE	Yes	Yes	Yes	Yes	Yes
Sobel-Z			2.1000**		2.1069**
Observations	720	720	720	720	720
Groups	80	80	80	80	80
Hansen	16.62	14.85	10.02	16.96	19.38
AR (2)	0.65	0.10	-0.47	-0.03	1.55

注：控制变量 Controls 与表 5.20 的控制变量相同。

4. 采用不同的回归方法

为了应对可能存在的内生性问题，本书的基准回归和稳健性回归都采用了系统 GMM 方法，但尽管系统 GMM 面板回归能处理由于变量之间的双向因果和国家层面异质性特征等带来的内生性，但是估计的结果很可能依然存在一定程度的偏误。为了进一步解决内生性问题，本书还采用工具变量法进行进一步验证。根据 Larrain（2015）、Bumann 和 Lensink（2016）、梅冬州等（2019）对金融开放工具变量的研究成果，本书采用滞后一期作为金融开放的工具变量，即滞后 5 年的金融开放程度指数来进行检验；由于劳动力租金与劳动力工资偏离程度相关度较高，而与劳动力要素边际产出的相关关系不断弱化，因此本书采用劳动力工资偏离程度作为资本租金的工具变量。表 5.33 在分别加入金融开放和劳动力租金或者劳动力工资偏离程度指标后，劳动力租金和劳动力工资偏离程度出现不同程度的下降，劳动力租金和劳动力工资偏离程度的降低显著增加收入不平等，再次表明金融开放通过劳动力租金扩大收入不平等的作用机制具有良好的稳健性。

表 5.33 劳动力租金机制的稳健性检验（工具变量法）

VARIABLES	（1）	（2）	（3）	（4）	（5）
	Gini	Labrent	Gini	$\mu-1$	Gini
Finanopen	−0.0179**	−1.6842**	−0.0310***	−0.1943**	−0.0283**
	（0.0085）	（0.8422）	（0.0005）	（0.0979）	（0.0093）
Labrent			−0.0078**		
			（0.0033）		
$\mu-1$					−0.0536***
					（0.0189）
Constant	−4.8974	3.8951***	0.7391**	3.9678***	−4.8974
	（3.7666）	（0.1379）	（0.3273）	（0.1347）	（3.7666）
Controls	Yes	Yes	Yes	Yes	Yes
Time FE	Yes	Yes	Yes	Yes	Yes
Country FE	Yes	Yes	Yes	Yes	Yes
Sobel−Z			1.9160*		2.9590***
Observations	395	395	395	395	395
R−squared	0.661	0.541	0.843	0.548	0.661
F statistics	236.09	479.70	473.82	183.76	479.70

注：控制变量 Controls 与表 5.20 的控制变量相同。

四 金融开放对收入不平等作用机制的贡献分解

（一）总体中介计量模型设定

上述回归结果依次检验了金融开放对收入不平等的主要作用路径：资本租金和劳动力租金，即生产要素租金。但在实际中，这些作用机制是共同存在和作用的，同时根据理论模型分析得出这两条作用机制并不是完全独立的，金融开放会通过资本租金的挤出效应影响劳动力租金（Antonelli and Gehringer，2017）。因此，需要将这两个中介变量共同纳入金融开放对收入不平等影响的模型中，构建链式多重中介效应模型来分析资本租金和劳动力租金传导机制的共同作用以及资本租金和劳动力租金作用机制对总体效应的贡献度（柳士顺和凌文辁，2009）。此时的中介效应计量回归模型需要在方程（5.52）、方程（5.53）和方程（5.54）的基础上增加如下计量方程：

$$Caprent_{it} = \beta_{01} + \beta_{11}Finanopen_{it} + \beta_{21}X_{it} + f_i + \eta_t + \varepsilon_{it} \tag{5.56}$$

$$Labrent_{it} = \beta_{02} + \beta_{12}Finanopen_{it} + \beta_3 Caprent_{it} + \beta_{22}X_{it} + f_i + \eta_t + \varepsilon_{it} \tag{5.57}$$

$$Gini_{it} = \gamma_{20} + \gamma_3 Finanopen_{it} + \gamma_{21}Caprent_{it} + \gamma_{22}Labrent_{it} + \gamma_{23}X_{it} + f_i + \eta_t + \varepsilon_{it} \tag{5.58}$$

同时，总体中介效应的逐步回归模型示意图也变为图5.26。此时，链式多重中介效应需要进行两重检验，除了单个维度的个别中介效应显著性检验之外还要进行总体中介效应显著性检验。值得注意的是尽管个别中介效应都显著的情况下，总体中介效应可能不显著（Preacher and Hayes，2008）。逐步回归法中链式多重中介效应模型的检验步骤与简单中介检验步骤相同，因此可以依据（温忠麟等，2004）的检验程序进行回归分析。

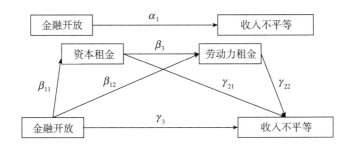

图5.26 总体中介效应逐步回归模型示意

（二）金融开放对收入不平等总体中介效应分析

根据总体中介效应的回归模型和检验步骤逐次进行回归，得到的回归结果见表5.34。从回归的结果可知，金融开放程度每增加1，分别引起资本租金增加5.58%、劳动力租金降低2.1979，资本租金和劳动力租金中介变量对收入不平等的估计系数分别为-1.6592和-0.0065，均在统计水平上显著异于零［表5.34列（4）］，与表5.20和表5.27逐步检验的中介变量估计系数较为接近，表明金融开放显著且稳健地通过资本租金和劳动力租金两条路径作用于收入不平等，同时进一步处理内生性问题采用的工具变量估计也支持上述结论［表5.34列（5）］。这也支持了金融开放通过生产要素租金机制影响收入不平等。表5.34中列（3）的回归结果还显示资本租金对劳动力租金影响的估计系数在1%水平下显著为正，这说明资本租金的增加会增加劳动力租金，即金融开放程度的提高除了通过直接效应降低劳动力租金之外，还通过增加资本租金增加劳动力租金，这表明企业家在截取的资本家资本租金不断降低的趋势下，劳动力的劳动力租金也在增加，这说明企业家在开放经济体中分享的利益被不断减弱，压缩了实体经济可获得的利润，也促使许多实体企业加大对金融产业的投资。表5.34也再次验证了理论模型分析所提出的理论假设5：金融开放通过资本租金和劳动力租金机制影响收入不平等。

表5.34　　　　　　　　　　　总体中介效应回归结果

VARIABLES	GMM	GMM	GMM	GMM	IV
	Gini	Caprent	Labrent	Gini	Gini
Finanopen	−0.0949***	0.0558**	−2.1979**	−0.0444**	−0.015*
	(0.0166)	(0.0271)	(0.9173)	(0.0179)	(0.0003)
Caprent			4.4586**	−1.6592***	−1.3085***
			(0.5383)	(0.0753)	(0.2170)
Labrent				−0.0065**	−0.0086**
				(0.0028)	(0.0006)
Agedepend	0.0058***	0.0019***	0.1228***	0.0022***	0.0008
	(0.0009)	(0.0006)	(0.0246)	(0.0007)	(0.0011)
Unemploy	0.0036***	0.0020**	−0.1545***	−0.0018*	0.0066***
	(0.0013)	(0.0009)	(0.0382)	(0.0010)	(0.0016)
Polity 2	−0.0019	0.0034***	0.0247	0.0048***	0.0025
	(0.0014)	(0.0011)	(0.0480)	(0.0016)	(0.0019)
Schtie	−0.1496***	−0.0122	0.2515	0.1476***	−0.0850**
	(0.0167)	(0.0082)	(0.3574)	(0.0102)	(0.0381)
GDPper	0.0197***	−0.0064**	−0.3517**	0.0227***	0.0068*
	(0.0032)	(0.0026)	(0.1542)	(0.0033)	(0.0039)

续表

VARIABLES	GMM	GMM	GMM	GMM	IV
	Gini	Caprent	Labrent	Gini	Gini
Serveindus	0.0493***	-0.0114**	-0.0196	0.0320***	0.0285**
	(0.0075)	(0.0049)	(0.2319)	(0.0085)	(0.0124)
Findep	0.5269***	-0.5530***	6.5624	1.0314***	0.7498***
	(0.1924)	(0.1279)	(8.6455)	(0.0908)	(0.2465)
Fineff	-17.1002**	-19.4803***	-73.8111**	6.7762**	4.0729
	(7.3733)	(5.7008)	(29.0350)	(3.2599)	(5.0123)
Instiqual	-0.1800***	0.2341***	5.6041***	-0.3604***	-0.4454***
	(0.0556)	(0.0332)	(2.0629)	(0.0624)	(0.0913)
Booneindex	-0.0004	0.0126***	0.5213**	-0.0063*	-0.0118***
	(0.0045)	(0.0047)	(0.2550)	(0.0037)	(0.0037)
Resch	-0.0175*	0.0580***	0.5149***	-0.0544***	-0.0444***
	(0.0096)	(0.0076)	(0.0508)	(0.0085)	(0.0124)
Constant	3.6462***	0.1826***	-3.0555	3.7522***	3.7847***
	(0.0932)	(0.0627)	(3.1250)	(0.0750)	(0.1217)
Time FE	Yes	Yes	Yes	Yes	Yes
Country FE	Yes	Yes	Yes	Yes	Yes
Observations	395		395	395	395
R-squared		395			0.639
Groups	79	79	79	79	
Hansen					
AR (2)	30.29	11.80	14.73	12.05	
F statistics	0.20	-0.19	-1.22	-0.92	775.71

（三）金融开放对收入不平等影响机制的贡献分解

根据中介效应分析模型，中介效应量为 $\beta_{1j} \times \gamma_{2j}$，中介效应占总效应的比例为 $(\beta_{1j} \times \gamma_{2j})/\alpha_1$。当对多条作用机制并行检验时，中介效应占总效应的比例可反映出每条机制对最终影响效果的相对贡献率。表5.35根据中介效应占总效应比例的检验方程（温忠麟和叶宝娟，2014）和表5.34的回归结果，估算出金融开放直接经由资本租金和劳动力租金机制影响收入不平等的效应量分别为-0.0926和0.0143。除此之外，金融开放还通过影响资本租金来影响劳动力租金，再经由劳动力租金机制影响收入不平等，这是个多步多重的影响机制，此传导机制对收入不平等的中介效应量为-0.0016，这些作用路径共同解释了金融开放对收入不平等影响的84.21%（见表5.35）。具体而言，在金融开放对收入不平等的总效应中，有97.56%是通过增加资本租金间接影响收入不平等，劳动力租金对收入不平等的遮掩效应占总效应的15.05%，金融开放通过资本租金和劳动力租金的多步影响机制解释了金融开放与收入不平等因果链条中的1.70%。尤其注意的是，资本租金和劳动力租金对收入不平等的影响效应是相反的，并且资本租金的影响机制尤其重要，并基本能解释金融开放对收入不平等的影响效应，即金融开放对收入不平等的降低效应主要源于资本租金的增加，这也是目前学界所忽视的重要内容，但劳动力租金的作用机制也依然重要。金融开放通过资本租金再影响劳动力租金的多步多重作用机制的影响效应相对较小。但这证实了存在金融开放通过资本租金的挤出效应影响收入不平等的作用路径。金融开放对收入不平等的最终影响效应是由资本租金机制和劳动力机制共同作用后的综合效果。这再次验证了理论假设5。

表5.35　　　　　　　　作用机制的贡献分解

中介效应	金融开放→中介变量	中介变量→收入不平等	效应量	占总效应的比重
资本租金	0.0558**	-1.6592***	-0.0926	97.56%
劳动力租金	-2.1979**	-0.0065**	0.0143	15.05%
资本租金对劳动力租金	4.4586**		-0.0016	1.70%

五　不同发展水平国家资本租金机制和劳动力租金机制的异质性分析

上述实证分析结果证实了金融开放通过资本租金和劳动力租金的作用机制影响收入不平等，但结合理论模型分析和实证结果又提出以下几个问题：金融开放对不同发展水平国家收入不平等具有不同的影响效应是由什么原因导致的？金融开放对收入不平等的影响路径是多步链式的，当将资本租金和劳动力租金的作用路径进一步向前分析时，进一步探索金融开放对资本租金和劳动力租金的影响效应及其影响因素将是其中的研究重点。

根据前文的描述分析和回归分析可知，金融开放会降低发展中国家的收入不平等，但会提高发达国家的收入不平等，这除了源于发达国家的金融开放程度普遍比发展中国家的金融开放程度要高，发达国家和发展中国家在政治、经济等方面有明显异质性特征之外，资本租金和劳动力租金的影响作用是造成这现象背后的深层次原因。为了进一步验证和分析不同发展水平国家的资本租金机制和劳动力租金机制，本书分别对发达国家和发展中国家进行分组分析，表 5.36 和表 5.37 分别汇报了资本租金机制和劳动力租金机制的逐步回归检验结果。

表 5.36 汇报了对资本租金影响机制检验的回归结果，列（1）和列（4）分别为不同发展水平国家收入不平等基准模型的回归结果；列（3）和列（6）都加入资本租金和金融开放变量，资本租金的估计系数都在 1% 水平上显著不为零，同时金融开放的系数都显著降低，Sobel 检验的 Z 统计量也是显著拒绝不存在中介效应的原假设，这说明发展中国家和发达国家的金融开放都是通过资本租金来影响收入不平等的，即发展中国家的金融开放通过增加资本租金降低收入不平等；发达国家的金融开放通过降低资本租金增加收入不平等。

表 5.36　　　　　　不同发展水平国家资本租金机制回归结果

VARIABLES	发展中国家			发达国家		
	Gini	Caprent	Gini	Gini	Caprent	Gini
Finanopen	-0.2689***	0.0871***	-0.1698**	0.1692***	-0.0375***	0.1183***
	(0.0229)	(0.1001)	(0.0344)	(0.0332)	(0.0121)	(0.0159)
Caprent			-0.9365***			-1.3585***
			(0.1762)			(0.2987)
Agedepend	0.0032***	0.0130***	0.0030**	0.0089***	0.0001	0.0026**
	(0.0011)	(0.0030)	(0.0015)	(0.0018)	(0.0005)	(0.0013)
Unemploy	0.0017	0.0258***	-0.0071***	-0.0073***	0.0008	-0.0061***
	(0.0021)	(0.0035)	(0.0020)	(0.0017)	(0.0005)	(0.0014)
Polity 2	0.0051***	0.0075	-0.0035	-0.0264***	0.0030***	-0.0258***
	(0.0018)	(0.0062)	(0.0027)	(0.0031)	(0.0007)	(0.0024)

VARIABLES	发展中国家			发达国家		
	Gini	Caprent	Gini	Gini	Caprent	Gini
Schtie	-0.2063***	0.1637***	-0.1349***	0.0661*	-0.0125	0.0227
	(0.0227)	(0.0430)	(0.0231)	(0.0374)	(0.0086)	(0.0270)
GDPper	-0.0007	0.0097	-0.0280***	-0.0445***	-0.0047***	-0.0659***
	(0.0038)	(0.0143)	(0.0076)	(0.0060)	(0.0015)	(0.0053)
Serveindus	0.0452***	0.0594**	0.0915***	0.0573***	-0.0187***	0.0432***
	(0.0117)	(0.0295)	(0.0193)	(0.0093)	(0.0025)	(0.0091)
Findep	1.4954***	-0.0466**	0.7427***	0.3074*	0.0820*	0.5766***
	(0.2658)	(0.0014)	(0.2239)	(0.1791)	(0.0443)	(0.1008)
Fineff	16.9786*	-14.0211***	66.7784***	-12.1672**	-9.4184***	8.3477
	(8.9938)	(2.5640)	(14.5168)	(6.0193)	(1.6768)	(6.5149)
Instiqua	0.1561**	1.5487***	-0.2374*	-0.5422***	0.0344**	-0.2582**
	(0.0773)	(0.2375)	(0.1221)	(0.0941)	(0.0081)	(0.1015)
Booneindex	-0.0693	0.4900***	0.0336	-0.0041**	0.0024***	-0.0054***
	(0.0561)	(0.1156)	(0.0218)	(0.0019)	(0.0006)	(0.0015)
Resch	-0.1219***	0.2232***	-0.0692*	-0.0561***	0.0167***	-0.0362***
	(0.0246)	(0.0773)	(0.0385)	(0.0118)	(0.0032)	(0.0071)
Constant	4.0489***	1.8888***	4.0801***	3.5324***	0.1833***	3.8862***
	(0.1362)	(0.4025)	(0.1758)	(0.1543)	(0.0415)	(0.1247)
Time FE	Yes	Yes	Yes	Yes	Yes	Yes
Country FE	Yes	Yes	Yes	Yes	Yes	Yes
Sobel-Z			-2.5471***			2.5611***
Observations	250	250	250	145	145	145
Groups	50	50	50	29	29	29
Hansen	13.25	9.67	15.48	10.57	14.83	17.69
AR (2)	-0.84	-0.10	0.52	0.26	-0.95	-0.10

表5.37汇报了对劳动力租金影响机制检验的回归结果,列(1)和列(4)分别为不同发展水平国家收入不平等基准模型的回归结果;

列（3）和列（6）都加入劳动力租金和金融开放变量，此时劳动力租金的估计系数都在1%显著水平上，同时金融开放的系数都显著提升，Sobel检验的Z统计量也是显著拒绝不存在中介效应的原假设，这说明发展中国家和发达国家的金融开放都是通过劳动力租金来影响收入不平等的，即发展中国家的金融开放通过降低劳动力租金增加收入不平等；发达国家的金融开放通过降低劳动力租金降低收入不平等。由此可以看出，劳动力租金具有遮掩效应，在一定程度上会降低金融开放对收入不平等的影响效应。

表5.37   不同发展水平国家劳动力租金机制回归结果

VARIABLES	发展中国家			发达国家		
	Gini	Labrent	Gini	Gini	Labrent	Gini
Finanopen	−0.1126***	−1.3465***	−0.1484**	0.2026***	−0.7974*	0.2129***
	(0.0229)	(0.4079)	(0.0524)	(0.0332)	(0.4505)	(0.0060)
Labrent			−0.0266***			0.0129**
			(0.0091)			(0.0060)
Agedepend	0.0032***	0.0989***	0.0065***	0.0089***	0.0717***	0.0062***
	(0.0011)	(0.0214)	(0.0017)	(0.0018)	(0.0272)	(0.0019)
Unemploy	0.0017	−0.0487	−0.0106***	−0.0073***	0.0183	−0.0103***
	(0.0021)	(0.0373)**	(0.0023)	(0.0017)	(0.0291)	(0.0016)
Polity 2	0.0051***	0.0224	−0.0061**	−0.0264***	−0.1300***	−0.0145***
	(0.0018)	(0.0088)	(0.0031)	(0.0031)	(0.0492)	(0.0038)
Schtie	−0.2063***	0.4220**	−0.1386***	0.0661*	−1.2625**	0.1142***
	(0.0227)	(0.1483)	(0.0266)	(0.0374)	(0.5656)	(0.0332)
GDPper	−0.0007	0.1642**	−0.0126	−0.0445***	−0.3396***	−0.0734***
	(0.0038)	(0.0825)	(0.0084)	(0.0060)	(0.0993)	(0.0088)
Serveindus	0.0452***	−0.2068	0.0846***	0.0573***	−0.6353***	0.0672***
	(0.0117)	(0.2282)	(0.0221)	(0.0093)	(0.1594)	(0.0126)
Findep	1.4954***	0.3668	0.7250***	0.3074*	0.3041	0.5743***
	(0.2658)	(6.1501)	(0.2591)	(0.1791)	(2.5943)	(0.1096)
Fineff	16.9786*	−56.6037***	56.2113***	−12.1672**	66.2007***	0.6647
	(8.9938)	(18.8074)	(16.9140)	(6.0193)	(5.6862)	(6.9844)

续表

VARIABLES	发展中国家			发达国家		
	Gini	Labrent	Gini	Gini	Labrent	Gini
Instiqua	0.1561**	0.9311**	0.0787	-0.5422***	0.2352***	-0.2534
	(0.0773)	(0.0279)	(0.1354)	(0.0941)	(0.0072)	(0.1728)
Booneindex	-0.0693	-2.8054***	0.0191	-0.0041**	-0.0406	-0.0035*
	(0.0561)	(0.8118)	(0.0252)	(0.0019)	(0.0253)	(0.0020)
Resch	-0.1219***	0.5559**	0.1560***	-0.0561***	0.1326***	-0.0180**
	(0.0246)	(0.0142)	(0.0452)	(0.0118)	(0.0024)	(0.0079)
Constant	4.0489***	-13.0207***	3.6924***	3.5324***	-1.2157	4.2126***
	(0.1362)	(2.3962)	(0.1972)	(0.1543)	(2.4306)	(0.1543)
Time FE	Yes	Yes	Yes	Yes	Yes	Yes
Country FE	Yes	Yes	Yes	Yes	Yes	Yes
Sobel-Z						
Observations	250	250	250	145	145	145
Groups	50	50	50	29	29	29
Hansen	13.25	15.10	9.68	10.57	8.77	16.08
AR (2)	-0.84	-0.78	-1.59	0.26	-0.63	-0.34

从表5.36和表5.37的回归结果可以看出，无论在发达国家还是在发展中国家，金融开放都是通过资本租金和劳动力租金来影响收入不平等，并且都是主要通过增加资本租金影响收入不平等的，劳动力租金对金融开放的收入分配都具有遮掩效应，并且发展中国家和发达国家的资本租金机制和劳动力租金机制对收入不平等的影响效应方向相反。值得注意的是，此时发达国家的劳动力租金对收入不平等影响的估计系数是正向的，这也支持了理论模型分析中当资本家获取资本租金时，劳动力租金与收入不平等之间存在正相关关系。总的来说，发展中国家金融开放改革通过增加资本租金来降低收入不平等，同时通过降低劳动力租金来增加收入不平等，并且最终发展中国家金融开放降低收入不平等的影响效应主要来自资本租金机制，这与上文的总体样本情况相类似；发达国家金融开放改革通过降低资本租金扩大收入不平等，同时通过降低劳动力租金来降低收入不平等，最终发达国家金融开放扩大收入不平等的

影响效应依然主要来自资本租金机制。这意味着随着金融开放改革、金融市场的发展以及经济发展呈现金融化的特点，相对于劳动力租金，资本租金在社会分配中的作用越发重要（Hartwig，2014，2015；Onaran and Obst，2016）。这说明对于经济发展水平和金融市场发展水平较低的发展中国家，进一步推动金融市场改革，促使更多的低收入群体进入金融市场分享经济发展的收益，能进一步降低发展中国家的收入不平等；而金融发展程度较高的发达国家的资本租金则分散在经济参与者手中，金融开放改革降低了由资本带来的租金收益，从而增加收入不平等。这些都为继续深化金融开放改革以及其他相关制度法规的变革提供了一个改进的方向和路径。

本章节是在理论模型分析和金融开放对收入不平等影响效应和影响因素识别的基础上，基于 80 个国家 1990—2017 年的跨国数据，借助中介效应模型分别实证探讨了金融开放对资本租金和劳动力租金的作用机制，并探索分析金融开放对不同发展水平国家的收入不平等影响异质性背后的深层次原因。另外，本书采用资本收益偏离程度和劳动力工资偏离程度来替代资本租金和劳动力租金以剔除可能影响要素边际产出的影响效应，进一步分析金融开放对资本租金和劳动力租金的影响效应和影响因素。最终的实证研究发现：

（1）金融开放通过增加资本租金和资本收益偏离程度降低收入不平等，与此同时，金融开放还通过降低劳动力工资偏离程度和劳动力租金增加收入不平等，资本收益偏离程度和劳动力工资偏离程度分别对资本租金和劳动力租金具有代表性。

（2）金融开放对受不平等作用机制的贡献分解显示，资本租金机制能解释金融开放对收入不平等效应的 97.56%，劳动力租金对金融开放的收入分配具有一定的遮掩效应。当资本租金和劳动力租金共同作用时，资本租金和劳动力租金可以解释金融开放对收入不平等效应的 84.21%。金融开放对收入不平等的影响机制中还存在资本租金影响劳动力租金再影响收入不平等的多步多重的作用路径。总的来说，金融开放主要通过资本租金和劳动力租金影响收入不平等。

（3）金融开放在发展中国家和发达国家都是通过资本租金和劳动力租金的作用机制影响收入不平等，并且发展中国家和发达国家劳动力租金机制都对金融开放的收入分配效应具有遮掩效应，资本租金机制都具有更强的解释力度，这意味着资本租金和劳动力租金机制对发展中国家和发达国家的收入分配效应是相反的，这就可以解释金融开放对发展中国家和发达国家的收入分配具有不同的影响效应。

第六章

金融发展、结构性失衡与
经济均衡增长

第一节 金融发展与经济增长

金融发展与经济增长的关系研究已有众多成果：一方面，金融发展是经济增长的必要条件，金融发展在诸多方面的积极作用有助于经济增长；另一方面，经济增长引发新的金融服务需求，金融发展相对于经济增长处于一种遵从地位，因此金融发展附属于经济增长。为探究我国金融发展与经济增长的关系，汇总前文所用数据进行量化分析。

实证分析所需变量说明如表 6.1 所示。由于金融创新与金融开放数据统计口径差异较大，故选取相同年份 2011—2017 年我国国家层面数据。

表 6.1 变量说明

变量名	变量说明
金融创新（$JRCX$）	与第三章一致，由 HJ 和 SJP 数据合成
金融开放（$JRKF$）	与第四章、第五章一致，由金融开放分项指数数据合成
经济增长（EG）	以人均真实 GDP 的自然对数表示。使用 GDP 平减指数将人均 GDP 平减到以 1997 年为基期的水平，并取自然对数

其中，经济增长的核算如表 6.2 所示。核算后仅选用 2011—2017 年数据。

表 6.2   经济增长核算

年份	人均 GDP（元）	人均 GDP 指数（上年＝100）	人均真实 GDP	人均真实 GDP 的自然对数
1997	6481	108.1	6481	8.7766
1998	6860	106.8	6922	8.8424
1999	7229	106.7	7385	8.9073
2000	7942	107.6	7947	8.9805
2001	8717	107.6	8551	9.0538
2002	9506	108.4	9269	9.1344
2003	10666	109.4	10140	9.2243
2004	12487	109.5	11104	9.3150
2005	14368	110.7	12292	9.4167
2006	16738	112.1	13779	9.5309
2007	20505	113.6	15653	9.6584
2008	24121	109.1	17077	9.7455
2009	26222	108.9	18597	9.8308
2010	30876	110.1	20475	9.9270
2011	36403	109	22318	10.0132
2012	40007	107.3	23948	10.0836
2013	43852	107.2	25672	10.1531
2014	47203	106.8	27417	10.2189
2015	50251	106.4	29172	10.2810
2016	53935	106.1	30952	10.3402
2017	59201	106.2	32871	10.4003

三项数据标准化后汇总如表 6.3 所示，数据散点分布如图 6.1 所示。

表 6.3   数据汇总

年份	金融创新（JRCX）	金融开放（JRKF）	经济增长（EG）
2011	0	0	0
2012	0.2294	0.1833	0.1819
2013	0.4433	0.2402	0.3614

续表

年份	金融创新（JRCX）	金融开放（JRKF）	经济增长（EG）
2014	0.5371	0.2407	0.5314
2015	0.6918	0.3586	0.6918
2016	0.7318	0.5886	0.8447
2017	1	1	1

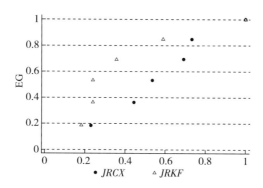

图 6.1　金融创新、金融开放与经济增长数据散点

直观数据表明，我国经济随金融创新和金融开放的水平的提升而增长。由于统一口径后数据涵盖年份较短，故视为截面数据进行回归分析。

一　金融创新与经济增长

基础模型设定如下：

$$EG_i = \beta_0 + \beta_1 JRCX_i + \varepsilon_i \tag{6.1}$$

$$EG_i = \beta_0 + \beta_1 JRCX_i + \beta_2 SqJRCX_i + \varepsilon_i \tag{6.2}$$

表 6.4　　　　　　　　　　金融创新回归结果

VARIABLES	模型（6.1）	模型（6.2）
	EG	EG
JRCX	1.0659***	0.9922***
	(0.0595)	(0.2033)

续表

VARIABLES	模型 (6.1) EG	模型 (6.2) EG
SqJRCX	—	0.0751 (0.2009)
Constant	0.14509 (0.0977)	−0.0265 (0.0345)
R-squared	0.8284	0.9763
Observations	7	7

注：括号内是稳健标准误，＊、＊＊、＊＊＊分别表示10%、5%、1%的显著性水平；下同。

回归结果显示，金融创新系数在1%水平下显著为正，金融创新对经济增长具有正向的促进作用。

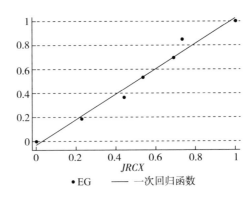

图6.2　金融创新与经济增长回归拟合

随后进行异方差判别，在实践中，通常使用怀特检验（White test）判断异方差。结果如表6.5所示。

表6.5　　　　　　　　　　　　　怀特检验

Source	chi2	df	p
异方差性	0.57	2	0.7506

续表

Source	chi2	df	p
偏度	4.07	1	0.0437
峰度	0.03	1	0.8702
总计	4.67	4	0.3230

表 6.5 显示，在 5% 的水平下无法拒绝"同方差"的原假设，因此认为不存在异方差问题。

二 金融开放与经济增长

基础模型设定如下：

$$EG_i = \beta_0 + \beta_1 JRKF_i + \varepsilon_i \tag{6.3}$$

$$EG_i = \beta_0 + \beta_1 JRKF_i + \beta_2 SqJRKF_i + \varepsilon_i \tag{6.4}$$

表 6.6　　　　　　　金融开放回归结果

VARIABLES	模型（6.3）	模型（6.4）
	EG	EG
JRKF	0.9939***	2.2496***
	（0.2018）	（0.2744）
SqJRKF	—	−1.2039***
		（0.2468）
Constant	0.14509	−0.0439
	（0.0977）	（0.0697）
R−squared	0.8284	0.9411
Observations	7	7

回归结果显示，一次拟合中金融开放系数在 1% 水平下显著为正，金融开放对经济增长具有正向的促进作用；二次拟合中金融开放二次项系数在 1% 水平下显著为负，金融开放一次项系数在 1% 水平下显著为正，金融开放对经济增长的促进作用先增大随后减弱。

异方差判别结果如表 6.7 所示。

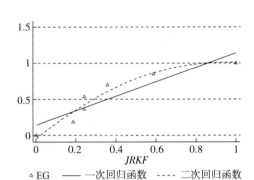

图 6.3　金融开放与经济增长回归拟合

表 6.7　　　　　　　　　　模型（6.3）怀特检验

来源	chi2	df	p
异方差性	0.00	2	0.9987
偏度	0.05	1	0.8202
峰度	2.70	1	0.1002
总计	2.76	4	0.5993

表 6.8　　　　　　　　　　模型（6.4）怀特检验

来源	chi2	df	p
异方差性	4.74	4	0.3147
偏度	1.39	2	0.4999
峰度	0.46	1	0.4974
总计	6.59	7	0.4728

表 6.8 显示，两个回归在 5% 的水平下均无法拒绝"同方差"的原假设，因此认为不存在异方差问题。

综合金融创新、金融开放与经济增长的回归结果来看，金融创新对经济增长具有持续的促进作用，而金融开放的促进作用相对较弱，一方面一次拟合中金融开放系数小于金融创新系数，另一方面二次拟合中表明金融开放的促进作用先增加后减缓。这些结果表明，金融发展是我国经济增长的必要条件，但金融发展也需要适应、遵从于特定的经济发展阶段。

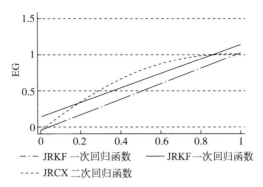

图6.4 金融创新、金融开放与经济增长回归拟合对比

第二节 中国经济结构性失衡的特征事实与基本判断

一 结构性失衡的特征事实

经济结构与经济增长是否适应是衡量一个国家经济是否良性发展的重要标志。有的经济结构之所以表现出与经济社会不相适应，是因为经济社会的管理者未能选择符合社会发展状况的经济结构。前文描述了1997—2017年六项结构的发展态势大相径庭，狭义经济结构与广义经济结构的失衡状况可能呈现结构性异同，因此，首先对狭义经济结构与广义经济结构发展状况进行对比。

将狭义经济结构与广义经济结构因子得分汇总绘制，如图6.5所示。计算二者对应的均值和标准差，如表6.9所示。

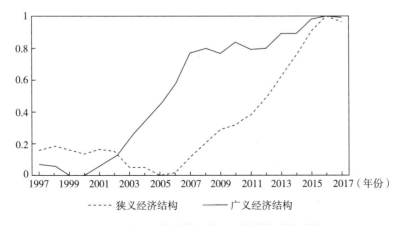

图6.5 狭义经济结构与广义经济结构发展对比

表 6.9 狭义经济结构与广义经济结构均值与标准差

	狭义经济结构	广义经济结构
均值	0.3420	0.5466
标准差	0.3163	0.3674

由表 6.9 可以看出，狭义经济结构与广义经济结构发展态势是一致的，均为初期小幅度下降，随后持续上升。它们的区别在于，相较于狭义经济结构，广义经济结构开始回升时间节点更早，且上升过程中出现了波动，其数据上反映为均值更加居中、分散程度更加显著。广义经济结构囊括了更多的结构性因素，能够更加全面、更加真实地反映经济结构发展态势。

需要特别指出的是，使用因子分析法得到的经济结构因子得分是基于各项结构数据本身得到的结果，只能表明 1997—2017 年经济结构发展态势，经济结构发展是否达到最优发展程度、是否出现失衡，还需经济结构与经济增长的匹配程度进行衡量。

二　基于国家数据的结构性失衡因果识别

该部分将利用 1997—2017 年国家时间序列数据进行实证分析，分析经济结构发展对经济增长影响的因果关系，为判断经济结构发展是否失衡提供实证依据。

（一）数据与变量说明

实证分析所需变量说明如表 6.10 所示。

表 6.10 变量说明

变量名	变量说明
狭义经济结构（XES）	与前文一致，以产业结构标准化因子得分表示
广义经济结构（GES）	与前文一致，以产业结构、人口结构、投资消费结构、进出口结构、城乡收入结构和金融结构采用因子分析法所得的标准化因子得分表示
经济增长（EG）	与前文一致

表 6.11　　　　　　　　　　数据汇总

年份	狭义经济结构（XES）	广义经济结构（GES）	经济增长（EG）
1997	0.1580	0.0713	8.7766
1998	0.1821	0.0604	8.8424
1999	0.1622	0	8.9073
2000	0.1365	0.0069	8.9805
2001	0.1621	0.0615	9.0538
2002	0.1552	0.1206	9.1344
2003	0.0552	0.2395	9.2243
2004	0.0529	0.3444	9.3150
2005	0	0.4453	9.4167
2006	0.0212	0.5765	9.5309
2007	0.1188	0.7725	9.6584
2008	0.2034	0.8062	9.7455
2009	0.2908	0.7707	9.8308
2010	0.3225	0.8399	9.9270
2011	0.3872	0.7970	10.0132
2012	0.4922	0.8016	10.0836
2013	0.6340	0.8937	10.1531
2014	0.7584	0.8934	10.2189
2015	0.9176	0.9801	10.2810
2016	1	1	10.3402
2017	0.9699	0.9971	10.4003

（二）数据的平稳性检验

由于数据年份跨度较大，存在时间趋势，因此需要对数据进行平稳性检验，以判断用于回归的数据的合理性。

1. 图示法

对比 1997—2017 年国家层面狭义经济结构、广义经济结构和经济增长数据变化情况，可以看出，三项数据大体上逐步增长，因此直观上判断该数据集不平稳。

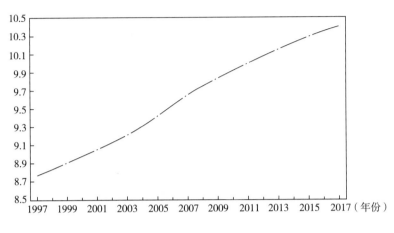

图 6.6　经济增长数据

2. 自相关与偏自相关函数判定

表 6.12 展示了狭义经济结构、广义经济结构和经济增长的自相关与偏自相关函数判定的结果。三项原始数据本身的自相关图（Autocorrelation）是一个三角对称的形式，这种趋势是单调趋势的典型图形；偏自相关图（Partial Correlation）不符合断尾，也不符合有衰减趋势的拖尾，因此该时间序列数据集不平稳。

分别对三项数据取一阶差分和二阶差分后，由自相关与偏自相关函数判定可知不平稳趋势消失，但可能存在单位根问题，因此接下来进行ADF 单位根检验。

表 6.12　　　　　　　　　　自相关与偏自相关函数判定

	狭义经济结构	广义经济结构	经济增长
原始 数据	自相关　　偏自相关	自相关　　偏自相关	自相关　　偏自相关

	狭义经济结构	广义经济结构	经济增长
一阶差分	 自相关 偏自相关	 自相关 偏自相关	 自相关 偏自相关
二阶差分	 自相关 偏自相关	 自相关 偏自相关	 自相关 偏自相关

3. ADF 单位根检验

ADF 检验是最常用的单位根检验。ADF 检验为左边的单侧检验，其拒绝域只在分布的最左边；是否应该带截距项或时间趋势项主要应从理论上和数据的时间序列趋势考虑。通过上述判断，使用含有截距项和趋势项的模型进行 ADF 单位根检验。经检验，三项数据均含有单位根；按照上述差分处理后，无单位根，检验结果如表 6.13、表 6.14、表 6.15 所示。

表 6.13　　　　狭义经济结构二阶差分的 ADF 检验

		t 统计量	Prob. *
ADF 检验统计量		−4.041679	0.0266
检验临界值	1%显著性水平	−4.571559	
	5%显著性水平	−3.690814	
	10%显著性水平	−3.286909	

注：Prob. * 代表在何种显著性水平下通过假设检验；下同。

表 6. 14 广义经济结构二阶差分的 ADF 检验

		t 统计量	Prob. *
ADF 检验统计量		−4. 655063	0. 0093
检验临界值	1%显著性水平	−4. 616209	
	5%显著性水平	−3. 710482	
	10%显著性水平	−3. 297799	

表 6. 15 经济增长二阶差分的 ADF 检验

		t 统计量	Prob. *
ADF 检验统计量		−4. 120652	0. 0243
检验临界值	1%显著性水平	−4. 616209	
	5%显著性水平	−3. 710482	
	10%显著性水平	−3. 297799	

可以看到，广义经济结构的二阶差分 ADF 检验均在 1%水平下显著；狭义经济结构和经济增长的二阶差分 ADF 检验均在 5%水平下显著，不存在单位根，符合一般时间序列一阶、二阶差分后无单位根的基本经验。因此，用于实证检验的数据是合理的。

（三）VAR 检验

1. 协整检验

由上述分析可知，狭义经济结构、广义经济结构和经济增长二阶差分不存在单位根，可以进行协整检验。

协整的思想是，如果多个单位根变量之间由于某种经济力量而存在"长期均衡关系"，仍可以进行回归而不必考虑原序列是否平稳。多个单位根序列拥有"共同的随机趋势"，则可以对这些变量做线性组合从而消去此随机趋势。

图 6. 7 表明，狭义经济结构、广义经济结构二阶差分与经济增长二阶差分很可能存在长期的均衡关系，即协整系统，因此有进行协整检验的必要性。为此，首先要确定协整秩，即线性无关的协整向量数量。检验结果如表 6. 16 所示。

包含截距项与时间趋势项的协整秩迹检验（Trace Statistic）表明，只有一个线性无关的协整向量。

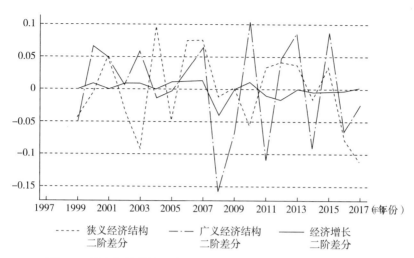

图 6.7 狭义经济结构、广义经济结构和经济增长二阶差分数据

表 6.16 协整系统秩检验

最大秩数	参数	LL	特征值	迹检验	5%临界值
0	15	93.105346		37.2642	34.55
1	20	104.06085	0.72442	15.3532*	18.17
2	23	109.81798	0.49202	3.8389	3.74
3	24	111.73743	0.20214		

其次，采用单位圆判别图判断该协整系统稳定性。

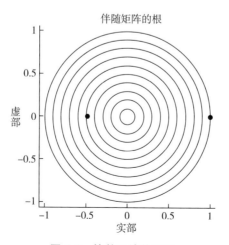

图 6.8 协整系统单位圆

结果显示，除了本身假设的一个单位根之外，伴随矩阵的特征值在单位圆内，故协整关系是稳定的。

检验 VAR 表示法的滞后阶数，结果如表 6.17 所示。

表 6.17   最优滞后阶数

lag	LL	LR	p	FPE	AIC	HQIC	SBIC
0	84.5631			3.8e−09	−10.8751	−10.8766	−10.7335
1	87.6360	6.1458	0.725	8.7e−09	−10.0848	−10.0908	−9.51837
2	93.2332	11.194	0.263	1.7e−08	−9.63109	−9.64165	−8.63982
3	98.9841	11.502	0.243	4.7e−08	−9.19788	−9.21296	−7.78178
4	393.240	588.51*	0.000	9.3e−24*	−47.2321*	−47.2517*	−45.3911*

结果显示，FPE、LR、AIC、HQIC 和 SBIC 方法均表明滞后 4 阶。

2. 格兰杰因果关系检验（Granger Causal Relation Test）

表 6.19 展示了格兰杰因果关系检验的结果。可以看出，在 90% 的置信水平下，狭义经济结构、广义经济结构均是经济增长的格兰杰原因，而经济增长不是经济结构的格兰杰原因。由此可以确定，经济结构影响了经济增长。

表 6.18   狭义经济结构与经济增长的格兰杰因果关系检验

果	因	chi2	Prob>chi2
d2_ eg	d2_ xes	25.407	0.000
d2_ xes	d2_ eg	2.3757	0.667

表 6.19   广义经济结构与经济增长的格兰杰因果关系检验

果	因	chi2	Prob>chi2
d2_ eg	d2_ ges	23.980	0.000
d2_ ges	d2_ eg	7.5144	0.111

3. 脉冲响应分析

图 6.9、图 6.10 展示了经济增长对狭义经济结构、广义经济结构

变化的脉冲响应，二者具有相同的趋势：刚开始经济结构变量的正向变化对经济增长的冲击影响为 0，随着经济结构变量的增大，其对经济增长的作用具有波动效应，同时具有促进作用和消极影响。说明从长期来看，经济结构发展可能出现失衡状况，对经济增长的影响具有不确定性。

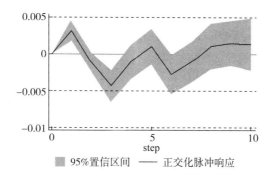

图 6.9　经济增长对狭义经济结构变化的脉冲响应

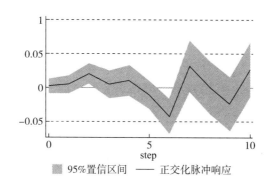

图 6.10　经济增长对广义经济结构变化的脉冲响应

（四）经济结构失衡影响机制分析

基于上文回归数据的合理性、VAR 检验的实证判定，接下来进行 OLS 回归检验，分析经济结构失衡对经济增长的影响机制。

1. 数据分布

图 6.11、图 6.12 展示了 1997—2017 年国家层面狭义经济结构、广

义经济结构与经济增长的散点图。可以从直观上看到，二者与经济增长质量之间可能存在线性相关关系，因此进行回归检验以探究经济结构失衡与经济增长因果关系。

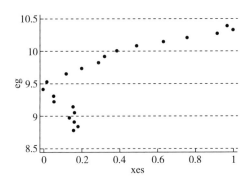

图 6. 11　1997—2017 年狭义经济结构与经济增长散点图

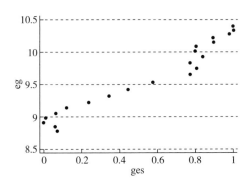

图 6. 12　1997—2017 年广义经济结构与经济增长散点图

2. 模型设定

本部分将通过实证检验，分析狭义经济结构（*XES*）、广义经济结构（*GES*）〔囊括产业结构（*cy*）、人口结构（*rk*）、投资消费结构（*tx*）、进出口结构（*jc*）、城乡收入结构（*cx*）和金融结构（*jr*）〕对经济增长（*EG*）影响的因果关系。其中，广义经济结构回归包含多个变量，模型设定不恰当（如多余变量、遗漏变量、函数形式有误等）以及变量本身的问题（如异方差、多重共线性等），可能会对回归结果产生较大影响，因此应先进行判别和处理。基础模型设定如下：

狭义经济结构：

$$EG_t = \beta_0 + \beta_1 XES_t + \varepsilon_t \tag{6.5}$$

广义经济结构：

$$EG_t = \beta_0 + \beta_1 GES_t + \varepsilon_t \tag{6.6}$$

具体而言，广义经济结构（GES）包含产业结构（cy）、人口结构（rk）、投资消费结构（tx）、进出口结构（jc）、城乡收入结构（cx）和金融结构（jr），则上述回归模型可再次改写为：

$$EG_t = \beta_0 + \beta_1 cy_t + \beta_2 rk_t + \beta_3 tx_t + \beta_4 jc_t + \beta_5 cx_t + \beta_6 jr_t + \varepsilon_t \tag{6.7}$$

对于该模型而言，是否存在多余变量与遗漏变量、是否存在变量之间的多重共线性等问题需要进行进一步判别。

（1）多余变量与遗漏变量判别。在实践中，通常使用赤池信息准则（Akaike Information Criterion，AIC）和贝叶斯信息准则（Bayesian Information Criterion，BIC）对解释变量个数选择是否合理进行判断，其目的在于使各自的目标函数最小化，因此 AIC 和 BIC 减小意味着后续纳入的解释变量是合理的。计算信息准则结果如表 6.20 所示。

表 6.20　　　　　　　　　　AIC、BIC 信息准则结果

	解释变量	AIC	BIC
①	cy	14.41735	16.50639
②	cy, rk	8.884994	12.01856
③	cy, rk, tx	−25.81496	−21.63687
④	cy, rk, tx, jc	−30.00609	−24.78348
⑤	cy, rk, tx, jc, cx	−42.59424	−36.32710
⑥	cy, rk, tx, jc, cx, jr	−43.38285	−36.07119

①—⑥行表示分别依次纳入一个解释变量。AIC 结果显示，广义经济结构的分别纳入是合理的。BIC 结果显示，金融结构不宜纳入广义经济结构，但 BIC 增加较小。

（2）异方差判别。使用怀特检验判断异方差。结果如表 6.21 所示。

表 6.21   怀特检验

来源	chi2	df	p
异方差性	21.00	20	0.3971
偏度	1.69	6	0.9461
峰度	2.81	1	0.0938
总计	25.50	27	0.5467

表 6.21 显示，在 5% 的水平下无法拒绝"同方差"的原假设，因此认为不存在异方差问题。

3. 狭义经济结构实证检验

（1）初步拟合与模型设定。首先对狭义经济结构与经济增长进行一次、二次拟合。结果如图 6.13 所示。

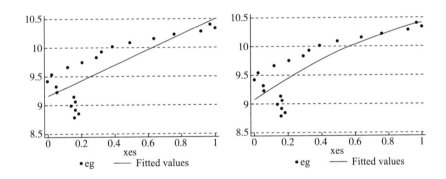

图 6.13 狭义经济结构与经济增长进行一次、二次拟合

直观上看，经济增长随着狭义经济结构的增大而增大，可能存在确定的因果关联。二次拟合线接近一条开口向下的抛物线。基于此，尝试在模型中加入二次项进行回归。

$$EG_t = \beta_0 + \beta_1 XES_t + \varepsilon_t \tag{6.5}$$

$$EG_t = \beta_0 + \beta_1 XES_t + \beta_2 SqXES_t + \varepsilon_t \tag{6.8}$$

（2）回归结果。使用 OLS 进行回归检验，表 6.22 报告了回归结果。

表 6. 22 狭义经济结构回归结果

变量	模型（6.5）	模型（6.8）
	经济增长	经济增长
狭义经济结构	1.3449 ***	1.9705 *
	（0.2249）	（0.9553）
狭义经济结构二次项	—	−0.6291
		（0.9328）
常数项	9.1513 ***	9.0738 ***
	（0.1048）	（0.1564）
R^2	0.6530	0.6616
观测值	21	21

注：括号内是稳健标准误，*、**、***分别表示10%、5%、1%的显著性水平。

从表6.22可知，狭义经济结构二次项为负但不显著，一次项在1%水平下显著为正。结果表明，国家层面狭义经济结构的发展能够促进经济增长。

4. 广义经济结构实证检验

（1）初步拟合与模型设定。对广义经济结构与经济增长进行一次、二次拟合。结果如图6.14所示。

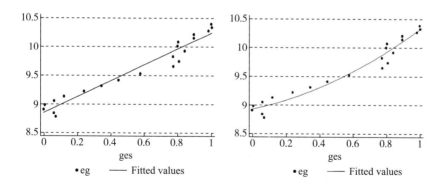

图 6.14 广义经济结构与经济增长一次、二次拟合

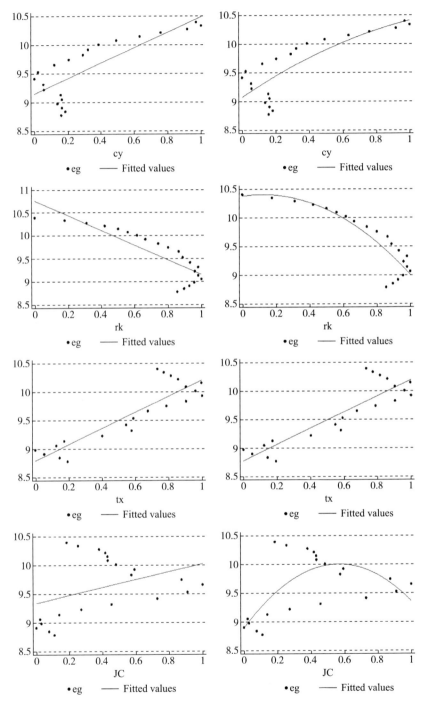

图 6.14　广义经济结构与经济增长一次、二次拟合（续）

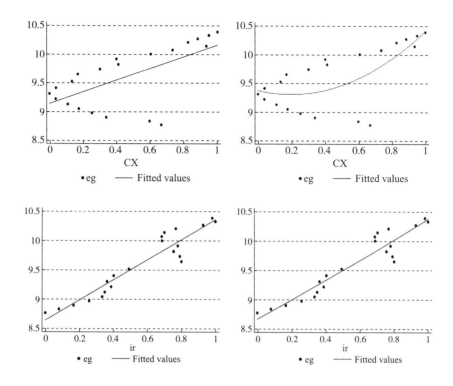

图 6.14 广义经济结构与经济增长一次、二次拟合（续）

直观上看，经济增长随着广义经济结构、产业结构、投资消费结构、城乡收入结构和金融结构的增大而增大，随着人口结构的增大而减小，进出口结构虽然一次拟合为正，但二次拟合呈现开口向下的抛物线。基于此，尝试在模型中加入二次项进行回归。

$$EG_t = \beta_0 + \beta_1 GES_t + \varepsilon_t \tag{6.6}$$

$$EG_t = \beta_0 + \beta_1 GES_t + \beta_2 SqGES_t + \varepsilon_t \tag{6.9}$$

$$EG_t = \beta_0 + \beta_1 cy_t + \beta_2 rk_t + \beta_3 tx_t + \beta_4 jc_t + \beta_5 cx_t + \beta_6 jr_t + \varepsilon_t \tag{6.7}$$

$$EG_t = \beta_0 + \beta_{11} cy_t + \beta_{12} Sqcy_t + \beta_{21} rk_t + \beta_{22} Sqrk_t + \beta_{31} tx_t + \beta_{32} Sqtx_t + \beta_{41} jc_t +$$
$$\beta_{42} Sqjc_t + \beta_{51} cx_t + \beta_{52} Sqcx_t + \beta_{61} jr_t + \beta_{62} Sqjr_t + \varepsilon_t \tag{6.10}$$

（2）回归结果。使用 OLS 进行回归检验，表 6.23 报告了回归结果。

从表 6.23 可知，广义经济结构二次项在5%水平下显著为正，一次项在1%水平下显著为正，表明国家层面广义经济结构的发展对经济增长的促进逐步增强。

表 6.23　　　　　　　　广义经济结构回归结果

变量	模型（6.6）	模型（6.9）	模型（6.7）	模型（6.10）
	经济增长	经济增长	经济增长	经济增长
广义经济结构	1.3928***	0.6555*		
	（0.0769）	（0.3197）		
广义经济结构二次项	—	0.7535**		
		（0.3190）		
产业结构			0.7116**	0.2635
			（0.3275）	（0.3422）
产业结构二次项			—	0.0861
				（0.2681）
人口结构			−0.3823	−0.5727**
			（0.2820）	（0.2472）
人口结构二次项			—	−0.2928
				（0.3330）
投资消费结构			0.6921***	0.3419
			（0.1225）	（0.2304）
投资消费结构二次项			—	−0.0493
				（0.1575）
进出口结构			0.1028	0.2236
			（0.1345）	（0.3142）
进出口结构二次项			—	−0.0579
				（0.2403）
城乡收入结构			−0.3017	−0.0157
			（0.1757）	（0.2960）
城乡收入结构二次项			—	−0.0209
				（0.2082）
金融结构			0.3306	1.8480***
			（0.2345）	（0.2506）
金融结构二次项			—	−1.3849***
				（0.1783）

续表

变量	模型（6.6）	模型（6.9）	模型（6.7）	模型（6.10）
	经济增长	经济增长	经济增长	经济增长
常数项	8.8498***	8.9259***	9.1512***	9.3651***
	(0.0506)	(0.0557)	(0.3188)	(0.2405)
R^2	0.9452	0.9581	0.9863	0.9992
样本量	21	21	21	21

具体来看，模型（6.7）结果显示产业结构和投资消费结构具有促进效应，其余结构不显著，加入二次项回归的模型（6.10）结果显示金融结构二次项在1%水平下显著为正，其对经济增长的促进作用逐步增强。根据回归结果，对模型（6.7）和模型（6.10）进行优化得到模型（6.11）。

$$EG_t = \beta_0 + \beta_{11}cy_t + \beta_{21}rk_{tt} + \beta_{31}tx_t + \beta_{41}jc_t + \beta_{51}cx_t + \beta_{61}jr_t + \beta_{62}Sqjr_t + \varepsilon_t \quad (6.11)$$

其回归结果如表6.24所示。

表6.24   优化模型回归结果

变量	模型（6.11）
	经济增长
产业结构	0.4706***
	(0.0976)
人口结构	−0.7539***
	(0.0877)
投资消费结构	0.3747***
	(0.0441)
进出口结构	0.2067***
	(0.0401)
城乡收入结构	−0.0236
	(0.0560)
金融结构	1.7366***
	(0.1332)
金融结构二次项	−1.3407***
	(0.1090)

续表

变量	模型（6.11）
	经济增长
常数项	9.2623***
	（0.0935）
R²	0.9989
样本量	21

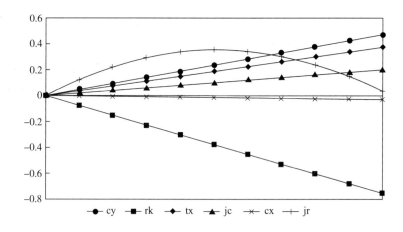

图 6.15　经济结构对经济增长的作用效果比较

从图 6.15 可知，广义经济结构中，产业结构、投资消费结构、进出口结构和金融结构对经济增长具有促进作用，其中金融结构的促进作用呈现先增强后减弱趋势；人口结构呈现显著的消极影响；城乡收入结构存在消极影响但不显著。

总的来看，国家层面广义经济结构的发展对经济增长的促进逐步增强，虽然如此，构成广义经济结构的各项基本结构却存在失衡现象，产业结构、投资消费结构、进出口结构和金融结构的促进作用较为突出，人口结构和城乡收入结构消极影响亟待解决。值得注意的是，金融结构的促进作用有先增强后减弱的趋势，说明金融发展对经济增长和经济结构均衡发展的作用正逐步凸显，但金融本身可能也存在一些掣肘，导致其持续推动力不足，研究金融发展对经济结构均衡发展具有重要意义，为本书提供了实证支持。

三 基于城市数据的结构性失衡因果识别

该部分将利用 1997—2017 年城市面板数据进行实证分析，分析经济结构发展对经济增长影响的区域差异，为判断经济结构发展的区域性失衡提供实证依据。

（一）数据与变量说明

对照国家层面指标并鉴于数据的可得性进行指标简化，实证分析所需变量说明如表 6.25 所示。

表 6.25　　　　　　　　　　变量说明

变量名	变量说明
狭义经济结构（XES）	产业结构（cy）： 本部分简化为"第三产业产值比第二产业产值"
广义经济结构（GES）	产业结构（cy）： 本部分简化为"第三产业产值比第二产业产值"
	人口结构（rk）： 本部分简化为"总人口参与率"
	投资消费结构（tx）： 本部分简化为"投资消费比"
	进出口结构（jc）： 本部分简化为"出口进口比"
	城乡收入结构（cx）： 本部分简化为"城乡收入比"
	金融结构（jr）： 本部分简化为"贷款占比"
经济增长（EG）	与前文类似，使用人均真实 GDP 的自然对数。 地级市使用由所在省 GDP 指数计算得到的省级 GDP 平减指数平减；直辖市使用该市 GDP 指数计算得到的 GDP 平减指数平减。将各市人均 GDP 平减到以 1997 年为基期的水平，并取自然对数

（二）模型设定

本部分将通过实证检验，分析狭义经济结构（XES）、广义经济结构（GES）[囊括产业结构（cy）、人口结构（rk）、投资消费结构

（tx）、进出口结构（jc）、城乡收入结构（cx）和金融结构（jr）］对经济增长（EG）影响的区域差异。

前文所述国家层面各结构标准化因子得分趋势很可能符合二次、三次函数模型，而这些差异在城市层面可能更加明显，因此建立一次、二次、三次函数模型，同时加入控制变量（X）：政府规模（go）、资本规模（ca）和城市规模（ci），尝试逐步进行回归检验。

表 6.26 城市层面控制变量说明

控制变量	变量说明
政府规模 （go）	财政支出占比： 以"财政支出/GDP"表示
资本规模 （ca）	固定资产投资占比： 以"固定资产投资额/GDP"表示
城市规模 （ci）	城市人口密度： 以"常住人口数（万人）/行政区域面积（平方公里）"表示

为控制时间趋势和个体趋势，使用面板双向固定效应进行回归估计。双向固定效应模型为：

$$y_{it} = \sum_{k=1}^{K} \beta_k x_{itk} + v_i + q_t + \varepsilon_{it}$$

即在一般模型中，假设：

$$u_{it} = v_i + q_t + \varepsilon_{it}$$

双向固定效应 v_i 和 q_t 都是固定误差项，具有常规假设。因此经济结构回归模型设定如下：

狭义经济结构：

$$EG_{it} = \beta_0 + \sum_{\alpha=1}^{3} \beta_{1\alpha} XES_{it}^{\alpha} + \eta X_{it} + v_i + q_t + \varepsilon_{it} \tag{6.12}$$

广义经济结构：

$$EG_{it} = \beta_0 + \sum_{\alpha=1}^{3} \beta_{1\alpha} GES_{it}^{\alpha} + \eta X_{it} + v_i + q_t + \varepsilon_{it} \tag{6.13}$$

具体而言，广义经济结构（GES）包含产业结构（cy）、人口结构（rk）、投资消费结构（tx）、进出口结构（jc）、城乡收入结构（cx）和金融结构（jr），则上述回归模型可再次改写为：

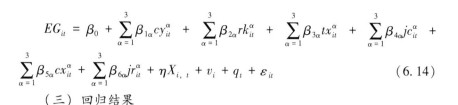

$$EG_{it} = \beta_0 + \sum_{\alpha=1}^{3} \beta_{1\alpha} cy_{it}^{\alpha} + \sum_{\alpha=1}^{3} \beta_{2\alpha} rk_{it}^{\alpha} + \sum_{\alpha=1}^{3} \beta_{3\alpha} tx_{it}^{\alpha} + \sum_{\alpha=1}^{3} \beta_{4\alpha} jc_{it}^{\alpha} +$$

$$\sum_{\alpha=1}^{3} \beta_{5\alpha} cx_{it}^{\alpha} + \sum_{\alpha=1}^{3} \beta_{6\alpha} jr_{it}^{\alpha} + \eta X_{i,\,t} + v_i + q_t + \varepsilon_{it} \qquad (6.14)$$

（三）回归结果

表 6.27—表 6.29 归纳了显著的回归结果。

表 6.27   **模型（6.12）回归结果归纳**

VARIABLES	模型（6.12）				
	EG				
	全部城市	东部城市	中部城市	西部城市	东北城市
XES^3	−5.425***	−5.739***	−5.019**	−4.486***	−5.857***
	(0.476)	(0.782)	(1.765)	(0.914)	(1.379)
XES^2	7.565***	7.624***	7.709***	6.279***	7.458***
	(0.594)	(1.026)	(1.826)	(1.142)	(1.395)
XES	−3.002***	−2.905***	−3.104***	−2.250***	−3.107***
	(0.204)	(0.368)	(0.510)	(0.409)	(0.425)
Control variables	Yes	Yes	Yes	Yes	Yes
个体固定效应	Yes	Yes	Yes	Yes	Yes
时间固定效应	Yes	Yes	Yes	Yes	Yes
R−squared	0.9376	0.9487	0.9540	0.9125	0.9811
Cities Obs.	286	87	80	82	37

注：括号内是稳健标准误，*、**、*** 分别表示 10%、5%、1% 的显著性水平；下同。

表 6.28   **模型（6.13）回归结果归纳**

VARIABLES	模型（6.13）				
	EG				
	全部城市	东部城市	中部城市	西部城市	东北城市
GES^3	−40.900***	−51.118***	−81.421***		−96.632***
	(8.619)	(14.830)	(29.812)		(16.860)
GES^2	37.584***	44.401***	83.251***		91.101***
	(8.7001)	(15.896)	(27.838)		(15.867)

续表

VARIABLES	模型（6.13）				
	EG				
	全部城市	东部城市	中部城市	西部城市	东北城市
GES	−10.719***	−11.909***	−26.119***	0.342*	−28.076***
	(2.876)	(5.576)	(8.535)	(0.204)	(4.924)
Control variables	Yes	Yes	Yes	Yes	Yes
个体固定效应	Yes	Yes	Yes	Yes	Yes
时间固定效应	Yes	Yes	Yes	Yes	Yes
R−squared	0.9276	0.9423	0.9495	0.8996	0.9650
Cities Obs.	286	87	80	82	37

表 6.29　　　　　　　模型（6.14）回归结果归纳

VARIABLES	模型（6.14）				
	EG				
	全部城市	东部城市	中部城市	西部城市	东北城市
cy^3	−5.425***	−5.739***	−5.019**	−4.486***	−5.857***
	(0.476)	(0.782)	(1.765)	(0.914)	(1.379)
cy^2	7.565***	7.624***	7.709***	6.279***	7.458***
	(0.594)	(1.026)	(1.826)	(1.142)	(1.395)
Cy	−3.002***	−2.905***	−3.104***	−2.250***	−3.107***
	(0.204)	(0.368)	(0.510)	(0.409)	(0.425)
rk^3	−0.553*	−3.956***		−1.841***	−3.272***
	(0.296)	(0.865)		(0.731)	(0.739)
rk^2	1.307***	6.746***	0.491***	4.099***	3.798***
	(0.496)	(1.353)	(0.155)	(1.173)	(0.968)
Rk	−0.519**	−3.320***	−0.231*	−2.300***	−1.045***
	(0.226)	(0.674)	(0.137)	(0.590)	(0.400)
tx^3	−1.045***				
	(0.36)				
tx^2	0.978***	1.194***		−0.519***	−0.638***
	(0.415)	(0.336)		(0.201)	(0.221)

续表

VARIABLES	模型（6.14）				
	EG				
	全部城市	东部城市	中部城市	西部城市	东北城市
Tx	0.294*	−0.221	0.188*	1.019***	1.117***
	(0.136)	(0.203)	(0.101)	(0.204)	(0.187)
jc^3	−1.410***	−42.37***	−2.213***		
	(0.513)	(17.22)	(0.882)		
jc^2	1.417***	22.83***	2.305***		
	(0.583)	(8.094)	(0.967)		
Jc	−0.330***	−3.172***	−0.394	−0.103	0.015
	(0.154)	(0.786)	(0.244)	(0.071)	(0.095)
cx^3	−1.860***				
	(0.567)				
cx^2	3.491***			−0.875***	0.417**
	(1.071)			(0.383)	(0.173)
Cx	−1.716***	0.201*	0.451***	1.193***	−0.451*
	(0.649)	(0.121)	(0.108)	(0.482)	(0.241)
jr^3	1.624***	3.578***			−12.75***
	(0.470)	(0.661)			(3.801)
jr^2	−1.573***	−4.791***	−1.290***	0.591***	9.216***
	(0.558)	(0.911)	(0.403)	(0.290)	(2.682)
Jr	−0.180	1.288***	0.245	−1.073***	−2.901***
	(0.181)	(0.319)	(0.237)	(0.223)	(0.595)
Control variables	Yes	Yes	Yes	Yes	Yes
个体固定效应	Yes	Yes	Yes	Yes	Yes
时间固定效应	Yes	Yes	Yes	Yes	Yes
R−squared	0.9376	0.9487	0.9540	0.9125	0.9811
Cities Obs.	286	87	80	82	37

（四）进一步分析

特别地，结合幂函数性质进行进一步分析。计算各回归方程所对应的极大值点和极小值点（为简化分析将三次函数无极值情形视为一次函数），制成回归方程趋势，如表6.30所示。

表 6.30　　　　　　　　　　　　回归方程趋势示意

	全部城市	东部城市	中部城市	西部城市	东北城市
cy	0.643 0.287 (1%)	0.608 0.277 (1%)	0.749 0.275 (1%)	0.691 0.242 (1%)	0.482 0.367 (1%)
rk	0.343 0.233 (1%)	0.777 0.360 (1%)	0.235 (1%)	0.109 0.376 (1%)	0.595 0.179 (1%)
tx	0.749 0.125 (1%)	0.093 (1%)	(1%)	0.982 (1%)	0.875 (1%)
jc	0.520 0.150 (1%)	0.265 0.094 (1%)	0.595 0.100 (1%)	×	×
cx	0.915 0.336 (1%)	(1%)	(1%)	0.681 (1%)	0.541 (5%)
jr	0.053 0.699 (1%)	0.165 0.728 (1%)	0.095 (1%)	0.908 (1%)	(1%)
GES	0.387 0.226 (1%)	0.368 0.211 (1%)	0.437 0.245 (1%)	(10%)	0.358 0.271 (1%)

注：表内数字表示回归方程极值点，即极值投影到横坐标上的自变量（解释变量）的取值。括号内百分数表示显著性水平。×表示未通过显著性检验。

由表 6.30 可以清晰地看出，全国范围和四个经济区域内，六个分项结构及其广义经济结构指数对经济增长影响的变化趋势。

产业结构对全国及东部、中部、西部、东北经济增长的作用经历了抑制—促进—抑制的变化。从极值点大小来看，进入中等收入阶段以后，西部产业结构对经济增长的抑制作用最快转向促进作用，随后是东部、中部、东北，但是随着产业结构日益"服务化"，对东北经济增长的抑制作用首先出现，接着依次开始抑制东部、西部和中部经济增长。

人口结构对全国及中部、西部经济增长短期抑制滞后呈现促进趋势，说明中部和西部人口红利衰退情况尚不严重；而对东部和东北则经历了抑制—促进—抑制的变化，其中东部极大值点接近1，说明对东部经济增长的抑制并未发生在人口结构转型的前中期，人口红利虽然有衰退趋势但还未完全消失；东北的极大值点相对较小，说明东北人口红利衰竭情况十分严峻。

投资消费结构对全国及西、东北经济增长的回归方程变化趋势虽然不同，但有相似之处。全国的极小值点小于0，说明这一时期内投资消费结构对经济增长的促进作用显著，但随后会出现负效应，西部和东北情况与之相同；东部极小值点接近0，说明投资消费结构经历短暂调整后持续促进东部经济增长；中部则一直是促进作用。因此，在东部和中部，投资相较于消费对经济增长的推动力更为强劲，西部和东北则在转型后期出现了投资推动乏力的情况。

进出口结构在全国及东部、中部对经济增长的作用情况相似，经历了抑制—促进—抑制的变化。东部进出口结构的抑制作用最早凸显出来，说明进出口结构变化、贸易顺差持续积累可能导致的贸易摩擦增多、货币升值压力增大等问题最先影响了外贸依存度较大的东部，随后是中部，而对西部和东北经济增长影响不显著。

就全国来看，城乡收入结构对经济增长的影响经历抑制—促进—抑制，符合受收入差距影响的生产要素驱动经济增长的一般规律。城乡收入结构持续促进东部和中部经济增长，对西部由促进到抑制，对东北由抑制到促进。这一结果说明在东部、中部和东北收入差距影响的生产要素仍能驱动经济增长，城乡收入差距情况尚不严重，而西部城乡收入差距的扩大对经济增长产生了负效应。

金融结构对东部经济增长呈现促进—抑制—促进作用，而对于中部、西部、东北经济增长均产生抑制作用。国际收支巨额顺差、全球经济危机余震与国际贸易争端使金融结构面临危险，东部金融发展程度高，金融结构较为合理，经历短暂调整后依然能够促进经济增长，但其余三区金融发展滞后，金融结构脆弱。

广义经济结构的回归结果反映出全国及东部、中部、东北综合经济结构对经济增长的影响经历了抑制—促进—抑制的变化，西部综合经济结构仅能促进目前较低水平下的经济增长。

（五）稳健性检验

由六个分项结构构建的广义经济结构，其各结构之间可能存在相互关系以及指数构成的权重存在不确定，为避免研究结论的偶然性，将从以下两个方面进一步进行检验，以验证前文回归结果的稳健性。

1. 考虑持续性影响和内生性可能

社会经济现象往往具有持续性，过去的经济增长可能对当期产生影响。为了削弱静态模型估计的偏误，将滞后一期、两期的经济增长（$L1.EG$，$L2.EG$）纳入解释变量，但是这造成了新的计量模型中变量的自回归和内生性问题。因此，采用动态面板广义矩方法（GMM）进行检验估计。

由于模型（6.14）变量数目较多，尽管进行了控制，工具变量数目还是多达 60 个，不能通过过度识别约束的 Hansen 检验，无法得到有效的工具变量。Hansen 检验的零假设为"所有工具变量是联合有效的"，一些文献通常报告 Sargan 检验，即同方差假设下 Hansen 检验的特例，而使用 Hansen 检验更加稳健，但工具变量过多会使 Hansen 统计量的 P 值显著等于 1 而失去解释效果，因此工具变量有效的条件是 Hansen 统计量的 P 值大于 0.05 但不能显著等于 1。

对此，考虑对模型（6.13）进行检验。广义经济结构的合成包含了六个分项结构的全部信息，并且极大地精简了变量，所以对该模型的检验可以解释持续性影响和内生性可能。使用两阶段差分 GMM 方法的回归结果如表 6.31 所示。

表 6.31 基于模型（6.13）的两阶段差分 GMM 回归结果

VARIABLES	模型（6.13）				
	EG				
	全部城市	东部城市	中部城市	西部城市	东北城市
$L1. EG$	0.407 ***	0.384 ***	0.720 ***	1.094 ***	1.177 ***
	(0.163)	(0.098)	(0.149)	(0.087)	(0.171)
$L2. EG$	0.053	−0.082	0.239 *	0.005	−0.110
	(0.058)	(0.059)	(0.067)	(0.640)	(0.135)
GES^3	−155.25 ***	−349.257 ***	−593.06 **		−51.26 *
	(55.427)	(130.221)	(242.80)		(27.89)
GES^2	160.842 ***	380.692 ***	561.35 **		43.05 *
	(55.560)	(143.418)	(220.080)		(24.16)
GES	−49.519 ***	−130.394 ***	−166.363 **	1.425 **	−13.24 **
	(17.527)	(49.586)	(64.322)	(0.678)	(6.579)
Control variables	Yes	Yes	Yes	Yes	Yes
AR（1）检验 Z 值	−3.14	−2.26	−2.31	−4.87	−1.87
	[0.002]	[0.024]	[0.021]	[0.000]	[0.061]
AR（2）检验 Z 值	−1.15	−0.27	−0.12	−1.04	−1.38
	[0.250]	[0.789]	[0.905]	[0.298]	[0.167]
Hansen 检验值	7.11	3.59	10.33	3.65	8.42
	[0.418]	[0.309]	[0.171]	[0.302]	[0.297]
工具变量数	15	15	15	9	15
Cities Obs.	286	87	80	82	37

注：括号内是稳健标准误，＊、＊＊、＊＊＊分别表示 10%、5%、1%的显著性水平；AR（1）检验和 AR（2）检验是对扰动项差分一阶自相关和二阶自相关的检验，GMM 估计要求其一阶差分相关，二阶及以上差分不相关，原假设为"扰动项差分不存在自相关"；[ ]内为对应统计量的 P 值。

从表 6.31 中可以看出，全国范围内滞后一期的经济增长均显著通过检验，滞后两期均未通过检验，说明经济增长的持续影响存在普遍性且延续时间较短。对比前文回归结果，其回归系数符号和显著性通过情况与基准回归完全相同，仅在显著性水平上有所差异：中部和东北显著性水平下降至 5%，西部显著性水平上升至 5%。因此，加入滞后项并采用不同的方法进行估计并没有改变原有的结论。

2. 考虑产业结构与金融结构逻辑内生关系

党的十九大提出"着力加快建设实体经济、科技创新、现代金融、人力资源协同发展的产业体系"的目标，首次把现代金融归入产业体系。新结构金融学对金融结构的本质特征进行了逻辑阐述：在特定的发展阶段，某一经济体的要素禀赋及其结构是给定的，要素禀赋决定了最优的产业结构，反过来产业结构又离不开与特定发展阶段相适应的金融结构的支撑（林毅夫等，2009），因此新结构金融学主张金融结构内生于产业结构，二者是基于理论逻辑的内生关系，这种内生关系可能会影响综合结构指数的合成，进而影响实证检验的结果，因此采取改变权重的方法合成新的广义经济结构指数（NewGES），将产业结构和金融结构重新赋权，减小金融结构占比，削弱产业结构和金融结构内生关系对合成指数的影响，设定其余四项结构权重为 1/6，产业结构权重为 1/4，金融结构权重为 1/12。

表 6.32　　基于模型（6.13）的新权重广义经济结构回归结果

VARIABLES	模型（6.13）				
	EG				
	全部城市	东部城市	中部城市	西部城市	东北城市
$NewGES^3$	−45.361***	−47.890***	−47.485**		−95.758***
	(8.628)	(14.759)	(24.712)		(16.263)
$NewGES^2$	44.087***	44.062***	53.766**		91.314***
	(8.810)	(16.172)	(23.77)		(15.323)
$NewGES$	−13.447***	−12.697**	−18.538**	0.478**	−28.334***
	(2.942)	(5.755)	(7.499)	(0.200)	(4.754)
控制变量	Yes	Yes	Yes	Yes	Yes
个体固定效应	Yes	Yes	Yes	Yes	Yes
时间固定效应	Yes	Yes	Yes	Yes	Yes
R-squared	0.9275	0.9420	0.9495	0.8998	0.9651
Cities Obs.	286	87	80	82	37

注：括号内是稳健标准误，*、**、***分别表示10%、5%、1%的显著性水平。

对比可知，仅中部显著性水平下降至5%，其余回归系数显著性水平和符号与基准回归完全一致。因此本书的回归结果是稳健的。

第三节 金融发展是否缓解经济结构失衡

前文实证结果表明，当前阶段我国经济结构存在发展不平衡不充分的问题，区域发展差异较为明显，经济结构与经济增长的不匹配表明结构性失衡成为亟待解决的发展难题。经济增长受制于较多的因素，经济还在增长并未意识到经济结构对经济增长的作用可能已经由正转为负，可能在部分区域已经产生了结构错配。长期以来我国经济发展严重依赖资本、劳动力等生产要素，但是这些生产要素的增长方式已趋于极限。在资本要素在传统产业中增值能力越来越弱、人口老龄化加剧的情况下，金融发展的创造性优势成为经济发展的推动力量，使其他要素焕发出新的活力。因此，金融发展对促进结构优化、促进经济增长均具有持续动力，那么金融发展是否能缓解经济结构失衡？为探究这一问题，首先构建失衡指数。

第六章第二节结果表明，构成广义经济结构的各项基本结构存在失衡现象，经济结构与经济增长不匹配、不适应。但金融结构的促进作用先增强后减弱，说明金融发展对经济增长和对经济结构均衡发展的作用正逐步凸显。

使用相同年度广义经济结构（GES）标准化指数与经济增长（EG）标准化指数之差反映经济结构与经济增长不匹配程度，数值越大，失衡越严重。

表 6.33　　　　　　　　　　　　**变量说明**

变量名	变量说明
金融创新（JRCX）	与第六章第一节一致
金融开放（JRKF）	与第六章第一节一致
结构失衡（SI）	以同年度广义经济结构（GES）标准化指数与经济增长（EG）标准化指数之差表示，反映经济结构与经济增长不匹配程度，数值越大，失衡越严重

三项数据标准化后汇总如表 6.34 所示，数据散点分布如图 6.16 所示。

表 6.34 数据汇总

年份	金融创新（JRCX）	金融开放（JRKF）	结构失衡（SI）
2011	0	0	0
2012	0.2294	0.1833	0.7575
2013	0.4433	0.2402	0.5470
2014	0.5371	0.2407	0.2689
2015	0.6918	0.3586	1
2016	0.7318	0.5886	0.7388
2017	1	1	0.0680

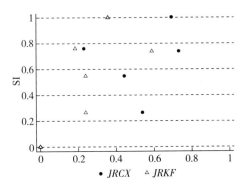

图 6.16 金融创新、金融开放与结构失衡数据散点图

一 金融创新与结构失衡

基础模型设定如下：

$$SI_i = \beta_0 + \beta_1 JRCX_i + \varepsilon_i \tag{6.15}$$

$$SI_i = \beta_0 + \beta_1 JRCX_i + \beta_2 SqJRCX_i + \varepsilon_i \tag{6.16}$$

回归结果显示，二次拟合中金融创新二次项系数在 10% 水平下显著为负，一次项系数在 10% 水平下显著为正，金融创新先加剧，随后缓解结构失衡。

表 6.35   金融创新回归结果

变量	模型（6.15）	模型（6.16）
	SI	*SI*
金融创新	0.1601	2.5159*
	（0.6081）	（0.9976）
金融创新二次项	—	−2.4033*
		（0.9729）
常数项	0.3997	0.0530
	（0.3262）	（0.1367）
R^2	0.0198	0.4916
样本量	7	7

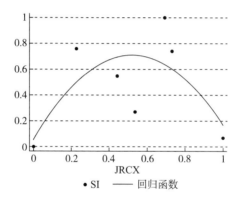

图 6.17   金融创新与结构失衡回归拟合

二 金融开放与结构失衡

基础模型设定如下：

$$SI_i = \beta_0 + \beta_1 JRKF_i + \varepsilon_i \tag{6.17}$$

$$SI_i = \beta_0 + \beta_1 JRKF_i + \beta_2 SqJRKF_i + \varepsilon_i \tag{6.18}$$

表 6.36   金融开放回归结果

VARIABLES	模型（6.17）	模型（6.18）
	SI	*SI*
JRKF	−0.0993	3.2216***
	（0.5563）	（0.5664）

续表

VARIABLES	模型（6.17）	模型（6.18）
	SI	*SI*
SqJRKF	—	−3.1839 ***
		（0.5657）
Constant	0.5199	0.0198
	（0.2727）	（0.1099）
R−squared	0.0074	0.7147
Observations	7	7

注：括号内是稳健标准误，＊、＊＊、＊＊＊分别表示10%、5%、1%的显著性水平。

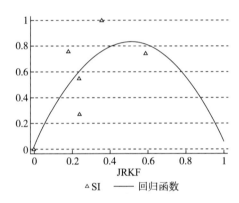

图6.18 金融开放与结构失衡回归拟合

回归结果显示，二次拟合中金融开放二次项系数在1%水平下显著为负，一次项系数在1%水平下显著为正，金融开放先加剧，随后缓解结构失衡。

三 金融发展缓解结构失衡的机制路径

综合金融创新、金融开放与结构失衡的回归结果来看，二者都在发展水平较低阶段加剧了结构失衡，但随着金融发展逐步深化，开始抑制结构失衡。这结果表明，金融发展能有效缓解结构失衡。

结合第二章至第六章的相关研究，金融发展缓解结构失衡可以归纳概括为如下机制路径。金融发展对社会经济发展具有重要而深远的影响，金融发展是经济增长的必要条件，金融发展在诸多方面的积极作用有助于经济增长；同时，金融发展也对经济结构产生影响。然而，当前我国处于经济结构与经济增长不匹配，经济结构失衡阶段。面对这一发展症结，金融发展的创造性优势削弱了结构的失衡，其作用机制在于：金融创新与金融开放共同衡量的金融发展不仅引起金融市场的效率和结构的变化，更推动相关的制度变革。因此，金融发展对缓解结构失衡、促进结构优化、推动经济增长均具有持续动力。

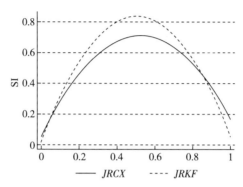

图 6.19 金融创新、金融开放与经济增长回归拟合对比

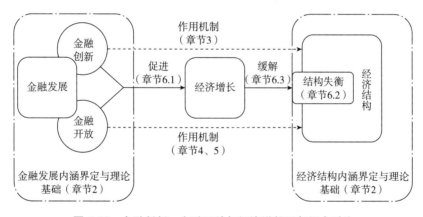

图 6.20 金融创新、金融开放与经济增长回归拟合对比

第四节 经济结构失衡的修正：从 GDP 到 拓展的 ISEW

面临我国经济结构失衡的现状，我国社会的主要矛盾转化为人民日益增长的美好生活需要和不平衡不充分的发展之间的矛盾。当前我国在实现共同富裕的道路上还面临着中等收入群体比例低且面临退出风险（龙莹，2015）、城乡二元结构不平衡（张延群和万海远，2019）、各地区间发展差距较大（陈景华等，2020）等结构性失衡和不充分的问题。因此在考虑地区发展水平和居民福利时，结构均衡是实现共同富裕的一个重要因素。目前 GDP 是被用于衡量一个地区经济发展水平和居民生活质量最广泛的指标（Daly and Cobb，1989），GDP 也在中国官员的"政治锦标赛"考核中被视为最重要的考核指标之一（陈谭，2011）。但随着经济和社会的发展，盲目地追求经济总量的增长带来了一系列的问题，生态环境污染、发展不充分、不均衡、结构性矛盾等问题在我国经济高速增长的背景下不断凸显，仅用 GDP 来衡量我国经济发展质量和人民生活水平存在明显的缺陷。GDP 忽略了正规市场交易以外活动所创造的价值（Costanza et al.，2004）；GDP 也缺乏对与市场失灵有关社会外部性的考虑（Lawn，2008）；同时，GDP 对人民福祉和社会经济结构的衡量没有考虑到家庭、志愿者无偿工作、生活质量、人类幸福满意度、环境恶化、自然和人力资本、收入分配和防御性支出等一系列社会经济问题（Stiglitz et al.，2009）；除此之外，GDP 还忽略了经济增长带来的收入和物质水平的改善是如何在群体及家庭中分配，从而忽略了 GDP 背后的不平等问题（Deaton，2013），因此仅使用 GDP 衡量我国经济发展的福利效应，会导致经济增长与福利增长的脱钩问题（赵鑫铖和梁双陆，2020）。

针对 GDP 在衡量经济发展时存在的问题，国内外学者通过加入人民身体健康、生态环境、生活质量、均衡发展等居民福利因素，对国民经济核算指标进行调整，在 GDP 的基础上构建能反映人民真实福利水平的福利指标体系。早在 1972 年由美国经济学家 Nord-haus 和 Tobin 提出经济福利衡量指标（MEW）通过增加闲暇、家庭劳动、健康等正向指标，扣除堵车、噪声等社会成本和国防等不增加居民福利的指标对 GDP 进行修正。Daly 和 Cobb（1989）提出以个人消费为基础的可持续经济福利指数（Index of Sustainable Economic Welfare，ISEW）。ISEW 以个人消费开支为起点（Dalyand Cobb，1989；Costanza et al.，2004；Lawn，2008），通过一系列项目进行调整，如环境污染和自然资本贬值带来的负面影响、考虑在收入不平等的条件下核算居民消费；考虑与健康和教育有关的公共支出、志愿工作等。ISEW 考虑了宏观经济活动和社会不平等的福利效应以及经济增长对环境影响的福利指数，能够克服GDP 的大部分缺陷（England，1997）。

ISEW 的测算最早被广泛应用于英国（Jackson et al.，1997）、荷兰（Bleys，2007）等发达国家研究其经济发展和居民福利水平，这些发达国家由于经济发展更早，更为关注环境污染、过度城市化等因素对居民福利的影响。随着 20 世纪 90 年代起东南亚和南美新兴经济体的腾飞，部分发展中国家如智利（Castaneda，1999）、泰国（Clarke and Islam，2005）等也开始使用 ISEW 估计其居民福利水平。目前国内对 ISEW 核算的研究已取得一定的进展，但已有文献主要聚焦于国家层面和省级层面 ISEW 的核算，并关注 ISEW 变化趋势及其与传统经济核算方法 GDP 的对比，以及 ISEW 的贡献来源（Long and Ji，2019），并对 Max-Neef（1995）提出的"阈值效应"进行检验（周伟，2013）。

中国经济处于结构转型时期，在结构性失衡背景下，中国的居民福利、经济发展质量存在显著的区域非均衡现象（吕承超等，2020；赵鑫铖等，2020）。ISEW 忽略了结构失衡对福利经济的影响（Blanchard 和 Giavazzi，2006）。特别是针对金融发展与中国结构性失衡问题，传统的 ISEW 核算方法显得力不从心。因此，本书将结构因素纳入 ISEW 框架，构建可持续经济福利结构均衡增长指数（Structural Equilibrium-Index of Sustainable Economic Welfare，SE-ISEW），通过共同富裕视角下的结构指数对 ISEW 中的居民消费项目进行修正，拓展传统的 ISEW 核算体系，为测度可持续经济福利增长指数的变化以衡量共同富裕的程度成为可能。为了经济结构均衡发展的目标，本书将使用 Dagum 基尼系数对省级层面的 SE-ISEW 进行计算和分解，研究整体和地区间的差异及差异的来源；并使用 σ 收敛模型和空间 β 收敛模型研究 SE-ISEW 的空间收敛特征。

一 ISEW 理论基础及核算项目

本书以 Daly 和 Cobb（1989）提出的 ISEW 核算项目为基础，通过进一步调整核算项目以得到更符合中国社会结构均衡发展的可持续经济福利指数。本书的 ISEW 核算项目分为七个核算部分，分别是加权居民消费支出、家庭劳动价值、非防御性公共支出、防御性私人支出、环境成本、社会成本和资本调整。ISEW 核算的理论依据是在加权居民消费支出的基础上，使用社会其他经济活动的正、负外部效应对其加以修正。ISEW 扣除了在 GDP 核算时并未改善个人福利的部分，尤其是经济增长带来的环境污染成本和社会成本，如环境排放成本、防御性支出、通勤费用、车辆事故、犯罪成本和自然资本折旧（资源枯竭、土地流失等）。此外，ISEW 还考虑了与健康和教育相关的公共支出、家庭劳动贡献的价值和长期的环境变化成本。其核算公式如下：

$ISEW$ = 加权居民消费支出 + 家庭劳动价值 + 非防御性公共支出 - 防御性私人支出 - 环境成本 - 社会成本 + 资本调整

表 6.37　　　　　　　　ISEW 各项核算项目及数据来源

项目	影响	理论含义	数据来源
加权居民消费支出	+	ISEW 核算基础	《中国统计年鉴》
家务劳动贡献	+	家庭劳动价值	《中国统计年鉴》
基础设施建设支出	+	非防御性公共支出	《中国财政年鉴》
公共卫生和教育支出	+	非防御性公共支出	《中国统计年鉴》
居民医疗和教育支出	-	防御性私人支出	《中国统计年鉴》
通勤成本	-	防御性私人支出	《经济金融研究数据库》
车祸成本	-	防御性私人支出	《国家统计局数据库》
城市化成本	-	防御性私人支出	《中国统计年鉴》
水污染成本	-	环境污染成本	《中国环境统计年鉴》
空气污染成本	-	环境污染成本	《中国环境统计年鉴》
噪声污染成本	-	环境污染成本	《中国统计年鉴》
长期环境损失	-	环境污染成本	参考 Yang 等（2017）的测算方法
森林面积变化	±	自然环境变化	《中国环境统计年鉴》
自然灾害导致直接经济损失	-	自然环境损失	《中国统计年鉴》
犯罪造成的社会成本	-	社会成本	参考陈硕（2013）的测算结果
耐用消费品支出	-	资本调整	《中国统计年鉴》
耐用消费品服务	+	资本调整	《中国统计年鉴》
净资本存量增长	+	资本调整	《经济金融研究数据库》

（一）加权居民消费支出

加权居民消费支出（*WRC*）是 ISEW 的核算基础。由于居民收入在家庭和个人之中存在显著的不平等问题（Daly and Cobb，1994），从居民福利的角度考虑，直接将居民消费（*rc*）纳入 ISEW 核算并不能真实反映居民的经济福利，须对其加以调整才能反映真实的人民福祉。对此，本书参考 O'Mahony（2018）的方法基于基尼系数（*Gini*）的分配不公平指数（*ie*）来调整居民消费总额。其表达式为：

$$WRC = rc \times ie = rc \times \frac{1}{Gini+1} = \frac{rc}{Gini+1} \tag{6.19}$$

（二）家庭劳动价值

家庭劳动对福利的贡献在传统核算体系中被忽略，在主流的福利核算方法中，常使用如机会成本法、行业替代法和综合替代法等估算家庭劳动的经济价值。本书参考廖宇航（2018）对中国家庭劳动价值估算的结果，选择用 GDP 的 30% 来估计无酬劳家庭劳动。

（三）非防御性公共支出

非防御性公共支出由基础设施建设支出、公共卫生和教育支出组成，两者均能提高居民的福利水平。基础设施建设支出方面，发达国家在政府基础设施建设支出带来的福利收益要大于发展中国家（Clark et al.，2005），中国目前仍是发展中国家，因此本书使用交通设施和城乡基础设施建设的财政支出的 75% 作为基础设施建设支出的非防御性公共支出（NSO，1997，1999）。公共卫生和教育支出方面，Guenno 和 Tiezzi（2007）在测算 ISEW 时认为只有 50% 的公共医疗卫生费用是防御性的，因此，本书非防御性公共支出核算中包括 100% 的公共教育成本和 50% 的公共卫生成本。

（四）防御性私人支出

1. 居民医疗卫生和教育支出

居民医疗卫生和教育支出作为私人支出不计入经济福利的核算中，本书参考现有研究中私人医疗卫生和教育支出的 1/2 作为福利损失价值并扣除（Daly and Cobb，1989；O'Mahony et al.，2018）。

2. 通勤成本

通勤支出是私人消费的一部分，本书用交通工具数量总和乘以转换价格来表示通勤成本，交通工具价格参考 Clarke 和 Islam（2005）的研究中将发展中国家每辆车的转化价格设置为 219 美元。

3. 车祸成本

车祸的发生造成经济损失，降低居民经济福利，由于之前已经估计了医疗的支出，因此车祸成本是根据车祸导致的交通事故直接财产损失估计。

4. 城市化成本

城市地区人口密度的增加意味着房价以及土地租金的上涨，导致人民生活成本上升、经济福利下降。但是城市人口的集中还刺激了住房供应的增加，部分抵消了由于过度拥挤而导致的房价上涨。本书参考 Clarke 和 Islam（2005）的核算方法，将城镇居民收入的 18% 用于估算城市化成本。

（五）环境成本

1. 水污染成本

污染物的影子价格反映了污染的实际成本，本书将水污染的影子价格设置为 0.77 元/吨（Yang et al.，2017），各年的水污染影子价格由居民价格指数修正。

2. 空气污染成本

本书中不同空气污染物排放成本等于污染物的排放量乘以各自的影子价格（Pulselli et al.，2005；Bleys，2013）。这些污染物及其影子价格为：氮氧化物 904 欧元/吨、二氧化硫 2324 欧元/吨、总悬浮粒子（TSP）130 欧元/吨（Pulselli et al.，2007），二氧化碳 7.28 美元/吨（Liang et al.，2015），各年的空气污染影子价格由居民价格指数修正。

3. 噪声污染成本

本书使用 GNP 的 1% 来估算噪声污染成本（Daly and Cobb，1990；NSO，1997，1999；Clarke，2005）。

4. 长期环境损失

本书参考 Daly 和 Cobb（1994）的方法，考虑了三种主要不可再生能源：煤炭、石油和天然气来计算碳排放的成本，估计长期的环境损失。碳排放系数参考 IPCC（2006）、国家气候变化对策协调小组办公室和国家发改委能源研究所（2007）的计算方法，依次把代表煤炭、焦炭、汽油、煤油、柴油、燃料油和天然气的碳排放系数设置为 0.449、0.776、0.830、0.865、0.858、0.835、5.905（吨 C/吨或吨 C/亿立方米）。研究中以碳排放的影子价格 717.27 元/吨（Yang et al.，2017）估计长期环境损失。

5. 自然环境变化的收益或损失

自然环境变化如森林面积的变化，会从气候环境、生物多样性、生态系统服务和自然资本存量等方面影响居民福利水平（Costanza et al.，1997）。本书使用《中国环境统计年鉴》中森林面积的变化的数据，并按照 969 美元/公顷（Costanza et al.，1997）估计因自然环境变化而带来的居民福利的收益或损失。

6. 自然灾害导致的直接经济损失

自然灾害会直接造成居民的财产的损失和收入的下降，导致居民福利水平的下降。本书使用《中国统计年鉴》中货币化衡量的自然灾害所导致的直接经济损失的数据，将其从 ISEW 中扣除，以估计自然灾害对居民福利水平的影响。

（六）社会成本

以犯罪为代表所造成的社会成本将给居民的福利水平带来巨大的影响，经济犯罪将造成居民财产的损失；故意伤害犯罪将威胁居民的生命健康，导致居民在医疗卫生上更高的支出；社会性犯罪，如贪污等将从整体上降低居民福利水平。本书参考陈硕（2013）所测算的中国刑事犯罪所造成的社会成本的数据，并使用《中国法律年鉴》中各省检察院批捕的刑事案件人数占全国总人数的比重，估算各省因刑事案件所造成的社会成本。

（七）资本调整

1. 耐用消费品支出与服务

由于耐用消费品在超过一年的时间后，消费者还会从耐用消费品的服务中受益，例如家用电器等，因此耐用消费品应被视为资本存量，本书将耐用品消费支出从居民消费中扣除，再考虑计算耐用品服务价值。Jackson 等（2008）认为，耐用品可以持续 8 年左右，因此每年的购买价格将损失其价值的 1/8，并在 8 年后退出库存。本书将

第 i 年的支出与前一年（$i-1$）支出中的 7/8，$i-2$ 年支出中的 6/8，一直累加到 $i-7$ 年耐用消费品支出的 1/8，最后考虑实际利率对库存的价值影响。与其他大多数研究一样，估算中以 7.5% 为实际利率。综上，当年的耐用消费品服务价值为（耐用品库存）×（折旧+实际利率）。

2. 净资本存量增长

由于人力资本和自然资本的互补性，可持续经济福利要求两类资本都不减少。为了维持长期的经济福利，净资本存量应该不断增加或不变。本书通过新增加的资本存量减去资本需求来计算净资本增长（Pulselli 等，2005）。其计算公式为：

$$NCG = \Delta K - \frac{\Delta L}{L} \times K_{t-1}(\Delta K = K_t - K_{t-1}, \quad \Delta L = L_t - L_{t-1}) \tag{6.20}$$

其中，NCG 表示净资本增长，ΔK、ΔL 分别表示资本和人力资本存量的变化量，K_t、K_{t-1} 分别表示当期和前一期的资本存量，L_t、L_{t-1} 分别表示当期和前一期的人力资本存量。

二 经济福利下的结构指数的构成

结构指数的构建是多方面的，经济增长的结构不仅体现在产业结构上（钞小静和任保平，2011），本书以经济增长的"三驾马车"——消费结构、投资结构、外贸结构为基础，构建结构指数；二级指标中投资率和消费率取为适度指标，参考项俊波（2008）的研究，将投资率的适度值设为 38%，消费量的适度值为 60%。共同富裕与社会主义现代化建设和人民对美好生活的向往密切相关，实现共同富裕有助于改善我国长期的结构性失衡问题，因此，本书将在共同富裕的视角下对以"三驾马车"为基础的结构指数进行拓展。目前，人口红利下降、城乡二元体制问题成为制约高质量发展、实现共同富裕的重要因素（王一鸣，2020；江小涓和孟丽君，2021）；选择适当的产业结构战略将有助于构建合理的收入分配结构（林毅夫和陈斌开，2013），因此，本书在共同富裕视角下引入城乡结构、产业结构和人口结构对结构指数进行拓展，使结构指数在考虑经济发展的同时，充分考虑人民对共同富裕的追求。具体指标选取及解释如表 6.38 所示。

表 6.38　　　　　　　　　ISEW 核算下结构指数构成及测度

一级指标	二级指标	核算方法	指标属性
投资结构	投资率	资本形成额/GDP	适度指标
	市场化投资程度	非国有经济固定资产投资/全社会固定资产投资	正
消费结构	消费率	最终消费支出/GDP	适度指标
	城镇恩格尔系数	城镇居民人均食品消费支出/城镇人均消费支出	逆
	农村恩格尔系数	农村居民人均食品消费支出/农村人均消费支出	逆
外贸结构	外贸依存度	进出口总额/GDP	正
	外资依存度	FDI/GDP	正
	对外直接投资	对外直接投资/GDP	正
城乡结构	城乡收入比	城镇居民人均可支配收入/农村居民人均可支配收入	逆
	城镇化率	城镇人口/总人口	正
产业结构	第三产业产值占比	第三产业 GDP/GDP 总额	正
	第三产业比较劳动生产率	第三产业产值占 GDP 比重/第三劳动人口占总就业人口比重	正
人口结构	人口抚养比	14 岁以下和 65 岁以上人口/总人口	逆
	人口性别比	男性人口/女性人口	逆

　　如表 6.38 所示，各项评价指标对结构指数存在不同的影响方向，正指标对结构指标有正向的影响，逆指标则对结构指数有负向的影响。不同分项指标对结构指数的影响程度也存在差异，因此应当对各项指标赋予具体的权重，以准确衡量各项指标对结构指数的影响。本书为保证核算体系的科学性和客观性，采用熵值法对各项指标的权重进行核算。熵值法通过计算指标的熵值来判断指标的离散程度，指标的离散程度越大，对指标的影响越大，即指标在核算中所占的权重越大。熵值法在确定权重系数的过程中避免了人为因素的干扰，能较为客观地反映各评价指标差异程度，常用于各类指标体系的客观赋权。由于不同指标的量纲和正负影响不同，直接计算会存在较大的误差，本书首先采用极差法对

原始数据进行标准化处理。之后基于熵值法所确定的各项指标权重 ω_j 和标准化处理后的指标数据 $x'_{\alpha ij}$ 即可计算出各省各年的结构指数，具体计算方法如下：

$$SE_{\alpha i} = \sum_j \omega_j \times x'_{\alpha ij} \qquad (6.21)$$

其中，$SE_{\alpha i}$ 表示第 α 年第 i 省的结构指数，其取值范围 $SE_{\alpha i} \in [0, 1]$，结构指数越大代表该省份在该年的经济社会结构更协调且经济社会发展质量更高，同理，结构指数越小代表社会经济结构更差。

三 ISEW 的拓展与测算

（一）将经济福利视角下的结构指数纳入 ISEW 核算

传统的 ISEW 核算体系主要使用基尼系数和阿特金森指数衡量收入不平等因素，但这两个指标在衡量收入不平等时，都存在一定的不足。首先，基尼系数仅反映了居民在货币收入上的差距，并未体现居民生活水平和人民福祉上的差异（傅红春，2004）。其次，中国居民在收入结构上存在巨大的差异，仅考虑货币收入会忽略实物收入和隐性收入带来的估算偏差（李实，2011）。阿特金森指数虽然考虑了居民福利及社会效用，但却忽略了收入结构的差异以及中国近年来社会经济结构的快速变动（万广华，2008）。目前，中国社会经济正处于结构转型的关键时期，结构因素对经济发展的数量与质量有着巨大的影响，特别是结构变化会对经济可持续增长产生全方位影响，进而影响经济社会整体的福利水平（贺俊等，2018）。发展的不充分和不平衡使人民对"共同富裕"的需要与日俱增（刘培林等，2021）；同时，近年来中国经济增速放缓，产业结构与经济结构面临转型升级，中国经济发展进入"新常态"，如何在"新常态"下调整经济结构和转变发展方式，是进一步开发经济增长潜力、提高经济增长质量和提高人民生活福祉的关键（任保平，2015）。因此，本书在 ISEW 的测算中引入在共同富裕视角下构建的结构指数（SE）以衡量经济社会结构性失衡所造成的福利损失。本书参考 ISEW 测算中引入基尼系数和阿特金森指数（O'Mahony et al.，2018）修正对收入不平等对 ISEW 的影响的方法，使用结构指数（SE）替代基尼系数，实现从结构性失衡的角度对 ISEW 进行修正，构建在共同富裕视角下结构性失衡对经济福利影响的 SE-ISEW。使用结构指数修正居民消费的表达式为：

$$WRC = rc \times ie = rc \times SE \tag{6.22}$$

（二）SE-ISEW 测算结果及分析

基于上述 SE-ISEW 的构建方法与前文中 ISEW 和结构指数 SE 的测算结果，对我国各省市 2003—2019 年 SE-ISEW 的测算结果如图 6.21所示。

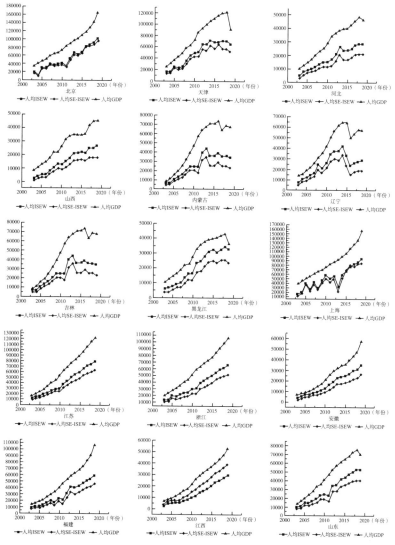

图 6.21 各省份 2003—2019 年人均 GDP、ISEW、SE-ISEW

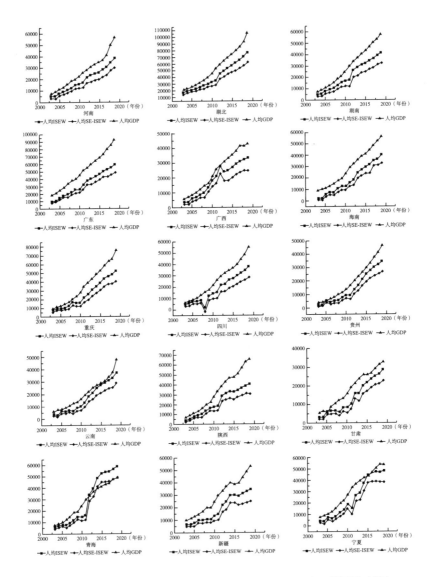

图 6.21　各省份 2003—2019 年人均 GDP、ISEW、SE-ISEW（续）

各省 2003—2019 年人均 GDP、ISEW 和 SE-ISEW 的计算结果如图 6.21 所示，具体计算结果可见附录。通过对各省人均 GDP、ISEW 和 SE-ISEW 的计算结果进行分析，可以有以下发现。

第一，中国人均 GDP、ISEW 和 SE-ISEW 均呈现波动上升的发展趋势。虽然存在一定波动，但我国大多数省份的人均 GDP、ISEW 和

SE-ISEW 在测算年间都呈现明显的上升趋势，这说明我国多数省份在过去 15 年间在国民生产总值和居民福利水平上都有明显的提升。但在人均 GDP、ISEW 和 SE-ISEW 普遍增长的趋势下，部分省份，如河北、内蒙古、辽宁、吉林、天津、四川等省份在部分年份出现了人均 ISEW 和 SE-ISEW 的"零增长"甚至显著下降，例如四川在 2008 年遭受了汶川大地震，当年四川的因自然灾害所导致的直接经济损失高达 7865 亿元，占当年 GDP 总量 61%，给当地带来了巨大的经济损失和居民福利水平的下降，这直接导致了四川当年 ISEW 和 SE-ISEW 的测算结果为负，而当年四川的 GDP 却由于灾后重建的政府投入提高而体现为高出常年的增长。这意味着部分省份在经济高速增长的背景下，忽略了环境污染、社会治理和自然灾害等成本给居民福利所带来的损失，出现了经济总量上升，但经济质量和居民福利却未增长甚至有所下降的结果。

第二，大多数省份的人均 GDP 与人均 ISEW、SE-ISEW 之间的差异不断扩大。在早期，由于经济发展水平较低，经济总量和居民福利的绝对量都处于较低水平，但随着我国经济的高速增长和早期发展中对结构性失衡及环境问题的忽视，我国绝大多数省份的人均 GDP 与人均 ISEW、SE-ISEW 之间的差异不断扩大，这体现了我国经济与社会福利的增长上处于"相对阈值效应"（刘渝琳，2014），即经济总量 GDP 保持相对高速的增长，居民福利 ISEW 和 SE-ISEW 以较低速度增长，具体表现为 ISEW 和 SE-IESW 相对于经济增长的负增长状态。这说明传统 GDP 测算方法由于忽略了环境污染、社会成本、居民防御支出等负面影响，从而高估了居民的福利水平和实际经济质量的增长。虽然大多数省份在经济增长的过程中居民福利相对于经济增长负增长，但少数省份，如青海在部分年份的人均 ISEW 和 SE-ISEW 均高于人均 GDP，这是由于其低水平的环境污染成本、私人防御成本和社会成本的结果。

第三，大多数省份 ISEW 和 SE-ISEW 之间绝对值的差异不断扩大。ISEW 和 SE-ISEW 之间的区别在于 ISEW 是由居民收入不平等指数对居民消费进行调整，而 SE-ISEW 是由结构指数对居民消费进行调整。虽然绝大多数省份随着经济的发展和社会经济结构的调整，结构指数不断改善，但由于收入不平等指数仅关注省内的收入不平等现象，而结构指数则会关注各省份之间的差异，我国结构性失衡的现状导致结构指数的省际差异更大。因此,部分经济发展较落后省份,结构指数调整后的 SE-ISEW 会低于收入不平等指数调整后的 ISEW,且这个差距随着经济总量的增加而扩大。虽然 SE-ISEW 测算结果低于 ISEW,但 SE-ISEW 能够更好地在共同富裕视角下,衡量由于结构性失衡所导致的可持续经济福利的地区差异。

第四,我国 SE-ISEW 发展水平存在明显的区域差异。从地域上来看,我国 SE-ISEW 呈现东部大于中部和东北,中部和东北大于西部的三级阶梯状差异,这和我国的经济发展水平的区域分布相类似,东部地区由于更早地对外开放及长期高速的经济增长,拥有更高的经济和社会发展水平,东部地区的居民相比其他发展落后的省份拥有更高的收入及消费水平,而居民消费是 SE-ISEW 的核心组成部分;同时,经济发展水平更高的地方政府,会加大与居民福利相关的财政支出,从而提高居民福利水平。此外,SE-ISEW 在省际间的绝对差异小于 GDP 的差异,2003—2019 年平均人均 SE-ISEW 最高省份北京与最低的贵州差距为 3.4712 万元,而 2003—2019 年平均人均 GDP 最高省份北京与最低的甘肃差距为 6.0984 万元,产生这个现象的原因在于经济发展水平较高地区为进行经济生产需要承担大量的环境成本,同时过度的城市化也会带来大量的社会成本,而经济发展较落后的地区环境成本和社会成本均较低,经济发达地区更大的负向指标缩减了与经济落后地区在居民福利上的差距。

四 SE-ISEW 的地区差异及其分解

通过上节中对 SE-ISEW 的测算和分析,可以发现我国 SE-ISEW 在发展水平和特征上存在显著的区域差异,因此在后续制定发展政策时,应当明确 SE-ISEW 的地区差异及其来源,以实现共同富裕的目标。本书将采用 Dagum 基尼系数(Dagum,1998)对 SE-ISEW 的地区差异进行分解,并研究差异的来源。

(一)Dagum 基尼系数及分解方法

相比于传统基尼系数、阿特金森等衡量不平等的方法,Dagum 基尼系数法能够代表地区差距的基尼系数分解为地区内差异、地区间差异和超变密度三个部分,能更为准确地分析地区间不平等的来源。使用 Dagum 基尼系数计算我国 SE-ISEW 的整体差异方法如下:

$$G = \frac{\sum_{j=1}^{k} \sum_{h=1}^{k} \sum_{i=1}^{n_j} \sum_{r=1}^{n_h} \left| Y_{ji} - Y_{hr} \right|}{2n^2 \overline{Y}} \tag{6.23}$$

其中，G 代表整体基尼系数，$\overline{Y}$ 表示各省市 SE-ISEW 的平均值，Y_{ji}（Y_{hr}）为 j（h）地区内 i（r）省的 SE-ISEW，k 为地区数量，n 为总省市数量，n_j（n_h）为 j（h）地区内省市的数量。

在使用 Dagum 基尼系数对整体基尼系数进行分解时，首先需要根据地区 SE-ISEW 的均值对地区进行排序，即 $\overline{Y} \leqslant \overline{Y_j} \leqslant \cdots \leqslant \overline{Y}$，其次可以将整体基尼系数分解为：区域内差异贡献 G_w、区域间净值差异贡献 G_{nb} 和超变密度贡献 G_t，这三部分与整体基尼系数之间满足关系式：$G = G_w + G_{nb} + G_t$。区域内差异贡献 G_w 由区域内基尼系数所得 G_{jj}，区域间净值差异贡献 G_{nb} 和超变密度贡献 G_t 由区域间基尼系数 G_{jh} 计算所得，区域内基尼系数 G_{jj} 和区域间基尼系数 G_{jh} 计算方法如下：

$$G_{jj} = \frac{\sum_{i}^{n_j} \sum_{r}^{n_j} \left| Y_{ji} - Y_{jr} \right|}{2\overline{Y_j} n_j^2} \tag{6.24}$$

$$G_{jh} = \frac{\sum_{i}^{n_j} \sum_{r}^{n_h} \left| Y_{ji} - Y_{hr} \right|}{\left(\overline{Y_j} + \overline{Y_h} \right) n_j n_h} \tag{6.25}$$

在区域内基尼系数 G_{jj} 和区域间基尼系数 G_{jh} 的基础上，可以计算出区域内差异贡献 G_w、区域间净值差异贡献 G_{nb} 和超变密度贡献 G_t，具体计算方法如下：

$$G_w = \sum_{j=1}^{k} G_{jj} p_j s_j \tag{6.26}$$

$$G_{nb} = \sum_{j=2}^{k} \sum_{h=1}^{j-1} G_{jh} (p_j s_h + p_h s_j) D_{jh} \tag{6.27}$$

$$G_t = \sum_{j=2}^{k} \sum_{h=1}^{j-1} G_{jh} (p_j s_h + p_h s_j)(1 - D_{jh}) \tag{6.28}$$

其中 $p_j = n_j/n$，$s_j = n_j \overline{Y_j}/n\overline{Y}$，且 p_j 和 s_j 分别满足 $\sum_{j=1}^{k} p_j = 1$ 和

$\sum_{j=1}^{k} s_j = 1$；D_{jh} 表示为 j、h 地区之间 SE-ISEW 水平的相互影响，其由 m_{jh} 和 n_{jh} 构成；m_{jh} 表示地区之间 SE-ISEW 的差值，即在 j、h 地区中所有 $Y_{ji} - Y_{hr} > 0$ 的样本值加总的数学期望；n_{jh} 表示超变一阶矩值，即所有 $Y_{hr} - Y_{ji} > 0$ 的样本值加总的数学期望。D_{jh}、m_{jh} 和 n_{jh} 的具体计算方法如下 [式（6.29）至式（6.31）中 $F_j(F_h)$ 表示 $j(h)$ 地区的累积分布函数]：

$$D_{jh} = \frac{m_{jh} - n_{jh}}{m_{jh} + n_{jh}} \tag{6.29}$$

$$m_{jh} = \int_0^{\infty} \mathrm{d}F_j(Y) \int_0^Y (Y - x)\,\mathrm{d}F_h(Y) \tag{6.30}$$

$$n_{jh} = \int_0^{\infty} \mathrm{d}F_h(Y) \int_0^Y (Y - x)\,\mathrm{d}F_j(Y) \tag{6.31}$$

（二）中国 SE-ISEW 的区域差异及其来源

本书使用上述方法对上文中测算的 2003—2019 年省级层面 SE-ISEW 的地区差异按照东部、中部、东北和西部四个地区进行测算和分解，测算结果如图 6.22 和图 6.23 所示。

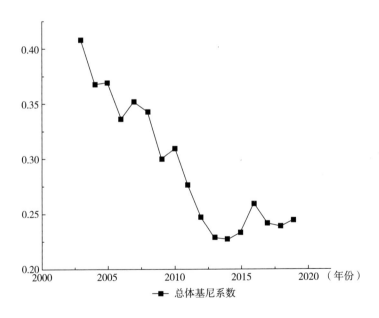

图 6.22　SE-ISEW 发展水平总体差异

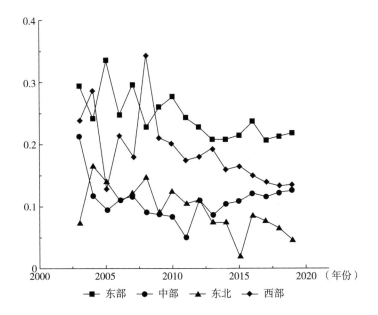

图 6.23　SE-ISEW 发展水平地区内差异

1. 总体差异

中国 2003-2019 年 SE-ISEW 发展水平总体差异及其变化趋势如图 6.22 所示，可以发现我国 SE-ISEW 发展水平的总体差异变化呈现出从早期较高的差异，并在波动中下降，最后在一个较低的范围内波动的趋势。具体而言可以分为两个阶段，第一个阶段是 2013 年以前，总体基尼系数从 2003 年最高的 0.4077 逐渐波动下降到 2013 年的 0.2286，在这个阶段中我国早期的 SE-ISEW 区域差异较大，主要原因是早期经济发达地区和落后地区在居民消费、财政民生投入及资本积累方面存在较大差异，而随着经济和社会的发展，经济发达地区省市面临因经济发展和城市扩张所带来的巨大的生态环境成本和社会成本，同时经济较落后地区更好的生态环境及相对稳定的城市化进程，在两者的共同作用下，我国 SE-ISEW 的整体差异逐步下降到一个较低的水平；第二个阶段是 2013 年以后，我国 SE-ISEW 在 0.2268—0.2597 这一个较低的水平中稳定上下波动，这说明我国 SE-ISEW 的区域差异在这段时间内保持在一个较为稳定的水平。

2. 地区内差异

SE-ISEW 发展水平地区内差异及其变化趋势如图 6.23 所示,从图 6.23 可以发现,东部和西部地区的地区内基尼系数都呈现波动下降的趋势,西部地区 2008 年由于汶川大地震导致当年四川 SE-ISEW 过低,从而导致当年西部地区基尼系数较大;而东北由于内部省份样本较少,波动相比其他地区更大,整体上地区内差异呈现先上升后下降的倒"U"形发展趋势;中部地区则在一个较稳定的范围内波动。从各地区内差异大小来看,各地区内年平均基尼系数从大到小依次为:东部地区>西部地区>中部地区 ≈ 东北地区。

分地区进行分析,东部地区虽然经济发展水平最高,但东部地区内差异也处于全国最高水平,这说明东部地区在高经济增长的环境下,面临更严重的发展不均衡问题,东部地区虽然经济发展更早、整体经济水平更高,但东部地区内如北京、上海和天津,这些省市产业结构更为优化、民生性财政支出力度更大以及高污染的工业企业较少,拉开了这些省份与东部地区其他省份在 SE-ISEW 增长上的差距。但东部地区由于更早的经济发展以及更完善的基础设施建设,加上近年来我国高度重视区域协调综合发展和共同富裕相关政策的实施,以北京、上海和深圳为中心的京津冀地区、长三角地区和大湾区在人才流动、技术创新、产业转型上发挥出了更高效率的辐射效应,降低了东部地区内部的发展差异。西部地区由于省份众多,有着经济水平较为发达的四川、重庆等新一线城市,同样也有着发展最为落后的新疆、青海、宁夏等省份,因此西部地区的 SE-ISEW 区域内差异也较大,仅次于东部地区,但近年来我国相继提出西部大开发战略、"一带一路"倡议等发展规划,加大了对西部地区基础设施建设、转移支付和产业转型升级的投入力度;同时,随着经济和社会的不断发展,青海、内蒙古等省份在自然环境优势,在可持续经济福利的优势更为突出,在两者的共同作用下西部地区的区域内差异逐渐下降。中部地区和东北地区,由于地区内省份发展水平较为接近,因此地区内基尼系数均在一个较低的范围内波动。

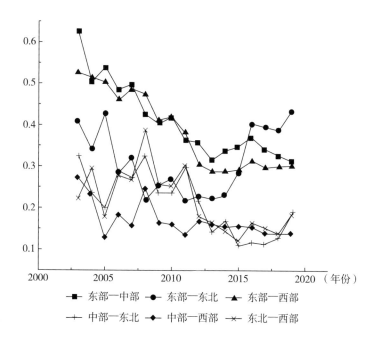

图 6.24 SE-ISEW 发展水平地区间差异

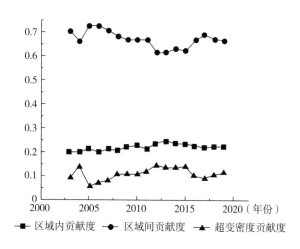

图 6.25 SE-ISEW 发展水平总体差异来源

3. 地区间差异

SE-ISEW 发展水平地区之间差异及其变化趋势如图 6.24 所示，根据结果可以发现，不同地区之间的 SE-ISEW 发展差异相差较大，从整体平均水平对比来看地区间基尼系数年平均值从大到小依次为：东部—中部＞东部—西部＞东部—东北＞中部—东北＞东北—西部＞中部—西部。可以发现，东部地区与其他地区的 SE-ISEW 发展差异明显大于其他地区之间的发展差异，东部地区与中部地区和西部地区的基尼系数年平均值分别为 0.4100 和 0.3859，远高于东部地区与东北地区的 0.3126。东部地区与西部地区和中部地区的差异在 2003—2013 年经历了快速的下降，2013 年后保持平稳波动。这是由于东部地区经济发展更早，在早期相比于中西部地区拥有更高的福利水平，而随着中西部地区的"追赶效应"，以及东部地区面临的环境成本和社会成本，东部地区和中西部地区的差距不断缩小。东部地区和东北地区之间的差异发展经历了先下降后上升的"U"形变化，第一阶段是 2003—2013 年的下降阶段，第二阶段是 2013 年以后的上升阶段，下降阶段的原因与中西部地区和东部地区之间差异下降相类似；而 2013 年后基尼系数上升的主要原因是东北地区产业结构落后、人才流失等问题导致发展放缓，从而扩大了与东部地区之间的差异。中部和西部地区与东北地区之间的差异逐渐缩小，这同样反映了中西部地区的快速追赶以及东北地区发展速度的放缓。而中西部之间的差异则保持了平稳的波动下降，由 2003 年的 0.2716 下降到 2019 年最低的 0.1380，期间内都保持了较稳定的上下浮动。通过对地区之间的 SE-ISEW 发展差异分析可以发现，在计算期内，中西部的 SE-ISEW 水平上都得到了快速的增长，与东部和东北之间发展的差距不断缩小，同时，东北地区因产业结构落后、人才流失、创新放缓等问题所导致的福利水平发展缓慢问题同样值得关注。

4. 区域差异来源及贡献

SE-ISEW 发展水平总体差异来源及其变化趋势如图 6.25 所示，从整体贡献度来看，区域间差异对我国 SE-ISEW 总体差异贡献度最大，其 2003—2019 年平均贡献率为 67.04%，并在 61.24%—70.42% 波动，远高于贡献率第二的区域内差异，这说明区域间差异是我国 SE-ISEW 总体差异的主要来源。区域间差异和超变密度对总体差异的贡献度年平均值分别为 22.01% 和 10.95%，远低于区域间差异的贡献度，这说明 SE-ISEW 的区域内差异和区域间样本交叉重叠问题对我国 SE-ISEW 的不平等问题的影响较小。因此，应当从区域间发展非均衡的角度出发，解决我国面临的可持续经济福利区域不平等的问题，以促进区域间的协同发展，实现共同富裕。

五 SE-ISEW 的收敛分析

（一）SE-ISEW 的 σ 收敛

σ 收敛通过反映不同地区 SE-ISEW 均等化水平的离差随时间变化而呈现上升或下降的趋势，而判断该地区内差异是处于上升或下降的趋势，本书参考于伟（2021）的研究方法，使用变异系数衡量中国 SE-ISEW 的 σ 收敛，具体计算方法如下：

$$\sigma = \frac{\sqrt{\sum_{i}^{n_j} (Y_{ji} - \overline{Y_j})/n_j}}{\overline{Y_j}} \tag{6.32}$$

其中，$\overline{Y_j}$ 表示 j 地区 SE-ISEW 的平均值，Y_{ji} 为 j 地区内 i 省的 SE-ISEW，n_j 为 j 地区内省市的数量。一个地区的 σ 值逐渐变小，则说明该地区内的 SE-ISEW 的离散程度越低，该地区各省份之间的可持续经济福利水平的差异逐渐缩小，呈现收敛的发展趋势；反之则为扩散的发展趋势。我国整体和各地区的 σ 收敛系数计算结果如图 6.26 所示。

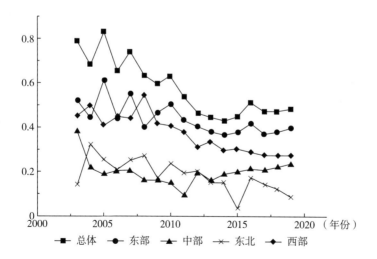

图 6.26 2003—2019 年全国及四大地区人均 SE-ISEW 的 σ 收敛系数变化趋势

通过观察我国总体及各地区人均 SE-ISEW 的 σ 系数变化趋势可以发现，我国整体层面 SE-ISEW 的 σ 收敛系数呈现先波动下降，再小幅度回升的趋势，具体表现为从 2003 年的 0.7902 波动下降到 2014 年的最低点 0.4319，后续年份小幅度上升到 2019 年的 0.4858，这说明我国总体层面上 SE-ISEW 变动趋势呈现收敛态势，即地区之间可持续经济福利水平的差异有缩小的趋势。从各地区的结果来看，东部地区和西部地区的 σ 收敛系数都呈现波动下降的趋势，分别为东部地区从 2003 年的 0.5226 下降到 2019 年的 0.3983，西部地区从 2003 年的 0.4553 下降到 2019 年的 0.2732，下降幅度分别为 23.79% 和 40.01%，这说明东部地区和西部地区的 SE-ISEW 均呈现收敛的发展趋势，地区内的可持续经济福利水平的差异呈现下降的趋势。中部地区的 σ 收敛系数则呈现先下降后缓慢上升的"U"形发展趋势，从 2003 年的 0.3818 下降到 2011 年的最低值 0.0095，之后再缓慢上升到 2019 年的 0.2347，这说明中部地区的 SE-ISEW 发展先收敛后发散，虽然从观察区间整体上来看中部地区的差异是下降的，但 2011 年的发散趋势仍然值得重视。东北地区由于内部各省发展较为接近，σ 收敛系数在较低的 0.2 范围附近波动，无明显的收敛或发散的趋势。综上所述，我国东部、中部、西部地区及总体的人均 SE-ISEW 发展都存在显著的 σ 收敛，即内部发展差异在不断下降，这与之前的 Dagum 基尼系数分解的分析结果是相同的。

（二）SE-ISEW 的 β 收敛

1. Moran's I 指数分析

在对 SE-ISEW 指数进行空间面板 β 收敛模型估计之前，需要先采用 Moran's I 指数考察 SE-ISEW 的空间相关性。在检验变量是否存在空间自相关时常使用时的指标为全局 Moran's I 指数，其取值范围为 [-1, 1]，当 Moran's I 指数大于 0 时代表指标存在空间正相关，且其值越大空间正相关性越强；当 Moran's I 指数小于 0 时代表指标存在空间负相关，且其值越小空间负相关性越强；其值等于 0 时代表指标空间分布是随机的，无空间相关性。本书使用省份间地理距离平方的倒数作为空间权重矩阵，测算了 2003—2019 年的人均 SE-ISEW 的 Moran's I 指数，其结果如表 6.39 所示。根据计算结果可知，2003—2019 年人均 SE-ISEW 的 Moran's I 指数均为正数，且值在 0.229—0.410，其各年统计结果均在 1% 水平下显著，由此可知，中国 SE-ISEW 存在显著的空间正相关性，这表明中国 SE-ISEW 存在显著的空间聚集特征。

表 6.39　　　　　　　　人均 SE-ISEW 的 Moran's I 指数

年份	Moran's I	Z 值	P 值	年份	Moran's I	Z 值	P 值
2003	0.377	4.592	0.000	2012	0.280	3.481	0.000
2004	0.311	3.789	0.000	2013	0.301	3.827	0.000
2005	0.324	4.326	0.000	2014	0.269	3.358	0.000
2006	0.324	4.326	0.000	2015	0.202	2.622	0.004
2007	0.349	4.312	0.000	2016	0.241	3.093	0.001
2008	0.271	3.590	0.000	2017	0.210	2.75	0.003
2009	0.383	4.572	0.000	2018	0.203	2.691	0.004
2010	0.335	4.148	0.000	2019	0.178	2.435	0.007
2011	0.321	4.103	0.000				

2. 空间 β 收敛

β 收敛理论起源于古典经济学中的经济趋同理论，指随着时间的推移，发展水平较为落后的地区会逐渐追赶上经济发展较为发达的地区，最终达到一个共同增长的稳态，呈现一个收敛的发展趋势。参考 Barro 和 Sala-I-Martin（1997）的研究方法，传统的 β 收敛模型如下：

$$\ln\left(\frac{Y_{i,t+1}}{Y_{i,t}}\right) = \alpha + \beta\ln(Y_{i,t}) + u_i + v_t + \varepsilon_{it} \tag{6.33}$$

其中，$Y_{i,t+1}$、$Y_{i,t}$ 分别表示地区 i 在 $t+1$ 和 t 时期的人均 $SE\text{-}ISEW$，$\ln(Y_{i,t+1}/Y_{i,t})$ 表示地区 i 的可持续经济福利发展水平在 t 到 $t+1$ 时期的年增长率；u_i 表示地区效应，v_t 表示时间效应，ε_{it} 为随机干扰项；β 为收敛系数，当回归结果 $\beta<0$ 且显著，可以认为 SE-ISEW 发展水平呈现收敛趋势；反之为发散趋势。

随着经济发展和区域间的联系日渐加强，区域之间的空间依赖性不断增强，因此在对 SE-ISEW 的收敛性进行分析时，应考虑区域之间的空间依赖性的影响。常见的空间计量模型包括空间杜宾模型（SDM）、空间滞后模型（SAR）和空间误差模型（SEM），在加入空间效应下研究 SE-ISEW 收敛性的空间计量模型分别如下：

$$\ln\left(\frac{Y_{i,\,t+1}}{Y_{i,\,t}}\right) = \alpha + \beta\ln(Y_{i,\,t}) + \theta\sum_{j}^{n}w_{ij}\ln(Y_{i,\,t}) + \rho\sum_{j}^{n}w_{ij}\ln\left(\frac{Y_{i,\,t+1}}{Y_{i,\,t}}\right) +$$
$$u_i + v_t + \varepsilon_{it} \tag{6.34}$$

$$\ln\left(\frac{Y_{i,\,t+1}}{Y_{i,\,t}}\right) = \alpha + \beta\ln(Y_{i,\,t}) + \rho\sum_{j}^{n}w_{ij}\ln\left(\frac{Y_{i,\,t+1}}{Y_{i,\,t}}\right) + u_i + v_t + \varepsilon_{it}$$
$$\tag{6.35}$$

$$\ln\left(\frac{Y_{i,\,t+1}}{Y_{i,\,t}}\right) = \alpha + \beta\ln(Y_{i,\,t}) + \theta\sum_{j}^{n}w_{ij}\ln(Y_{i,\,t}) + u_i + v_t + \varepsilon_{it} \tag{6.36}$$

其中，w_{ij} 为空间权重矩阵的第 i 行 j 列的元素，本书选择省份之间地理距离倒数的平方作为空间权重矩阵，两地之间地理距离越接近，SE-ISEW 发展水平的联系越大；ρ 为空间滞后系数，θ 为空间误差系数，分别表示临近地区的 SE-ISEW 的增长率和发展水平对本地区的影响。

本书参考胡安俊和孙久文（2014）的研究方法，对全国和四个地区的 β 收敛模型通过 LM 检验、Hausman 检验、LR 检验等检验方法来选择合适的空间计量模型。根据检验结果，除东北地区外，其他区域均通过 LM 检验，因此东北地区退回普通 OLS 回归；全国、东部地区和中部地区通过 LR 和 Wald 检验，支持使用空间杜宾模型；西部地区未通过 LR 检验，退回 SEM 模型，SEM 模型的空间误差系数估计不显著，退回普通 OLS 模型。从具体回归结果来看，首先，全国层面空间滞后系数和空间误差系数均为正，说明全国层面 SE-ISEW 发展水平和增长速度存在显著的正向空间相关性，周边地区的 SE-ISEW 发展水平和增长率对该地区的 SE-ISEW 增长有显著的促进作用，即空间外溢是促进全国层面 SE-ISEW 增长的一个重要因素；同样中部地区的空间误差系数为正，这也说明 SE-ISEW 发展水平存在显著的正向空间相关性；中部地区和东部地区空间滞后系数为负，说明 SE-ISEW 增长速度存在一定负空间相关性，这可能是中部和东部地区城市的可持续经济福利存在的竞争关系导致。其次，所有模型中 SE-ISEW 发展水平的回归 β 系数均显著且为负，这说明 SE-ISEW 在全国层面和四个地区内都呈现收敛的发展趋势，即落后地区不断追赶经济发达地区的 SE-ISEW 水平，这与之前分析的人均 SE-ISEW 区域内和区域间差异不断缩小的结果相符合。

表 6.40		人均 SE-ISEW 空间 β 绝对收敛			
区域	全国	东部	中部	东北	西部
模型类型	双向固定 SDM	双向固定 SAR	双向固定 SDM	随机 OLS	随机 OLS
$\beta(\ln Y)$	-0.4517^{***} (-13.24)	-0.4523^{***} (-4.85)	-0.5049^{***} (-6.97)	-0.1742^{***} (-4.71)	-0.1043^{***} (-4.92)
$\theta(w \times \ln Y)$	0.4467^{***} (5.48)	—	0.5297^{***} (2.68)	—	—
ρ	0.2449^{***} (3.15)	-0.1726^{**} (-1.75)	-0.4008^{**} (-2.48)	—	—
R^2	0.2125	0.2071	0.2373	0.3258	0.1220
Log-likelihood	185.1059	55.6791	103.0718	—	—
空间固定效应	57.75^{***}	76.13^{***}	49.10^{***}	NO	NO
时间固定效应	105.81^{***}	40.91^{***}	40.04^{***}	NO	NO
Hausman 检验	16.32^{***}	4.35^{**}	23.04^{***}	0.22	0.60
LM spatial lag	76.40^{***}	5.603^{**}	0.593	2.700	58.547^{***}
Robust LM spatial lag	3.149^{**}	0.544	6.864^{***}	0.022	1.359
LM spatial error	97.233^{***}	7.216^{***}	2.909^{*}	2.771^{*}	67.105^{***}
Robust LM spatial error	23.982^{***}	2.157	9.180^{***}	0.093	9.917^{**}
Wald test spatial lag	58.89^{***}	16.57^{***}	92.44^{***}	—	7.70^{***}
LR test spatial lag	28.80^{***}	0.8735	7.83^{***}	—	0.3471
Wald test spatial error	30.73^{***}	12.25^{***}	559.57^{***}	—	3.45^{**}
LR test spatial error	18.13^{***}	0.6215	18.13^{***}	—	0.36
样本量	480	160	96	48	176

第五节 金融发展与 ISEW、SE-ISEW

经济发展不仅要注重"数量"，更要关心"质量与结构均衡发展"。GDP 所衡量的经济指数远大于 ISEW 和 SE-ISEW 所衡量的福利经济指数，并且这种差距还有扩大的趋势。从图 6.21 中可明显看出，ISEW 和 ISSEW 的边际增长要低于 GDP 的边际增长。如果 GDP 与 ISEW、SE-ISEW 保持着相近的增长趋势，说明经济的数量和质量的增长水平也相近。为了更好地阐述这种相对阈值效应，通过计算 $\tan\theta$ 指标来度量 ISEW 和 SE-ISEW 与 GDP 的增长差异，并用这个指标来衡量福利经济发展的真实情况。

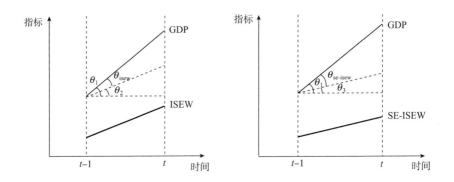

图 6.27　真实经济增长评价

如图 6.27 所示，将 GDP 与 ISEW、SE-ISEW 在同一年份中的边际增长作为评价真实经济增长好坏的依据。由于我们力求经济质与量的共同增长，所以，采用 $\tan\theta$（刘渝琳和余尊宝，2014）值作为真实经济增长的评价指标。其计算公式为：

$$\tan\theta_{ISEW} = \tan(\theta_1 - \theta_2) = \frac{\tan\theta_1 - \tan\theta_2}{1 + \tan\theta_1 \cdot \tan\theta_2} = \frac{\Delta\text{GDP} - \Delta ISEW}{1 + \Delta\text{GDP} \cdot \Delta ISEW}$$

$$\tan\theta_{SE\text{-}ISEW} = \tan(\theta_1 - \theta_3) = \frac{\tan\theta_1 - \tan\theta_3}{1 + \tan\theta_1 \cdot \tan\theta_3} = \frac{\Delta\text{GDP} - \Delta SE\text{-}ISEW}{1 + \Delta\text{GDP} \cdot \Delta SE\text{-}ISEW}$$

其中，第 t 年时，$\Delta\text{GDP} = \text{GDP}_t - \text{GDP}_{t-1}$，$\Delta ISEW = ISEW_t - ISEW_{t-1}$，$\Delta SE\text{-}ISEW = SE\text{-}ISEW_t - SE\text{-}ISEW_{t-1}$，由于在统计期内，中国 GDP、ISEW、ISSEW 的增长率一直为正，且 GDP 的增长率大于 ISEW 和 SE-ISEW 的增长率。所以 $\tan\theta$ 的取值区间在 $(0, +\infty)$ 上，其指标越趋于 0 表明经济增长越好，反之越坏。统计年间所对应的评价指标如表 6.41 所示。

表 6.41 真实评价指标 单位：10^{-5}

年份	$\tan\theta_{ISEW}$	$\tan\theta_{SE-ISEW}$	年份	$\tan\theta_{ISEW}$	$\tan\theta_{SE-ISEW}$
1991	9.21	178.77	2004	6.80	7.77
1992	62.25	1318.20	2005	7.16	13.49
1993	23.97	255.14	2006	7.54	13.64
1994	14.68	108.69	2007	3.63	7.36
1995	10.56	35.06	2008	1.51	3.45
1996	13.44	38.42	2009	2.48	2.84
1997	12.88	46.08	2010	2.58	2.00
1998	6.28	45.36	2011	1.56	2.26
1999	3.06	44.65	2012	1.49	1.96
2000	21.29	10.24	2013	2.29	1.19
2001	8.07	34.63	2014	2.17	2.88
2002	8.99	38.13	2015	1.20	4.53
2003	12.57	25.19	2016	0.79	1.73

通过计算真实经济增长评价指标，$\tan\theta_{ISEW}$ 与 $\tan\theta_{SE-ISEW}$ 值在统计期间前期波动较大，尤其是 1992 年的真实经济评价指标达到最大值。说明这一年的经济虽然在正向增长但是福利却远低于经济的增长。$\tan\theta_{ISEW}$ 从 1991 年的 9.21×10^{-5} 逐渐降低到 2016 年的 0.79×10^{-5}。$\tan\theta_{ISEWSE}$ 也从 1991 年的 178.77×10^{-5} 下降到 2016 年的 1.73×10^{-5}。在多数统计年份中 $\tan\theta_{SE-ISEW}$ 都大于 $\tan\theta_{ISEW}$，说明将结构因素纳入可持续经济福利指数后，其真实福利还远未达到人们预期的那样，但真实经济增长评价指数具有逐渐降低且收敛的趋势。通过真实经济增长评价指标可以发现，中国的 GDP 与 ISEW 以及 SE-ISEW 之间的绝对数值差距在逐渐增大，GDP 的边际增长也远大于 ISEW 和 SE-ISEW。但是其增速差距却在逐渐缩小，说明经济质量增长速率在逐渐靠近 GDP 的增长速率，这也是中国经济发展的一个积极信号。

上一节提出使用可持续经济福利指数 ISEW 以克服仅用 GDP 来衡量我国经济发展质量和人民生活水平的明显缺陷；同时针对金融发展与中国结构性失衡的现实问题，进一步拓展了可持续经济福利结构均衡增长指数 SE-ISEW。为探究我国金融发展与 ISEW、SE-ISEW 的关系，汇总前一节所用数据进行量化分析。

实证分析所需变量说明如表 6.42 所示。为确保统计口径一致，选取相同年份 2011—2017 年我国国家层面数据。

表 6.42　　　　　　　　　　　　变量说明

变量名	变量说明
金融创新 （JRCX）	与第六章第一节一致
金融开放 （JRKF）	与第六章第一节一致
可持续经济福利指数 （ISEW）	与第六章第四节一致
可持续经济福利结构均衡增长指数 （SE-ISEW）	与第六章第四节一致

其中，标准化以后的国家层面 ISEW、SE-ISEW 数据如表 6.43 所示。

表 6.43　　　　　　　　国家层面 ISEW、SE-ISEW 数据

年份	ISEW	SE-ISEW
2011	0	0
2012	0.3704	0.3823
2013	0.4802	0.4664
2014	0.6649	0.6607
2015	0.7535	0.7524
2016	0.8715	0.8600
2017	1	1

金融创新、金融开放、ISEW 与 SE-ISEW 四项数据散点分布如图 6.28、图 6.29 所示。

与前一节探究的经济增长（EG），即 GDP 一致，从散点图中观察到金融创新、金融开放与 ISEW、SE-ISEW 均存在明显的相关关系，故进行回归检验。由于统一口径后上述数据涵盖年份较短，视为截面数据进行回归分析。

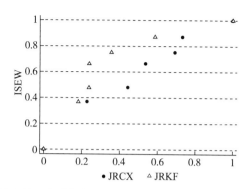

图 6.28　金融创新、金融开放与 ISEW 数据散点图

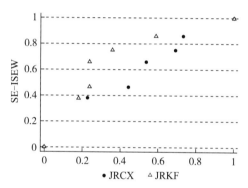

图 6.29　金融创新、金融开放与 SE-ISEW 数据散点图

一　金融创新与 ISEW、SE-ISEW

（一）金融创新与 ISEW 的回归分析

回归模型设定如下：

$$ISEW_i = \beta_0 + \beta_1 JRCX_i + \varepsilon_i \tag{6.37}$$

$$ISEW_i = \beta_0 + \beta_1 JRCX_i + \beta_2 SqJRCX_i + \varepsilon_i \tag{6.38}$$

表 6.44　　　　　　　　　　金融创新与 ISEW 回归结果

变量	模型（6.37）	模型（6.38）
	ISEW	*ISEW*
金融创新	0.9985***	1.3881***
	(0.1011)	(0.1521)

续表

变量	模型（6.37）	模型（6.38）
	ISEW	*ISEW*
金融创新二次项	—	-0.3974*
		（0.1519）
常数项	0.0731	0.0158
	（0.0605）	（0.0306）
R²	0.9649	0.9811
样本量	7	7

注：括号内是稳健标准误，＊、＊＊、＊＊＊分别表示10%、5%、1%的显著性水平。

回归结果显示，一次拟合中金融创新系数在1%水平下显著为正，金融创新对ISEW具有正向的促进作用；二次拟合中金融创新二次项系数在10%水平下显著为负，金融创新一次项系数在1%水平下显著为正，金融创新对ISEW的促进作用先增大随后减弱。

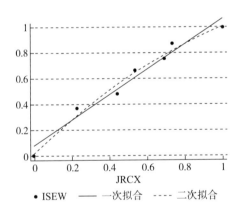

图6.30 金融创新与ISEW回归拟合

（二）金融创新与SE-ISEW的回归分析

回归模型设定如下：

$$SE-ISEW_i = \beta_0 + \beta_1 JRCX_i + \varepsilon_i \tag{6.39}$$

$$SE-ISEW_i = \beta_0 + \beta_1 JRCX_i + \beta_2 SqJRCX_i + \varepsilon_i \tag{6.40}$$

表 6.45	金融创新与 SE-ISEW 回归结果	
变量	模型（6.39）	模型（6.40）
	SE-ISEW	*SE-ISEW*
金融创新	0.9908***	1.3548***
	（0.1006）	（0.1674）
金融创新二次项	—	−0.3712*
		（0.1693）
常数项	0.0745	0.0209
	（0.0638）	（0.0378）
R 平方值	0.9629	0.9773
样本量	7	7

注：括号内是稳健标准误，*、**、***分别表示10%、5%、1%的显著性水平。

回归结果显示，一次拟合中金融创新系数在 1% 水平下显著为正，金融创新对 SE-ISEW 具有正向的促进作用；二次拟合中金融创新二次项系数在 10% 水平下显著为负，金融创新一次项系数在 1% 水平下显著为正，金融创新对 SE-ISEW 的促进作用先增大随后减弱。

金融创新对 ISEW 和 SE-ISEW 的结果较为接近，一次拟合中对 ISEW 的促进效应稍强，二次拟合差别在后文予以分析。

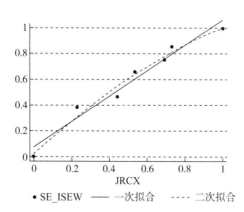

图 6.31 金融创新与 SE-ISEW 回归拟合

二 金融开放与 ISEW、SE-ISEW

(一) 金融开放与 ISEW 的回归分析

回归模型设定如下:

$$ISEW_i = \beta_0 + \beta_1 JRKF_i + \varepsilon_i \tag{6.41}$$

$$ISEW_i = \beta_0 + \beta_1 JRKF_i + \beta_2 SqJRKF_i + \varepsilon_i \tag{6.42}$$

表 6.46　　　　　　　　　　金融开放与 ISEW 回归结果

变量	模型 (6.41)	模型 (6.42)
	ISEW	*ISEW*
金融开放	0.8949 **	2.4547 ***
	(0.2540)	(0.2795)
金融开放二次项	—	-1.4954 ***
		(0.2530)
常数项	0.2576	0.0227
	(0.1306)	(0.0468)
R 平方值	0.7568	0.9526
样本量	7	7

注:括号内是稳健标准误, * 、 * * 、 * * * 分别表示10%、5%、1%的显著性水平。

回归结果显示,一次拟合中金融开放系数在5%水平下显著为正,金融开放对 ISEW 具有正向的促进作用;二次拟合中金融开放二次项系数在1%水平下显著为负,金融开放一次项系数在1%水平下显著为正,金融开放对 ISEW 的促进作用先增大随后减弱。

针对金融创新与金融开放对 ISEW 的影响发现,两者均对 ISEW 有正向的边际效应,这为本书继续分析引入结构指数后的 ISEW 的变化提供了进一步可能的空间。

(二) 金融开放与 SE-ISEW 的回归分析

回归模型设定如下:

$$SE\text{-}ISEW_i = \beta_0 + \beta_1 JRKF_i + \varepsilon_i \tag{6.43}$$

$$SE\text{-}ISEW_i = \beta_0 + \beta_1 JRKF_i + \beta_2 SqJRKF_i + \varepsilon_i \tag{6.44}$$

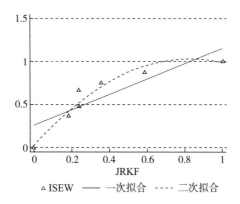

图 6.32　金融开放与 ISEW 回归拟合

表 6.47　　　　　　　　　金融开放与 SE-ISEW 回归结果

VARIABLES	模型（6.43）	模型（6.44）
	SE-ISEW	*SE-ISEW*
金融开放	0.8913 **	2.4164 ***
	（0.2488）	（0.2795）
金融开放二次项	—	-1.4621 ***
		（0.2697）
常数项	0.2562	0.0266
	（0.1292）	（0.0487）
R^2	0.7609	0.9506
样本量	7	7

注：括号内是稳健标准误，＊、＊＊、＊＊＊分别表示 10%、5%、1%的显著性水平。

　　回归结果显示，一次拟合中金融开放系数在 5%水平下显著为正，金融开放对 SE-ISEW 具有正向的促进作用；二次拟合中金融开放二次项系数在 1%水平下显著为负，金融开放一次项系数在 1%水平下显著为正，金融开放对 SE-ISEW 的促进作用先增大随后减弱。

　　与金融创新结果相类似，金融开放对 ISEW 和 SE-ISEW 的结果也较为接近，一次拟合中对 ISEW 的促进效应稍强。二次拟合差别在后文予以分析。

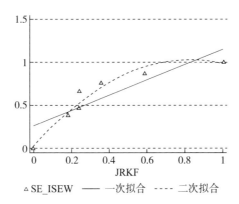

图 6.33　金融开放与 SE-ISEW 回归拟合

三　金融发展效应分析：对 SE-ISEW 具有更优的促进效应

综合金融发展与 GDP（第六章第一节部分）、ISEW、SE-ISEW 的回归结果来看，可以得出以下结论：

（一）金融发展对 ISEW 和 SE-ISEW 的促进效应均优于 GDP

如图 6.34 所示，虽然金融创新对 GDP 具有持续的促进作用，但这种不分时间、不分阶段的"野蛮效应"暴露了 GDP 衡量与现实发展阶段的脱钩问题；而金融创新对 ISEW 和 SE-ISEW 的促进作用不仅在相同的金融创新水平下好于对 GDP 促进，还呈现先增后减的分阶段趋势。同样地，金融开放对 GDP 的促进作用虽然呈现二次趋势，但没有出现减退；而金融开放对 ISEW 和 SE-ISEW 的促进作用在金融开放水平过高的情况下会反过来制约 ISEW 和 SE-ISEW，与实际情况更为符合。这些结果表明金融发展对 ISEW 和 SE-ISEW 的促进作用更加优质，同时金融发展也适应于特定的经济发展阶段。

（二）金融发展对 SE-ISEW 的促进效应优于 ISEW

同样从图 6.34 可以看出，在金融创新水平较低时，金融创新对 SE-ISEW 的作用效果强于 ISEW；在金融创新水平较高时，金融创新对 SE-ISEW 的作用效果弱于 ISEW，SE-ISEW 的促进效应具有更小的极差，更加接近均值，符合现实发展情况；同样地，金融开放也是如此。这些结果表明金融发展对 SE-ISEW 的促进作用更加优质，同时也反映出使用 SE-ISEW 更能够合理衡量我国经济发展的福利效应。

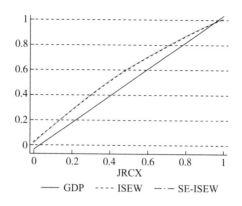

图 6.34 金融创新对 GDP、ISEW、SE-ISEW 的促进效应对比

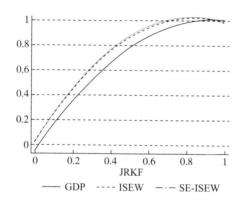

图 6.35 金融开放对 GDP、ISEW、SE-ISEW 的促进效应对比

金融发展对传统衡量标准下的经济增长、可持续经济福利指数以及本书创造性拓展的可持续经济福利结构均衡增长指数都具有积极的促进作用，金融发展是增长的必要条件，金融发展在诸多方面的积极作用有助于增长。但是，我国目前处于经济结构与增长不匹配，经济结构失衡阶段，面对这一现实问题，可持续经济福利结构均衡增长指数的提出更能合理衡量经济发展的福利效应，金融发展对可持续经济福利结构均衡增长指数的促进效应更符合当前乃至今后我国经济福利均衡发展。金融发展对缓解结构失衡、促进结构优化、推动可持续经济福利增长具有更强的内生动力。

第七章

政策与展望

随着经济的高速增长，我国经济结构失衡问题也逐渐凸显，已步入"结构性减速"时代。金融作为现代经济的核心，具有宏观调控和资本配置的重要作用，提升金融服务实体经济的能力是解决我国经济发展"不平衡不充分"问题的关键因素。金融发展能够帮助我国转变发展方式、优化经济结构、转换增长动力，推动我国经济结构协同发展。因此，研究金融发展对经济结构协同发展的影响，以及分析其影响机制具有十分重要的理论与实践意义。

本书基于经济结构失衡和金融长足发展的重要现实背景，首先，提出主要研究问题：金融发展如何影响经济结构？金融发展所包含的金融创新和金融开放通过哪些传导机制影响经济结构发展？金融创新和金融开放的影响对不同的、具体的经济结构是否存在差异？其次，对相关的基础理论进行梳理和归纳，构建金融创新、金融开放对经济结构影响的动态经济模型，为实证分析奠定了理论基础。再次，进行金融创新影响狭义与广义经济结构作用机制、金融开放影响要素与收入结构作用机制的实证检验，科学回答了本书主要研究问题。最后，总结研究推论，提出继续深化金融改革、促进金融市场发展；推动经济增长、深化供给侧结构性改革、促进经济结构协同发展对策建议，并指出研究不足及有待进一步拓展的研究方向。

第一节　研究结论

一　金融创新与经济结构

第一，随着互联网金融的创新发展，东部经济结构能够与之匹配，互联网金融有效地优化了东部经济结构，其余地区经济结构虽然也得以优化但互联网金融与结构失衡问题逐步暴露，东北的经济结构失衡问题则更加突出。

第二，数字普惠金融的逐步发展使全国范围内产业结构均得以优化，这一效应在金融发展较为落后的地区更加明显。数字普惠金融发展先影响产业结构，进而影响广义经济结构，而东北可能存在数字普惠金融发展与产业结构、与广义经济结构的失衡矛盾。

第三，对于狭义经济结构，随着金融创新的逐步发展，全国范围内产业结构均得以优化，这一效应在金融发展较为落后的地区更加明显；对于广义经济结构，全国范围内作用效果均低于产业结构，金融创新先影响产业结构进而影响广义经济结构，而东北金融创新在与产业结构、广义经济结构的失衡矛盾较为突出。

二　金融开放与经济结构

第一，金融开放会显著降低资本租金、提高劳动力租金，从而影响要素结构。具体通过金融市场的完善程度、经济发展、制度质量、技术创新以及资本和劳动力的谈判力作用机制影响资本租金和劳动力租金。

第二，金融开放通过资本租金和劳动力租金降低收入不平等，即金融开放通过要素结构影响收入结构。金融开放通过促进经济增长的经济总量提高和产业结构调整，提高金融市场的金融市场深度（规模）、金融市场效率以及降低金融风险，提高制度质量、技术创新以及资本和劳动力的谈判力来影响资本租金和劳动力租金，紧接着受金融开放影响的资本租金和劳动力租金变化以及资本租金对劳动力租金的挤出效应造成收入不平等，影响收入结构。

第三，制度质量在金融开放对要素结构和收入结构的链式多重传导作用机制的整个过程中都具有重要的调节作用。在金融开放影响资本租金和劳动力租金的作用机制中，制度质量机制的中介效应占总效应的比重都较高，尤其是对资本租金的影响。同样在金融开放通过资本租金和劳动力租金作用收入不平等的实证研究中，制度质量在总样本和不同发展程度的国家中也都具有重要的调节作用，尤其在发展中国家的制度质量影响作用更为显著。

三　金融发展与经济结构协同发展

第一，国家层面广义经济结构的发展对经济增长的促进逐步增强，虽然如此，构成广义经济结构的各项基本结构却存在失衡现象，产业结构、投资消费结构、进出口结构和金融结构的促进作用较为突出，人口结构和城乡收入结构消极影响亟待解决。值得注意的是，金融结构的促进作用先增强后减弱，说明金融发展对经济增长和对经济结构均衡发展的作用正逐步凸显，但金融本身可能也存在一些掣肘，导致其持续推动力不足，研究金融发展对经济结构均衡发展具有重要意义，为本书提供了实证支持。

第二，城市层面产业结构对全国及东部、中部、西部、东北经济增长的作用经历了抑制—促进—抑制的变化。

从极值点大小来看，进入中等收入阶段以后，西部产业结构对经济增长的抑制作用最快转向促进作用，随后是东部、中部、东北，但是随着产业结构日益"服务化"，对东北经济增长的抑制作用首先出现，接着依次开始抑制东部、西部和中部经济增长。

人口结构对全国及中部、西部经济增长短期抑制滞后呈现促进趋势，说明中部和西部人口红利衰退情况尚不严重；而对东部和东北则经历了抑制—促进—抑制的变化，其中东部极大值点接近1，说明对东部经济增长的抑制并未发生在人口结构转型的前中期，人口红利虽然有衰退趋势但还未完全消失；东北的极大值点相对较小，说明东北人口红利衰竭情况十分严峻。

投资消费结构对全国及西部、东北经济增长的回归方程变化趋势虽然不同，但有着相似之处。全国的极小值点小于0，说明这一时期内投资消费结构对经济增长的促进作用显著，但随后会出现负效应，西部和东北情况与之相同；东部极小值点接近0，说明投资消费结构经历短暂调整后持续促进东部经济增长；中部则一直是促进作用。因此，在东部和中部，投资相较于消费对经济增长的推动力更为强劲，西部和东北则在转型后期出现了投资推动乏力的情况。

进出口结构在全国及东部、中部对经济增长的作用情况相似，经历了抑制—促进—抑制的变化。东部进出口结构的抑制作用最早凸显出来，说明进出口结构变化、贸易顺差持续积累可能导致的贸易摩擦增多、货币升值压力增大等问题最先影响了外贸依存度较大的东部，随后是中部，而对西部和东北经济增长影响不显著。

从全国来看，城乡收入结构对经济增长的影响经历抑制—促进—抑制，符合受收入差距影响的生产要素驱动经济增长的一般规律。城乡收入结构持续促进东部和中部经济增长，对西部由促进到抑制，对东北由抑制到促进。这一结果说明在东部、中部和东北收入差距影响的生产要素仍能驱动经济增长，城乡收入差距情况尚不严重，而西部城乡收入差距的扩大对经济增长产生了负效应。

金融结构对东部经济增长呈现促进—抑制—促进作用，而对于中部、西部、东北经济增长均产生抑制作用。国际收支巨额顺差、全球经济危机余震与国际贸易争端使金融结构面临危险，东部金融发展程度高，金融结构较为合理，经历短暂调整后依然能够促进经济增长，但其余三区金融发展滞后，金融结构脆弱。

广义经济结构的回归结果反映出全国及东部、中部、东北综合经济结构对经济增长的影响经历了抑制—促进—抑制的变化，西部综合经济结构仅能促进目前较低水平下的经济增长。

第三，金融创新、金融开放与结构失衡的回归结果显示，金融创新和金融开放都在发展水平较低阶段加剧了结构失衡，但随着金融发展逐步深化，开始抑制结构失衡。这一结果表明，金融发展能有效缓解结构失衡，依循如下机制路径：金融发展对社会经济发展具有重要而深远的影响，金融发展是经济增长的必要条件，金融发展在诸多方面的积极作用有助于经济增长；同时，金融发展也对经济结构产生影响。然而当前我国处于经济结构与经济增长不匹配，经济结构失衡阶段。面对这一发展症结，金融发展的创造性优势削弱了结构的失衡，金融创新与金融开放共同衡量的金融发展不仅引起金融市场的效率和结构的变化，更推动相关的制度变革。因此，金融发展对缓解结构失衡、促进结构优化、推动经济增长均具有持续动力。

第四，实现经济结构均衡增长的目标需要结构均衡发展，拓展的 SE-ISEW 能够反映可持续经济福利结构均衡增长；SE-ISEW 在省级层面呈现上升趋势，但增速慢于 GDP 增幅；中国的 SE-ISEW 存在区域差异，差异的主要来源是区域间差异，区域内、区域间非均衡现象不同程度地减弱；全国和东部、中部、西部和东北四大地区的 SE-ISEW 均存在显著的 σ 收敛和空间 β 收敛趋势。

第二节　政策建议

第一，进一步深化金融市场的改革，宏观上促进金融市场的良性竞争，降低金融市场的准入条件，提高金融服务的质量、增加金融服务的范围，并能在促进经济增长的同时更好地分配风险和成本社会化。微观层面要增加直接融资规模，为企业经营发展提供资金支持，带动地区经济发展；健全市场管理机制，为创业板市场提供融资服务，完善市场管理体系，降低企业经营风险，建立科学合理的创业板股票发行机制，在实践过程中要不断地进行创新，以确保其经营风险可控，政府部门要加大对金融产品和市场交易的政策支持。

第二，深化金融开放改革的同时，更要推动相关的政治、经济制度的改革以及相关的制度文化等变革，提高制度质量，为金融市场的发展和经济发展提供良好的制度环境，降低交易费用和寻租行为的资源损耗的同时吸引国际资本和劳动力资源的流入，从而提高要素产出效率和总产出，而发展中国家的收入不平等会随着产出的增加而降低。

第三，增加高技能劳动力的供给，通过设计相关政策提高人力资本。首先，重视教育对提高人力资本乃至推动技术创新和经济发展的重要作用，政府应增加对教育和培训的支出，加大对人力资本的投资，尤其应重视对中等教育和高等教育的培养；其次，依托金融市场的发展，建立和完善教育信贷体系，进一步降低经济参与者尤其是低收入群体进入金融市场接受金融服务的门槛，并拓宽其进入金融市场进行教育信贷的渠道，同时为鼓励教育再投资提供相关的政策支持与优惠；最后，促进低技能劳动力向高技能劳动力的转化，加强在职培训以及再就业培训和对劳动力的保护，增加社会高技能的总劳动力供给，使其更能吸引国外的流动资本，从而提高经济产出、改变资本和劳动力的相对市场力。

第四，加大收入再分配力度，并依据金融开放后新的收入结构构成调整和改善再分配制度和税收制度。首先，要加强社会保障措施，如社会保险、失业补助、工资补贴等，并增加对低收入群体的公共产品和服务，减少社会贫困和低收入群体的支出；其次，强化税收政策对收入再分配的调节作用，尤其在目前劳动力租金依然是收入不平等不断扩大的主要原因时，要在高技能劳动力相对收入上升基础上提高社会福利；最后，调整和完善再分配制度对于基于资本要素的租金收益的调节作用。

第五，确立产业结构优化在结构调整过程中的主导地位。产业结构升级转型依然是中国经济增长的内在动力，面对产业结构服务化促进作用消失的现状，要不断优化要素投入，提升要素质量，引导有效资本、防范无效投资，提高新增劳动力素质，改善存量低技能劳动力，从生产要素入手提升劳动生产率；产业优势领域要精耕细作，薄弱环节要攻关关键核心技术，加大科技创新，培育高技术附加值产业；推动完整价值链的构建，增强产业链供应链自主可控能力；统筹好产业布局，发挥区域优势，鼓励产城融合，避免新兴产业重复建设，因地制宜制定产业政策。

第六，深化投融资体制改革，增强投资推动增长的后劲。投资对优化供给侧结构性改革、推动经济增长具有关键性作用，破解当下投资推动乏力以及受其他结构的消极影响要加快建立现代财政制度，建立权责清晰、财力协调、区域均衡的中央和地方财政关系；发挥中央预算内投资在外溢性强、社会效益高领域的引导和撬动作用；确保地方政府的财权与事权匹配、由投资性政府向服务型政府转型，促使财政资金流向有利于长期经济发展的基础设施、高精尖产业、数字经济、民生工程等方面。

第七，坚持扩大内需战略基点，充分发挥超大规模市场优势和内需潜力。消费对经济发展具有基础性作用，要以促进就业、完善社会保障和优化收入分配作为扩大消费的三大抓手；制定针对性就业政策措施，完善职业技术教育体系；实施全民参保计划，确保城镇职工基本养老保险和城乡居民基本养老保险制度、城乡居民基本医疗保险制度和大病保险制度、失业和工伤保险制度等逐步完善；扩大中等收入群体，增加低收入者收入，加快推进基本公共服务均等化。

第八，统筹经济结构间有效匹配，形成要素与资源运转通畅的国内大循环闭路。中央政府应加强顶层设计和系统谋划，精准有效实施宏观政策；地方政府应慎重考虑经济结构政策的有效互动，同时积极深化金融体制改革，完善市场化的资本调配机制，防范信贷无效供给，增强金融服务实体经济能力，促进多层次资本市场健康发展，形成全面发展合力，助力金融发展推动经济结构协同发展。

第九，关注可持续经济福利结构均衡增长指数的空间相关性和非均衡性，充分发挥空间溢出效应，实现区域协调增长。以结构均衡增长为发展目标，重视区域间差异。研究结果虽然揭示了我国整体层面和多数区域内的可持续经济福利结构均衡增长指数的差异呈下降和收敛趋势，但发展过程中的差距问题仍然十分严重。要采取政策措施减少区域内差异，尤其是东部地区和西部地区的区域差异，这些发展较为落后地区应当积极调整产业结构和提高金融发展程度，在注重金融发展与经济结构协调发展的同时，充分发挥金融创新和金融开放的"辐射效应"和"溢出效应"，带动周边省份共同发展，促进落后省份对发达省份的追赶，缩小区域内和区域间的发展差异，实现经济福利结构均衡增长的目标。

第三节　研究展望

本书构建和分析了金融发展影响经济结构均衡发展的理论分析框架，探讨了金融发展影响经济结构的多步作用传导机制以及其他的异质性特征的调节效应，并进行更深入的异质性分析。这些实证的研究结果，可为相关领域的研究、金融改革和政策制定者提供有益的理论与现实借鉴，但仍然存在诸多研究不足与值得进一步探索的问题，主要包括以下几方面：

第一，本书构建了动态分析模型和理论分析框架，但理论模型是对现实世界中事物的主要特征与内在联系的高度概括，也是建立在诸多严格的前提假设之上。例如，生产函数的设定是规模报酬不变的，并假设每期仅做生产或者消费的活动，最终市场处于出清的状态，即经济参与者的收益均用于消费。对于金融开放改革的制度变迁也假设是跃迁式的瞬间完成。这些假设促使封闭经济和开放经济能收敛到对称或者不对称的稳定状态。如若这类前提假设出现变化，经济的稳定状态是否依然能够实现？因此，如何构建一个能够更加真实反映客观现实的理论模型，提升理论对现实的拟合程度，是未来研究需要多加注意的。

第二，本书采用国家层面时间序列数据、省市层面面板数据和宏观跨国数据，但受到数据的限制，缺乏匹配的行业数据和劳动力分布数据，无法探究不同技能水平的劳动力的分布和行业资本的分布对经济结构影响的差异。此外，本书验证了制度质量对生产要素租金和收入不平等的重要影响作用，而制度质量作为一个度量一个国家的制度环境的代理变量可能会忽视政治体制、非正式制度等会对政策改革的实施产生影响的影响因素。在语言、种族和宗教方面更为同质的社会收入不平等程度会降低（Sturm 和 De Haan，2015）。因此，在后续研究中探寻诸如文化、地理、政治体制等因素对收入不平等的调节效应的经验研究也是一个重要的研究方向。

附　录

续表

年份	狭义经济结构（产业结构）	
	因子得分	标准化因子得分
2003	−0.8847	0.0552
2004	−0.8917	0.0529
2005	−1.055	0
2006	−0.9894	0.0212
2007	−0.6884	0.1188
2008	−0.4274	0.2034
2009	−0.1577	0.2908
2010	−0.0598	0.3225
2011	0.1398	0.3872
2012	0.4638	0.4922
2013	0.9011	0.6340
2014	1.2850	0.7584
2015	1.7761	0.9176
2016	2.0303	1
2017	1.9378	0.9699

附表4 广义经济结构的衡量

广义经济结构	代理指标	指标属性	数据来源
产业结构	产业对比指数	正指标	
	第三产业产值比第二产业产值	正指标	
	单位 GDP 能源消耗	逆指标	
人口结构	少儿抚养比	正指标	国家统计局；CNKI 中国经济社会大数据研究平台；《中国统计年鉴》
	老年抚养比	逆指标	
	教育基尼系数	逆指标	
	总人口参与率	正指标	
投资消费结构	投资率	正指标	
	消费率	正指标	
	投资消费比	正指标	

续表

广义经济结构	代理指标	指标属性	数据来源
进出口结构	贸易顺差占比	正指标	国家统计局；CNKI 中国经济社会大数据研究平台；《中国统计年鉴》
	进出口总额占比	正指标	
	外汇储备占比	正指标	
城乡收入结构	城乡收入差距泰尔指数	逆指标	
	城乡恩格尔指数比	正指标	
金融结构	直接间接融资比	正指标	
	M2 占比	正指标	

附表 5　　　　　广义经济结构代理指标权重

广义经济结构	一级权重	代理指标	二级权重
产业结构	0.1920	产业对比指数	0.3941
		第三产业产值比第二产业产值	0.3001
		单位 GDP 能源消耗	0.3058
人口结构	0.2565	少儿抚养比	0.2900
		老年抚养比	0.2481
		教育基尼系数	0.2621
		总人口参与率	0.1998
投资消费结构	0.1910	投资率	0.3601
		消费率	0.2907
		投资消费比	0.3492
进出口结构	0.1388	贸易顺差占比	0.2457
		进出口总额占比	0.3283
		外汇储备占比	0.4260
城乡收入结构	0.1108	城乡收入差距泰尔指数	0.4680
		城乡恩格尔指数比	0.5320
金融结构	0.1109	直接间接融资比	0.3957
		M2 占比	0.6043

附表 6

广义经济结构因子得分

年份	产业结构		人口结构		投资消费结构		进出口结构		城乡收入结构		金融结构	
	因子得分	标准化因子得分	因子得分	标准化因子得分	因子得分	标准化因子得分	因子得分	标准化因子得分	因子得分	标准化因子得分	因子得分	标准化因子得分
1997	-0.5673	0.1581	0.3474	0.8558	-1.1405	0.1936	-0.9590	0.1093	0.6237	0.6665	-1.8729	0
1998	-0.4931	0.1821	0.4472	0.8961	-1.2868	0.1438	-1.0697	0.0760	0.4188	0.5974	-1.6046	0.0800
1999	-0.5546	0.1622	0.5263	0.9280	-1.5587	0.0514	-1.3218	0	-0.3443	0.3400	-1.3117	0.1673
2000	-0.6337	0.1366	0.5987	0.9571	-1.7099	0	-1.2252	0.0291	-0.5985	0.2542	-1.0029	0.2593
2001	-0.5549	0.1621	0.7051	1	-1.3484	0.1229	-1.2517	0.0211	-0.8298	0.1762	-0.7448	0.3362
2002	-0.5762	0.1552	0.6578	0.9809	-1.1990	0.1737	-0.8629	0.1383	-1.0254	0.1102	-0.6927	0.3517
2003	-0.8848	0.0552	0.6050	0.9597	-0.5291	0.4014	-0.4163	0.2729	-1.2415	0.0373	-0.5676	0.3890
2004	-0.8917	0.0530	0.6554	0.9800	-0.0051	0.5795	0.1916	0.4561	-1.3521	0	-0.6496	0.3646
2005	-1.0551	0	0.5362	0.9320	-0.1013	0.5468	1.0973	0.7291	-1.2376	0.0386	-0.5168	0.4041
2006	-0.9895	0.0213	0.4267	0.8878	0.0251	0.5898	1.6985	0.9102	-0.9507	0.1354	-0.2139	0.4944
2007	-0.6885	0.1188	0.3690	0.8646	0.2766	0.6753	1.9964	1	-0.8477	0.1702	0.8137	0.8007
2008	-0.4274	0.2034	0.2085	0.7999	0.6051	0.7870	1.5795	0.8744	-0.4549	0.3027	0.7817	0.7911

续表

年份	产业结构		人口结构		投资消费结构		进出口结构		城乡收入结构		金融结构	
	因子得分	标准化因子得分	因子得分	标准化因子得分	因子得分	标准化因子得分	因子得分	标准化因子得分	因子得分	标准化因子得分	因子得分	标准化因子得分
2009	-0.1577	0.2908	0.0600	0.7401	0.9510	0.9045	0.5817	0.5737	-0.1262	0.4135	0.6586	0.7544
2010	-0.0599	0.3225	-0.1279	0.6644	1.2319	1	0.6448	0.5927	-0.1612	0.4017	0.7409	0.7790
2011	0.1398	0.3873	-0.2483	0.6158	1.1161	0.9607	0.2818	0.4833	0.4404	0.6046	0.4332	0.6873
2012	0.4639	0.4923	-0.3864	0.5602	0.9504	0.9043	0.1135	0.4326	0.8249	0.7343	0.4250	0.6848
2013	0.9012	0.6340	-0.5343	0.5006	1.2194	0.9958	0.1076	0.4308	1.4196	0.9349	0.4799	0.7012
2014	1.2851	0.7584	-0.7300	0.4217	0.8149	0.8583	0.0637	0.4175	1.0965	0.8260	0.7017	0.7673
2015	1.7762	0.9176	-1.0024	0.3120	0.6856	0.8143	-0.0629	0.3794	1.2689	0.8841	1.2392	0.9275
2016	2.0304	1	-1.3372	0.1771	0.5572	0.7707	-0.4774	0.2545	1.4644	0.9501	1.4826	1
2017	1.9378	0.9700	-1.7766	0	0.4454	0.7326	-0.7093	0.1846	1.6125	1	1.4210	0.9817

附表 7 　　　　　　　　全国互联网金融发展指数（*HJ*）

时间	互联网金融发展指数（*HJ*）
2014 年 1 月	100
2014 年 2 月	109.54
2014 年 3 月	129.03
2014 年 4 月	126.7
2014 年 5 月	130.71
2014 年 6 月	131.91
2014 年 7 月	135.77
2014 年 8 月	138.1
2014 年 9 月	149.95
2014 年 10 月	154.07
2014 年 11 月	181.95
2014 年 12 月	181.7
2015 年 1 月	190.28
2015 年 2 月	182.87
2015 年 3 月	214.28
2015 年 4 月	233.33
2015 年 5 月	267.5
2015 年 6 月	279.88
2015 年 7 月	289.66
2015 年 8 月	299.29
2015 年 9 月	316.34
2015 年 10 月	326.6
2015 年 11 月	390.15
2015 年 12 月	385.99
2016 年 1 月	389.36
2016 年 2 月	353.73
2016 年 3 月	430.26

资料来源：北京大学数字金融研究中心。

附表8　　　　　　　　　省级数字普惠金融指数（*SJP*）

年份 省级单位	2011	2012	2013	2014	2015	2016	2017	2018
北京市	79.41	150.65	215.62	235.36	276.38	286.37	329.94	368.54
天津市	60.58	122.96	175.26	200.16	237.53	245.84	284.03	316.88
河北省	32.42	89.32	144.98	160.76	199.53	214.36	258.17	282.77
山西省	33.41	92.98	144.22	167.66	206.3	224.81	259.95	283.65
内蒙古自治区	28.89	91.68	146.59	172.56	214.55	229.93	258.5	271.57
辽宁省	43.29	103.53	160.07	187.61	226.4	231.41	267.18	290.95
吉林省	24.51	87.23	138.36	165.62	208.2	217.07	254.76	276.08
黑龙江省	33.58	87.91	141.4	167.8	209.93	221.89	256.78	274.73
上海市	80.19	150.77	222.14	239.53	278.11	282.22	336.65	377.73
江苏省	62.08	122.03	180.98	204.16	244.01	253.75	297.69	334.02
浙江省	77.39	146.35	205.77	224.45	264.85	268.1	318.05	357.45
安徽省	33.07	96.63	150.83	180.59	211.28	228.78	271.6	303.83
福建省	61.76	123.21	183.1	202.59	245.21	252.67	299.28	334.44
江西省	29.74	91.93	146.13	175.69	208.35	223.76	267.17	296.23
山东省	38.55	100.35	159.3	181.88	220.66	232.57	272.06	301.13
河南省	28.4	83.68	142.08	166.65	205.34	223.12	266.92	295.76
湖北省	39.82	101.42	164.76	190.14	226.75	239.86	285.28	319.48
湖南省	32.68	93.71	147.71	167.27	206.38	217.69	261.12	286.81
广东省	69.48	127.06	184.78	201.53	240.95	248	296.17	331.92
广西壮族自治区	33.89	89.35	141.46	166.12	207.23	223.32	261.94	289.25
海南省	45.56	102.94	158.26	179.62	230.33	231.56	275.64	309.72
重庆市	41.89	100.02	159.86	184.71	221.84	233.89	276.31	301.53
四川省	40.16	100.13	153.04	173.82	215.48	225.41	267.8	294.3
贵州省	18.47	75.87	121.22	154.62	193.29	209.45	251.46	276.91
云南省	24.91	84.43	137.9	164.05	203.76	217.34	256.27	285.79
西藏自治区	16.22	68.53	115.1	143.91	186.38	204.73	245.57	274.33
陕西省	40.96	98.24	148.37	178.73	216.12	229.37	266.85	295.95
甘肃省	18.84	76.29	128.39	159.76	199.78	204.11	243.78	266.82
青海省	18.33	61.47	118.01	145.93	195.15	200.38	240.2	263.12
宁夏回族自治区	31.31	87.13	136.74	165.26	214.7	212.36	255.59	272.92

续表

年份 省级单位	2011	2012	2013	2014	2015	2016	2017	2018
新疆维吾尔自治区	20.34	82.45	143.4	163.67	205.49	208.72	248.69	271.84

资料来源：北京大学数字金融研究中心。

附表 9　　同口径全国互联网金融发展指数（*HJ*）和数字普惠

金融指数（*SJP*）

年份	互联网金融发展指数（*HJ*）	数字普惠金融指数（*SJP*）
2011	—	0
2012	—	0.2294
2013	—	0.4433
2014	0	0.5371
2015	0.2981	0.6918
2016	1	0.7318
2017	—	1

附表 10　　金融开放与经济结构中实证研究的变量描述及数据来源

变量名称	指标解释	数据来源
人力资本指数、资本存量、人口数、实际 GDP	核算资本租金和劳动力租金	Penn World Table 数据库
金融开放程度 1：Chinn－Ito 指数	标准化在 0 到 1 的法规的衡量指标，数值越大越开放	Chinn and Ito（2010）
金融开放程度 2：FDIfacto 指数	FDI 占 GDP 比重的对数	WDI 数据库
金融开放程度 3：Cafolw-facto 指数	一国的资本流动 Caflow 占 GDP 比重的对数	External Wealth of Nations Mark II 数据库
金融发展深度（Findep）	私人信贷占 GDP 的比重	Global Financial Development 数据库
金融市场效率（Fineff）	该期间交易的股票总价值与该期间的平均市值的比值	
金融部门市场力（Booneindex）	根据利润计算的布恩指标，数值越大，金融部门市场力越强	
制度质量（Instiqual）	将控制腐败能力、民众话语权、政治稳定性、公共部门效力、法治水平和管治能力这 6 个指标聚合成一个综合指标	WGI 数据库

续表

变量名称	指标解释	数据来源
人均 GDP（GDPper）	人均实际 GDP 的对数	WDI 数据库
产业就业结构（Servein-dus）	服务业就业人口占制造业就业人口的比重	
技术创新（Resch）	国内技术和研发的投入占实际 GDP 的比重	
高等教育的入学人数占比（Schtie）	高等教育的入学人数占总人口数的比重	
抚养比（Agedepend）	年龄小于 15 岁及超过 64 岁人口占劳动人口的比重	
失业率（Unemploy）	失业人口占总劳动力人口的比重	
民主程度（Polity 2）	数值范围介于 -10 和 +10 之间，数值越大表示政体民主程度越高	Polity IV 数据库
Gini 系数	税前和转移支付前的收入计算出的市场值基尼系数，数值越大表示收入不平等越高	SWIID 数据库
泰尔指数	税前和转移支付前的收入计算出的泰尔指数，数值越大表示收入不平等越高	INDSTAT2 数据库

附表 11　金融开放与经济结构中实证研究选用跨国数据的国家

Korea, Rep	Mexico	Ireland	United States	Armenia
Malaysia	Panama	Portugal	United Kingdom	Kazakhstan
Philippines	Paraguay	Spain	Austria	Kyrgyz
Singapore	Peru	Turkey	Belgium	Bulgaria
Thailand	Uruguay	Australia	Denmark	Moldova
Botswana	Venezuela, RB	New Zealand	France	Tajikistan
Kenya	Jamaica	South Africa	Germany	China
Lesotho	Cyprus	Argentina	Italy	Ukraine
Mauritius	Israel	Brazil	Netherlands	Czech Republic
Morocco	Jordan	Chile	Norway	Slovak Republic
Nigeria	Qatar	Colombia	Sweden	Estonia
Namibia	Egypt	Costa Rica	Switzerland	Latvia
Sudan	Sri Lanka	Ecuador	Canada	Hungary
Tanzania	India	Guatemala	Finland	Lithuania

续表

Korea，Rep	Mexico	Ireland	United States	Armenia
Tunisia	Indonesia	Honduras	Greece	Mongolia
Romania	Poland	Slovenia	Croatia	Russia

附表 12　　金融开放与经济结构中数值模拟参数校准结果

参数	经济含义	参数数值	数据来源
A	全要素生产率	0.65	Erauskin and Turnovsky（2019）
α	资本产出弹性	0.4	Brueckner（2017）
K_0	最初的资本存量	9527.67 亿元	
L	人口数	8.25 亿人	PWT 数据库
m_j	技术固定投资	6793.23 万元	

附表 13　　　　　　　　　经济增长核算

年份	人均 GDP（元）	人均 GDP 指数（上年＝100）	人均真实 GDP	人均真实 GDP 的自然对数
1997	6481	108.1	6481	8.7766
1998	6860	106.8	6922	8.8424
1999	7229	106.7	7385	8.9073
2000	7942	107.6	7947	8.9805
2001	8717	107.6	8551	9.0538
2002	9506	108.4	9269	9.1344
2003	10666	109.4	10140	9.2243
2004	12487	109.5	11104	9.3150
2005	14368	110.7	12292	9.4167
2006	16738	112.1	13779	9.5309
2007	20505	113.6	15653	9.6584
2008	24121	109.1	17077	9.7455
2009	26222	108.9	18597	9.8308
2010	30876	110.1	20475	9.9270
2011	36403	109	22318	10.0132
2012	40007	107.3	23948	10.0836
2013	43852	107.2	25672	10.1531

年份	人均 GDP（元）	人均 GDP 指数（上年 = 100）	人均真实 GDP	人均真实 GDP的自然对数
2014	47203	106.8	27417	10.2189
2015	50251	106.4	29172	10.2810
2016	53935	106.1	30952	10.3402
2017	59201	106.2	32871	10.4003

附表 14　　国家层面金融创新、金融开放与经济增长数据

年份	金融创新（JRCX）	金融开放（JRKF）	经济增长（EG）
2011	0	0	0
2012	0.2294	0.1833	0.1819
2013	0.4433	0.2402	0.3614
2014	0.5371	0.2407	0.5314
2015	0.6918	0.3586	0.6918
2016	0.7318	0.5886	0.8447
2017	1	1	1

附表 15　　　　　　结构失衡指数（SI）

年份	结构失衡（SI）
2011	0
2012	0.7575
2013	0.5470
2014	0.2689
2015	1
2016	0.7388
2017	0.0680

附表 16　　　　ISEW 各项核算项目及数据来源

项目	影响	理论含义	数据来源
加权居民消费支出	+	ISEW 核算基础	《中国统计年鉴》
家务劳动贡献	+	家庭劳动价值	《中国统计年鉴》

续表

项目	影响	理论含义	数据来源
基础设施建设支出	+	非防御性公共支出	《中国财政年鉴》
公共卫生和教育支出	+	非防御性公共支出	《中国统计年鉴》
居民医疗和教育支出	-	防御性私人支出	《中国统计年鉴》
通勤成本	-	防御性私人支出	《经济金融研究数据库》
车祸成本	-	防御性私人支出	《国家统计局数据库》
城市化成本	-	防御性私人支出	《中国统计年鉴》
水污染成本	-	环境污染成本	《中国环境统计年鉴》
空气污染成本	-	环境污染成本	《中国环境统计年鉴》
噪声污染成本	-	环境污染成本	《中国统计年鉴》
长期环境损失	-	环境污染成本	参考 Yang 等（2017）的测算方法
森林面积变化	±	自然环境变化	《中国环境统计年鉴》
自然灾害导致直接经济损失	-	自然环境损失	《中国统计年鉴》
犯罪造成的社会成本	-	社会成本	参考陈硕（2013）的测算结果
耐用消费品支出	-	资本调整	《中国统计年鉴》
耐用消费品服务	+	资本调整	《中国统计年鉴》
净资本存量增长	+	资本调整	《经济金融研究数据库》

附表 17　　　　　ISEW 核算下结构指数构成及测度

一级指标	二级指标	核算方法	指标属性
投资结构	投资率	资本形成额/GDP	适度指标
	市场化投资程度	非国有经济固定资产投资/全社会固定资产投资	正
消费结构	消费率	最终消费支出/GDP	适度指标
	城镇恩格尔系数	城镇居民人均食品消费支出/城镇人均消费支出	逆
	农村恩格尔系数	农村居民人均食品消费支出/农村人均消费支出	逆
外贸结构	外贸依存度	进出口总额/GDP	正
	外资依存度	FDI/GDP	正
	对外直接投资	对外直接投资/GDP	正

续表

一级指标	二级指标	核算方法	指标属性
城乡结构	城乡收入比	城镇居民人均可支配收入/农村居民人均可支配收入	逆
	城镇化率	城镇人口/总人口	正
产业结构	第三产业产值占比	第三产业 GDP/GDP 总额	正
	第三产业比较劳动生产率	第三产业产值占 GDP 比重/第三产业劳动人口占总就业人口比重	正
人口结构	人口抚养比	14 岁以下和 65 岁以上人口/总人口	逆
	人口性别比	男性人口/女性人口	逆

附表 18 国家层面 ISEW、SE−ISEW 数据

年份	ISEW	SE−ISEW
2011	0	0
2012	0.3704	0.3823
2013	0.4802	0.4664
2014	0.6649	0.6607
2015	0.7535	0.7524
2016	0.8715	0.8600
2017	1	1

参考文献

白重恩、钱震杰：《劳动收入份额决定因素：来自中国省际面板数据的证据》，《世界经济》2010 年第 12 期。

钞小静、任保平：《中国经济增长质量的时序变化与地区差异分析》，《经济研究》2011 年第 4 期。

陈岱孙等：《国际金融学说史》，中国金融出版社 1991 年版。

陈景华等：《中国经济高质量发展水平、区域差异及分布动态演进》，《数量经济技术经济研究》2020 年第 12 期。

陈硕、刘飞：《中国转型期犯罪的社会成本估算》，《世界经济文汇》2013 年第 3 期。

陈潭、刘兴云：《锦标赛体制、晋升博弈与地方剧场政治》，《公共管理学报》2011 年第 2 期。

邓敏、蓝发钦：《金融开放条件的成熟度评估：基于综合效益的门槛模型分析》，《经济研究》2013 年第 12 期。

丁日佳、刘瑞凝：《科技金融对制造业结构优化的双重效应研究——基于省级制造业面板数据的 GMM 估计》，《科技进步与对策》2020 年第 37 期。

都阳、曲玥：《劳动报酬、劳动生产率与劳动力成本优势——对 2000—2007 年中国制造业企业的经验研究》，《中国工业经济》2009 年第 5 期。

杜江、龚浩：《新时代推进共同富裕实现的理论思考——基于财政的视角》，《求是学刊》2020 年第 3 期。

傅红春、罗文英：《对基尼系数的重新思考》，《经济学动态》2004

年第 5 期。

干春晖等：《中国产业结构变迁对经济增长和波动的影响》，《经济研究》2011 年第 5 期。

何青等：《中国系统性金融风险的度量——基于实体经济的视角》，《金融研究》2018 年第 4 期。

贺俊等：《技术赶超的激励结构与能力积累：中国高铁经验及其政策启示》，《管理世界》2018 年第 10 期。

胡安俊、孙久文：《中国制造业转移的机制、次序与空间模式》，《经济学（季刊）》2014 年第 4 期。

黄先海、徐圣：《中国劳动收入比重下降成因分析——基于劳动节约型技术进步的视角》，《经济研究》2009 年第 7 期。

黄宗晔、游宇：《农业技术发展与经济结构变迁》，《经济研究》2018 年第 2 期。

纪敏、李宏瑾：《影子银行、资管业务与货币调控方式转型——基于银行表外理财数据的实证分析》，《金融研究》2018 年第 12 期。

贾康：《我国收入分配格局和企业负担问题辨析》，《经济学动态》2018 年第 3 期。

江小涓、孟丽君：《内循环为主、外循环赋能与更高水平双循环——国际经验与中国实践》，《管理世界》2021 年第 1 期。

姜建清：《改革开放四十年中国金融业的发展成就与未来之路》，《上海交通大学学报》（哲学社会科学版）2019 年第 1 期。

金碚：《关于"高质量发展"的经济学研究》，《中国工业经济》2018 年第 4 期。

孔一超、周丹：《企业生产率视角下科技金融试点政策效果及影响机制研究——基于新三板企业的实证检验》，《金融理论与实践》2020 年第 10 期。

李实、罗楚亮：《中国收入差距究竟有多大？——对修正样本结构偏差的尝试》，《经济研究》2011 年第 4 期。

廖宇航：《家务劳动价值的估算》，《统计与决策》2018 年第 8 期。

林毅夫、陈斌开：《发展战略、产业结构与收入分配》，《经济学（季刊）》2013 年第 4 期。

林毅夫等：《经济发展中的最优金融结构理论初探》，《经济研究》2009 年第 8 期。

刘培林等：《共同富裕的内涵、实现路径与测度方法》，《管理世界》2021 年第 8 期。

刘燕妮等：《经济结构失衡背景下的中国经济增长质量》，《数量经济技术经济研究》2014 年第 2 期。

刘渝琳、余尊宝：《经济与社会福利非均衡增长的考量——我国 ISEW 核算及实证研究》，《软科学》2014 年第 10 期。

刘振中、刘瑾：《中国金融 70 年：历史脉络、时代贡献与前景展望》，《当代财经》2019 年第 10 期。

柳士顺、凌文辁：《多重中介模型及其应用》，《心理科学》2009 年第 2 期。

龙莹：《中等收入群体比重变动的因素分解——基于收入极化指数的经验证据》，《统计研究》2015 年第 2 期。

陆岷峰、周军煜：《中国银行业七十年发展足迹回顾及未来趋势研判》，《济南大学学报》（社会科学版）2019 年第 4 期。

吕承超、崔悦：《中国高质量发展地区差距及时空收敛性研究》，《数量经济技术经济研究》2020 年第 9 期。

梅冬州等：《资本账户开放会扩大收入不平等吗？——基于跨国面板数据的研究》，《国际金融研究》2019 年第 4 期。

任保平：《新常态要素禀赋结构变化背景下中国经济增长潜力开发的动力转换》，《经济学家》2015 年第 5 期。

孙祁祥、周新发：《中国保险业四十年嬗变》，《中国金融》2018 年第 10 期。

陶新宇等：《"东亚模式"的启迪与中国经济增长"结构之谜"的揭示》，《经济研究》2017 年第 11 期。

万广华：《不平等的度量与分解》，《经济学（季刊）》2009 年第 1 期。

汪恒、汪琳：《科技金融技术创新效应研究——基于行业面板数据实证分析》，《当代经济》2018 年第 17 期。

王丹枫：《产业升级、资本深化下的异质性要素分配》，《中国工业经济》2011 年第 8 期。

王舒健、李钊：《金融开放能促进经济增长吗?》，《世界经济研究》2006 年第 10 期。

王一鸣：《百年大变局、高质量发展与构建新发展格局》，《管理世界》2020 年第 12 期。

温忠麟、叶宝娟：《中介效应分析：方法和模型发展》，《心理科学进展》2014 年第 5 期。

温忠麟等：《中介效应检验程序及其应用》，《心理学报》2004 年第 5 期。

吴晓求：《改革开放四十年：中国金融的变革与发展》，《经济理论与经济管理》2018 年第 11 期。

习近平：《关于〈中共中央关于制定国民经济和社会发展第十四个五年规划和二〇三五年远景目标的建议〉的说明》，《人民日报》2020 年 11 月 4 日。

向玉乔：《社会制度实现分配正义的基本原则及价值维度》，《中国社会科学》2013 年第 3 期。

项俊波：《中国经济结构失衡的测度与分析》，《管理世界》2008 年第 9 期。

杨均华、刘璨：《精准扶贫背景下农户脱贫的决定因素与反贫困策略》，《数量经济技术经济研究》2019 年第 7 期。

杨子荣、张鹏杨：《金融结构、产业结构与经济增长——基于新结构金融学视角的实证检验》，《经济学（季刊）》2018 年第 2 期。

杨友才：《金融发展与经济增长——基于我国金融发展门槛变量的分析》，《金融研究》2014 年第 2 期。

于伟等：《中国城市群生态效率的区域差异、分布动态和收敛性研究》，《数量经济技术经济研究》2021 年第 1 期。

张磊等：《中国收入不平等可能性边界及不平等提取率：1978—2017 年》，《数量经济技术经济研究》2019 年第 11 期。

张庆昌：《工资、出口贸易与全要素生产率：1979—2009》，《财经研究》2011 年第 4 期。

张腾、刘阳：《科技金融发展是否促进了全要素生产率的提高？——基于空间计量模型的研究》，《金融与经济》2019 年第 2 期。

张延群、万海远：《我国城乡居民收入差距的决定因素和趋势预测》，《数量经济技术经济研究》2019 年第 3 期。

赵奉军、高波：《全球金融危机：收入分配视角的解读》，《世界经济研究》2010 年第 1 期。

赵鑫铖、梁双陆：《中国区域经济福利的水平测度与增长测度研究》，《数量经济技术经济研究》2020 年第 7 期。

郑磊、张伟科：《科技金融对科技创新的非线性影响———一种 U 型关系》，《软科学》2018 年第 7 期。

中国经济增长前沿课题组：《中国经济增长的低效率冲击与减速治理》，《经济研究》2014 年第 12 期。

中国人民银行：《中国共产党领导下的金融发展简史》，中国金融出版社 2012 年版。

中国银行业监督管理委员会：《商业银行金融创新指引》（银监发〔2006〕87 号）。

周伟：《经济福利核算的理论及其指标研究》，博士学位论文，清华大学，2013 年。

Abdullah A., et al., "Does Education Reduce Income Inequality? A Meta-Regression Analysis", *Journal of Economic Surveys*, Vol. 29, No. 2, 2015.

Abiad A. and Mody A., "Financial Reform: What Shakes It? What Shapes It?" *American Economic Review*, Vol. 95, No. 1, 2005.

Abiad A., et al., "The Quality Effect: Does Financial Liberalization Improve the Allocation of Capital?", *Journal of Development Economics*, Vol. 87, No. 2, 2008.

Acemoglu D. and Robinson J. A., *Why Nations Fail: The Origins of Power, Prosperity, and Poverty*, Currency, 2012.

Acharyya R., "A Note on Quantitative Trade Restrictions, Income Effects and Wage Inequality", *Economic Modelling*, Vol. 28, No. 6, 2011.

Ackerberg D. A., et al., "Identification Properties of Recent Production Function Estimators", *Econometrica*, Vol. 83, No. 6, 2015.

Aerts K. and Schmidt T. , "Two for the Price of One Additionality Effects of R&D Subsidies: A Comparison between Flanders and Germany", *Research Policy*, Vol. 37, No. 5, 2008.

Aghion, P. , et al. , "What Do We Learn From Schumpeterian Growth Theory?", *Handbook of Economic Growth*, Vol. 2, 2014.

Aghion, P. , et al. , "Inequality and Economic Growth: The Perspective of the New Growth Theories", *Journal of Economic literature*, Vol. 37, No. 4, 1999.

Aghion, P. , et al. , "Dualism and Macroeconomic Volatility", *The Quarterly Journal of Economics*, Vol. 114, No. 4, 1999.

Alemán J. A. , "Cooperative Institutions and Inequality in the OECD: Bringing the Firm Back in", *Social Science Quarterly*, Vol. 92, No. 3, 2011.

Alesina, A. and Rodrik, D. , "Distributive Politics and Economic Growth", *The Quarterly Journal of Economics*, Vol. 109, No. 2, 1994.

Al-Marhubi and Fahim, "Export Diversification and Growth: An Empirical Investigation", *Applied Economics Letters*, Vol. 7, No. 9, 2000.

Almeida, R. , "Local Economic Structure and Growth", *Spatial Economic Analysis*, Vol. 2, No. 1, 2007.

Ang, J. B. , "Finance and Inequality: The Case of India", *Southern Economic Journal*, Vol. 76, No. 3, 2010.

Ang, J. B. , "Research, Technological Change and Financial Liberalization in South Korea", *Journal of Macroeconomics*, Vol. 32, No. 1, 2010.

Angelopoulos K. , et al. , "The Social Cost of Rent Seeking in Europe", *European Journal of Political Economy*, Vol. 25, No. 3, 2009.

William, M. , et al. , "Angus Deaton, The Great Escape: Health, Wealth, and the Origins of Inequality", *Population and Development Review*, Vol. 39, No. 4, 2013.

Ann E. Harrison, "Has Globalization Eroded Labor's Share? Some Cross-Country Evidence", *Economics*, 2005.

Antonelli, C. and Gehringer, A. , "Technological Change, Rent and Income Inequalities: A Schumpeterian Approach", *Technological Forecasting and Social Change*, Vol. 115, 2017.

Arestis P. and Caner A., "Financial Liberalization and Poverty: Channels of Influence", *Economics Working Paper Archive*, 2004.

Arrow, K., "The Economic Implications of Learning by Doing", *The Review of Economic Studies*, Vol. 29, No. 3, 1962.

Asongu S. A., "How Has Politico-Economic Liberalization Affected Financial Allocation Efficiency? Fresh African Evidence", *Economics Bulletin*, Vol. 33, No. 1, 2013.

Asteriou D., et al., "Globalization and Income Inequality: A Panel Data Econometric Approach for the EU27 Countries", *Economic Modelling*, Vol. 36, No. 1, 2014.

Atkinson S. E. and Halvorsen R., "Parametric Efficiency Tests, Economies of Scale, and Input Demand in U. S. Electric Power Generation", *International Economic Review*, Vol. 25, No. 3, 1984.

Atkinson, A. B. and Piketty, T., "Top Incomes Over the Twentieth Century: A Contrast between Continental European and English-Speaking Countries", *Economica*, Vol. 76, 2009.

Atkinson, A. B., *Inequality: What Can Be Done?*, Harvard University Press: Cambridge, 2015.

Atkinson, A. B. and Piketty, T., *Top Incomes Over the Twentieth Century: A Global Perspective*, Oxford University Press, 2009.

Baldacci E., et al., "Financial Crises, Poverty, and Income Distribution", *IMF Working Papers*, Vol. 29, No. 2, 2002.

Banerjee, A. V. and Newman, A. F., "Occupational Choice and the Process of Development", *Journal of Political Economics*, Vol. 101, 1993.

Baron R. M. and Kenny D. A., "The Moderator-Mediator Variable Distinction in Social Psychological Research", *Journal of Personality and Social Psychology*, Vol. 51, No. 6, 1987.

Barradas, R., "Financialization and Neoliberalism and the Fall in The Labor Share: A Panel Data Econometric Analysis for the European Union Countries", *Review of Radical Political Economics*, Vol. 51, No. 3, 2019.

Batuo M. E. and Asongu S. A. , "The Impact of Liberalization Policies on Income Inequality in African Countries", *Journal of Economic Studies*, Vol. 42, No. 1, 2015.

Batuo, M. E. , et al. , "Financial Development and Income Inequality: Evidence from African Countries", *African Development Bank*, 2010.

BE Castaneda, "An Index of Sustainable Economic Welfare (ISEW) for Chile", *Ecological Economics*, 1999.

Beck, T. , et al. , "Finance, Inequality and the Poor", *Journal of Economic Growth*, Vol. 12, No. 1, 2007.

Bekaert G. , et al. , "Does Financialization Spur Growth", *Journal of Financial Economics*, Vol. 77, No. 1, 2005.

Bekaert G. , et al. , "Financial Openness and Productivity", *World Development*, Vol. 39, 2011.

Bental B. D. and Demougin. , "Declining Labor Shares and Bargaining Power: An Institutional Explanation", *Journal of Macroeconomics*, Vol. 32, No. 1, 2010.

Blanchard O. and Giavazzi F. , "Rebalancing Growth in China: A Threeanded Approach", *China & World Economy*, Vol. 14, No. 4, 2006.

Blanchard O. J. and F. Giavazzi. , "Macroeconomic Effects of Regulation and Deregulation in Goods and Labor Markets", *Quarterly Journal of Economics*, Vol. 118, No. 3, 2003.

Bleys B. , "Proposed Changes to the Index of Sustainable Economic Welfare: An application to Belgium", *Ecological Economics*, Vol. 64, No. 4, 2008.

Bleys B. , "The Regional Index of Sustainable Economic Welfare for Flanders, Belgium", *Sustainability*, Vol. 5, No. 2, 2013.

Bloch, C. and Graversen, E. K. , "Additionality of Public R&D Funding for Business R&D—A Dynamic Panel Data Analysis", *World Review of Science, Technology and Sustainable Development*, 2012.

Borjas, George J. and Valerie A. Ramey, "Foreign Competition, Market Power and Wage Inequality", *The Quarterly Journal of Economics*,

Vol. 110, No. 4, 1995.

Boulhol H. , "Do Capital Market and Trade Liberalization Trigger Labor Market Deregulation?", *Journal of International Economics*, Vol. 77, No. 2, 2009.

Bradley D. and Stephens J. D. , "Distribution and Redistribution in Postindustrial Democracies", *World Politics*, Vol. 55, No. 2, 2003.

Brueckner, M. , "Rent Extraction by Capitalists", *European Journal of Political Economy*, Vol. 50, 2017.

Bulman, D. , et al. , "Transitioning from Low-Income Growth to High-Income Growth: is There a Middle-Income Trap?", *Journal of the Asia Pacific Economy*, Vol. 22, 2017.

Bumann S. and Lensink R. , "Capital Account Liberalization and Income Inequality", *Journal of International Money and Finance*, Vol. 61, 2016.

C. E. Weller. , "Financial Crises After Financial Liberalization: Exceptional Circumstances or Structural Weakness?", *Journal of Development Studies*, Vol. 38, No. 1, 2001.

Card D. and Krueger A. B. , "Time-Series Minimum-Wage Studies: A Meta-Analysis", *American Economic Review*, Vol. 85, No. 2, 1995.

Caselli, F. and Ventura, J. , "A Representative Consumer Theory of Distribution", *American Economic Review*, Vol. 90, No. 4, 2000.

Chacholiades M. , *International Trade Theory and Policy*, New York: Mc Graw-Hill Book Company, 1978.

Chowdhury, R. and Maung, M. , "Financial Market Development and the Effectiveness of R&D Investment: Evidence from Developed and Emerging Countries", *Research in International Business and Finance*, Vol. 26, No. 2, 2012.

Claessens S. , and Perotti E. , "Finance and Inequality: Channels and Evidence", *Journal of Comparative Economics*, Vol. 35, No. 4, 2007.

Combes, P. P. , "Economic Structure and Local Growth: France, 1984-1993", *Journal of Urban Economics*, Vol. 47, No. 3, 2000.

Cornia G. A. and Kiiski S., "Trends in Income Distribution in the Post-World War II Period Evidence and Interpretation", *Wider Working Paper*, 2001.

Costanza R., et al., "Estimates of the Genuine Progress Indicator (GPI) for Vermont, Chittenden County and Burlington, from 1950 to 2000", *Ecological Economics*, Vol. 51, 2004.

Costanza R., et al., "The Value of the World's Ecosystem Services and Natural Capital", *Nature*, Vol. 387, No. 15, 1997.

D. Rodrik., "Who Needs Capital Account Convertibility? Princeton Essays in International Finance", *Dissertations & Theses-Gradworks*, Vol. 92, No. 1, 1998.

Dabla-Norris, M. E., et al., "Causes and Consequences of Income Inequality: A Global Perspective", *International Monetary Fund*, 2015.

Dagum C., "A New Approach to the Decomposition of the Gini Income Inequality Ratio", *Physical-Verlag H. D.*, 1998.

Daly H. E. and Cobb C W., "For the Common Good: Redirecting the Economy Toward Community, the Environment, and a Sustainable Future", *Population and Development Review*, Vol. 16, No. 3, 1990.

Dauvin M. and Guerreiro D., "The Paradox of Plenty: A Meta-Analysis", *World Development*, 2017.

Davis, G. F., *Managed by the Markets: How Finance Reshaped America*, Oxford University Press, 2009.

De Haan J. and Sturm J. E., "Finance and Income Inequality: A Review and New Evidence", *European Journal of Political Economy*, Vol. 50, 2017.

Diego Andreucci, et al., "'Value Grabbing': A Political Ecology of Rent", *Capitalism Nature Socialism*, 2017.

Doucouliagos H., "How Large is Large? Preliminary and Relative Guidelines for Interpreting Partial Correlations in Economics", *Economics*, 2011.

Dufour M. and Russell E., "Why Isn't Productivity More Popular? A

Bargaining Power Approach to the Pay/Productivity Linkage in Canada", *International Productivity Monitor*, Vol. 28, 2015.

Dünhaupt P., "Determinants of Labour's Income Share in the Era of Financialization", *Cambridge Journal of Economics*, Vol. 41, No. 1, 2017.

England R. W., "Measurement of Social Well-Being: Alternatives to Gross Domestic Product", *Ecological Economics*, Vol. 25, 1998.

Epstein, G. A., and Jayadev, A., "The Rise of Rentier Incomes in OECD Countries: Financialization, Central Bank Policy and Labor Solidarity", *Financialization and the World Economy*, Vol. 39, 2005.

Erauskin, I. and Turnovsky, S. J., "International Financial Integration and Income Inequality in a Stochastically Growing Economy", *Journal of International Economics*, Vol. 119, 2019.

Ferrer-i-Carbonell, A. and Ramos, X., "Inequality and Happiness", *Journal of Economic Surveys*, Vol. 28, No. 5, 2014.

Fischer, R., et al., "The Inequality-Credit Nexus", *Journal of International Money and Finance*, Vol. 91, 2019.

Fligstein, N., *The Architecture of Markets: An Economic Sociology of Twenty-First-Century Capitalist Societies*, Princeton University Press, 2002.

Foellmi, R. and Oechslin, M., "Who Gains from Non-Collusive Corruption?", *Journal of Development Economics*, Vol. 82, No. 1, 2007.

Foellmi, R. and Oechslin, M., "Market Imperfections, Wealth Inequality, and the Distribution of Trade Gains", *Journal of International Economics*, Vol. 81, No. 1, 2010.

Franzini, M. and Pianta, M., *Explaining Inequality*, Routledge, London, 2015.

Fuentes, R., et al., "On Optimal Long-Term Relationship between TFP, Institutions, and Income Inequality under Embodied Technical Progress", *Structural Change and Economic Dynamics*, Vol. 31, 2014.

Furceri D., et al., *Financial Liberalization, Inequality and Inclusion in Low-Income Countries*, Inequality and Finance in Macrodynamics, Springer International Publishing, 2017.

Furceri D. and Loungani P. , "The Distributional Effects of Capital Account Liberalization", *Journal of Development Economics*, 2018.

Furceri, D. and Loungani, P. , "Capital Account Liberalization and Inequality", *IMF Working Papers*, Vol. 15, No. 243, 2015.

Galor, O. and Zeira, J. , "Income Distribution and Macroeconomics", *The Review of the Economic Studies*, Vol. 60, No. 1, 1993.

Galunic, C. and Rodan, S. , "Research Notes and Communications: Resource Recombination in the Firm", *Strategic Management Journal*, Vol. 19, No. 2, 1998.

Gamra S. B. , "Does Financial Liberalization Matter for Emerging East Asian Economies Growth? Some New Evidence", *International Review of Economics & Finance*, Vol. 18, No. 3, 2009.

Goldsmith R. , *Financial Structure and Development*, New Haven: Yale University Press, 1969, pp. 155-213.

Greenwood J. and Jovanovic B. , "Financial Development, Growth, and the Distribution of Income", *Journal of Political Economy*, Vol. 98, No. 5, 1990.

Guariglia, A. and Liu, P. , "To What Extent Do Financing Constraints Affect Chinese Firms Innovation Activities?", *International Review of Financial Analysis*, 2014.

Haila A. , *Urban Land Rent: Singapore As a Property State*, London: Wiley, 2015.

Harvey D. , *The Enigma of Capital: And the Crises of Capitalism*, 2010.

Harvey, D. , *A Brief History of Neoliberalism*, Oxford University Press, 2005.

Havranek T. and Sokolova A. , "Do Consumers Really Follow a Rule of Thumb? Three Thousand Estimates from 130 Studies Say 'Probably Not'", *Social Science Electronic Publishing*, 2016.

Heathcote, J. , et al. , "Quantitative Macroeconomics with Heterogeneous Households", *Annual Review of Economics*, Vol. 1, 2009.

Hodson, R. , "Workers Earnings and Corporate Economic Structure", *Elsevier Monographs*, 1983.

Horii, R. , et al. , "Financial Infrastructure, Technological Shift, and Inequality in Economic Development", *Macroeconomic Dynamics*, Vol. 17, No. 3, 2013.

Hsieh C. and Klenow P. J. , "Misallocation and Manufacturing TFP in China and India", *Quarterly Journal of Economics*, Vol. 124, No. 4, 2007.

Hughes, H. and Singh, S. , "Economic Rents: Incidence in Selected Metals and Minerals", *Resources Policy*, Vol. 4, No. 2, 1978.

Iacobucci D. , "Mediation Analysis and Categorical Variables: The Final Frontier", *Journal of Consumer Psychology*, Vol. 22, 2012.

Jackson T. and Stymne S. , "Sustainable Economic Welfare in Sweden: A Pilot Index, 1950–1992", 1996.

Janine, A. and Elbadawi, I. A. , "Parallel Markets, the Foreign Exchange Auction, and Exchange Rate Unification in Zambia", *World Bank Policy Working Paper*, The World Bank: Washington, D. C. , 1992.

Jaumotte F, et al. , "Rising Income Inequality: Technology, or Trade and Financial Globalization?", *IMF Economic Review*, Vol. 61, No. 2, 2013.

Jayadev A. , "Capital Account Openness and the Labour Share of Income", *Cambridge Journal of Economics*, Vol. 31, No. 3, 2007.

Johnson H. G. , "Factor Market Distortions and the Shape of the Transformation Curve", *Econometrica*, Vol. 34, No. 3, 1966.

Kai H. and Hamori S. , "Globalization, Financial Depth, and Inequality in Sub-Saharan Africa", *Discussion Papers*, Vol. 9, No. 3, 2009.

Kakwani N. , "On a Class of Poverty Measures", *Econometrica*, Vol. 48, No. 2, 1980.

Kaminsky G. L. and Reinhart C. M. , "The Twin Crises: The Causes of Banking and Balance-of-Payments Problems", *International Finance Discussion Papers*, Vol. 89, No. 3, 1999.

Karabarbounis L. and B. Neiman. , "The Global Decline of the Labor

Share", *Quarterly Journal of Economics*, Vol. 129, No. 1, 2014.

Kikuchi, T. and Vachadze, G., "Minimum Investment Requirement, Financial Market Imperfection and Self-Fulfilling Belief", *Journal of Evolutionary Economics*, Vol. 28, No. 2, 2018.

Kollmeyer C., "Globalization and Income Inequality: How Public Sector Spending Moderates This Relationship in Affluent Countries", *International Journal of Comparative Sociology*, Vol. 56, No. 1, 2015.

Kongsamut, P., et al., "Beyond Balanced Growth", *The Review of Economic Studies*, Vol. 68, No. 4, 2001.

Kramarz F., "Wages and International Trade", *Social Ence Electronic Publishing*, Vol. 49, No. 5, 2003.

Krueger, A. O., "The Political Economy of the Rents-Seeking Society", *The American Economic Review*, Vol. 64, No. 3, 1974.

Krusell, P., et al., "Income and Wealth Heterogeneity in the Macroeconomy", *Journal of Political Economy*, Vol. 106, No. 5, 1998.

Kunieda T., et al., "Finance and Inequality: How Does Globalization Change Their Relationship?", *Macroeconomic Dynamics*, Vol. 18, No. 5, 2014.

Kuznets S., "Economic Growth and Income Inequality", *American Economic Review*, Vol. 45, No. 1, 1955.

Lagarda G., et al., "Capital Openness and Income Inequality: A Cross-Country Study and the Role of CCTs in Latin America", *Mpra Paper*, 2016.

Lane P. R. and Milesi-Ferretti G M., "The External Wealth of Nations Mark II: Revised and Extended Estimates of Foreign Assets and Liabilities, 1970-2004", *Journal of International Economics*, Vol. 73, No. 2, 2007.

Law S. H., Singh N. "Does Too Much Finance Harm Economic Growth?", *Journal of Banking & Finance*, 2014, 41: 36-44.

Larrain, M., "Capital Account Opening and Wage Inequality", *Review of Financial Studies*, Vol. 28, No. 6, 2015.

Lawn P. A., "An Assessment of the Valuation Methods Used to Calculate the Index of Sustainable Economic Welfare (ISEW), Genuine Progress Indicator (GPI), and Sustainable Net Benefit Index (SNBI)", *Environment Development & Sustainability*, Vol. 7, No. 2, 2008.

Lee C. S, et al., "The Limit of Equality Projects: Public-Sector Expansion, Sectoral Conflicts, and Income Inequality in Postindustrial Economies", *American Sociological Review*, Vol. 76, No. 1, 2011.

Levine R. and Zervos S., "Stock Markets, Banks and Economic Growth", *American Economic Review*, Vol. 88, No. 3, 1998.

Levinsohn J. and A Petrin., "Estimating Production Functions Using Inputs to Control for Unobservables", *Econometrics*, No. 6, 2003.

Lewis, W. A., "Economic Development with Unlimited Supplies of Labour", *Manchester School*, Vol. 22, No. 2, 1954.

Li J. and Yu H., "Income Inequality and Financial Reform in Asia: The Role of Human Capital", *Applied Economics*, Vol. 46, No. 24, 2014.

Long X. and Ji X., "Economic Growth Quality, Environmental Sustainability, and Social Welfare in China – Provincial Assessment Based on Genuine Progress Indicator (GPI)", *Ecological Economics*, Vol. 159, No. MAY, 2019.

Louis Moreno., "The Urban Process under Financialized Capitalism", *City: Analysis of Urban Trends, Culture, Theory, Policy, Action*, 2014.

Mahler V. A., "Economic Globalization, Domestic Politics, and Income Inequality in the Developed Countries : A Cross – National Study", *Comparative Political Studies*, Vol. 37, No. 9, 2004.

Mandel B., "Dependencia Revisited: Financial Liberalization and Inequality in Latin America", *Michigan Journal of Business*, Vol. 3, No. 2, 2010.

Manfred and Max – Neef, "Economic Growth and Quality of Life: A Threshold Hypothesis", *Ecological Economics*, 1995.

Matsuyama, K., "Financial Market Globalization, Symmetry–Breaking, and Endogenous Inequality of Nations", *Econometrica*, Vol. 72, No. 3, 2004.

Matsuyama, K., "Credit Traps and Credit Cycles", *American Economic*

Review, Vol. 97, No. 1, 2007.

Matthew, et al., "Diminishing and Negative Welfare Returns of Economic Growth: An Index of Sustainable Economic Welfare (ISEW) for Thailand", *Ecological Economics*, 2005.

Mckinnon, R. I., *Money and Capital in Economic Development*, Brookings Institution, 1973.

Mezzetti C. and Dinopoulos E., "Domestic Unionization and Import Competition", *Journal of International Economics*, 1991.

Minten B., et al., "Forest Management and Economic Rents: Evidence from the Charcoal Trade in Madagascar", *Energy for Sustainable Development*, Vol. 17, No. 2, 2013.

Mollisi V. and G. Rovigatti, "Theory and Practice of TFP Estimation: The Control Function Approach Using Stata", *Ssrn Electronic Journal*, 2017.

Neumayer E., "On the Methodology of ISEW, GPI and Related Measures: Some Constructive Suggestions and Some Doubt on the 'Threshold' Hypothesis", *Ecological Economics*, Vol. 34, No. 3, 2000.

Ngendakuriyo, F., "Institutional Quality and Growth", *Journal of Public Economic Theory*, Vol. 15, No. 1, 2013.

Ni, N. and Liu, Y., "Financial Liberalization and Income Inequality: A Meta-Analysis Based on Cross-Country Studies", *China Economic Review*, Vol. 56, 2019.

Nielsen F. and Alderson A. S., "Income Inequality, Development, and Dualism: Results from an Unbalanced Cross-National Panel", *American Sociological Review*, Vol. 60, No. 5, 1995.

OECD, "Labour Losing to Capital: What Explains the Declining Labour Share?", OECD Employment Outlook 2012, Paris, OECD Publishing.

Olley G. S. and A. Pakes, "The Dynamics of Productivity in the Telecommunications Equipment Industry", *Econometrica*, 1996.

O'Mahony T., et al., "Revisiting ISEW Valuation Approaches: The Case of Spain Including the Costs of Energy Depletion and of Climate Change", *Ecological Economics*, Vol. 144, 2018.

Orhangazi, È. , *Financialization and the US Economy*, Edward Elgar Publishing, 2008.

Pariboni, et al. , "Labour Share Decline, Financialization and Structural Change", *Cambridge Journal of Economics*, Vol. 43, No. 4, 2019.

Persson, T. and Tabellini, G. , "Is Inequality Harmful for Growth", *American Economic Review*, Vol. 84, No. 3, 1994.

Petersen, M. and Rajan, R. , "The Effect of Credit Market Competition on Lending Relationships", *Quarterly Journal of Economics*, Vol. 110, 1995.

Piketty, T. , *Capital in the 21st Century*, Harvard University Press, 2014.

Piketty, T. and Saez, E. , "Income Inequality in the United States, 1913−1998", *Quarterly Journal of Economics*, Vol. 118, No. 1, 2003.

Prasad, E. , et al. , "Effects of Financial Globalization on Developing Countries: Some Empirical Evidence", *IMF Occasional Paper*, Vol. 220, 2003.

Preacher K. J. and Hayes A. F. , "Asymptotic and Resampling Strategies for Assessing and Comparing Indirect Effects in Multiple Mediator Models", *Behav Res Methods*, Vol. 40, No. 3, 2008.

Pulselli F. M. , et al. "The Index of Sustainable Economic Welfare (ISEW) for a Local Authority: A Case Study in Italy", *Ecological Economics*, Vol. 60, No. 1, 2007.

Purcell T. , et al. , "Value−Rent−Finance", *Progress in Human Geography*, Vol. 44, No. 3, 2019.

Quinn D. , "The Correlates of Change in International Financial Regulation", *American Political Science Review*, Vol. 91, No. 3, 1997.

Quinn, Dennis P. and Carla Inclan. , "The Origins of Financial Openness: A Study of Current and Capital Account Liberalization", *American Journal of Political Science*, Vol. 41, No. 3, 1997.

Ramos, X. and Van de Gaer, D. , "Empirical Approaches to Inequality of Opportunity: Principles, Measures and Evidence", *Journal of Economic Surveys*, Vol. 30, No. 5, June, 2012.

Ricardo, D. , *On the Principles of Political Economy*, London: J. Murray, 1821.

Robert, J. , et al. , "Technological Diffusion, Convergence, and Growth", *Journal of Economic Growth*, 1997.

Robinson S. , "A Note on the U Hypothesis Relating Income Inequality and Economic Development", *American Economic Review*, Vol. 66, No. 3, 1976.

Rodrik D. , "Democracies Pay Higher Wages", *The Quarterly Journal of Economics*, Vol. 114, No. 3, 1999.

Saint-Paul G. , "The Role of Rents to Human Capital in Economic Development", *Journal of Development Economics*, 1997.

Schmidt F. L. and Le H. , "Software for the Hunter-Schmidt Meta-Analysis Methods", *University of Iowa*, *Department of Management & Organization*, *Iowa City*, *IA*, 2004.

Schwab, D. and Werker, E. , "Are Economic Rents Good for Development? Evidence from the Manufacturing Sector", *World Development*, Vol. 112, 2018.

Schweiker M. and Groß M. , "Organizational Environments and Bonus Payments: Rent Destruction or Rent Sharing?", *Research in Social Stratification and Mobility*, 2017.

Shaw, E. S. , *Financial Deepening in Economic Development*, Oxford University Press, 1973.

Sobel, M. E. , "Direct and Indirect Effects in Linear Structural Equation Models", *Sociological Methods & Research*, Vol. 16, No. 1, 1987.

Solow, R. M. , "A Contribution to the Theory of Economic Growth", *Quarterly Journal of Economics*, Vol. 70, No. 1, 1956.

Solow, R. M. , "Technical Change and the Aggregate Production Function", *Review of Economics and Statistics*, Vol. 39, No. 3, 1957.

Sørensen, A. B. , "The Structural Basis of Social Inequality", *American Journal of Sociology*, Vol. 101, No. 5, 1996.

Sørenson, A. B. , "Toward a Sounder Basis for Class Analysis", *Ameri-*

can *Journal of Sociology*, Vol. 105, No. 6, 2000.

Stanley T. D. and Doucouliagos H., *Meta-Regression Analysis in Economics and Business*, Routledge, 2012.

Stanley T. D. and Doucouliagos H., "Neither Fixed nor Random: Weighted Least Squares Meta-Analysis", *Statistics in Medicine*, Vol. 34, No. 13, 2015.

Stanley T. D., "Wheat from Chaff: Meta-Analysis as Quantitative Literature Review", *Journal of Economic Perspectives*, Vol. 15, No. 3, 2001.

Stanley T D., "Beyond Publication Bias", *Journal of Economic Surveys*, Vol. 19, No. 3, 2005.

Stockhammer, E., "Determinants of the Wage Share: A Panel Analysis of Advanced and Developing Economies", *British Journal of Industrial Relations*, Vol. 55, No. 1, 2017.

Stockhammer, E., "Rising Inequality As a Cause of the Present Crisis", *Cambridge Journal of Economics*, Vol. 39, No. 3, 2015.

Swan, T. W., "Economic Growth and Capital Accumulation", *Economic Record*, Vol. 32, No. 2, 1956.

T. D. Stanley, et al., "Meta-Analysis of Economics Research Reporting Guidelines", *Journal of Economic Surveys*, Vol. 27, No. 2, 2013.

Ten Raa T. and Mohnen P., "Competition and Performance: The Different Roles of Capital and Labor", *Journal of Economic Behavior & Organization*, Vol. 65, 2008.

Tomaskovic-Devey, D. and Lin, K. H., "Income Dynamics, Economic Rents, and the Financialization of the US Economy", *American Sociological Review*, Vol. 76, No. 4, 2011.

Townsend, R., "Safety Nets and Financial Institutions in the Asian Crisis: The Allocation of Within Country Risk", *Paper presented at the IMF conference on Macroeconomic Policies and Poverty Reduction*, 2002.

Weeden, K. A., "Why Do Some Occupations Pay More than Others? Social Closure and Earnings Inequality in the United States", *American Journal of Sociology*, Vol. 108, No. 1, 2002.

Wooldridge J. M. , "Estimating Systems of Equations with Different Instruments for Different Equations", *Journal of Econometrics*, Vol. 74, No. 2, 1996.

Wooldridge, Jeffrey M. , "On Estimating Firm-Level Production Functions Using Proxy Variables to Control for Unobservables", *Economics Letters*, Vol. 104, No. 3, 2009.

Wu, X. and Yao, J. , "Understanding the Rise and Decline of the Japanese Main Bank System: The Changing Effects of Bank Rents Extraction", *Journal of Banking & Finance*, Vol. 36, No. 1, 2012.

Yang L. , et al. , "Regional Eco-Efficiency and Pollutants' Marginal Abatement Costs in China: A Parametric Approach", *Journal of Cleaner Production*, Vol. 167, 2017.